몽골 대서사시 게세르 칸

몽골 대서사시

게세르 칸

유원수 옮김

사계절

일러두기

* 이 책의 번역 출판과 목판본 게재를 위해 몽골국립중앙도서관의 허가를 받았다.
* 「책머리에」와 본문에 실린 각주는 모두 옮긴이의 주다.
* 모든 각주에서, 예를 들어 '페닉(1996:xii)'이라고 표기된 것은 참고문헌[저자(출판년도: 면수)]을 나타내는 것이며, 이에 대한 자세한 정보는 뒤의 '참고문헌'에 실려 있다.
* 본문 중 괄호( )는 옮긴이가 독자들의 이해를 돕기 위해 보탠 내용이다.

● 책머리에

1716년 목판본 몽골어「게세르」를 우리말로 옮기며

「게세르」의 유래와 판본

「게세르」는「몽골비사」,「장가르」와 함께 몽골의 전통문학을 대표하는 우뚝한 세 개의 봉우리 가운데 하나다. 연구자들은 몽골 사람들의「게세르」가 티베트 사람들의「게사르」에서 유래한다고 본다. 몽골 사람들의「장가르」, 키르기스 사람들의「마나스」와 함께 중앙아시아 3대 영웅서사시의 하나라는 티베트어「게사르」가 천여 년 전에 먼저 형성되었고, 그 뒤 몽골 사람들에게 전파되어 몽골어「게세르」로 재창작되었다는 설명이다.

몽골 사람들은 오늘날의 지도에서 대체로 몽골, 중국의 내몽고, 청해青海, 감숙甘肅, 신강新疆, 러시아의 부랴티야와 이르쿠츠크 부근, 칼미키아 그리고 아프가니스탄[1]에 해당하는 지역에서 살아왔다. 티베트 사람들의 전통적인 터전은 오늘의 중국 지도에서 서장西藏자치구, 감숙(남부), 사천四川(서부), 청해, 운남雲南(북부)으로 표시되는 넓은 지역이다.[2] 몽골

---

1) 아프가니스탄에 사는 몽골계 사람들, 즉 모골 사람들에게「게세르」혹은「게사르」가 전해졌는지는 확인되지 않는다. 심지어는 이들이 자신들의 언어를 어느 정도나 지키고 있는지도 아직은 알아볼 수 없는 상황이다.

어 「게세르」와 티베트어 「게사르」는 위와 같이 넓은 지역에서 오랜 세월 다양한 방언으로 전승되다 보니, 다채롭고 개성이 뚜렷한 여러 변이형들이 나오게 되었다. 특히 부랴트 사람들의 「게세르」는 다른 지역의 몽골어 「게세르」와는 전혀 다른 작품이라고 할 정도로 특유한 모습으로 발전했다.

몽골어 「게세르」는 1716년에 처음 목판으로 인쇄되어 19세기에 독일어, 러시아어로 번역되었고, 20세기 들어서는 이 목판본에 일부 수서본들과 구전본들의 내용을 보태고 뺀 '확장본'들이 현대 몽골어 문어들로 나왔으며, 이것들은 다시 중국어, 일본어 등으로 번역이 되었다. 1860년대에 처음 인쇄되기 시작한 티베트어 「게사르」의 일부 판본들도 프랑스어, 영어, 독일어 등으로 번역되었고, 20세기 중반부터 다양한 티베트어 「게사르」의 구전본과 수서본을 수집·정리하기 시작한 중국에서도 상당량의 번역본이 나왔다.

티베트어 「게사르」에서 몽골어 「게세르」로의 재창작을 통하여, 또한 위와 같은 번역들을 통하여 몽골어 「게세르」와 티베트어 「게사르」는 단지 몽골 사람들이나 티베트 사람들만의 것이 아닌 인류 공동의 문화유산으로 자리잡게 되었다. 이제 몽골어 「게세르」의 우리말 번역을 통하여 이 소중한 인류 문화유산은 더욱 큰 가치를 지니게 되었다. 이 세상의 모든 몽골 사람과 티베트 사람을 합친 것보다 몇 배 많은 한국 사람들이 이 작품을 우리말로 아끼고 즐길 수 있게 되었기 때문이다.

「게세르」의 그 여러 판본들(수서본, 구전본 포함), 번역본들 가운데 우리가 처음으로 우리말로 읽을 「게세르」는 티베트계 사람들의 「게사르」, 몽골계 사람들의 「게세르」를 통틀어 가장 먼저 출판된, 1716년 목판본으

---

2) 오늘날에는 인도 북부, 네팔, 부탄에도 티베트 사람들이 살고 있는데 이들의 상당수는 티베트가 중국에 예속되자 티베트를 떠난 사람들과 그 후손들일 것이다.

로 알려진, '시방 세계의 지배자 게세르 카간의 이야기가 들어 있다(arban ǰüg-ün eǰen geser qaɣan-u tuɣuǰi orosiba)'이다.[3] 이 텍스트는 최초의 인쇄본이라는 문헌학적인 의의 말고도, 이 최초의 인쇄본에 선택된 이야기들이 1716년 당시 가장 널리 받아들여진 「게세르」 이야기들이었을 가능성이 매우 높다는 점, 그리고 출판 후에도 다른 어느 수서본, 구전본보다 몽골 사람들에게 널리 알려졌을 것이라는 점, 또한 티베트어 「게사르」보다도 100년 이상 먼저 외부 세계에 소개되었다는 점 등에서 다른 어느 판본도 따라올 수 없는 문학적·문화적 가치가 있다.

사실 몽골어 「게세르」나 티베트어 「게사르」도 어느 것이 정본이라든가, 그 안에 어떠어떠한 이야기들이 들어 있어야 한다든가 하는 확립된 기준 같은 것은 없다. 20세기 중후반 이후 내몽고와 몽골에서 각각의 표준문어로 출판한 몽골어 「게세르」들을 보면 우리의 1716년 목판본을 핵심으로 하고 자신들의 지역에서 확보한 수서본들의 내용을 보충하거나 참고한 것들이다. 예를 들어 몽골의 담딩수렝(1986:7~8)은 우리와 같은 1716년 목판본과 「놈치 하트니 게세르(Номч хатны Гэсэр)」라는 수서본을 합치고, 역시 수서본인 「자인 게겐(Заяын Гэгээн)본 게세르」에서 중요한 사항을 취해 보충했다고 한다. 물론 이들 '확장본'들도 나름대로의 문학적 가치와 의의를 갖고 있지만 내용을 더하고 버리는 과정에서, 현대 몽골어 문어로 바꾸는 과정에서, 아무래도 「게세르」를 즐겨 부르고 듣던 18세기 몽골 유목민의 것이 아닌 20세기 학자의 주관이 개입되었을 것이다. 그러므로 우리가 처음으로 우리말로 읽으면서, 함께 즐기고 아껴야 할 인류 공동의 소중한 문화유산으로서의 「게세르」는 역시 우리가 선택

---

[3] 티베트어 「게사르」가 처음 인쇄된 것은 1860년대라고 한다.
http://en.wikipedia.org/wiki/Gesar.

한 목판본 「게세르」여야 한다.[4]

우리의 1716년판 목판본 몽골어 「게세르」는 몽골국립중앙도서관이 소장하고 있는(895.4 Г-95, 12619/27) 자료를 텍스트로 한 것인데, 옮긴이도 실물은 볼 수 없었다.

그러나 몽골국립역사박물관의 베. 바산자르갈(Б. Баасанжаргал) 씨가 몽골국립중앙도서관의 양해 아래 디지털 카메라로 한 쪽 한 쪽씩 촬영해 모두 358쪽의 칼라 사진을 CD에 담아주어 우리말 번역을 시도할 수 있었다. 이 자리를 빌려 바산자르갈 씨는 물론 몽골국립역사박물관과 몽골국립중앙도서관에 감사드린다.

원전의 물리적 구성

몽골국립역사박물관장 아. 오치르(A. Очир) 교수에 따르면 우리의 자료는 모두 180잎이고, 각 잎의 크기는 가로 52센티미터, 세로 16센티미터라고 한다. 우리에게 358장의 사진이 있는 것으로 미루어 잎마다 앞, 뒤로 인쇄가 되어 있을 것으로 보인다.

우리는 바산자르갈 씨가 찍은 사진을 우리말 번역과 함께 내기로 하고 설명과 편집의 편의를 도모하고자 원전에서의 차례에 따라 Geser 001부터

---

4) 담딩수렝(1986)의 현대 할하 몽골어 「게세르」나 내몽고출판사(1956下冊)의 '확장본', 그리고 내몽고의 '확장본' 가운데 하나를 텍스트로 삼은 와카마츠(1993)를 살펴보아도 우리의 1716년판 목판본 몽골어 「게세르」에 없는 내용들은 크게 보아 4권과 5권의 반복, 즉 또 다른 망고스와의 싸움, 또 다른 시라이골(외적)을 무찌르는 장면들의 반복이라고 할 수 있다. 티베트어 「게사르」가 아직 전부 수집·정리된 것은 아니지만 새뮤얼(1996:359~361), 조동일(1997:304~307)에 요약된 티베트어 「게사르」의 줄거리를 살펴볼 때 우리의 1716년 목판본 몽골어 「게세르」가 티베트어 「게사르」에서도 핵심 혹은 원형에 해당하는 것으로 보인다.

Geser 358까지 번호를 매겼다.

그중 Geser 001과 358은 재질이 나무처럼 보이는 책의 앞, 뒤 덮개인데 001에는 사서 혹은 자료 구입에 관계된 사람의 것으로 보이는, 사진으로는 일부 내용만 판독 가능한, 달필의 메모가 있다. 메모의 대부분은 펜으로 쓴 전통 몽골문자의 필기체이고, 나중에 들어간 것으로 보이는 연필로 쓴 키릴문자 단어(харну '답장')도 하나 보인다. Geser 002는 책의 맨 겉장 또는 표지에 해당되며 쪽의 한가운데 사다리꼴 안에 '시방 세계의 지배자 게세르 카간의 이야기가 들어 있다'는 뜻의 제목(arban jüg-ün ejen geser qaɣan-u tuɣuji orosiba)이 일곱 줄로 나뉘어 적혀 있다.

내용은 Geser 003부터 시작해서 354에서 끝나는데 아래와 같이 모두 7권으로 되어 있고, 각 권의 마지막에는 아래 괄호 안과 같은 뜻을 가진 제목이 붙어 있다. 각 권의 길이는 모두 다를 뿐 아니라 큰 차이가 있다. 각 권의 이야기를 만든 사람이 다르고, 만들어진 시기, 출판 당시의 완성도 등이 달랐다는 뜻일 수도 있을 것 같다.

1권: 003~105 ('시방 세계의 열 가지 해악의 뿌리를 끊어버리신 자비롭고 거룩하며 어진 게세르 카간의 이름을 울려 퍼지게 한 첫 권')

2권: 107~114 ('열다섯 나이에 시방 세계의 지배자 게세르 카간이 삼십 명의 용사를 데리고 북방에 있는 산더미만 한 검은 얼룩 호랑이를 신통력으로 죽인 두 번째 권')

3권: 117~138 ('중국의 구메 카간의 정치를 바로잡은 세 번째 권')

4권: 141~193 ('머리가 열두 개 달린 망고스의 모든 겨레의 뿌리를 끊고, 투멘 지르갈랑 카톤과 함께 황금의 탑 위에서 편안하게 산 네 번째 권')

5권: 195~331 ('시라이골의 세 칸의 국권을 취한 다섯 번째 권')

6권: 333~344 ('망고스의 열 가지 힘을 완전하게 갖춘 라마의 한 화신을 죽인 여섯 번째 권')

7권: 347~354 ('시방 세계의 열 가지 해악을 근절시킨 자비롭고 거룩하며 어지신 게세르 카간이 모든 적을 평정하고 모든 중생을 행복하게 한 일곱 번째 권')

책 전체 내용의 시작이자 1권 내용의 시작인 Geser 003에는 그림이나 글자나 모두 붉은색을 사용했다. 쪽의 맨 왼쪽에는 후광을 지닌 인물과 그 좌우에 한 사람씩 모두 세 사람의 그림이 있고, 그림 옆에 따로 칸을 만들어 코르모스타 하늘(qurmusta tngri)이라고 썼으며, 그 다음 칸에 모두 여덟 줄로 된 글이 있고, 그 오른편에 다시 칸을 만들어 게세르 카간(geser qaγan)이라고 적었다. 그 옆으로 다시 인물이 포함된 그림이 나오고 그림의 왼쪽 부분에는 '미남 명궁 키야(üjesküleng-tü mergen kiy-a)'라는 글이 인쇄되어 있다.

Geser 004의 맨 왼쪽에는 전통 몽골 문자로 첫 잎의 둘째 쪽임을 나타내는 글이 있고 다양한 문양이 인쇄된 테두리 안에 검은색(세 줄)—붉은색(네 줄)—검은색(다섯 줄)—붉은색(네 줄)—검은색(세 줄)로 인쇄되어 있다. 이것은 2, 3, 4, 5, 6, 7권의 시작 쪽인 Geser 107, 117, 141, 195, 333, 347에서도 같다.

Geser 005의 네모 테두리 안 왼쪽 끝에는 1권 2—卷貳라고 인쇄되어 있고, 굵고 가는 직선으로 이루어진 네모 테두리 안에는 검은색으로 26줄이 인쇄되어 있다. 1권의 첫 두 쪽과, 나머지 권들의 시작 쪽이 아니면 모두 검은색으로 인쇄되었다. 그리고 1권의 첫 두 쪽과, 각 권의 시작 쪽과 끝 쪽이 아니면 잎의 상上 쪽에는 25줄씩, 하下 쪽에는 26줄씩 인쇄되어 있다.

Geser 006의 네모 테두리 왼쪽 끝에는 위에서부터 아래로 '三國志 terigün ɣurban 一卷上參' 이라고 한자와 전통 몽골 문자로 적혀 있다. 이 곳의 terigün ɣurban은 1권 3쪽을 뜻한다. 이와 같이 모든 잎의 상上 쪽에는 '삼국지三國志＋몽골어 권/쪽수＋한자 권/쪽수'가 나오고, 하下 쪽에는 한자로만 해당 쪽의 권/쪽수를 표시한다. '삼국지三國志'는 「게세르」의 내용과 아무 상관이 없다. 아마 우리도 잘 아는『삼국지』라는 책을 인쇄하려고 다듬어 놓았다가 남은 목판을 사용한 것이 아닐까 싶다.[5]

1, 2, 3, 4, 5, 6, 7권이 끝나는 Geser 105(1권 52), 114(2권 상5), 138(3권 상12), 193(4권 하27), 331(5권 하69), 344(6권 상7), 354(7권 상5)[6]의 끝에는 각 권의 제목에 해당하는 문장이 나온다. 이 쪽들의 여백에는 모두 의미 미상의 나뭇잎 모양이 인쇄되어 있고, Geser 114(2권 상5)에는 나뭇잎 모양과 함께 할하 몽골 사람들의 항 보고이브치(Хаан бугуйвч '임금 팔찌') 문양을 떠올리게 하는 도안이 그려져 있다. 사진 자료에서 문양은 인쇄된 것이 아니라 누가 그려넣은 것처럼 보인다. Geser 331에는 누군가가 그린 그림이 나뭇잎, '제5(tabuduɣar)'라는 메모와 함께 들어 있다.

1권이 끝나고 2권이 시작되기 전에 있는 Geser 106, 2권이 끝나고 3권이 시작되기 전에 있는 Geser 115와 116, 3권이 끝나고 4권이 시작되기 전에 있는 Geser 139와 140, 4권이 끝나고 5권이 시작되기 전에 있는 Geser 194, 5권이 끝나고 6권이 시작되기 전에 있는 Geser 332, 6권이

---

[5] 물론 1권 하6에서 도사, 동사르, 링 세 나라가 있었고, 게세르의 아버지와 아버지 형제들이 세 나라의 통치자들이라는 말도 나오고, 5권은 시라이골의 세 임금과 싸우는 이야기다. 그러나 우리가 알고 있는 중국의『삼국지』와는 아무 관계가 없다.
[6] 7권의 마지막 쪽에는 쪽수를 나타내는 몽골어(doloduɣar tabun, 7권 5)는 보존되어 있으나 한자 쪽 표시 부분이 찢어져 나갔다. 바로 그 앞쪽이 Geser 353의 7권 하4七卷下四인 것으로 보아 G 354의 한자 쪽수를 7권 상5로 추정한다.

끝나고 7권이 시작되기 전에 있는 Geser 345와 346, 7권의 내용이 끝난 뒤에 나오는 Geser 355와 357은 빈 종이다. 이 중에는 사서의 것인 듯한 펜으로 쓴 메모, 분류 혹은 날짜 인이 들어 있는 쪽들도 있고, 아무것도 없는 백지도 있다.

Geser 356은 붉은 선으로 그린 삽화가 차지하고 있다. 삽화 속에는 세 사람이 사이를 띄고 앉아 있고, 이들 뒤에 시종으로 보이는 사람들이 좌우로 각 두 명씩 모두 여섯 명이 서 있다. 앉은 세 사람은 크기가 같고, 선 여섯 사람끼리도 크기가 같다. 그러나 앉은 세 사람보다는 훨씬 작다. 혹시 그림 안에 설명이 붙어 있었을지도 모르나 가장자리가 많이 떨어져 나간 현재의 자료 사진에서는 확인되지 않는다.

그러니까 목판 인쇄된 글이 있는 부분은 모두 344쪽이다. 종이는 원래 누런색이었던 듯하며 300년 가까운 세월 동안 좀먹고, 바래고, 습기에 상한 흔적이 역력하다. Geser 006(1권 상3)의 8번째와 9번째 줄처럼 사람이 손으로 써넣은 부분도 있고, 주로 책의 맨 밑에 해당하는 7권에서 집중적으로 발견되는 23번째에서 25번째 줄의 시작 부분이 찢겨나간 현상도 있다.[7] 그러나 번역에 지장이 있을 정도의 치명적인 훼손은 아니다.

책의 내용이 나오는 맨 마지막 쪽(Geser 354)[8]의 맨 마지막 부분에는 '강희康熙 55년 빨간 원숭이해 봄의 첫 달 좋은 날에 마쳤다' 고 하여 1716년 병신丙申년 봄에 출판 혹은 집필을 마쳤음을 알리고 있다.

그러나 원전 자체는 우리의 「게세르」를 누가 채록했으며, 출간은 누가

---

[7] 좀 더 구체적으로는 Geser 330(5권 상69)의 25째 줄 윗부분, 348(7권 상2)의 24, 25째 줄 윗부분, 350(7권 상3)의 23, 24, 25째 줄 윗부분, 351(7권 하3)의 24, 25째 줄 아랫부분, 352(7권 상4)의 23, 24, 25째 줄 윗부분, 353(7권 하4)의 24, 25째 줄 아랫부분.
[8] 위에서도 말한 대로 쪽을 표시하는 부분이 떨어져 나갔지만 7권 상5에 해당하는 것으로 보인다. 그 바로 앞에 나오는 쪽은 그 부분이 온전한데, 7권 하4라고 표시되어 있다.

의뢰했는지에 대한 정보는 담겨 있지 않다. 하이시히(이평래, 2003:191~192)는 우리의 목판본 「게세르」가 청나라 강희제의 대몽골 우호정책의 일환으로 출간되었다는 설을 소개하고,[9] 담딩수렝(1986:12~13)은 1대 쟈 호탁트(1642~1714)[10]가 17세기 말 청해 지역을 방문했을 때 욀레드[11]의 이야기꾼 노인들에게 쓰게 해 가져다 출판했을 가능성에 대한 언급을 지지, 소개한다. 그러나 우리가 갖고 있는 목판본 자료에는 그러한 정보가 들어 있지 않다.[12]

우리말 「게세르」에서는 사건 혹은 에피소드별로 원전에는 없는 소제목을 붙여두었다. 이름이 생소한 수많은 등장인물이 벌이는 환상적인 사건들을 독자들이 좀 더 편안하게 파악하면서 즐길 수 있도록 하기 위해서다. 같은 이유로 주요 등장인물들에 대한 간단한 소개도 본문 뒤편에 따로 마련했다.

---

9) 하이시히(이평래, 2003:191~192).
10) 당시 내몽고 불교의 1인자. 역시 하이시히(이평래, 2003:20, 72, 227) 등에서 도움이 되는 정보를 얻을 수 있다.
11) 담딩수렝(1986:12~13)의 표기는 물론 Өөлд(욀드)이며, 몽골 문어의 Ögled다. 몽골 서북부, 신강, 청해 등지에 사는 오이라트 몽골 사람들의 한 갈래이자 옛 오이라트 제국의 핵심 구성 요소였던 사람들이다.
12) 티베트어 장편구비문학이 몽골 사람에게 전파되자면 티베트 사람들과 몽골 사람들이 오래 전부터 같이 살면서 가까이 지내고, 그 지역 몽골 사람들이 티베트어에도 능하고 티베트 문화에도 호감을 갖는 고장에서 가능한 것이 아닐까 한다. 그런 지역으로는 오늘날의 지도에서 중국의 감숙, 청해라고 표시되는 고장을 생각해볼 수 있다. 이 고장에는 언제부터인지 구성원의 상당수가 티베트어에 능통한 몽골계 집단들이 살고 있다. 그들의 언어에는 티베트어 차용어도 많다. 이 사람들이 티베트 문화에 호감을 갖고 있는 것은 물론이다. 따라서 티베트어 「게사르」를 처음 들어본 것도, 그것을 처음으로 몽골어 「게세르」로 바꾸어 즐긴 것도 감숙·청해 지역의 몽골계 사람들이었을 가능성이 높다.

1716년판 몽골어 목판본 「게세르」의 성격

영웅서사시로서의 「게세르」

위에서 본 것처럼 우리의 몽골어 「게세르」는 길이와 내용이 모두 다른 7권으로 되어 있으며, 각 권은 수많은 다양한 사건의 연속이다. 몽골어 「게세르」가 우리말로 번역됨으로써 각 분야의 우리 학자들이 그 여러 사건이 갖고 있는 의미와 암시를 자세히 연구할 수 있으리라고 기대한다. 티베트어 「게사르」와 몽골어 「게세르」, 부랴트 「게세르」의 비교 연구도 더욱 용이해지리라고 생각한다. 전문가들의 그러한 세밀한 연구에 앞서, 옮기는 과정에서 느낀 점을 중심으로 몇 가지만 이야기해보기로 한다.

게세르는 다음과 같이 요약될 수 있는 줄거리들로 이루어져 있다.

① 주인공의 남다른 출생―천명에 의한, 구세주로서의 출생 ② 흉악한 친척의 박해와 음모 ③ 성장 과정의 시련과 위기, 충성스러운 동무와의 만남 ④ 초인의 힘과 용기와 지혜로 막강한 적을 꺾음, 그 과정에서 가장 가까운 자에게 배신당함 ⑤ 최후의 성공과 행복.

「몽골비사」와 같이 역사적 사실에 바탕을 둔 저술의 줄거리도 위와 거의 비슷하게 요약될 수 있다. 아마 이러한 요소들이 몽골, 나아가 모든 영웅서사문학의 기본 구성이 아닐까 한다.

① 주인공의 남다른 출생

게세르는 인간 세상을 구원하기 위해(또는 지배하기 위해) 천상에서 내려오며, 인간을 육신의 부모로 해서 인간으로 태어나지만[3] 출생 정황이나

---

13) 부랴트 몽골어 「게세르」에서는 70세 된 셍겔 노인과 90세 된 셍겔렌 노파의 아들로 태어난

출생한 모습이 예사 인간들과 다르다. 태어나기도 전에 어머니 몸 안에서 엄청난 말을 하고, 태어날 때는 오른 눈은 흘겨 뜨고, 왼눈은 부릅뜨고, 오른손은 휘두르고, 왼손은 부르쥐고, 오른발은 위로 올리고, 왼발은 쭉 뻗고, 마흔다섯 개의 조개처럼 하얀 이를 악물고 태어난 것이다.

게세르의 어머니 게그셰 아모르질라[14]는 아기가 태어나면 묻어 죽이려고 땅을 파둔다. 그도 그럴 것이 태어나기도 전에 엄청난 말을 해대는 데다가, 태어나고 보니 위와 같이 끔찍한 몰골을 하고 있었기 때문에 악마를 낳았다고 여겼던 것이다. 물론 어머니가 아무리 죽이려고 들어도 하늘에서 내려온 게세르를 죽일 수는 없었겠지만 보다 못한 아버지 셍룬[15]이 아내를 달래 키우기로 한다.

② 박해하는 친척

게세르를 줄기차게 해코지하려는 친척은 작은아버지 초통[16]이다. 셍룬에게는 아우 초통, 그리고 형인지 아우인지 불분명한 차르긴이라는 남자 형제가 있다.[17] 삼형제 모두 자신이 이끄는 나라가 있으나 어찌된 일인지

다. 몽골어 「게세르」들은 어머니가 용왕의 딸, 혹은 수신이며 난생으로 태어나는 티베트 「게사르」와 이 점에서 다르다. 발다예프 (1995:101), 조동일(1997:306~307).

14) 티베트어 「게사르」에서는 대개 Dörma of Gog, Gogza Lhamo, 공모(Gongmo)라고 한다. 페닉(1996:xi), http://en.wikipedia.org/wiki/Gesar 등.

15) 티베트어 「게사르」에서는 대개 링(Ling, Gling)의 임금 셍론(Seng blon '사자') 또는 싱랜 잘보(Singlen Gyalpo), 위 사이트 참조.

16) 티베트어 「게사르」에서는 대개 토통(Khro thung '분한 소인배[?]'), [마지 본보] 토동 ([Mazhi Pönpo] Todong). 위 사이트 참조.

17) 원전에서 게세르와 게세르의 형 자사 시키르가 초통과 차르긴을 부를 때, 자사 시키르의 아들 라이잡이 게세르를 부를 때 사용되는 몽골어 abaγai 또는 abaγa(n)은 아버지의 형제 (와 자매)를 가리키는 몽골 문어의 abaγa, 어른의 이름 뒤에 붙여 공경할 때 사용하는 abuγai와 모두 닮았지만 여기서는 전자에 해당된다. 우리말로는 모두 '아저씨'라고 옮겼다. 조카가 아버지 동기간을 '이름+abaγai/abaγan'으로 부르거나 가리키기 때문에 이 어

실권을 휘두르는 것은 항상 초통이다. 이 초통은 게세르의 출생 시부터 게세르의 손에 죽는 날까지 게세르를 시기하고, 저주하고, 게세르의 아내들을 탐내고, 위험에 빠뜨리고, 적에게 부역하고, 형 셍룬을 핍박하는 악랄한 인간으로, 조카 게세르에게 비참한 최후를 맞는다.

그러나 평소에 게세르에게 조롱당하고, 멍청한 꾀를 냈다가 함정에 빠지고, 그의 삼십 용사들에게 전리품의 분배 등에서 따돌림을 당하고, 땅굴 토끼 구멍으로 피신하는 등 겁쟁이의 모습을 보이기 때문에 악당이 아닌 것 같은 착각마저 들게 하는 인물이다.

③ 온갖 시련과 도전의 극복, 충성스러운 동무들
게세르에게는 도전과 시련이 늘 대기하고 있고 그것을 극복하는 데 결정적인 도움을 주는 충성스러운 동무들 역시 마련되어 있다.

게세르의 가장 충성스러운 동무는 이복형인 자사 시키르[18]다. 무용이 출중한 자사 시키르와 삼십 용사는 게세르를 돕기 위해 하늘에서 인간으로 내려온 존재들이다. 그러나 그들의 무용과 충성심은 게세르 부재중에 발휘되었고, 게세르의 아내 로그모[19] 고와를 적으로부터 지키려는 자사 시키르의 분투도 결국 물거품이 된다. 삼십 명의 용사들 가운데 일부는 때로는 겁쟁이 같은 행태를 보이기도 한다. 게세르가 위기에 처할 때마다 나타나 도와주는 '승리의 세 누이' 역시 초인적인 존재다. 인간 세상에 함께 태어나 게세르를 돕기로 하늘나라에서 이미 약속이 되어 있었다.

휘를 큰아버지, 작은아버지라고 옮기면 우리말로 '아무 큰아버지' 혹은 '아무 작은아버지'가 되어 부자연스럽기 때문이다.
18) 티베트어 「게사르」에는 갸쟈 잘가르(rGya tsa Zhal dkar '중국인의 외손 흰 얼굴'), 갸쟈(Gyaza) 등. 담딩수렝(1986:218), 앞 문헌들 참조.
19) 대부분의 티베트어 「게사르」에서도 로그모(Brug mo '암컷 용'). 앞 문헌들 참조.

게세르의 또 다른 동무는 사람이 아니라 영험한 조류말[20]이다. 역시 천상에서 내려온 존재로 지상에서 천상까지 못 가는 곳이 없고, 적의 어느 말보다 빠르고 영리하며, 사람의 말을 알아듣지만 주인에게 반항하기도 하고, 변덕을 부리기도 한다. 그러나 끝까지, 말 그대로, 견마지로犬馬之勞를 다한다.

게세르에게 늘 불만을 품고 살던 아조 메르겐은 원래 용왕의 딸인데 게세르와 자신의 사이에서 낳은 것으로 보이는 아들을 게세르에 대한 분풀이로 활을 쏘아 죽인다. 그러나 정작 게세르에게는 투구 꼭지만 맞도록 활을 쏜다. 시라이골과의 전쟁에서는 로그모 고와를 지키기 위해 분전했고, 최후의 순간 라마로 둔갑한 망고스와 로그모 고와의 손아귀에서 게세르를 구해낸다.

④ 초인의 힘을 발휘하여 온갖 막강한 적을 정복하나 측근에게 배신당하기도 함

게세르의 가장 강력한 적 가운데 하나는 머리가 열두 개 달린 식인 괴수 망고스다. 게세르의 아내 투멘 지르갈랑은 초통의 간계와 게세르의 또 다른 아내 로그모 고와의 압박을 못 견뎌, 게세르와 자신의 속민들을 위해 게세르를 떠나게 되고, 머리가 열두 개 달린 망고스를 만나 살게 된다.

이 망고스는 이를 쑤시면 잇새에서 사람 두엇이 떨어질 정도로 엄청난 놈이다. 부자에, 욕심이 사납고, 신통력이 있고 다양한 수호신과 부하들이 있다. 그러나 결정적으로 투멘 지르갈랑에게 자기 목숨의 비밀을 모두 털어놓고 게세르에게 일가가 몰살당한다.

---

20) 빌릭운 케게르 모린(Bilig-ün keger morin). 티베트어 「게사르」에서는 걍 고 가르가르(Kyang Go Karkar), 부랴트 「게세르」에서 벨리겐 헤예르 모린(Бэльгэн хээр моеин). 페닉(1996:xii), 발다예프(1995:119 이하).

게세르를 사랑했기에 게세르를 떠난 투멘 지르갈랑은 자신을 찾으러 온 게세르와 협력하여 망고스를 죽이는 데 성공한다. 그러나 게세르에게 기억을 못하게 만드는 음식을 먹여 9년 동안이나 고향으로 돌아가지 못하게 한다. 그동안 시라이골이라는 세 임금이 다스리는 나라가 형 자사 시키르와 삼십 용사를 다 죽이고 게세르의 아내 로그모 고와를 붙들어갔으니, 결과적으로 투멘 지르갈랑은 게세르를 배신한 셈이 되었다.

시라이골은 머리가 열두 개 달린 망고스와 함께 게세르의 막강한 적 가운데 하나다. 삼형제가 다스리는 이 나라는 게세르가 나라를 비운 사이 330만 병력을 동원하여 로그모 고와를 빼앗으러 온다. 시라이골의 삼형제는 수호신도 있고, 동맹국도 많고, 휘하에 용감한 장수도 많다. 사람의 말을 알아듣는 말도 있고, 외국까지 가서 정찰을 하고 보고를 하는 앵무새도 있고, 공작새도 있고, 여우도 있고, 까마귀도 있다. 그러나 게세르가 기지를 발휘하여 장사들을 하나씩 쓰러뜨리고 삼형제를 모두 죽여버린다.

티베트어 「게사르」에서 시라이골은 호르(Hor)로, 시라이골의 세 칸은 호르의 세 악마 임금으로 나타나는데, 호르가 몽골을 가리킨다고 보는 사람도 있다.[21] 그러나 몽골어 「게세르」를 재창작해낸 사람들에게는 시라이골이 몽골일 수는 없었을 것이다. 만일 몽골이라면 티베트 임금이 몽골 사람들을 박멸하는 이야기를 즐겁게 노래하고, 좋아라 듣고 있었다는 뜻이 될 테니까.

시라이골의 최고 지도자인 차간 게르투 칸(티베트어 「게사르」의 Gurdkar)은 처음에는 자신의 아들에게 세상에서 가장 아름다운 여자를 아내로 구해주려고 전쟁을 시작했으나 아들이 전사하자 로그모 고와를 자기

---

21) 예를 들어 페닉(1996:xii).

아내로 삼는다. 걸핏하면 울고, 아우에게 면박당하고, 올지바이라는 소년으로 변신한 게세르에게 번번이 속기 때문에 완강하고 흉악한 적이라기보다는 우스꽝스러운 존재로 여겨질 때가 많다.

로그모 고와는 비천飛天의 현신으로 게세르가 여섯 살 적에 활쏘기, 사냥 대회, 말달리기 등을 통해 억지로 차지한 아름답고 재산이 많은 아내다. 자기의 아름다움을 뽐내며 잘난 신랑을 공개적으로 구하기 위해 활쏘기 대회를 열었다가, 뜻하지 않게 코흘리개 조로(게세르의 아명)가 우승을 차지하자 악담과 모욕을 퍼붓고, 염라대왕에게 고소할 생각까지 하고 있었으나 전쟁 협박에 넘어가 게세르를 따라온다. 그러다가 중국 구메 임금의 나라에 삼 년 동안 가 있다가 돌아온 게세르를 기쁨으로 맞이하고, 게세르의 새 아내 투멘 지르갈랑을 망고스의 나라로 내쫓는다. 시라이골의 침략을 저지하는 전쟁에도 적극 참전했으나 끝내 붙들려가 차간 게르투칸의 아내가 된 뒤로는 게세르를 해치려 들고, 한 번 용서받은 뒤에도 라마로 둔갑한 망고스와 내통하여 게세르를 함정에 빠뜨려 나귀로 만들어 버린다.

⑤ 배신자들을 응징하고, 세상의 지배자가 되어 행복하게 살아감
게세르는 지옥에 떨어져 있던 어머니 아모르질라를 구해 영험한 조류말을 시켜 천상으로 모시고, 금강석으로 된 아름다운 절을 열세 개나 세우고, 여의보주, 갈라진 틈 없는 검은 숯,[22] 온갖 보석으로 꾸민, 네모난 성 안에서 살며 즐긴다.

---

22) 게세르의 여러 보물을 소개할 때마다 빠지지 않는다. 원전에는 설명되는 바가 없지만 우리 풍속의 숯과 비슷한 벽사辟邪의 의미가 있었던 것이 아닌가 싶다. 와카마츠(1993:117)도 '災いを除く靈寶'로 이해했다.

게세르의 오락성

조동일(1997:311~312)은 티베트 「게사르」의 의의를 티베트를 통일해서 강력한 국가를 건설한 송찬감포(Songtsen Gampo)에 대한 회고, 불법을 천하 모든 것에서 시행하는 '전륜성왕(轉輪聖王 cakravartin)'에 대한 희구로 설명했다. 민족의 영웅에 대한 회고와 희구가 게사르를 탄생케 했고, 중국의 천자天子보다 월등한 권능을 가진 '세계의 황제'로 내세워졌다고 한다. 독일 학자 하이시히(이평래, 2003:180~196)는 게세르(와 그의 아내 로그모)가 몽골 사람들 사이에서 실제로 신앙의 대상이 된 흥미로운 상황들을 자세하게 소개하고 있다.

그러나 우리의 몽골어 목판본 「게세르」는 불교 교리에 바탕을 둔, 포교를 위한 창작물로 보기가 어렵다. 민족의 영웅으로서의 색채도 찾기 어렵다. 오락성 · 희화적 성격이 훨씬 뚜렷하기 때문이다. 게세르가 부처님의 당부와 아버지의 명령에 따라 인간 세상을 구원하기 위해 왔다고 하고, '상체에는 시방 세계의 부처님이 완정完整하시고'라고 하며, 선견성善見城이, 비천이, 아수라가, 용왕이, 염라대왕과 지옥이 거론되지만 불교가 지니고 있는 경건함, 불법승 삼보三寶 또는 라마를 포함한 사보四寶를 향한 간절한 마음은 느껴지지 않는다.

가령 초리스동 라마에게 시비를 걸어 반죽음으로 몰아 그의 누이를 빼앗아 형에게 주는 장면, 초이롱 장인 밑에 같이 있는 라마를 뇌수가 쏟아지도록 죽이는 장면 등 라마를 업신여기고 박해하는 행위는, 게세르의 청중 혹은 독자, 나아가 당시의 민중들 사이에서 불교 자체에 대해서까지는 아니더라도 라마들에 대한 혐오감이 존재하지 않았다면 나올 수 없었을 것이다.

우리의 목판본 몽골어 「게세르」는 온갖 악마와 죄업으로부터 불법을 수호하고, 외세의 침략으로부터 나라를 지켜낸다는 비장감이나 숭고함보다는 우스움, 유쾌함이 지배적인 분위기이고, 주인공은 영웅, 구원자, 신격神格, 부처님이라기보다는 심술궂은 장난꾸러기, 악의에 찬 소인배, 망나니의 모습으로 자주 나타난다. 몇 가지 예를 들어보자.

―죽은 척하고 누워 한 눈을 뜨고 아들의 행동거지를 살피는 자기 아버지의 눈에 흙을 뿌리고, 활활 타오르는 불에 던진다.

―순전히 사적인 욕심을 채우기 위해 음해, 공갈, 협박도 서슴지 않는다. 예를 들어 마 부자의 딸 아롤가 고와가 잠든 사이 치마폭에 망아지를 집어넣고 깨워 마치 망아지를 낳았다는 착각에 빠뜨린 뒤 중국인 노예와의 불륜 관계를 운운, 손에 넣는다.

―초통을 죽이기 전에 영험한 제 조류말을 시켜 아홉 번 삼켰다가 아홉 번 똥으로 싸도록 한다.

―배신한 아내 로그모 고와를 다리 하나와 팔 하나를 부러뜨려 양을 치던 팔십 노인에게 주어, 로그모 고와가 괴로움을 못 이겨 "이러려면 차라리 악마, 악귀가 나를 데려가라"고 저주하도록 하고, 나중에는 한 눈이 멀고 한 다리를 저는 어느 가난한 거지에게 준다.

―결과를 뻔히 알면서 사람이 도저히 손에 넣을 수 없는 수많은 보물과, 별 잘못이 없는 중국 구메 임금의 호기심 많은 대머리 장인의 칠형제 머리 가운데 어느 한쪽을 내놓으라고 주문하여 대머리 칠형제를 죽음에 빠뜨리기도 한다.

―절망에 빠져 한탄하는 어머니를 달래기 위해서라지만 "어머니는 여자라서 몰라서 그러시는데……" 운운하며 제 어머니를 무시하는 말도 서슴지 않는다.

「게세르」를 우리말로 옮기면서 연극 대본, 그중에서도 지문을 읽고 있는 느낌이 드는 장면이 많았다. 특히 문맥은 과거에 일어난 사건이나 행위가 분명한데 현재불완료 혹은 현재-미래를 나타내는 몽골어 종결어미 -nam이 사용되는 경우들이었다. 우리의 목판본 「게세르」가 어느 연창자演唱者의 대본을 인쇄한 것일 가능성도 있어 보인다.[23]

3) 근세 몽골어 연구자료로서의 게세르

우리나라에는 '몽학삼서蒙學三書'라고 해서 『몽어노걸대蒙語老乞大』, 『첩해몽어捷解蒙語』, 『몽어유해蒙語類解』라는 책들이 있다. 1741년에 처음 발간되어 1790년까지 수정과 증보를 거친 것으로 조선의 사역원이라는 기관에서 몽골어 학습 교재로 출간한 책들이며 당시 북경이나 심양瀋陽에서 통용되던 몽골어를 반영했다고 한다.[24] 「게세르」에 사용된 문자는 몽학삼서의 문자와 같고, 70년 정도 시차가 있는 언어도 비슷한 점이 많다. 우리가 원전으로 삼은 1716년 목판본 「게세르」의 언어의 특징을 관찰한 포페는 「게세르」의 언어가 몽골문어와 어떤 현대 남부 몽골 방언(즉, 내몽고 동남부 방언)의 혼합임을 강하게 시사한다고 한다.[25]

몽학삼서의 몽골어들과 「게세르」의 몽골어를 자세히 비교해보면 두 자료의 몽골어에 토대가 된 당시의 몽골어 구어방언들이 어느 방언들이었는지를 조사하는 데도 도움이 될 수 있을 것이고, 나아가 18세기 몽골어의

---

23) 포페(최형원, 1998:270~271)에 의하면 모두 670회 사용되었다고 한다. 처음에는 현재-미래로 번역하였으나 독자가 혼동을 일으킬 가능성이 높은 듯해서 대부분 과거로 바꿔 옮겼고, 혼동의 여지가 없는 일부만 현재-미래로 남겨 놓았는데 주로 운문 부분이다.
24) 상세한 내용은 李聖揆, 『蒙學三書의 蒙古語 硏究』, 동양학연구소 연구총서 4, 단국대학교출판부, 서울, 2002 등을 참조.
25) 포페(최형원, 1998:233~297), 특히 결론 부분 참조.

전체적인 모습을 파악하는 데 크게 유익할 것이다.

끝으로 이 책이 나올 수 있도록 도와주신 여러분께 고마운 마음을 전하고 싶다. 그분들 가운데 특히 「게세르」의 우리말 번역을 맨 처음으로 권하고 내내 관심과 격려를 아끼지 않으신 중앙아시아 연구자 김영종 선생님, 소장 연구자료와 의견을 언제든 아낌없이 내주신 단국대학교의 이성규, 한국외국어대학교의 이평래, 최형원 선생님, 몽골어의 독법, 독해와 관련된 나의 조급한 질문에 늘 믿음이 가는 의견을 신속하게 내주신 단국대학교 박사과정의 사. 바트히식(С. Батхишиг) 씨,[26] 서울대학교 박사과정에 있는 데. 오르트나상(Д. Уртнасан) 씨의 이름을 적어두고 싶다. 그리고 이 판본의 번역 출판을 허락해주신 몽골국립중앙도서관과 지도부, 판본 사진을 구해주신 몽골국립역사박물관의 아. 오치르 관장과 베. 바산자르갈 씨께 감사드리고, 좋은 책이 세상에 모습을 드러내게 해주신 강맑실 사장님을 비롯한 사계절 여러분께 감사드린다.

지난 3년 동안 공들여 옮긴 우리말 게세르가 아무쪼록 독자 여러분에 크게 사랑받기를 바라며……

2007년 5월의 어느 좋은 날
유 원 수

---

[26] 1716년 목판본 「게세르」의 몽골어와 '몽학삼서'의 몽골어의 비교 연구를 통해 18세기 몽골어의 음운 구조와 변화의 양상을 파악하려는 것이 이 젊은 연구자의 박사학위 논문 주제다.

차 례

책머리에: 1716년 목판본 몽골어「게세르」를 우리말로 옮기며 … 5

제1권 … 29

시방 세계의 열 가지 해악의 뿌리를 끊어버리신 자비롭고 거룩하며 어진 게세르 카간 이름이 울려 퍼지다

❖ 석가모니 부처님의 당부   ❖ 하늘나라의 의논
❖ 인간 세상 '쿠셸렝 오보 모임'의 예언   ❖ 아기 게세르의 탄생
❖ 아기 게세르의 신통력   ❖ 조로네 식구들   ❖ 종달새 목구멍 골짜기에서
❖ 사랑스러운 여름 골짜기   ❖ 초통을 흠씬 두들겨 패다
❖ 아롤가 고와를 공갈하여 손에 넣다
❖ 형에게 색시를 얻어주다   ❖ 로그모 고와의 남편 선발대회   ❖ 처가의 학대
❖ 조로가 아내를 시험하다   ❖ 말달리기 대회   ❖ 사냥 대회
❖ 게세르의 노래

제2권 … 151

북쪽 지방의 산더미만 한 검은 얼룩 호랑이

제3권 … 159

중국의 구메 카간의 정치를 바로잡다

❖ 무리하게 강요된 애도 ❖ 호기심 많은 대머리 ❖ 납사 쿠르제 할머니의 보물
❖ 호기심 많은 새 ❖ 구메 카간의 해코지 ❖ 구메 카간의 딸 구네 고와
❖ 삼 년 만의 귀향

제4권 … 189

망고스의 모든 겨레의 뿌리를 끊고
투멘 지르갈랑 카톤과 함께 행복하게 살다

❖ 초통의 흉계 ❖ 저주의 동굴 ❖ 송아지치기와의 내통
❖ 투멘 지르갈랑 카톤의 결단 ❖ 투멘 지르갈랑 카톤이 망고스의 손에 들다
❖ 초통의 비열한 수작 ❖ 게세르의 단호한 의지
❖ 게세르의 출발 ❖ 황소 괴수 ❖ 살인 바위 ❖ 망고스의 낙타치기
❖ 세 고개 ❖ 팔뚝만 한 점쟁이 ❖ 살인 나무 ❖ 투멘 지르갈랑과의 재회
❖ 투멘 지르갈랑이 망고스의 약점을 알아내다
❖ 망고스와 그 겨레붙이를 몰살하다

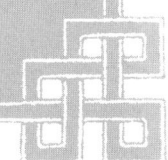

제5권 ··· 263

시라이골의 세 칸

❖ 까마귀의 보고 ❖ 황새의 정탐 ❖ 차간 게르투 칸의 출정명령
❖ 자사 시키르, 난총, 쇼미르의 출정 ❖ 시만 비로자 ❖ 자사, 난총, 쇼미르의 공격
❖ 반조르와 지르고간 에레케이투의 대결 ❖ 올라간 니둔과 심주의 대결
❖ 보석 난총이 성급한 비로와의 암수에 쓰러지다 ❖ 총이말의 노래
❖ 난총을 살려내다 ❖ 지르고간 에레케이투를 죽이다 ❖ 초통의 어리석은 꾀
❖ 아조 메르겐 카톤의 분전 ❖ 로그모 고와가 붙잡히다 ❖ 티베트 용사들의 분전
❖ 자사 시키르의 장렬한 최후 ❖ 로그모 고와의 애끓는 편지
❖ 노파, 까마귀, 여우의 핀잔 ❖ 게세르가 기억을 되찾다
❖ 영험한 조류말의 노래 ❖ 망고스의 고모 ❖ 사킬다이 ❖ 구 년 만의 귀향
❖ 초통을 초주검 만들고 영지와 속민을 몰수하다 ❖ 시라이골의 세 호걸
❖ 자사 시키르와의 재회 ❖ 늙은 거지 라마가 된 게세르 ❖ 초임손 고와 공주
❖ 올지바이 소년 ❖ 차간 망라이 장사를 죽여 여러 용사의 원수를 갚다
❖ 시라이골의 여러 장사를 죽이다 ❖ 변절한 로그모
❖ 피 마시는 독수리 카라를 죽이다 ❖ 시라이골의 세 칸을 모두 죽이다
❖ 시라이골의 백삼십만 군대를 단기로 유린하다 ❖ 자사의 승천
❖ 로그모 고와의 처리

제6권 … 419

라마로 변신한 망고스를 죽이다

❖ 큰 부자 라마로 변신한 망고스 ❖ 로그모 고와가 다시 변절하다
❖ 당나귀가 된 게세르 ❖ 아조 메르겐이 구조에 나서다
❖ 망고스의 누나를 아내로 만들다 ❖ 망고스를 불태워 죽이다

제7권 … 435

게세르 카간이 모든 적을 평정하고, 모든 중생을 행복하게 하다

❖ 어머니를 찾아나서다 ❖ 염라대왕을 위협하여 어머니를 찾아내다
❖ 어머니의 영혼을 하늘로 모시다

주요 등장인물 … 444 / 게세르의 가계도 … 448 / 참고문헌 … 450
찾아보기 … 453 / 부록: 1716년 목판본 몽골어 「게세르」… 459

— 제1권 —

시방 세계의 열 가지 해악의 뿌리를 끊어버리신
자비롭고 거룩하며 어진 게세르 카간 이름이 울려 퍼지다

석가모니 부처님의 당부

옛날 아주 옛날 옛적, 석가모니 부처님께서 열반하시기 전에, 코르모스타 하늘*님이 참배를 드리러 갔다. 참배를 올리자 부처님께서 코르모스타 하늘님에게 특별히 당부하셨다.

"오백 년 뒤에 인간 세상은 혼돈에 빠지게 됩니다. 오백 년이 되면 그대의 세 아들 가운데 하나를 인간 세상에 내려 보내세요! 그가 인간 세상의 카간**이 되도록 하세요!

힘 있는 자가 힘없는 자를 잡아먹고 있습니다!
짐승들이 자기들끼리 서로 잡아먹고 있습니다!

그대는 세 아들 가운데 하나를 인간 세상으로 보내세요! 그로 하여금 인간 세상을 지배하는 칸**이 되도록 하세요! 그대는 지난 오백 년 동안 즐거움에 묻혀 살았습니다. 내 말대로 신속하게 보내세요!"

---

* Qurmusta tngri. 우리 불교의 제석천帝釋天에 해당. 더 자세한 내용은 이평래(2003:99~118)에 소개된 몽골의 여러 텡그리에 관한 내용을 참조.
** Qaγan. 몽골 고원의 주민들이 나라·집단의 최고 통치자(임금 또는 왕)를 가리키던 말. 흔히 qaγan은 qan 중의 qan으로 이해되나 우리의 원전에서는 qaγan(330회 가량 출현)과 qan(280회 가량 출현)이 같은 장면에서 같은 사람에게 사용되는 등 거의 차이가 없다.
** Qan. 몽골 고원의 주민들이 나라·집단의 최고 통치자를 가리키던 말. 위 카간에 대한 주석 참조.

코르모스타 하늘님이 '예!' 하고 돌아왔다.

그 후 하늘님은 부처님의 당부를 잊어버렸고, 어느덧 칠백 년이 흘렀다. 그러던 어느 날, 소다르손의 큰 성* 서쪽 모퉁이 일만여 리가 무너졌다. 코르모스타 하늘님을 비롯한 서른세 하늘이 모두 무기를 들고 무너진 곳으로 갔다.

"이 성을 누가 무너뜨렸는가? 우리에게 앙심을 품은 원수도 없는데. 아수라들이 무너뜨렸을까?"

자세히 살펴보니 성은 저절로 무너진 것이었다. 코르모스타 하늘님을 비롯한 서른세 하늘이 이 성이 왜 무너졌는지 이야기하고 있을 때 문득 코르모스타 하늘님은 '부처님의 당부'가 떠올랐다.

"내가 석가모니 부처님께서 열반하시기 전에 참배를 드리러 간 적이 있소이다. 참배를 드리자 부처님께서 내게, '오백 년이 지나면 아들 가운데 하나를 인간 세상에 내려 보내세요! 인간 세상이 혼돈에 빠지게 됩니다' 하고 당부하셨소이다.

'힘 있는 자가 힘없는 자를 잡아먹고 있습니다!
짐승들이 자기들끼리 서로 잡아먹고 있습니다!'

라고 하셨소이다. 내가 오백 년도 모자라 칠백 년이나 지나도록 잊고 지냈소이다."

---

* Sudarasun balyasun. 우리 불교의 선견성善見城에 해당.

하늘나라의 의논

코르모스타 하늘님을 비롯한 서른세 하늘이 큰 잔치를 벌였다. 그 잔치에서 코르모스타 하늘님의 세 아들 가운데 하나를 인간 세상에 보내기로 결정함에 따라 코르모스타 하늘님이 세 아들에게 사자를 보냈다.

사자가 큰아들인 아민 사키그치*에게 전했다.

"그대의 아버지 코르모스타 하늘님께서 그대에게 인간 세상의 칸 자리에 앉으러 가라고 하셨습니다."

아민 사키그치가 대답했다.

"나는 코르모스타 하늘님의 아들입니다. 그러나 내가 간다 해도 인간 세상의 칸이 될 수는 없습니다. 만일 코르모스타 하늘님의 아들이 인간 세상에 가서 칸 자리에 앉지 못하면 내 사랑하는 아버지의 명예가 실추됩니다. 내가 싫어서 가지 않는 것이 아닙니다. 내가 칸 자리에 오를 수 없음을 아뢰는 것입니다."

그 말을 듣고 사자가 아민 사키그치의 아우인 우일레 부투게그치**에게 갔다.

"그대의 아버지 코르모스타 하늘님께서는 그대에게 인간 세상에 가서 칸 자리에 앉으라고 하셨습니다."

---

* Amin Sakiyči. '생명을 지키는 자'라는 뜻. 동시에 '이기췌기를 지키는 자'라는 상반된 해석도 가능.
** Üile Bütügegči. '업을 완성하는 자'라는 뜻.

우일레 부투게그치는 이렇게 대꾸했다.

"나는 코르모스타 하늘님의 아들이 아닙니까? 인간 세상에서 행세하는 중생은 황금 세계*의 인간이 아닙니까? 나는 가도 칸 자리에 앉을 수가 없습니다. 칸 자리에 앉을 사람으로 말하자면 내 형인 아민 사키그치도 있고, 동생인 테구스 촉토**도 있습니다. 내게는 아무 상관없는 일입니다."

그 말을 듣고 사자가 테구스 촉토에게로 가서 두 형들에게 했던 이야기를 똑같이 전했다.

"큰형인 아민 사키그치가 가도 되고, 둘째 형인 우일레 부투게그치가 가도 됩니다. 내가 무슨 상관이 있습니까? 가라면 가겠습니다만, 가서 칸 자리에 앉지 못하면 사랑하는 아버지와 어머니의 명예에 큰 누가 되지 않을는지요?"

사자가 이 말을 받아 코르모스타 하늘님을 비롯한 서른세 하늘들에게 전했다.

"그대 세 아들의 말이 모두 그와 같습니다."

코르모스타 하늘님이 세 아들을 불렀다.

"내가 너희에게, '인간 세상이 어지러워졌다. 도우러 가라!'고 내 마음대로 명을 내린 줄 아느냐? 부처님의 분부에 따라 너희에게 가라고 한 것이다. 나는 너희를 내 아들로 여겼다. 그런데 이제 보니 너희가 내 아버지였구나. 너희 셋이 함께 내 자리에 앉도록 하라! 내가 하던 모든 일에 관

---

* 인간 세상을(혹은 우리가 사는 이 땅을) 귀히 여겨 아름답게 부르는 몽골어의 관용(상투)적인 표현.
** Tegüs Čoytu. '완벽한 광휘'라는 뜻. 힌두 신화의 크리마트(Çrimat)의 번역 차용.

해서 잘난 너희가 잘들 알아서 처리토록 하라!"

코르모스타 하늘님의 분부가 있자 세 아들이 모자를 벗어 들고 무릎 꿇어 절하며 말했다.

"아이고, 아버님! 저희에게 이 무슨 망극한 분부이십니까?"

아민 사키그치가 아뢰었다.

"아버님의 명령인데 왜 안 가겠습니까? 그러나 제가 가본들 칸 자리에 앉을 수가 없습니다. 만일 코르모스타 하늘님의 아들인 아민 사키그치가 칸 자리에 앉지 못했다고 인간 세상의 사람들이 조롱하면 아버님의 이름에 누가 될 것입니다. '아무 쓸모없는 하늘님의 아들이었네!' 하는 소리를 할 터인데 그래도 제가 가야 하겠습니까?

제 아우에 대해 말씀 올리겠습니다. 우일레 부투게그치는 무슨 일이라도 해낼 수 있습니다. 아수라장의 열일곱 하늘들이 큰 놀이를 벌였을 때도 활쏘기고 뭐고 다했지만 아무도 우일레 부투게그치를 이길 수 없었습니다. 우리 서른세 하늘들이 놀이를 벌일 때도 역시 동생을 이기지 못합니다. 아래 세상의 용궁에서 놀이를 벌였어도 동생을 이기지 못합니다. 사나이가 갖추어야 할 모든 재능을 우일레 부투게그치는 완벽하게 갖췄습니다. 그저 하늘님의 아들이다 해서 가야 합니까, 저희가? 가도 이 동생만이 가능합니다."

서른세 하늘도 입을 모아 말했다.

"아민 사키그치의 이 말은 모두 사실입니다. 어떤 종류가 되었든, 우리가 잘하는 것이든 못하는 것이든, 활을 쏘든 씨름을 하든 모든 것에서 둘째 아드님이 우리를 이겼습니다. 아민 사키그치의 말은 모두 사실입니다."

막내 테구스 촉토도 이들의 말이 모두 사실이라고 했다.

다시 코르모스타 하늘님이 물었다.

"자, 우일레 부투게그치야! 모두가 한결같은 말을 하는구나. 이제 너는 뭐라고 하겠느냐?"

이 말에 둘째 아들이 말했다.

"제가 무슨 말씀을 드리겠습니까? 아버님의 분부대로, 가라면 가겠습니다.

코르모스타 하늘님이시여! 제게
이슬처럼 영롱하게 빛나고 검댕처럼 검은 갑옷을 주소서!
번갯불빛 흰 어깨 가리개를 주소서!
해와 달을 함께 나란히 넣어 만든 이마가 흰 투구를 주소서!
터키석 오늬*를 붙인 흰 화살 서른 대를 주소서!
무시무시한 검은 활을 주소서!
영험한 세 길 검은 꼬챙이 칼을 주소서!
빙빙 돌아가는 황금 장대올가미를 주소서!
아흔세 근으로 만든 큰 무쇠도끼를 주소서!
예순세 근으로 만든 작은 무쇠도끼를 주소서!
아홉 갈래 쇠덫을 주소서!
이 모든 것을 제가 인간 세상에 태어날 때 내려주소서!"

아버지 코르모스타 하늘님이 "그래, 주마!"고 흔쾌히 승낙했다. 다시 우일레 부투게그치가 말했다.

"서른세 하늘 가운데 그대 세 하늘이시여! 나를 위해, 인간 세상에 나와

---

* 화살을 시위에 걸 수 있도록 화살 끝 깃 바로 앞을 도려내거나 다른 재질을 붙여내는 작은 홈.

함께 한어머니 배에서 나오는, 나의 화신인 누이 셋을 내려주십시오. 그대들 가운데 한 하늘은 나와 모습이 같은, 나의 화신인 형을 하나 내려주십시오. 다른 하늘들은 이 수행 대신들 가운데 서른 명의 용사를 내려주십시오. 나 좋다고 인간 세상에 가면서 이 모든 것을 달라는 것이 아닙니다.

코르모스타 하늘님의 아들이 인간 세상에 가서
칸 자리에 앉지 못하고 인간에게 진다면,
여러분의 명예에 누가 되지 않겠습니까?
사나운 자를 굴복시키고, 중생을 기쁘게 해준다면,
이 아니 좋은 일이겠습니까?
그래서 내가 이와 같이 요청하는 것입니다."

코르모스타 하늘님과 서른세 하늘 모두 우일레 부투게그치의 말이 옳다고 했다.
"너를 보내는 마당에 무엇을 아끼겠느냐? 모두 주마!"
이어, 우일레 부투게그치가 코르모스타 하늘님에게 다짐을 받았다.
"아민 사키그치 형과 테구스 촉토 아우는 가지 않습니다. 인간 세상에 가서 중생을 돕고 나면 아버님의 자리를 물려받는 은총은 저의 것이겠지요?"
역시 모두가 "옳다"고 했다.
"자석 청동으로 만든 큰 칼을 주십시오!"
우일레 부투게그치가 요구했다.
"그렇게 해주마!"

"제가 인간 세상에 태어난 뒤 어느 중생에게도 뒤지지 않는 좋은 말을 내려주십시오!"

우일레 부투게그치는 같은 대답을 들었다.

인간 세상 '쿠셀렝 오보 모임'의 예언

그 뒤 인간 세상이 혼란에 빠지자 머리 검은 사람들뿐 아니라 길짐승, 날짐승에 이르기까지 모두 쿠셀렝 오보*에 모여 회의를 했다. 삼백 가지의 서로 다른 언어를 사용하는 중생을 아리야 알람카리 흰 여하늘**이 통역을 했다.

모와 구시, 당보, 산들의 칸인 오와 군지드*** 이들 셋이 점을 준비했다. 아리야 알람카리 흰 여하늘이 말했다.

"오, 세 분의 예언자시여! 이 세상의 혼란을 다스릴 수 있는 칸이 태어나겠습니까, 어떻습니까? 점을 치시오!"

모와 구시가 점을 쳤다. 점괘를 뽑고 나서 이렇게 말했다.

"보와 동죵 가르보****라는 이름의,

황옥黃玉 몸에, 조개처럼 하얀 이에,

가루다 새†의 머리에, 황금빛 노란 갈기 머리털에,

---

* Küseleng neretü oboy-a. 소원(이라는 이름의) 오보. 오보는 (그 지역) 수호신의 거처로 여기는 신성한 장소. 대체로 돌, 나무 등을 쌓아올리고 하늘로 통하는 안테나 역할을 하는 서낭목을 세우며, 극진한 정성을 표시하기 위해 하닥(밝은 빛 비단천) 또는 형형색색의 끈을 서낭목에 감거나 매단다. 오보에 대한 학술적인 기술은 이평래(2001)의 연구를 참조.
**Ariy-a Alamkari ökin čaɣan tngri. '아리야 알람카리 딸[늑공주] 흰 하늘.'
***Oo-a Günjid.
****Boo-a Dungjung ḡarbo.
†Ɣarudi sibaɣun. (힌두, 티베트 그리고) 몽골 신화·전설 속의 새. 세상에서 가장 크고 힘센

머리털 끝은 버드나무에 꽃이 활짝 핀 것 같은
그가 태어납니다. 그가 태어나면,
천상의 하늘들을 지배하는 자는 그가 될 것입니다."

"자, 계속 점을 치시오!"
당보라는 이름의 예언자가 점을 쳤다. 점괘를 뽑아 다음과 같이 말했다.

"아리야 아얄로리 오드카리*라는 이름의,
활짝 핀 하얀 피부에, 발그레하고 예쁜 얼굴에,
상체는 사람의 몸과 같고, 하체는 용왕들인 뱀의 몸과 같은
그가 태어납니다. 그가 태어나면,
아래 세상의 용왕들을 지배하는 자는 그가 될 것입니다."

"자, 산들의 칸 오와 군지드께서 점을 치시오!"
오와 군지드가 점괘를 뽑았다.

"이르잠사드 다리 오담**이라는 이름의,
몹시 하얀빛에, 색과 빛이 시방 세계에 퍼진
그가 태어납니다. 그가 태어나면,

존재로 여긴다. '새들의 임금은 가루다, 맹수들의 임금은 사자'라는 몽골 속담 참조. 몽골 장사들이 씨름에 이기고 추는 춤은 이 새의 날갯짓을 흉내 내는 것이라고 한다.
* Ariy-a Ayalori Odkari.
**Irjamsad Dari Udam. 이르잠소 다리 오담(Irjamsu Dari Udam), 르잠소 다리 오담(Rjamsu Dari Udam) 등으로도 나타난다. 번역문에서는 후자 역시 이르잠소 다리 오담으로 표기하기로 한다.

시방 세계의 비천들*을 지배하는 자는 그가 될 것입니다."

"자, 여러분 계속 점을 치시오!"
점괘를 뽑았다.

"게세르 세르보 돈롭**이라는 이름에,
상체는 시방 세계의 부처님을 완정完整하시고,
허리는 사방의 큰 하늘들을 완정하셨으며,
하체는 네 분 큰 용왕을 완정하신 사나이가 태어납니다.
그가 태어나면, 이 섬부주를 지배하는 자, 시방 세계의 지배자,
자비롭고 어진 게세르 카간**이 될 것입니다."

아리야 알람카리 휜 여하늘이 다시 물었다.
"그들이 모두 한어머니 아버지에게서 태어납니까, 서로 다른 부모에게서 태어납니까? 아버지는 누구입니까? 어머니는 누구입니까?"
다시 점을 친 뒤 다음과 같이 답했다.
"아버지는 산들의 칸인 오와 군지드 이 사람입니다. 어머니는 게우 부자의 딸 게그셰 아모르질라**입니다. 서로 돕기 위해서 한아버지, 어머니

---

* Daginis. '飛天들.'
** Geser Serbo Donrob.
**Ačitu Geser Mergen Qayan.
**이곳에서는 Gegse Amurjila. 그러나 대부분의 경우 Gegše Amurjila이므로 위와 같이 통일하여 표기. 두 사람은 우리의 주인공 게세르가 인간 세상에 사람으로 태어나기 위해 신세를 져야 하는 육신의 부모. '산들의 칸/카간'의 정확한 의미는 드러나 있지 않으나 오와 군지드는 초인격적인 능력을 지닌, 예를 들어 하늘의 계시를 이해하는 능력을 지닌 존재인 듯.

에게서 태어나는 것입니다."

"아버지는 이 사람이고 어머니도 누군지 알았습니다. 그렇다면 어디서 옵니까?"

오와 군지드가 물었다.

"인간 세상이 혼돈에 빠진 것을 알고 천상의 부처님에게서 분부를 받든 코르모스타 하늘님의 아들입니다. 인간 세상에 이렇게 현신을 하여 태어나는 것입니다. 우리도 전에는 몰랐습니다."

다른 예언자들이 대답했다.

아기 게세르의 탄생

그때 도사, 동사르, 링, 이렇게 세 지파의 나라가 있었다. 도사의 노얀*은 셍룬이었고, 동사르의 노얀은 차르긴이었다. 그리고 링의 노얀은 초통이었다.

초통에게는 좋은 말들이 있었다.

하나는 던진 돌을 따라잡는 부루말**이었다.

하나는 강을 따라 뛰는 여우를 따라잡는 우네겐 고와 말***이었다.

하나는 초원을 가로질러 달리는 영양을 따라잡는 제게렌 고와 말****이었다.

그 세 지파의 나라가 게우 부자를 치려고 할 때 초통이 빠져나와 좋은 말을 타고 먼저 와서 게우 부자에게 정보를 주었다.

"도사, 동사르, 링 세 나라가 군대를 내어 그대를 치러올 것이오."

이 말을 듣고 게우 부자의 딸 아모르질라가 도망치다가 얼음 위에서 미끄러져 넘어졌다.

초통 노얀이 아모르질라를 사로잡았지만 그녀는 사타구니 살이 떨어져 나가 절름발이가 되었다.

---

* Noyan. 몽골 유목민 집단의 통치자, 귀족. 정주사회의 봉건 영주에 해당.
** 털빛이 은발 비슷하게 희끗희끗한 말. 중세국어 부루물(紅絲馬).
**ünegen γoo-a morin. '여우처럼 아름다운 말.'
**jegern γoo-a morin. '영양처럼 아름다운 말.'

"이런 절름발이 아내를 얻었다고 하면 내 명예가 형편없이 손상된다. 이 여자를 다른 사람에게 줘야겠군. 그래, 형 셍룬 노얀에게 줘야겠다. 나야 나중에 여자를 얻으면 되니까."

초통 노얀이 꾀를 내어 제 형에게 주었다.

셍룬에게 그 여자를 넘긴 뒤로 여자의 다리 살이 아물었다. 예전처럼 보석같이 빛나는 아름다운 미인이 되었다.

그러자 초통 노얀이 시기심이 발동하여, '이렇게 아름답고, 이처럼 고운 미인을 얻기란 얼마나 어려운 일인가. 이 여자에게서 훌륭한 아들이 태어난다고 예언자들이 말했지만 훌륭한 아들은 아직 태어나지 않았다. 그 혼란은 너희 둘, 사내와 계집 때문에 비롯될 것이다. 셍룬과 아모르질라를 쫓아내버리자!'고 마음먹었다.

먼저 셍룬의 여자와 집과 가축을 떼어내 빼앗기로 결심했다.

얼룩 낙타에 얼룩 새끼 낙타를 딸려서,
얼룩 암말에 얼룩 망아지를 딸려서,
얼룩 암소에 얼룩 송아지를 딸려서,
얼룩 양에 얼룩 새끼 양을 딸려서,
얼룩 개에 얼룩 강아지를 딸려서,
쓰러져가는 검은 천막을 주어,
세 개의 강이 만나는 곳으로 쫓아냈다.

쫓겨난 뒤로 셍룬 노인은 두어 마리 가축을 기르는 한편,* 덫으로 들쥐

---

* 몇 마리 안 되는 가축을 기르는 한편.

를 잡으러 다녔다. 어느 날은 십여 마리를 잡기도 하고, 어느 날은 일고여덟 마리를 잡기도 했다. 아모르질라는 땔감을 주우러 다녔다.

아모르질라가 땔감을 주우러 가는데 눈앞에 상체는 새의 몸, 하체는 사람의 모습인 매 같은 것이 조심스럽게 걸어가고 있었다. 아모르질라가 불러서 물었다.

"네 상체는 어찌되었기에 새의 상반신과 같으냐? 네 하체는 어찌된 것이 사람과 같으냐? 이 무슨 조화란 말이냐?"

그러자 매가 대답했다.

"내가 새의 상반신을 한 것은 위로 외삼촌들을 내가 모른다는 것이지요. 내가 사람의 하반신을 한 것은 생겨난 몸까지 망쳐가며 왔다는 것이지요. 위에 있는 하늘에서 이제 인간 세상에 현신하여 태어나려고 훌륭한 아낙을 찾아다닌답니다. 당신처럼 이렇게 훌륭한 아낙에게서 태어날 수 있겠지요. 아닐 수도 있겠지만요."

그렇게 말하고는 날아갔다.

아모르질라가 초여드레 날 밤, 땔감을 주워 돌아오다가 도중에 어떤 큰 사람*과 마주쳐 놀라 기절해 쓰러졌다. 아모르질라는 널브러져 있다가 겨우 몸을 추슬러 돌아왔다.

첫눈이 내리던 어느 날, 다시 땔감을 줍다가 새벽 동이 틀 무렵 자신의 발자국을 되밟아 가기 시작했다. 그때 길에서 한 길 반이나 되는 사람의 발자국이 지나간 자취를 보았다.

"아니, 어떻게 이리도 큰 발자국을 가진 사람이 있단 말인가?"

아모르질라가 발자국을 따라갔다. 그 발자국은 큰 바위 동굴로 이어졌다.

---

* 산들의 칸/카간 오와 군지드인 듯.

살며시 바위 동굴 안을 들여다보았다.

> 호랑이 얼룩 깃발을 세우고,
> 호랑이 얼룩 모자를 쓰고,
> 호랑이 얼룩 데겔*을 입고,
> 호랑이 얼룩 가죽 장화를 신은 사람**이
> 황금 의자에 기대앉아
> 호랑이 얼룩 수염의 서리를 쓸어내리며

"오늘밤은 피곤이 쌓인 탓에 몹시도 지치는구나" 하며 혼자 중얼거리고 있었다. 아모르질라가 그 모습을 보고는 무서워 도망쳐 돌아왔다.

쿠셀렝 오보에 모였던 삼백 가지 서로 다른 말을 하는 중생이 각자의 길로 흩어졌다. 아리야 알람카리 흰 여하늘은 하늘로 올라갔다. 예언자인 모와 구시와 당보는 쿠셀렝 오보 안으로 들어갔다. 모였던 중생 모두 예언자들의 말이 참말일 것이라는 희망을 갖고 헤어졌다.**

집에 온 뒤로 아모르질라는 배가 불러서 서 있을 수도 앉아 있을 수도

---

* degel. 계절에 따라 무명, 비단에서 가죽, 털에 이르기까지 다양한 감으로 만드는 몽골 사람들의 긴소매 겉옷. 보통 무릎에서 발목 사이까지 아랫단이 내려오며 색상 역시 다양하다. 지금도 많은 노년층, 유목민, 여성들이 일상생활에서 입는다. 현대 몽골어 발음은 할하의 '델:', 부랴트의 '데겔', 오이라트-칼미크의 '데벨' 등으로 다양하다.
** 역시 산들의 칸/카간 오와 군지드인 듯.
** 원전의 1권 상8의 7행부터 13행에 해당되는 이 이야기는 1권 하6의 9행 다음에 나오는 것이 더 자연스럽지 않을까 하는 생각도 하게 된다.

없었다. 열닷새 날 아침, 셍룬 노인이 덫을 집어들고 가축을 몰고 나가려는 것을 아모르질라가 말렸다.

"당신, 어쩌자고 나가요? 내 뱃속에서 마치 사람이 얘기하는 것처럼 울리는 소리가 난다고요. 나 혼자서 무서워 죽겠어요. 당신, 오늘은 제발 내 곁에 있어줘요!"

아모르질라가 애원하자 셍룬 노인이 대꾸했다.

"내가 당신 곁에 있으면 들쥐는 누가 잡누? 몇 마리 가축은 누가 돌보누? 들쥐를 안 잡으면 우리 둘이 무엇으로 연명하누?"

셍룬 노인이 아내의 말을 듣지 않고 나가버렸다.

셍룬 노인이 덫을 놓아 일흔 마리나 되는 들쥐를 잡아 집으로 지고 왔다.

"내가 오랜만에 오늘은 많이 잡았네그려. 내 집에 축복이 내렸음이야."

셍룬 노인이 기뻐하며 들쥐를 집에다 내려놓고 다시 나갔다.

오정午正이 지나고 날이 저물기 전에 어머니의 뱃속에서 그의 아이들이 다시 노래를 부르기 시작했다.

"보와 동종 가르보라는 이름에,
황옥 몸에, 조개처럼 하얀 이에,
가루다 새의 머리에, 황금빛 노란 갈기 머리털에,
내 머리털 끝에는 버드나무 꽃이 만발한
내가 태어날 것이다. 내가 태어나면
위에 있는 하늘들을 지배하는 자 내가 될 것이다."

다시 하나가 노래를 불렀다.

"아리야 아얄로리라는 이름에,
활짝 퍼진 하얀빛에, 빨간 보조개 얼굴에,
상체는 사람의 몸과 같고 하체는 용왕들인 뱀의 몸 같은
내가 태어날 것이다. 내가 태어나면,
아래 세상 용왕들의 지배하는 자 내가 될 것이다."

다시 하나가 노래를 불렀다.

"이르잠사드 다리 오담이라는 이름에,
희디흰 피부에,
내 몸의 빛이 시방 세계에 퍼지는
내가 태어날 것이다. 내가 태어나면,
시방 세계의 비천들을 지배하는 자 내가 될 것이다."

다시 하나가 노래를 불렀다.

"게세르 세르보 돈롭이라는 이름에,
내 상체에는 시방 세계의 부처님이 완정하고,
내 허리에는 네 분 큰 하늘이 완정하고,
내 하체에는 사대 용왕들이 완정한 내가 태어날 것이다.
내가 태어나면,
나는, 이 섬부주의 지배자, 시방 세계의 자비롭고 어진
게세르 카간이 될 것이다!"

"아이고머니나! 아이고머니나! 맙소사! 맙소사! 나는 세상 사람들에게 버림받아 세 개의 강이 만나는 곳으로 쫓겨났는데, 내게 무슨 부처님이 태어나려고 들어앉았을까? 악마의 화신이 아들로 태어나려고 들어앉았겠지!

너희 못난 아버지 셍룬 늙은이가
요람씩이나 만들다가는
그의 입에 풀칠이나마 해줄 사람도 없단다.
내 너희를 요람에 넣어 흔들어 기르다가는
새 둥지만 한 내 검은 천막에는
내 입에 풀칠이라도 하게 해줄 사람이 없단다.
이제 내가 너희를 여기다 요람 삼아 넣으마."

아모르질라가 수리취를 캐는 아홉 길짜리 쇠꼬챙이로 네 사내의 몸이 들어갈 만한 구덩이*를 파기 시작했다.

그러는 동안 보와 동종 가르보가, "어머니, 내게 틈을 주세요!" 하고는 정수리에서 나와 떨어졌다. 용모와 차림이 정말이지 아름다웠다. 기어서 달아나는데 제 어머니에게 따라잡히지 않았다.

아모르질라가 힘이 다 빠진 채로 가는데,

위에 계시는 하늘들이

---

* 1권 상9 18행. dörben ere beie-tüyau, 7권 하4 14행에는 arban naiman aldan γuu (열여덟 길 구덩이).

황옥 코끼리에 안장과 굴레를 갖추어,
바라와 북을 두드리며 향을 피워,
황옥 코끼리에 태워
바라와 북을 치며 하늘로 데려갔다.

아모르질라가, "아이고머니나! 정녕 부처님이었네!" 하고 울었다. 울고 있는데, "어머니, 내게 틈을 주세요!" 하는 말이 또 들려왔다.
아모르질라가 오른팔을 들어올려 자기 정수리를 눌렀다. 그렇게 누르고 있자 오른쪽 겨드랑이로 아이가 떨어졌다. 역시 기어 달아나는데 따라잡을 수가 없었다.

아래 세상 큰 바다*에서
황옥 코끼리 사자에 안장과 굴레를 갖추어,
바라와 북을 치고, 향을 피우며,
용왕들이 큰 바다로 데려갔다.

다시 하나가 "어머니, 내게 틈을 주세요!" 하고 말했다. 그 말을 듣고 제 어머니가 양쪽 겨드랑이를 붙이고 양손으로 정수리를 누르자 배꼽으

---

* 몽골어 dalai는 우리말의 '바다', 그리고 '마치 바다와 같이 큰물(주로 호수)'을 가리킨다. 부랴트의 바이칼 호수를 바이갈 달라이, 몽골의 흡스굴 호수를 흡스굴 달라이, 내몽고의 훌룬 호수를 달라이 노르라고 부르는 것이 후자의 예라 하겠다. 이점은 투르크어(talu:y)들에서도 비슷하다. 클로슨Clauson(1972:502) 참조. 이 대목을 비롯하여 「게세르」의 바다는 우리말 '바다', 즉 용왕이 살고 고래가 사는 곳에 해당되는 경우가 빈번한 듯하다. 몽골 사람들이 사는 고장에 우리말 '바다'에 해당하는 곳이 없는 것은 사실이지만 「게세르」의 무대는 천상과 지옥을 넘나드는 환상의 세계라는 점을 생각하면 이해할 수 있을 것이다.

로 아이가 떨어졌다.

   앞의 두 아이보다 용모가 훨씬 아름다웠다. 역시 제 어머니에게 따라잡히지 않고 달아났다. 이 아이를 쫓아가자니,

   시방 세계의 비천들이
   푸른 외뿔이 코끼리에 안장과 굴레를 갖추어,
   향을 피우며, 바라와 북을 두드리며 와서
   시방 세계의 비천들이 데리고 올라갔다.

"아이고머니나, 아이고머니나! 맙소사, 맙소사! 내 세 아기씨를 어쩌나? 모두 부처님의 화신이라는 것이 정말이었네. 내가 어쩌자고 사내 몸 넷이 들어갈 구덩이를 파놓았을까? 무엇이 잘못되어 한 아이도 낯을 익히고, 인사하고, 끌어안고, 입맞춤도 못 해보고 헤어지게 되었을까? 내 아기씨들, 아이고 맙소사!"
   아모르질라는 울고, 또 울었다.
   그렇게 울고 있는데 몸 안에서 다시 한 목소리가 들려왔다.
   "어머니, 나는 어느 길로 나갈까요?"
   아모르질라가 대답했다.
   "아기씨, 마땅한 길로 태어나세요!"
   마땅한 길*로 아이가 태어났다.

---

* 1권 상10 넷째 줄 여덟 번째 단어. 원래 kürdün은 '바퀴, 윤회.' 바로 앞줄의 möri는 '길.' (보통) 인간들이 정상적으로 태어나는 길을 가리키는 듯.

오른눈은 흘겨 뜨고, 왼눈은 부릅뜨고,
오른손은 휘두르고, 왼손은 부르쥐고,
오른발은 위로 올리고, 왼발은 쭉 뻗고,
마흔다섯 개의 조개처럼 하얀 이는 악물고 태어났다.

"아이고! 아이고! 어쩌나, 나는! 앞에 보낸 세 아이는 모두 부처님의 화신이었지만 내게 남지 않았고. 자, 이 죄받을 아들, 악마의 화신만 태어나 내게 남았네. 애야! 네 탯줄을 무엇으로 자르랴, 내가?"
어머니가 베개 속에서 큰 칼을 꺼내 톱질을 했다. 하지만 그 큰 칼로도 탯줄을 당해내지 못했다.

"어머니!
당신의 이 큰 칼은 내 탯줄을 감당하지 못합니다.
집 앞 큰 바다에 있는
날선 검은 돌을 가져다 자르세요.
자르실 때 축복을 하세요.
'내 아기씨가
돌보다 더 굳센 목숨을 갖게 하소서' 하고 자르세요.
내 태를 흰풀*로 싸매세요.
'내 아기씨가 지배하는 나라가
흰풀보다 많이 되게 하소서!' 하고 묶으세요."

---

*Čaγan ebesün. 풀의 한 종류. 라틴학명은 *Stipa glareosa*.

아이가 말하자 어머니는 아이를 치마폭에 싸서 들고 달렸다. 큰 바다 속에 있는 날선 검은 돌을 집어 들고 탯줄을 잘랐다. 자를 때 아이의 말대로 축복을 했다. 태를 흰풀로 싸맸다. 싸매면서 역시 아이의 말대로 축복을 했다.

게세르가 태어날 때 꽤 차디찬 비가 내리고 있었다. 아모르질라는 게세르의 태를 자르느라 새끼손가락이 얼고 말았다.

"이 죄받을, 이 사악한 아이의 태를 자르려다가 새끼손가락이 얼게 되다니."

아모르질라가 탄식하며 울자 아이가 말했다.

"어머니, 저주하지 마세요. 울지 마세요. 그 손가락을 큰 바다에 담그세요. 어떻게 될까요?"

아모르질라는 아이의 말대로 큰 바다에 새끼손가락을 담갔다. 손가락은 금세 전처럼 좋아졌다. 아모르질라가 아이를 데리고 갔다.

"얘야, 무엇으로 네 요람을 삼을꼬? 이 구덩이로 요람을 삼자!"

아모르질라가 아이를 들어올렸다.

아이는 아모르질라가 실수하도록 하여 아모르질라에게서 떨어졌다. 다시 아모르질라가 들어올렸다. 아이가 다시 아모르질라한테서 떨어져 버둥거리면서 말했다.

"어머니!
내가 오른쪽 눈을 흘겨 뜬 것은 매가 아귀를 노려봄입니다.
왼쪽 눈을 부릅뜬 것은 내가 이승과 저승을 고루 봄입니다.
오른손을 휘두르는 것은 반항하는 자 모두를 확실하게 위협함입니다.
왼손을 부르쥔 것은 모든 자를 지배하여 움켜쥠입니다.

오른발을 위로 올린 것은 믿음을 창대케 함입니다.
왼발을 쭉 뻗은 것은 그 악독한 이단자들을 굴복시켜 짓밟음입니다.
마흔다섯 개의 조개처럼 하얀 이를 악물고 태어난 것은
마구니와 아귀의 위협을 완벽하게 삼켜버림입니다."

"아이고머니나! 아이고머니나! 맙소사! 맙소사!
아이가 태어나면서
무명지 두 손가락으로 제 코를 막고 태어났네.
눈을 흘겨 뜨고 태어났네.
이 무슨 악독한 혀에, 입을 가진 아이가 태어나
다투고 싸우면서 낳다니, 내가?!"

그렇게 악다구니를 치고 있는데 셍룬이 돌아왔다. 한 번은 여자 목소리가 나고, 한 번은 호랑이 울음소리 같은 소리가 들려왔다.
셍룬 노인이 가축을 몰고, 들쥐 열 마리를 지고, 한 손에는 아홉 갈래 쇠덫을 끌고 왔다.
"이게 뭐야?"
셍룬 노인이 묻자, 아모르질라가 넋두리를 퍼부었다.
"악독한 놈, 나쁜 놈! 말라비틀어진 야비한 늙은이! 인정머리 없는 야비한 놈! 오늘 내 곁에 있으라고 했어, 안 했어? 이 아이 앞에 내가 낳은 세 아이는 어디로 다 가버렸다고! 셋 다 부처님의 화신이었는데! 하늘로 올라갈 것은 하늘로 갔어. 용왕들에게 들어갈 것은 들어갔어. 비천들에게 올라갈 것은 비천들에게 올라갔지. 위에 계신 하늘들이라니, 아래 세상의 용왕들이라니, 시방 세계의 비천들이라니, 알게 뭐야? 그애들을 모두 데리고 그렇게 갔다고. 악독한 것! 못된 넌더리 나는 늙은이! 악마의 화신인 아들이 태어나 나를 잡아먹겠다고 이러고 있잖아!"

"예끼, 악마의 화신이라니! 당신이 그걸 어떻게 아누? 다 쓸데없는 지레짐작이지. 우리가 부처님인가? 그리고 제 자식을 어떻게 죽여? 길러보자고. 오늘 들쥐를 여든 마리나 잡았어. 내 보잘것없는 두어 마리 가축도 모두 새끼가 들었지. 배들이 점점 땅에 닿을 지경이야. 우리 집 근처에는 원래 들쥐가 없었잖아. 오늘 다른 곳에는 다 눈이 왔어도 고두리살을 쏜 곳에만 눈이 오지 않았더군. 이걸 오늘 고두리살을 쏜 곳에서 주웠어. 내 평생 이런 것은 처음 보는군. 원래 그물 같기도 하고, 장대올가미 같기도 하고. 내가 가져온 게 이것이야. 이게 다 길조라고."

셍룬 노인이 달래자, 아모르질라가 말했다.

"너를 어떻게 죽이겠니? 그래, 기르자! 길러보자!"

아기 게세르의 신통력

그때 악마의 까마귀가 한 살 난 아이의 눈을 쪼아 눈알을 없애면서 죽이고 다녔다. 게세르가 태어났다는 소문을 듣고 '눈을 쪼아야지!' 하며 오고 있었다. 게세르가 그것을 신통력으로 알았다.

한 눈을 흘겨 뜨고, 한 눈을 감고
흘겨 뜬 눈 위에 아홉 갈래 쇠덫을 쳐놓고
악마의 까마귀가 눈을 쪼려 할 때
아홉 갈래 쇠덫 끈을 당겨 죽였다.

염소 이빨에 개 주둥이를 한 악마가 궁구 에치게라는 순례 라마로 둔갑하고 두 살 난 아이의 머리 위에 축복을 내리는 척하면서 혀끝을 꽉 깨물어 벙어리로 만들고 다녔다.

그것을 게세르가 알았다. 그 악마가 오는 것을 알고 게세르가 마흔다섯 개의 조개처럼 하얀 이를 악물고 누워 있었다.

라마로 둔갑한 악마가 게세르의 머리 위에 축복을 내렸다. 손가락으로 아기의 입을 벌리더니 자기 이빨을 갖다댔다. 그러자 아기가 송곳니로 악마의 이빨을 물었다. 악마의 이빨이 힘이 닿지 못했다.

"당신네 이 아이는 태어날 때 혀가 있긴 했나요? 처음부터 이렇게 이를 악물고 있었는가요?"

"난 울고 있어서 몰랐어요."

악마가 이제는 제 혀를 넣어 아이가 젖을 빨듯이 빨게 했다. 아이가 조금 빨았다.

"그래, 아이가 혀를 빠는군" 하고는 다시 빨게 했다.

아기 게세르가 혀를 빠는 척하면서 악마의 혀뿌리를 확실하게 죽였다.

악마의 들쥐가 황소만큼 커져 땅을 파헤치며 몽골 나라에 해를 끼치고 돌아다녔다. 게세르가 그것을 알고 소 잡는 노인으로 둔갑하여 도끼를 들고 달려갔다.

악마의 들쥐가 황소만큼 커져서 땅을 파헤치고 다닐 때 노인으로 둔갑한 게세르가 도끼로 소의 양쪽 뿔 한가운데를 때려죽였다. 바로 그 두 뿔 사이에 앉아 있던 마구니 셋도 죽였다.

그 뒤로 양이 태어났다. 조개처럼 흰 새끼 양이었다.

암말이 태어났다. 조류* 암컷 망아지였다.

소가 태어났다. 쇳덩이 같은 푸른 외뿔소였다.

개가 태어났다. 쇠 주둥이를 가진 암캐였다.

그것들 모두를 바치며 향을 살라 하늘에 있는 자신의 어머니 납사 쿠르제 할머니**에게 빌었다.

"어머니, 내 이 모든 것을 잘 길러주소서! 제가 언제든지 달라고 할 때 그것들을 돌려주소서!"

---

* 털빛이 거무스레하거나 흐릿하게 누르스름한 말.
** Nabsa Kürǰe Emege eke.

그것들을 모두 납사 쿠르제 할머니에게 바치자 어머니가 "오냐!" 하고 받았다.

셍룬 노인은 아내가 고통스럽게 낳은 이 아이의 이름을 조로라고 지었다.

조로가 두어 마리 가축을 돌보고 다니며,
갈대 삼칠 포기를 뽑았다.*
나래새 삼칠 포기를 뽑았다.
억새 삼칠 포기를 뽑았다.
골담초 삼칠 포기를 뽑았다.
나래새로 초라한 암말을 때렸다.
삼칠 포기 나래새로 때릴 때마다
나래새처럼 희고 눈부신 말 떼가 되어라! 하고 때렸다.
갈대로 빈약한 소를 후려쳤다.
잎사귀 같은 꼬리에 이삭 같은 색깔을 한
이런 보기 좋은 소들이 태어나라! 하고 후려쳤다.
억새로 양을 쳤다.
이렇게 아름다운 억새같이 많이 태어나라! 하고 쳤다.
골담초로 옴 붙은 낙타를 갈겼다.
신통력으로 속삭이면서 때리자
그들 모두가 함께 태어났다.

---

* 갈대 스물한 포기를 뽑았다.

단 한 마리뿐인 암말에서
나래새 같은 흰 말 떼가 태어났다.
일일이 다시 늘어놓을 것도 없다.
게세르의 주문대로 달마다 차례차례 태어났다.
이루 헤아릴 수 없이 가축이 많아졌다.

셍룬 노인이 너무 기뻐, "내 복이로구나! 단 한 마리 어미에서 천 마리가 된다는 말이 바로 이것이로구나!" 하고 말하자, 아모르질라가 추어올렸다.

"참말이고말고요. 당신 복이라는 걸 나는 벌써 알았다고요. 과연 복 받은 사람이요, 당신은."

조로네 식구들

"우리의 이 가축을 누가 다 돌볼꼬?" 하고는 셍룬 노인이 자기가 다스리던 도사로 가서 초통을 만났다.

"네가 미워서 쫓아버린 아름다운 미인 아내에게서 못난 아들이 하나 태어났다. 못났다고 쫓아내고, 잘났다고 칸 자리에 앉히는 것이더냐? 못났더라도 자기 자리면 즉위시키는 법이다. 내 처자와 집과 가축을 내놓아라!"

모든 나라가, 셍룬 노인의 말이 옳지 않은 것이 무엇이냐고 거들자 처자를, 그들 모두를 내주었다. 셍룬 노인이 그들을 데리고 왔다. 셍룬 노인은 이번에 데려온 아들 자사, 롱사와 조로에게 자신의 가축을 잘 돌보라고 당부했다.

세 아들이 가축을 돌보고 다녔다. 조로는 멀리 있는 산을 가깝게 끌어오고 가까운 데 있는 산을 멀리 보내 가축을 신통력으로 돌보고 다녔다.

조로가 아버지에게 물었다.

"내 복이다, 가축이 늘어났다 하면서 기쁜 척만 하실 뿐, 왜 아직도 흰 게르 궁전을 짓지 않으십니까?"

"우리가 나무까지 가져올 힘이 있겠니?"

셍룬 노인이 조로에게 되물었다.

일단 숲으로 갔다. 조로가 가자는 대로 간 것이다. 숲에 도착하자 모두 달려들어 나무를 베기 시작했다. 셍룬 노인이 곧은 나무를 베어 몇 그루를 쓰러뜨렸다. 조로가 신통력으로 벽으로 쓸 나무들은 벽으로, 들보로 쓸 나무들은 들보로 다듬어 모아 세웠다.

생룬 노인이 계속 곧게 잘 뻗은 나무를 보고 베러 갔지만 조로가 신통력으로 얼른 그 나무들을 가시나무로 바꾸었다. 노인이 나무를 베지 못하고 자기 손을 베고 와서 투덜거렸다.

"죄받을 못된 아들이 가는 건데······. 곧게 잘 뻗은 나무다 하고 베려 하는데 가시나무로 변하다니. 오히려 손만 베고 놀라 허둥지둥 돌아왔다."

조로가 흰 게르 궁전의 나무 골조를 가져왔다.

"아버지, 다 베어놓은 나무를 왜 버리고 오셨습니까? 버리신 나무를 가지고 제가 게르를 지었습니다."

생룬이 대답했다.

"옳거니! 내가 나무를 베고 있었지. 나무를 베어놓고 어딘지 헷갈려 나무를 잃어버리고 말았어. 필시 이것은 네놈이 내게서 못된 도둑질을 해서 훔친 걸 게야."

"아버지 말씀이 사실입니다. 아버지의 나무에서 도둑질한 내 나무는 저기 게르 두세 채를 지을 만한 나무이지요."

조로가 덧붙여 말했다.

"아버지는 나무를 베고 다니지만, 저는 힘이 자라지 않아 아버지가 벤 나무로 게르를 지었습니다."

조로는 그 게르에 모전을 덮어 완성했다.

세 아들이 가축을 돌보았다. 생룬은 롱사의 어머니를 사랑해 그 집에서 머물렀다. 아들들이 가축을 돌보러 나간 뒤에 롱사의 어머니가 음식을 해놓았다. 자사 시키르와 롱사의 음식은 식탁에 놓아주었다. 조로의 음식은 개가 먹는 형편없는 그릇에 담아주었다.
조로가 흰 돌 세 움큼 검은 돌 세 움큼을 집어들었다.

흰 돌을 바위 위에 펴놓는다.
가축 떼가 스스로들 알아서 풀을 뜯으며 다닌다.
돌아올 때는 검은 돌을 주머니에 넣고 온다.
가축 떼가 뒤에서 스스로들 알아서 따라온다.

이튿날도 셋이 함께 아침부터 가축을 돌보러 갔다. 가축 곁에 앉아서 이야기를 하다가 조로가 두 형에게 말했다.
"우린 이렇게 가축 떼를 돌보면서도 낮에는 빈속으로 다니잖아. 그러니 송아지 한 마리 잡아먹자."
그러자 롱사가 대꾸했다.
"아버지 어머니가 꾸짖으신다. 안 된다."
자사 시키르는 말없이 앉아만 있었다.
"야단은 내가 맞을게. 자사 형이 송아지 한 마리를 붙들어!"
조로가 부추겼다. 자사가 송아지를 한 마리 붙들자 조로가 죽였다. 가죽을 온전하게 부대 모양으로 벗겼다. 고기를 먹고 뼈를 가죽부대에 담아 꼬리를 잡고 손짓을 세 번 하자 다시 산 송아지가 되어 수많은 송아지들을 따라 뛰었다.
세 아들이 집으로 돌아왔다. 자사와 롱사는 식탁에 앉지 않았다. 조로는 왼쪽에 놓인 제 음식을 먹고 있었다.
"조로는 음식을 먹는데 너희 둘은 어째서 안 먹는 거냐?"
어머니가 물었다.

"조로 아우가 우리에게 송아지 한 마리를 잡아주어 그 고기를 먹었더니 배가 불러요. 안 먹을게요."

롱사가 대답했다.

"아이고, 맙소사! 조로야! 그게 정말이냐?"

생룬 노인이 물었다.

"거짓말입니다. 아녜요."

조로가 대답했다.

노인이 채찍을 들고 일어나 펄펄 뛰었다. 조로를 채찍으로 때렸다. 조로가 채찍을 위에서 잡고 대거리를 했다. 그때 아모르질라가 뛰어들어 왔다.

"뭐예요, 영감?!"

"이 못된, 당신 악마 새끼가 송아지 한 마리를 잡아먹었다잖아. 이런 죄받을 녀석!"

생룬이 화를 참지 못해 씩씩거렸다.

"다된 놈! 못된 작자! 나쁜 놈의 늙은이! 당신이 송아지가 그렇게 많아? 어디 세어보자고!"

아모르질라가 욕설을 퍼부으며 따졌다.

"당신 같은 못난 사내에게 어떻게 이렇게 가축 떼가 있게 되었는데? 설사 당신 말대로 먹었다 한들 겨우 송아지 한 마리에 당신이 내 아이를 이렇게 때릴 수 있어? 당신은 자기가 잘나서 가축이 늘어났다고 생각하는 거야?"

노인이 달려가 송아지를 세어보았다. 송아지가 빠짐없이 있었다. 노인이 집으로 뛰어왔다. 롱사에게 거짓말쟁이라고 단단히 꾸짖었다.

"이 뒤로도 거짓말을 했단 봐라. 내가 널 죽도록 두들겨 패겠다."

이튿날 아침 세 아들이 다시 가축을 데리고 나갔다.

조로가 송아지 한 마리를 잡았다. 롱사가 재빨리 그 꼬리뼈를 훔쳐 품속에 감췄다. 전날처럼 고기를 먹고 뼈는 가죽부대 속에 넣었다. 마찬가지로 손짓을 세 번 하자 꼬리 짧은 송아지가 되어 여러 송아지들을 따라 뛰어갔다.

가축을 데리고 셋이 함께 집으로 왔다. 롱사가, "조로 아우가 잡아준 송아지 꼬리를 먹겠습니다" 하며 품속에서 피 묻은 꼬리를 꺼내 불에 올려놓고 앉았다.

"롱사, 너 이게 뭐냐?"

노인이 물었다.

"조로 아우가 우리에게 송아지 한 마리를 잡아줘 그 꼬리를 먹으려고 굽는 겁니다."

롱사가 대답했다.

"이제는 어떡할 거냐? 조로, 너 왜 이런 짓을 저질렀냐?"

노인이 다시 채찍을 들고 조로를 때렸다. 조로가 채찍을 위에서 잡고 대거리했다.

"이 제 어미 잡아먹을 놈! 네까짓 게 감히 덤벼? 날 치겠다는 거냐?"

셍룬 노인이 을러대자, 조로의 어머니가 뛰어왔다.

"또 뭐야? 죄받을 늙은 놈아! 뭐야?"

조로의 어머니가 악을 썼다.

피 묻은 꼬리를 굽고 있던 롱사가 말했다.

"송아지 한 마리를 죽였죠."

"정말이냐, 거짓말이냐?"

조로의 어머니가 묻자, 조로가 아니라고 대답했다.

"당신은 롱사 말만 듣고 내 아일 때리나? 송아지 수를 세어보자고!"

노인이 송아지의 수를 세었다. 송아지가 모두 온전하게 있었다. 한 마리가 꼬리에서 피를 흘리고 다녔다. 꼬리가 잘려 있는 것을 보고 노인이 집으로 달려와 롱사를 두들겨 패면서 욕을 퍼부었다.

"너 그 불쌍한 것을 왜 헐뜯는 게냐? 웬 후레아들 놈이 네 집구석에 와서 주인 행세한다, 이거냐?"

조로도 한마디했다.

"나는 거짓되지 않게, 진실하게 이야기하는 운명이고자 합니다. 내가 내일 당신 가축을 많이 안 잡아먹을 운명이었으면 합니다!"

셋이 함께 가축을 돌보러 나갔다. 조로가 숫양 아홉 마리를 죽이고, 큰 솥을 신통력으로 모으고, 롱사를 위협하여 그 고기를 전부 삶았다. 고기를 꺼내 향을 피우고 모든 수호신에게 빌었다.

"위에 계신 나의 아버지 코르모스타 하늘님이시여!
다음으로는 아수라계의 열일곱 하늘님들이시여!
곁에 계신 서른세 하늘님들이시여!
나의 어머니 납사 쿠르제 할머니시여,
나의 통역 아리야 알람카리 흰 여하늘님이시여!
삼백 가지 서로 다른 말을 하는 나의 수호신들이여!
모와 구시, 당보, 나의 예언자들이여!
산들의 칸이신 오와 군지드,* 황금 세계의 내 화신 아버지시여!

---

* Oo-a Günjüd. 그러나 대부분 오와 군지드(Oo-a Günjid)로 나오기 때문에 한글 표기를 통일.

"승리의 세 누이들이여!
위에 계신 시방 세계의 부처님, 수호신들이여!
아래 계신 나의 사대 용왕이시여!
여러분께서 모두 가라고 하셔서 제가 인간 세상에 태어났습니다.
태어난 이후로 처음 모든 분에게 저의 못난 모습을 보입니다.
제가 정결한 제물을 바쳐 기도드리옵니다."

"우리의 코흘리개가 황금 세상에 태어나 있다.
우리의 코에 아름다운 냄새가 스며든다.
이것은, 태어나 우리에게 자신의 징험을 보여주는 것이다."

모든 수호신이 말했다.

그들 모두에게 빌고 나서 자사와 롱사 앞의 큰 식탁 위에 음식을 놓아주었다. 자사는 양껏 먹었다. 롱사는 게세르(조로)의 위세에 눌려 아무것도 먹을 수가 없었다.

조로가 수호신들을 모아 여러 사람의 모습으로 만들어 음식을 전부 먹어치웠다. 롱사가 일어나 집으로 도망쳤다. 자사와 조로는 함께 가축을 돌보러 갔다.

롱사가 아버지, 어머니에게 말했다.

"당신의 아들 조로가 숫양 아홉 마리를 잔인하게 죽였습니다. 솥을 여러 개 모아 와서 전부 삶았습니다. 고기를 삶아 건져낸 뒤에 실없이 '위에 계신 하늘님'이라고 합니다. '아래 세상의 용왕들'이라고 합니다. 부처님들이니 뭐니 헛소리를 합니다. 또 뭐라뭐라 했더라? 하여튼 헛소리를 지껄여댑니다. 저는 무슨 말인지 모르겠습니다.

자사와 저에게 고기를 갖다주었습니다. 저는 양이 불쌍해서, 마음이 상해서 못 먹었습니다. 가축이 다 어디로 갔는지 모르겠습니다. 고기를 먹을 때 헛것들이 수많은 사람으로 나타났습니다. 조로가 '내려오시오! 내려오시오!' 하고 헛소리를 하면서 달려가 맞이해 말들을 끌고 왔습니다. 그들 모두가 잔치 고기를 전부 먹어치웠습니다."

그러자 노인이, "이런 죄받을 것, 이런 악독한 것!" 하고는 채찍을 들고 가축 떼가 있는 곳으로 뛰어갔다. 높은 데로 올라가 노인이 손으로 차양을 만들어 둘러보았다. 조로 옆으로 수많은 가축이 있었다. 그러나 노인의 눈을 신통력으로 가려 가축이 전혀 보이지 않도록 했다. 노인이 집으로 뛰어 돌아왔다.

"한 마리도 안 보인다. 오오, 맙소사! 조로, 너 이놈!"

셍룬 노인이 벼르고 앉았다. 벼르고 앉아 있자니 조로가 가축 떼를 떠들썩하니 몰고서 노래를 부르며 돌아왔다.

노인이 "오냐, 전부 다 온전히 몰고 온 척하겠다, 이거지? 너 이놈, 내가 벌써 다 알고 있다!" 하고는 채찍을 들고 마주 나갔다.

조로를 채찍으로 때리자, 조로가 채찍을 빼앗아 던져버렸다. 노인이 조로를 붙잡았다. 조로가 "아이고, 아야! 나 죽네!" 하고 쓰러지는 척하면서 노인을 제 위로 들어 던져버렸다. 노인이 "아이고, 아야! 아이고, 아파!" 하면서 악을 썼다.

"조로, 너 이 다된 새끼! 아이고, 아야!"

노인이 앓는 소리를 냈다. 아모르질라가 달려왔다.

"영감, 또 왜 그래요? 무슨 일이에요?"

"아들을 낳았다고 생각했는데, 자네가 한 말이 모두 참말이었네. 악마의 화신이었던 게야. 숫양 아홉 마리를 잔인하게 잡아먹었다네. 이놈이 내가 때리려고 하니까 제 검은 머리 위로 심하게 들어 던져버렸네. 내 몸이 부서졌나, 어찌 이러나? 엄청나게 아프네."

"아프겠으면 아프든지. 롱사가 전에도 송아지를 잡아먹었다고 깽깽거리고 왔지. 그게 사실이었나? 이제는 숫양 아홉 마리를 죽였다고 하네. 당신 몸뚱어리를 집어던진 것도 사실이겠지. 숫양을 당장 세어봐!"

아모르질라가 악을 썼다.

노인이 나가 숫양을 헤아려보았다. 숫양이 모두 온전히 있었다. 노인이 들어왔다.

"이런, 제기랄 놈의 롱사 자식! 어떻게 된 노릇이냐?"

노인이 부르짖었다. 아모르질라가 악장을 쳤다.

"얘, 조로야! 너 어쩔 거냐?
집을 지은 사람을 뒤에 앉아만 있었다는 둥,
나무를 다듬은 사람을 먼저 갔다는 둥,
너를 롱사가 죽이려 하고 있는데.
이제 롱사가 무슨 말을 하면,
롱사의 말대로 영감이 두들겨 패겠다고 가면,
칼로 찔러 죽여라!
네 못나 덜 떨어진 꼴을 난들 어떻게 이루 다 보겠니?"

조로가 롱사를 꾸짖었다.

"형이 없을 때, 혼자서 가축 떼도 길렀어. 혼자서도 군말 없이 돌보고 다녔다고. 내가 날마다 잡아먹는다고 하면 내가 이 가축을 어떻게 기르겠어? 내게 무슨 원한이라도 있는 거야? 거짓말을 자꾸 해서 분란을 일으키는 이유가 대체 뭐냐고?"

롱사는 아무 말도 하지 못했다. 자사 시키르가 웃었다. 노인이 롱사에게 말했다.

"예라, 이런 망할 녀석. 조로 말이 모두 참말이 아니고 뭐냐? 네가 이 뒤로 한마디라도 지껄였다가는 흠씬 두들겨 맞을 줄 알아라."

이튿날 아침, 노인이 속으로 '내 아들 놈들 셋은 함께 잘 지내지 못한다. 이제 가축을 내가 돌봐야 할까 보다' 하고 생각하며, 자사를 데리고 가축을 몰고 갔다. 그날 저녁 노인과 자사가 소리 없이 가축을 몰고 왔다.

그 다음날 노인이 롱사를 데리고 갔다. 둘이 가축을 돌보고 다니다가 양 세 마리를 늑대에게 잡아먹혔다. 노인이 저녁에 돌아와 말했다.

"내가 가축을 돌보고 다녔다. 이 못난 롱사가 양을 돌보고 다니다가 양 세 마리를 늑대에게 잡아먹혔다."

"아버진 내가 그랬으면 나를 때렸겠지요. 모자란다고 나를 안 데려가기를 잘하셨네요."

조로가 말했다.

이튿날 아침, 노인이 조로를 데리고 가축을 몰고 나갔다. 조로는 먼 데 있는 산을 가까이 끌어들이며 다녔다. 양 떼의 끄트머리로 가려고 하는데 늑대가 달려가고 있었다. 조로가 물었다.

"아버지, 저 늑대가 왜 달려가는지 아시겠어요?"

"어떻게 알아? 양을 노리고 달려가는 거겠지."

노인이 대꾸했다.

"그렇지요! 아버지께서 저 늑대를 활로 쏘세요. 맞히면 숫양을 잡아 고기를 내게는 주지 마시고 아버지가 다 잡수세요. 아버지가 놓치시면 내가 쏘겠습니다. 내가 맞히면 제가 숫양을 한 마리 잡아 고기를 내가 먹기로 하지요. 아버지께서는 못 잡숫도록 하겠습니다."

노인이 그러자고 하며 늑대에게 활을 쏘았지만 화살이 닿지 않았다.

"아버지, 이제 내 차례예요."

조로가 다짐했다. 노인이 그렇다고 했다. 조로가 쏘자 늑대가 화살에 맞았다.

"아버지는 노인이십니다. 따뜻한 허리 두르개를 만드세요."

조로가 노인에게 늑대를 주었다.

조로가 이제는 노인을 신통력으로 꼼짝 못하게 했다. 양 아홉 마리를 죽였다. 솥을 여러 개 모아놓고 양을 잡고 있을 때, 노인이 '이 망할 놈의 자식, 조로야!' 하고 소리를 지르려고 했으나 소리가 나오지 않았다.

'이런, 제기랄 놈!' 하고 일어나려 했지만 몸을 일으킬 수 없었다. 이제 노인은 아무 소리도 내지 못하고 앉아 있었다.

조로가 양고기를 꺼냈다. 전과 마찬가지로 수많은 수호신들을 불러모아 수많은 사람의 모습으로 되게 하고, 노인 앞으로 음식을 갖다 놓았.

노인이 게세르(조로)의 위세에 눌려 먹을 수가 없었다. 조로가 신통력으로 여러 사람이 되어 고기를 전부 먹어치웠다.

이제 두 사람이 일어났다. 노인은 일어나자마자 집으로 달아났다. 조로는 가축에게로 갔다. 노인이 집에 가서 아내에게 넋두리를 해댔다.

"아이고, 아이고, 이런, 내가 이래 가지고! 롱사가 한 말이 모두 사실이었어. 숫양 아홉 마리를 죽였어. 고기를 혼자서 다 처먹었어. 아모르질라! 당신이 악마라고 한 그 말이 정말이야. 마구니일까, 망고스*일까? 그놈이 가축을 다 잡아먹고 나면 나를 잡아먹을 게야, 그놈이!"

노인이 그렇게 넋두리를 하고 있는데 조로가 가축 떼를 몰고 돌아왔다. 노인이 채찍을 들고 나섰다.

"이놈 조로야! 네놈은 호랑이냐, 늑대냐?"

노인이 채찍으로 때렸다. 채찍으로 때리자 조로가 덤벼들었다.

"노인네! 왜 이래요, 뭐예요?"

"어째서 양들을 죽였느냐?"

"가요, 우리 둘이 여기서 해결할 수 있는 일이 아니잖아요. 자사 형에게 판단을 받아봅시다."

조로가 노인을 끌고 갔다. 노인이 말했다.

"이 나쁜 조로 녀석과 나, 단둘이서 양을 돌보고 다닐 때 양 떼 끄트머리로 늑대가 달려갔다. 이 못된 놈이 내게 말을 하더라. '아버지, 저 늑대가 왜 달려가는지 아시겠어요?' 하고 말이다. 그래서 양을 잡아먹으려고 가는 거라고 했지. 그랬더니 '아버지 우리 둘이 내기를 합시다!' 하는 거야. 그래서 안 될 거 없다, 뭐냐고 했지, 내가. '저 늑대를 쏘아 맞히세요. 맞히면 양을 잡아서 내게는 입도 못 대게 하세요. 아버지 혼자 잡아 잡수세요' 하더라고. 그래서 그러자고 했지. '아버지가 못 맞히면 내가 쏘지요. 만일에 내가 맞히면 저 혼자 먹겠습니다' 하는 거야. 그러라 하고 우리 둘이 활을 쏘았지. 나는 노인이라 닿지가 않았어. 결국 조로가 쏘아서 죽였지."

조로와 노인이 함께 예의 양을 먹은 이야기를 늘어놓았다.

---

* 몽골 옛이야기에 단골로 등장하는 식인 괴수. 흔히 사람의 머리에 괴물의 몸뚱이로 묘사되는데, 머리가 여럿이고 대단히 힘이 세다. 예쁜 여자를 좋아해 억지로 아내로 삼으려 들다 실패하기 일쑤이고, 엄청나게 부자이며 욕심 사나운 바보로 묘사된다. 이 작품에서는 우리의 주인공인 게세르의 주적이다.

"그보다도 어제 롱사와 가축을 돌보다가 양 세 마리를 늑대에게 잡아먹혔다면서요? 내기로 활쏘기를 하다니 아버지 잘못입니다. 그러니 노인네가 잠자코 계세요!"
자사가 말했다. 노인이 '이 아이 성품은 영판 다르구나' 하고 갔다.

다음날 다시 조로를 데리고 가축을 돌보러 갔다. 까치가 말 떼, 소 떼의 가장자리로 날아다녔다. 여우가 소 떼 곁으로 달려갔다.
"아버지, 아세요? 여우와 까치가 왜 저렇게 가축 곁으로 돌아다니는지?"
조로가 물었다. 노인이 모른다고 했다.
"까치는 안장에 쓸린 말의 상처를 쪼겠다고 다니는 것 아닙니까?
그 때문에 척추가 상해서 말이 죽는 것 아닙니까?
여우가 물어뜯던 풀을 소가 먹습니다.
그 때문에 소가 중독되어 죽는 것 아닙니까?
이 둘을 우리 둘이 쏘아서 죽입시다. 우리 둘 중에 누가 죽이면 소 한 마리, 말 한 마리씩을 잡아먹읍시다. 진 사람은 서로 입에 대지 못하게 합시다."
조로의 제안에 노인이 그러자고 했다. 까치를 쏘았다. 노인의 화살이 닿지 못했다.
"아버지! 여우는 바로 저거잖아요? 어떻게 쏘시는 거예요!"
노인이 가까이 있구나 하고 기뻐하며 시위를 당겼다. 조로가 신통력으로 화살이 메겨지지 않게 했다.
"이런, 어떻게 된 거야, 내가!"
노인이 다시 활을 펴서 당겼다. 그래도 화살이 안 메겨졌다.
"아버지, 빨리요!"

조로가 재촉했다. 노인이 깜짝 놀라 쏘았다. 화살이 닿지 않았다. 조로가 까치와 여우를 쏘아 죽였다. 여우를 노인에게 주었다. 조로가 말 떼에서 살진 암말 한 마리를 골라 죽였다. 소 떼에서 살진 소 한 마리를 골라 죽였다.

노인이 다시 '이런 망할 놈!' 하고 소리치려고 했으나 말을 할 수 없었다. 조로가 고기를 익혔다. 노인에게도 갖다주었다. 노인은 먹지 못했다. 조로가 신통력으로 모두 먹었다.

조로가 고기를 다 먹고 앉아 노래를 불렀다.

"말의 상처를 쫀다고, 까치가?
소를 중독시킨다고, 여우가?
그 둘을 쏘아 죽인다고, 노인네가?
이보다 더 민망한 일이 어디 있을꼬?"

노인이 일어나 있는 힘을 다해 집으로 뛰어 도망쳤다.
"이제 저놈과 같이 어울리지 말아야지. 내 가축을 다 잡아먹고 나면 나를 잡아먹을 거라고. 저놈이 하는 짓으로 보아 마구니가 아니라 망고스가 틀림없어, 저놈은!"
노인은 그날 있었던 일을 아내에게 말했다.

'이 세 아들 가운데 어느 놈과 살아야 할까?'
노인은 메추라기를 장대올가미로 잡아 가죽부대에 넣고 아가리를 묶었다. 노인은 자사와 함께 하이낙 소*에 올라타고 갔다. 메추라기가 푸드득대자 소가 놀라 껑충 뛰어오르며 두 사람을 내동댕이쳤다. 노인이 죽은 척하고 엎드려 있었다.

"아이고, 아버지! 안 됩니다!
사냥을 가르쳐주시기 전에는!
아이고, 아버지! 안 돼요!
대상隊商 일을 가르쳐주시기 전에는!
아이고, 이런!"

이렇게 말하고 자사가 울면서 돌아가자 잠시 후에 노인이 소를 타고 집으로 돌아왔다.

이튿날, 롱사를 태워 데리고 갔다. 전날처럼 소가 펄쩍 뛰어올라 두 사람을 내동댕이쳤다. 노인이 죽은 척하고 엎드려 있었다. 롱사가 울면서 돌아가자 노인이 소를 타고 돌아왔다.

다음날 아침, 조로를 태워 데리고 갔다. 가는 도중에 한 중국 사람이 밭에 씨를 뿌리고 있었다. 밭가에 세워놓은 나무 위로 까치가 날아다녔.

먼저처럼 메추라기가 푸드득대자 소가 껑충 뛰어오르며 두 사람을 내동댕이쳤다. 노인이 죽은 척하고 엎드려 있었다. 조로가 달려가 소를 잡더니 큰 소리로 우는 척했다. 울다가 울음을 그쳤다.

"내가 운다 한들 이 산이 버릇을 가르칠쏘냐?
산 옆에 나무가 버릇을 가르칠쏘냐?

---

*티베트, 몽골의 북서부 고지대에서 자라는 사를락 소(야크)와 몽골 소(한국 소와 흡사)의 튀기. 일반 소보다 힘이 세고 사를락 소보다 온순하나 2세가 잘 배태되지 않아 숫자는 그리 많지 않다고 한다.

이 악독한 중국 놈이 씨를 뿌리지 않고,
밭가에 나무를 안 세웠으면,
까치가 왜 날아다니겠는가?
소가 왜 놀라 뛰어올랐겠는가?
우리 노인네가 왜 죽었겠는가?
내 이 중국 놈을 가만두지 않겠다!"

조로가 중국 사람에게로 가서 이야기를 늘어놓았다.
"지금 네가 죽은 사람을 산 사람으로 물어내라는 말이냐? 썩 꺼져라!"
중국 사람이 무시하며 소리치자, 조로가 중국 사람의 밭을 작신작신 뭉개면서 다녔다. 중국 사람이 약이 올라 뛰어오더니 빌었다.
"무슨 분부든 하겠네. 분부대로 하겠으니 내 밭만은 망치지 말아주게!"
"당신을 벌하는 건 그만두겠소. 대신 이 산의 나무를 베어오시오. 아버지를 승천하시게 해야겠소!"
중국 사람이 조로의 말대로 산의 나무를 베어다 주었다. 조로가 아버지 옆에 나무를 쌓아올렸다. 큰 불을 피웠다. 불이 활활 타오르자 노인이 눈을 뜨고 노려보았다.
"아버지! 죽은 사람이 눈을 뜨고 죽으면 아버지 내생에도, 자식들에게도 나쁜 징조라고 합니다."
조로는 아버지의 눈에 흙을 뿌려 눈을 감게 했다.
불이 활활 타오르자 노인이 두 다리를 움츠렸다.
"죽은 사람이 두 다리를 움츠린 채로 죽으면 남은 처자식의 관절이 펴지지 않는다고 합니다."
조로는 거대한 나무를 들고 와서 제 아버지의 두 다리 위에 놓았다.

그러고는 아버지를 활활 타오르는 불로 지고 갔다. 불에 던지려 할 때 노인이 말했다.

"조로야, 네 아비는 죽지 않고 살아 있다."

"아이고, 아버지! 죽은 사람이 소리를 내면 아버지 내생에도, 살아 있는 후손에게도 나쁜 징조라고 했어요."

조로가 노인의 말에 짐짓 놀란 듯 대꾸하고는 제 아버지를 불에다 던졌다.

"아이고, 육시랄 놈아! 이놈아, 아비가 죽지 않았다는데 산 채로 죽이는 거냐?"

노인이 다급하게 소리를 질렀다.

"우리 아버지가 죽지 않았구나. 좋다!"

조로가 노인을 소에 싣고 돌아왔다. 노인이 집에 와서는 마누라에게 말했다.

"세 아들과 가축을 돌보러 다녔네. 세 아들의 장단점을 저울질해보자는 것이었지. 우리 자사는 용감한 사람이 될 게야. 우리 롱사는 한 옆으로 비켜 조용히 먹고사는 사람이 될 거야. 그래도 우리 조로에게는 못 미칠 게야."

그렇게 말하고 노인이 나갔다.

노인의 마누라(롱사의 어머니)가 사악한 생각을 했다.

'버려진 계집한테서 낳은 아들이 우리 두 아들보다 크게 된다는 게 무슨 말이야? 그놈을 내가 빨리 없애버려야겠다!'

노인의 마누라는 두 아들에게는 근사한 음식을 만들어 식탁에 놓아주고 조로에게는 따로 독이 든 음식을 해서 놓았다.

세 아들이 저녁에 돌아왔다. 자사와 롱사가 식탁으로 가서 음식을 먹기 시작했다. 조로는 그쪽을 보고만 있었다.

"얘, 조로야! 왜 보고만 있니? 식탁으로 와서 밥 먹어라."

어머니가 말하자 조로가 달려갔다. 그릇에 음식을 받아들고 앉아 얘기를 했다.

"어머니, 아버지께서 전에 우리에게 그릇의 몫을 갈라주셨지요. 오늘부터는 가축을 몫을 지어 갈라주실 것입니다. 두 형은 밥을 먹었습니다. 부모님께 데게지*를 바치지도 않고요. 나야 안 먹으면 어떻습니까?"

조로가 아버지에게 독이 든 자기 음식을 데게지로 바쳤다. 아버지가 모르고 받아서 먹으려고 하는데 조로가 잡아당겨 빼앗아 어머니에게 주었다. 어머니가 부끄러워서 받아먹으려고 하는데 다시 잡아당겨 빼앗았다.

조로가, "깨져도 벌써 깨질 큰 솥이 이것이었다!" 하면서 자기 음식을 솥에 부었다. 솥이 깨졌다. 아리쇠**에 끼얹었다. 아리쇠가 부러졌다. 위로 지붕창***에 뿌렸다. 지붕창이 부서졌다.

"죽어도 벌써 죽을 누렁개였다!" 하고 개의 머리에 끼얹었다. 개의 머리가 두 쪽이 났다. 조로는 남은 음식을 먹고 발바닥으로 스며 나오게 해서 용왕들과 함께 있는 누나에게 공양을 했다.

---

* degeji. 어떤 사물의 최고로 여겨지는 부분. 음식물의 경우 솥에서 맨 처음 퍼서 신불神佛이나 어른께 바치는 부분. 여러 음식물 중에 고아내린 술을 가리키며, 나아가 위대한 예술가의 작품 중 최걸작품을 가리키기도 한다.
** tulγan(톨간). 게르 정중앙에 피우는 난방·취사용 불길로부터 주변을 보호하고 그 위에 솥 따위도 걸 수 있는 단단한 쇠 테두리. 가족 간의 단결과 화목, 가족에 대한 충실한 보호를 상징한다. 사람 이름에 쓰일 때는 남자 이름으로만 사용. 『몽어유해』에 아리쇠(鍋撑子), 김형수(1974: 248).
*** 엄밀하게 말하면 환기·채광을 위해 게르 정중앙 꼭대기에 낸 창의 둥근 돔형 나무 창틀. 서까래격인 오늬를 끼울 구멍이 나 있다. 모전으로 만든 네모 덮개 우르흐와 함께 천창을 이룬다. 우르흐에 달린 긴 끈을 게르 밖에서 당겨 덮거나 벗길 수 있다.

종달새 목구멍 골짜기에서

셍룬 노인이 자신의 원래 나라로 돌아가 여러 사람들의 가장자리에 천막을 쳤다. 초통 노얀이 사냥하러 다니다가 그 모습을 보았다.
"어이, 저 근사한 흰 게르가 누구의 것이냐? 저 수없이 많은 가축은 누구의 것이냐? 저 집과 가축이 누구의 것인지 물어보고 오너라!"
초통이 사람을 보냈다. 다녀와서는 셍룬 노인네 것이라고 했다. 초통 노얀이 게르 옆으로 다가와 물었다.
"어이, 이렇게 많은 가축과 흰 게르 궁궐을 누가 주었나?"
조로가 다가서며 초통 노얀에게 말했다.

"쇠를 모르는 줄칼이오, 당신은?
제 태생도 모르는 개요, 당신은?
당신이 제 형을 쫓아낸 것을
위에 계신 하늘님, 아래 계신 용왕님들이
모두 불쌍히 여기어 주신 집이고 가축이오.
에라, 이 못된 작자를 보게나!"

"오냐!
일곱 악귀가 날마다 사람 칠백 명, 말 칠백 마리씩
닥치는 대로 잡아먹고 있다 한다.

조로와 그 어미를 선물로 주자.
오늘은 너희 둘이 일곱 악귀에게 가거라!
일곱 악귀가 이것들을 잡아먹게 하라!
훗날에는 다른 사람을 주겠다."

조로의 말을 듣고 초통 노얀이 저주의 말을 퍼붓자, 조로가 "좋다"고 하며 웃었다.
"아이고머니나, 넌 어쩌자고 웃는 게냐? 난 훌륭한 아들을 낳았거니 하고 생각했는데. 망할 것! 못된 아들을 낳았네, 내가! 일곱 악귀라는 것들이 날마다 사람 칠백 명, 말 칠백 마리씩을 잡아먹고 있다고 하지 않느냐? 너와 나를 일곱 악귀가 잡아먹으라고 가라는 것 아니더냐?"
아모르질라가 퍼부었다.
"어머니, 쉿! 어머니는 여자라 모르십니다. 여기서 살면 초통 아저씨가 우리를 죽일 것입니다. 그리로 가서 일곱 악귀에게 잡아먹히나 마찬가지입니다."
조로가 어머니를 달랬다.
'어기뚱', '지꾸뚱'이라는 이름의 하이낙 소 두 마리에 쓰러져가는 검은 천막을 싣고 '종달새 목구멍'*이라는 골짜기로 향했다.
종달새 목구멍 어귀에 이르러 쓰러져가는 검은 천막을 세웠다. 어머니에게 불을 피워주고 나서 사냥을 하러 갔다. 조로가 들쥐 열네 마리를 잡아왔다. 어머니가 들쥐 일곱 마리를 굽고 일곱 마리를 삶았다.
저녁이 되자 일곱 악귀가 자기들 앞으로 사람 백 명을 몰고, 자기들 뒤

---

* bolǰomor-un qoyoloi. '종달새의 골짜기'라는 해석도 가능하다.

로 말 백 마리를 끌고 왔다. 조로가 맞아 나갔다.

"아이고! 시방 세계의 지배자, 어진 게세르 카간이 어이 오셨소이까? 우리는 무서워 죽겠소이다."

일곱 악귀가 말했다.

"그대들이 오는 것을 내가 알았소이다. 그대들은 날마다 사람 칠백 명, 말 칠백 마리를 운 좋은 이나, 운 없는 이나 가리지 않고 닥치는 대로 잡아먹는다고, 그대들에게 잡아먹히라고 초통 아저씨가 나를 보냈소이다. 뒷날 다른 사람을 또 주겠다고 했소이다."

조로가 대답했다.

"시방 세계의 지배자, 자비로우신 게세르 어진 카간이시여! 이 어인 말씀이시오? 우리는 두려워서 죽겠소."

"자, 나를 안 먹겠다면 내 누추한 집에 들러 차와 국이라도 들고 가시오."

조로가 청했다.

일곱 악귀가 말에서 내렸다. 일곱 악귀에게 열네 마리의 들쥐를 주었다. 일곱 악귀는 들쥐 한 마리도 다 먹지 못했다.

"내가 그대들에게 선물을 하나 보여주겠소. 일곱 마리의 준마를 내게 주시오."

"아이고, 일곱 마리 준마를 드리면 우리는 무엇을 타나요?"

조로의 말을 듣고 일곱 악귀가 서로 의논했다.

"내 이 흰 나무 일곱 개를 타고 가시오.

'산을 가로질러라!' 하시오.

'바다를 갈라라!' 하시오.

'바위가 부서져라 돌진하라!' 하시오.

'바다를 갈라라!' 하고 달려가시오.
당신네 일곱 마리 준마보다 훨씬 능력이 있소.
이것이 내 선물이오."

조로가 말하자, 일곱 악귀가 기뻐하며 흰 나무에 올라타고 갔다. 가다가 "산을 가로질러라!" 하고 말했다. 딱 게세르의 말대로 가로질러 갔다.
"이제야 우리가 빠른 말을 타고 다니게 되었네그려. 바다에서는 더 대단하다고, 바다에 들어가면 아주 근사하다고 하던데……."
일곱 악귀가 바다로 달려들어 갔다. 일곱 개의 흰 나무는 바다 가운데로 뛰어들어 일곱 마리의 물고기가 되었다. 일곱 악귀는 바다 바닥에 떨어져 죽었다. 일곱 개의 흰 나무는 제 주인에게로 돌아왔다. 일곱 악귀를 조로가 신통력으로 죽이고 일곱 마리의 준마를 차지했다.

그때 사르타그친, 아야가친, 볼리야그친*이라고 하는 사람들 삼백 명이 조로의 천막 근처로 처자들까지 데리고 사냥을 하러 왔다. 조로가 그것을 신통력으로 알고 화신 하나를 상체는 황금, 하체는 은에다가 조개같이 흰 발톱을 가진 족제비로 만들어 놓면서 우쭐대며 그들과 마주치러 갔다.
그 삼백 명의 사람들이 사냥을 멈추고 족제비를 감탄하며 구경했다. 해 저물녘에 조로가 족제비를 데리고 돌아왔다. 그 사람들이 그곳에서 묵었다.
밤에 그 사람들 중 한 사람이 와서 말했다.

---

*말 그대로 하면 각각 '회교도', '하녀', '강탈자'의 뜻이다.

"에, 우리에게 어린 아기씨가 계신다. 족제비를 빌려주겠는가? 가지고 놀고 나서 돌려주신다고 하는데."

"내 족제비를 잃어버리면 거세마 삼백 마리로 대신 물겠습니까, 댁들은?"

조로가 묻자, "주마"고 했다.

"댁은 높은 사람의 말을 전하는 사람이요, 자기 의사대로 말하는 사람이오? 가서 묻고 오시오."

조로가 말했다.

그 사람이 가서 물어보고 다시 와서 말했다.

"네 족제비를 잃어버리면 거세마를 주시겠다고 한다."

"내 족제비를 잃어버리면 정말 안 되오. 조심하시오!"

밤이 되자, 족제비가 제 주인 조로에게 돌아왔다.

조로가 이튿날 아침 일어나 그 사람들에게 가서 족제비를 돌려달라고 했다. 그 사람들은 족제비에게 솥을 씌워놓았다. 솥을 들춰보니 족제비가 없자 "네 족제비가 땅을 파고 나갔다"고 했다.

"족제비가 원래 위에, 하늘에서 내려오는 것이었소? 땅에서 나오는 것을 알면서도 일부러 못살게 굴면서 안 주는 것 아니오, 당신들? 대가로 거세마 삼백 마리를 주시오!"

조로가 약속을 이행할 것을 요구했다.

"넌 우리의 거세마 삼백 마리를 가질 만한 사내 중의 사내가 아니다. 그러니 어쩔 테냐, 네 녀석이?"

그렇게 소리치고 가버렸다.

조로가 걸어서 그 사람들의 뒤를 따라갔다. 그 사람들이 두 개의 크고 높은 산 사이로 들어가자 조로가 이쪽의 높은 산의 꼭대기 위로 뛰어 올라갔다. 거대한 바위를 하나 쑥 당겨 뽑아 그 바위로 저쪽 산꼭대기를 때렸다.

이어, 저쪽 높은 산을 들어올리자 이쪽 산 역시 흔들렸다. 두 산을 들어올려 흔들자 돌이 쏟아져 밑에 있는 삼백 사람과 말을 때렸다. 이쪽으로, 조로 쪽으로 달아났으나 계속 흔들어 돌을 떨어뜨렸다.

그러자 그들이 말했다.

"오, 자비롭고 거룩한 이여! 저희를 죽여도 가장 험하게 죽이시려는군요. 무슨 분부든 내리십시오. 우리는 당신께서 분부하시는 대로 따르겠습니다!"

"내게 분부 따위는 당치 않소. 내 족제비를 돌려주시오."

조로가 요구했다.

"당신의 족제비는 사라졌지 않습니까? 당신 분부대로 따르겠습니다."

그 사람들 모두가 애원했다.

"굳이 내 분부라고 할 것 같으면, 당신들은 수염과 머리를 깎으시오! 불교에 귀의하시오! 계를 받으시오!"

남자나 여자나 모두 나서서 수염과 머리를 모두 깎았다. 그들을 불교에 귀의케 하고 거세마 삼백 마리를 받아 돌아왔다.

조로가 일곱 악귀의 준마, 삼백 명 무리의 준마인 그 많은 거세마를 데리고 가서 쓰러져가는 검은 천막 밖에다 두고 여름을 났다.

조로가 떠난 뒤 형 자사 시키르는 눈물로 세월을 보냈다.

"우리 코흘리개 조로를 초통 노얀이 미워해 일곱 악귀에게 잡아먹히라고 보냈다. 일곱 악귀가 잡아먹었을까? 잡아먹었으면 나는 일곱 악귀와 싸우다 죽겠다! 살아 있을까? 살아 있다면 아우를 만나보자!"

날개 달린 총이말*을 탔다.

미늘 갑옷을 입었다.

쟁쟁함이라는 이름의 투구를 보석 머리에 썼다.

서른 대의 흰 화살을 화살통에 담았다.

검은 활을 잡았다.

쿠르미라는 이름의 초강력 순정 무쇠칼을 찼다.

종달새 목구멍을 향해 갔다. 종달새 목구멍 어귀에 수많은 거세마가 있는 것을 보았다. 일곱 악귀가 우리 코흘리개 조로를 잡아먹고 있다고 여긴 자사 시키르가, 쿠르미라는 이름의 초강력 순정 무쇠칼을 앞으로 겨누고 날개 달린 총이말의 뒷다리 허벅지를 힘껏 차며 달렸다.

많은 말 떼 가운데 쓰러져가는 검은 천막이 있는 것을 보았다. 날개 달린 총이말을 숨겨 매어놓았다. 초강력 순정 무쇠칼을 홱 뽑아들고 몰래 후닥닥 뛰어와서 엿보았다. 코흘리개 조로가 제 집에서 땀을 흘리며 데겔을 벗어부치고 앉아 있었다. 자사가 칼을 집어넣고 뛰어갔다.

"아이구, 자사 형!"

조로와 자사가 서로 끌어안고 울었다. 자사와 조로가 울고 있을 때 황금 세상이 모두 떨리고 흔들렸다.

"자사 형,

내가 죽었으면 일곱 악귀를 죽이겠다고 이렇게 왔구나.

살아 있으면 나를 만나려고 이렇게 왔구나.

---

* 파르스름한 빛이 도는 잿빛 말. 중세국어 총이몰(靑馬).

그대는 이처럼 용감하구나! 오, 나의 형이여!"

조로가 기뻐하며 향을 피워 황금 세상을 진정시키고, 자사 시키르에게 말했다.

"봐, 형! 나는 이제 코훌리개 조로가 아니야. 시방 세계의 지배자, 자비롭고 어진 게세르 카간이 나 아니우. 형, 이 얘기를 다른 사람들에게는 하지 마. 열다섯 살이 될 때까지 모든 마구니를 조로가 몸소 다니면서 평정할 생각이야. 그렇기 때문에 형에게는 나, '게세르의 몸'을 보여주며 형을 데리고 다닐 거야."

자사 시키르가 웃었다.

"저 삼백 마리를 불쌍한 아버지에게 갖다드려. 이 일곱 마리는 형이 가져. 난 죽지 않아."

조로가 말했다.

자사 시키르가 많은 말을 몰고 떠났다. 초통 노얀이 맞아 나와 물었다.

"자사, 너 이 많은 말들을 누구에게서 받은 거냐?"

"조로를 일곱 악귀가 잡아먹고 있었어요. 내가 일곱 악귀들을 죽이고 말을 빼앗아 왔지요."

"그 못된 놈, 죽었으면 죽으라지. 네가 무사히 돌아왔으니 다행이다."

그렇게 말하고 초통이 사라졌다. 자사가 아버지에게 말 삼백 마리를 주었다.

"그래, 내 아들이 주었단 말이지."

노인이 기뻐했다.

그때 '날선 칼'이라는 이름의 망고스가 하늘을 찌르도록 지은 쿠르메라는 이름의 탑* 꼭대기 위에 올라앉아 있었다.

아침 해를 남쪽 사람들에게 안 보여주고
한낮의 해를 서쪽에 있는 사람들에게 안 보여주고
저녁 해를 북쪽에 있는 사람들에게 안 보여주고
사람을 하루밤낮 거리에서 보아두었다가
한나절 거리에서 덮쳐 삼키는 것을 조로가 알고
누추하고 더러운 땅굴토끼 사냥꾼으로 모습을 바꾸고
그곳으로 갔다.

탑 밑으로 구멍을 파는 시늉을 하며 엎드렸다. 망고스가 소리를 내어 물었다.
"너는 뭐 하는 사람이냐?"
"오, 자비로운 이여! 내게는 그대에게 도발할 이유가 없습니다. 나는 없이 사는 가난한 자로서 땅굴토끼를 사냥하고 다닙니다. 나는 이 구멍으로 들어간 땅굴토끼를 파내느라고 엎드려 있습니다."
망고스가 잠자코 있었다.
탑의 이쪽 바닥에서 저쪽 바닥까지 질러 파고 나서 탑을 밀어 던졌다. 탑이 쓰러져 네 동강, 다섯 동강이 되었다. 망고스가 탑 꼭대기에서 떨어지자마자 으스러져 죽었다.
그가 망고스를 죽이고 돌아왔다.

---

* 1권 하26, Tngri-dü dabariyulju bariysan Kürme neretü suburyan. 탑의 이름과 게세르의 형 자사 시키르가 지닌 칼의 이름이 매우 비슷하나 둘 다 무슨 뜻인지는 확인되지 않는다.

사랑스러운 여름 골짜기

조로가 쓰러져가는 검은 천막을 싣고 어머니와 함께 자기 나라*로 갔다. 초통 노얀이 보고는 소리쳤다.

"아이쿠, 이런!"

조로가 "왜 그러오?" 하고 물었다.

'너를 일곱 악귀가 잡아먹었다고 자사가 그랬다. '내가 일곱 악귀를 죽이고 거세마를 데리고 왔소!' 하고 말했다."

"그래, 이제 자사와 나를 어쩔 셈이오?"

조로가 물었다.

"아니다! 네 어머니가 하겠다는 대로, 그렇게 해야지."

초통이 대답하자, 조로는 "내가 없는 데서 자사 형이 나를 뭐라고 헐뜯었을까?" 하고 중얼거리며 갔다.

다시 초통 노얀은 조로가 꼴도 보기 싫어 명령했다.

"오늘부터 종달새 목구멍에서 우리가 유목하겠다. 조로와 어머니는 사랑스러운 여름으로 가서 유목하라!"

조로가 "좋수!" 하고 웃었다. 어머니가 울면서 넋두리했다.

"아이고, 아이고! 이런, 염병할! 뭐가 좋아 웃고 자빠졌느냐, 네놈은?

---

* yeke ulus. '큰 나라,' 즉 '원래의 나라.' 몽골어 올로스(ulus)는 나라를 이루는 '사람들'에 무게가 더 실리는 개념.

너를 낳고 큰 일을 할 훌륭한 아들이라고 좋아했더니 망할 놈의 못난 아들놈을 낳았구나! 아이고, 내 팔자야!

사랑스러운 여름은
여름에 비가 안 오고, 겨울에 눈이 많이 오고,
허구한 날 흙바람이 부는 곳이 아니더냐?
소똥도 땔감도 없고, 사냥할 짐승도 없는
그런 메마른 땅이라고들 하더라.

아이고! 너와 나를 죽으라고 보내는 것이 아니냐? 초통의 나라 곁에 살면서 거친 모직이나 짜면서 목숨이나 연명하자, 우리!"
그러자 조로가 말했다.

"어머니 잠자코 계세요.
여자라서 모르시는데요.
염소가 짝을 찾았다고 합니다.
서로 들이받고 갈라섰다고 합니다.
여자가 짝을 찾았다고 합니다.
서로 다투고 헤어졌다고 합니다.
어머니 갑시다."

조로가 어머니를 데리고 가서 유목했다.

조로가 터를 잡은 뒤로 사랑스러운 여름은 상서롭고 훌륭한 고장이 되었다. 바닷물을 바로 문 앞까지 들어오게 했다. 집 옆으로 온갖 나무들을 다 자라게 했다. 그 모든 나무마다 과일이 열렸다. 온갖 종류의 짐승이 다 몰려왔다.

조로는 그곳을 난초 골짜기라고 이름 지었다.

조로가 사랑스러운 여름에서 사냥을 하러 다니는데 타지크의 에르데니 카간의 상인들 오백 명이 (중국의) 타이붕 카간에게 갔다가 하사품을 받아 돌아가고 있었다.

그 상단에는 사람의 검은 두 눈알 말고는 없는 것이 없었다. 그 상단은 못하는 일도 없었다. 조로가 자신의 분신 스무 명을 만들고 그 스무 명의 무리를 땅벌, 말벌로 만들어 상인들에게로 갔다. 그 사람들을 땅벌, 말벌들이 꼼짝 못하게 했다. 오백 명의 상인들이 나아갈 수를 찾지 못했다. 죽음이 다가오고 있었다.

"오, 자비로우시고 거룩하신 이여! 우리는 아무것도 모릅니다. 우리의 이 하사품을 가지시겠습니까? 마음대로 가지십시오. 우리를 데려다 동무로 삼으시렵니까? 우리가 그대의 동무가 되어드리겠습니다."

상인들이 빌었다.

"좋다, 가자!"

조로가 그들을 데리고 가 이렇게 명령했다.

"여기에다 관세음보살의 절다운 멋진 집을 지어라! 황금과 은과 쇠와 돌을 고루 써서 지어달라!"

오백 명의 상인들이
큰 바다 위에 돌다리를 놓았다.
거대한 바위로 기둥을 세웠다.

쇠로 서까래를 만들었다.
납으로 창을 만들었다.
그 창마다 야광주*를 박았다.
집에는 빛을 들였다.
지붕은 은으로 안을 대고,
황금으로 밖을 대었다.
대들보에도 야광주를 박았다.
이제 그 안에 관세음보살의 몸을 세웠다.
집 안 네 모퉁이에 빛나는 야광주 네 개를 달아놓았다.
관세음보살 앞에 여의보주 한 개를 달아놓았다.
다리 돌을 뽑았다.
거기서 집 안으로 감로수가 흘렀다.

오백 명의 상인이 아뢰었다.

"바람에 휘지 않고
비에 망가지지 않고
등불과 향이 꺼지지 않고
감로수가 끊어지지 않고
모든 것이 완벽하도록 지었습니다.
오, 어지신 카간이시여,

---

* 몽골어 γal erdeni는 '불 보석.' 몽골어 사전류에서 확인되지 않으나 와카마츠(1993:27)의 야광주夜光珠가 그럴 듯하여 차용하기로 한다.

그대의 마음에 드십니까?"

"좋소. 그대들의 말이 맞구려. 이제 내가 그대들을 돌려보내겠소. 그대들은 티베트를 거쳐 돌아가시오, 아니면 다른 곳으로 해서 돌아가시오?"
"거쳐갑니다."
상인들이 대답하자, 조로가 상인들에게 일렀다.
"초통의 집을 거쳐가시오. 그대들에게 그가 물을 것이오. '사랑스러운 여름을 거쳐왔는가?' 하고. 그대들은 '거쳐왔습니다' 하고 대답하시오. '그리로 코흘리개 조로가 갔다. 그 못된 놈이 죽었느냐, 살았느냐?' 하고 물을 것이오.
초통에게 이렇게 말하시오. '코흘리개 조로가 관세음보살의 절을 세웠는데 돌, 쇠, 은, 황금, 유리, 납, 이 모든 것을 고루 써서 지었습니다. 조로의 육신은 죽었습니다. 그 절은 주인 없이 비어 있습니다' 하고."

초통을 흠씬 두들겨 패다

그 상단을 보내고 나서 조로는 그 집 밖에다 가시 달린 나무로 뾰족한 말뚝 담장을 쳤다. 문은 하나만 냈다. 문에다 서른 길 되는 쇠줄을 달았다. 세 길짜리 말뚝을 두 개 만들어 쇠줄에 연결했다. 그중 하나를 땅에 박아 올가미로 만들었다. 말 탄 사람이 걸려들 만한 크기로 올가미를 조절해 놓았다. 몽둥이를 모아다 옆에 두었다.

상인들이 초통의 집에 들렀다. 초통 노얀이 와서 물었다. 그 상인들은 조로가 일러준 얘기를 자신들의 얘기인 양 늘어놓았다. 초통 노얀이 '얼씨구나' 하며 제 가라말*을 타고, 전통을 차고 사랑스러운 여름 골짜기로 왔다. 조로가 신통력으로 미리 알고 쇠줄 옆에 죽은 척하고 누워 있었다. 초통 노얀이 다가왔다.

가라말이 문이 무서워 겁을 냈다. 초통이 말의 머리를 때리고, 뒷다리를 때렸다. 말이 달려 들어오다가 쇠줄에 걸렸다. 조로가 일어나 달려왔다. 세 길짜리 말뚝 하나를 쑥 뽑아들고 말과 사람을 한데 묶어 결박했다. 결박된 놈을, 사람이고 말이고 없이 두들겨 팼다. 두들겨 패고 또 패다가 사람과 말을 쇠줄에 묶은 채로 놓아 보냈다. 가라말이 멀리 달아났다.

"이 초통 노얀이 미쳤나, 어떻게 된 거야?"

---

* 털빛이 검은 말. 중세국어 가룻물(黑馬).

사람들이 따라갔으나 잡지 못했다. 올가미를 던져 잡아보려고 했으나 잡히지 않고 도망갔다. 초통 노얀이 사람들에게 잡히지 않은 채 이레를 지냈다.

티베트 사람들이 초통을 몰이사냥하듯 하여 수레 세 겹으로 에워쌌다. 사냥감을 잡듯 초통을 붙들었다. 쇠줄을 벗기고 말에서 내리게 했다. 초통 노얀이 어기적어기적 걸었다.

"초통 노얀, 어찌된 일입니까?"

모두들 물었다.

"여러 장사꾼들이 내 집에 들렀기에 조로가 죽었는지 살았는지 물었다. 죽었다고 내게 거짓말을 했다. 내가 제 놈 아비를 죽였나, 어미를 죽였나? 그 말에 속아서 조로에게 갔다. 갔더니 조로 놈이 나를 붙들어 이렇게 죽도록 두들겨 패서 버렸다."

그 말을 듣고, 자사 시키르가 초통을 꾸짖었다.

"내가 그 장사꾼의 어미 아비를 죽였냐고?
조로는 당신 부모를 죽였나?
그래서 그 죽을 곳으로, 사랑스러운 여름 골짜기로 쫓아버렸나?
당신을 때려죽였어, 나 같으면!"

모든 사람들이 흩어졌다.

아롤가 고와를 공갈하여 손에 넣다

조로가 사냥을 하러 다니는데 마 부자의 딸 아롤가 고와가 새로이 양을 잡아 고기와 질경이와 밀가루로 음식을 만들어 가죽부대에 담아서 지고 왔다. 조로가 와서 인사를 했다.

"아가씨는 누구네 사람이오? 무슨 일로 왔소?"

"저는 마 부자의 딸 아롤가 고와입니다. 우리 아버지가 당신에게 목영牧營할 곳을 부탁하라고 보냈습니다."

"여기 잠깐 계시오" 하고, 조로는 아롤가 고와가 가져온 음식을 어머니에게 갖다드렸다. 조로가 다시 아가씨에게 오니 아가씨가 잠들어 있었다. 조로는 아버지의 말 떼에서 어미에게 버림받은 망아지를 데리고 왔다. 아가씨의 치마폭에 망아지를 싸놓고는 "일어나라, 일어나!" 하며 아가씨를 깨웠다. 아가씨가 깨어 일어나 앉았다.

"이 요망한 계집! 네가 무슨 일로 나에게 왔느냐?
제 아비를 연모하면 말 대가리를 한 아이를 낳는다.
제 오빠를 연모하면 말갈기 달린 아이를 낳는다.
제 남동생을 연모하면 말꼬리 달린 아이를 낳는다.
평민, 중국인 노예놈을 연모하면 말의 네 다리가 달린 아이가 태어난다.
너 죄 많은 계집은 일어서라!"

갑자기 조로가 소리쳤다.

"아니, 이게 다 무슨 망발이오, 내게?!"

아가씨가 일어나 펄펄 뛰었다. 그때, 아가씨의 치마폭에서 망아지가 떨어졌다.

"아이고머니! 아이고머니! 이 무슨 죄란 말인가? 무슨 추잡한 죄란 말인가? 나는 이제 어쩌나? 조로님, 이 일을 아무에게도 말하지 말아주세요! 당신이 나를 가지세요!"

아가씨가 애원했다.

"정말이냐?"

조로가 묻자, 아가씨가 정말이라고 했다.

"정말이면 내 이것을 핥아라!"

조로가 새끼손가락을 칼로 찔러 피를 내어 그것을 핥게 했다. 망아지의 꼬리를 떼어 "내 결혼 예물이다" 하고는 아가씨의 목에다 매어주었다.

"네 아버지의 무리 딱 하나만 와서 풀을 뜯으라 하라. 다른 무리에게는 목영지 접근을 허락지 않으리라!"

조로의 말을 듣고 아가씨가 돌아갔다.

형에게 색시를 얻어주다

조로가 사냥을 하러 다니는데 초통 노얀은 마 부자의 또 다른 딸이자 초리스동 라마의 여동생인 마지가 킴손 고와를 자신의 큰아들 알탄의 신부로 들이기로 했다. 초리스동 라마가 신부를 데리고 가는 중이었다. 차르긴 아저씨도 있었다. 조로가 다가가 말했다.

"그대는 모든 이에게 자비를 베푸는 큰 라마입니다. 저는 무일푼 가난뱅이입니다. 라마께서 제게 은혜를 베푸시기를 청하옵니다."

그러고는 라마의 말고삐를 잡았다.

"출가한 내가 네게 지금 당장 무엇을 줄 게 있겠느냐? 내일 초통 노얀이 큰 잔치를 하려고 한다. 그리로 오너라. 내 거기서 은혜를 베푸마."

"주려고만 한다면 타고 있는 그대의 말, 입고 있는 그대의 데겔이 있지 않소?"

조로가 버티어 섰다.

"조로, 이 나쁜 놈이 행패부리는 것 좀 보게."

라마가 조로의 머리를 채찍으로 때렸다.

조로가 라마를 말에서 끌어내려 내동댕이쳤다. 몸싸움이 벌어졌다. 그러던 중에 차르긴 아저씨가 당도했다.

"예끼, 이 조로 녀석, 스님을 놔드려! 그분에게 덤비지 마! 사돈이라고 해서 초리스동 라마만 감싸면 조카 네놈이 내게 화를 내겠지만, 조카라고 해서 네 역성만 들면 사돈이 역정을 내신다. 내일 큰 잔치를 하려고 하지 않느냐? 잔치가 없던 일이 될라! 그러니 너도 어디서든 세 살배기 양 한 마리나 구해 가지고 잔치에 오너라."

차르긴 아저씨가 조로를 꾸짖고 달랬다.

"차르긴 아저씨 말대로 지금은 놔주겠소. 그러나 그대를 이승에서 사람들이 많이 모인 곳에서 한번 망신을 시키지 않으면 내가 저승에서 염라대왕 앞에서라도 한번 망신을 시킬 것이오!"

조로가 라마를 협박하며 놓아주었다.

이튿날, 조로가 염소 한 마리를 구해 잡고, 고기를 익혀 그 가죽에 담아지고서 제 어머니를 모시고 잔치에 갔다. 초통 노얀이 가장 상석에 앉아 있었다. 초리스동 라마는 왼쪽으로 여자들의 식탁 상석에 앉았다.

큰 잔치가 벌어지고 있었다. 조로는 식탁 차례가 오지 않아 남자들 자리 끄트머리에 앉았다. 조로의 어머니도 역시 식탁 차례가 오지 않아 땅에 앉았다.

조로가 일어나 뛰어가서 흙 위에 떨어져 있는 말똥을 가져다 제 앞에 놓았다. 말똥 위에 나래새 풀을 하나 가져다 박고는 나래새 풀끝을 셋으로 갈라 그 위에 식탁을 만들어 앉았다.

잔치 음식을 나누어주는 차례가 되었으나 아무도 조로에게 고기를 주지 않았다. 초통 노얀이 양의 앞다리를 하나 들고 앉았다.

"아저씨,
산더미 같은 고기가 있네요.
바다 같은 술이 있네요.
은혜 받은 눈에 보이네요.
좁다란 목구멍으로 넘겨보지는 못했네요.

들고 계신 앞다리를 내게 주세요, 아저씨."

조로가 말했다.

"주걱뼈를 주려 해도 내 부의 터전이라 못 주겠다.
넓적다리뼈를 주자 하니 내 아이들의 수호 정령이라 못 주겠다.
종아리뼈라도 주자 하니 나쁜 중에도 가장 나쁘다.
검은 땅을 네가 가져라.
감기를 네가 가져라.
우는 사람의 콧물, 눈물을 네가 가져라.
강 서쪽 땅에서 죽은 가축의 고기,
강 동쪽 땅에서 죽은 가축의 고기,
강 북쪽 땅에서 죽은 죄 많은 가축의 고기,
이 모든 것을 네가 가져라.
시집가는 딸의 흉을 네가 가져라.
시집오는 며느리 앞에 있는 살煞을 네가 가져라."

그러고는 초통이 "옜다!" 하며 자신이 말한 것을 주는 시늉을 했다.
조로가 일어나 뛰었다.

"자, 여러분 모두 들으세요!
오, 이런, 제기랄! 초통 아저씨가 내게 선물을 주셨습니다.
검은 땅을 내게 주셨습니다.
질경이, 쇠스랑개비 나물 캐는 사람, 농사짓는 사람은

내게 묻고 다니시오.

묻지 않고 하면, 자, 안 됩니다. 크게 망신당합니다.

감기 걸린 사람, 고뿔 걸린 사람, 우는 사람의 콧물, 눈물,

이런 것들을 내게 주셨습니다.

내게 허락받고 기침하세요. 허락받고 우세요.

허락 없이 우는 사람들, 허락 없이 기침하는 사람,

자, 안 됩니다. 크게 망신당합니다.

강 서쪽 땅에서 죽은 말의 고기,

강 동쪽 땅에서 죽은 소의 고기,

큰 강 북쪽 땅에서 죽은 양의 고기,

이 모든 것을 전부 내게 주었습니다.

내게 허락받고 먹어요. 허락 없이 먹으면,

자, 안 됩니다. 크게 망신당합니다.

시집오는 며느리 앞에 있는 귀신을 내게 가지라고 했습니다."

그렇게 말하고는 조로가 일어나 뛰어가서 킴손 고와가 입고 있고 차고 있는 것을 찢어져라 잡아당겨 가졌다.

초리스동 라마에게는 신통력이 있었다. 라마는 자기 왼쪽 코에서 벌을 꺼내, "가서 조로의 한쪽 눈을 망가뜨리고 와라!" 하고 보냈다.

조로가 그것을 신통력으로 알고 한쪽 눈은 감고, 다른 한쪽 눈은 삐뚜름하게 뜨고 앉아 있었다. 벌이 "웽" 하고 왔다가 조로가 무서워서 눈은 못 쏘고 입술을 쏘고는 라마에게로 갔다.

"눈을 쏘았느냐?"

라마가 물었다.

"한 눈은 멀었고, 한 눈은 사팔뜨기입니다. 내가 입술을 쏘고 왔습니다."
벌이 대답했다.
"왼쪽 코로 들어가서 대동맥을 끊어 죽여라!"
라마가 명령했다.
벌이 날아왔다. 조로가 피가 나온다며 오른쪽 코를 막았다. 왼쪽 코 옆으로 덫을 놓았다. 벌이 들어가려 할 때 덫으로 잡았다.
벌을 잡아 꽉 쥐었다.
라마가 식탁에서 떨어져 기절해 흙을 물고 엎어졌다.
벌을 느슨하게 쥐었다.
날다 떨어지다 하면서 조로에게 부딪혀 뻗었다.
다시 힘껏 쥐었다.
혼절을 해서 뻗었다.

초리스동 라마의 동생 킴손 고와가 자기 오빠의 혼을 조로가 잡은 것을 알고 한 손에 흰목대머리수리의 머리만 한 터키석을 들고, 한 손에 술 한 항아리를 들고 조로에게 왔다.

"아이고, 아이고! 이 형수 좀 보게나!
우리 티베트 땅에서는
칸의 며느리는 삼 년이 될 때까지 다른 사람을 만나지 못하오.
평민의 며느리는 석 달이 되도록 다른 사람을 만나지 못하오.
이 시아버지, 시어머니도 없는 사악한 며느릴 보게나!
이 벌레가 당신 어머니나 서방이라도 되오?
당신 부모라도 되오?"

조로가 꾸짖자 킴손 고와는 반대쪽으로 몸을 돌려 가버렸다. 초리스동 라마의 등 굽은 속민 판관이 와서 다시 사정을 했다.

"조로 나리! 조로 마님! 앞으로는
저희가 그대 모습을 뵙고도 안 드리면
저희 눈을 터뜨리소서!
그대의 음성을 듣고도 안 드리면
저희 귀를 먹게 하소서!
저희만 먹고 안 드리면
저희 이빨을 가루를 내소서!
저희가 먹을 것을 들고 있으면서도 안 드리면
저희 팔을 부러뜨리소서!

조개처럼 흰 산이 있습니다. 조개처럼 흰 산에서
조개처럼 흰 새끼 양이 울고 있습니다.
황금 산이 있습니다. 황금 산에서
황금 풍차가 돌아가고 있습니다.
쇠 산이 있습니다. 쇠 산에서
푸른 코뿔이가 놀고 있습니다.
황금 산이 있습니다. 황금 산에서
황금 막대기가 막대기질을 하고 있습니다.
구리 산이 있습니다. 구리 산에서
구리 개가 짖고 있습니다.
황금 산이 있습니다. 황금 산에서

황금 등에가 윙윙대고 있습니다.
개미들의 칸이 쥐구멍에 모아놓은
잎사귀 황금더미가 있습니다.
해를 붙잡는 황금 밧줄,
달을 붙잡는 은 밧줄,
개미 코피 한 연적硯滴,
이의 힘줄 한 줌,
거무스름한 수새의 코피 한 연적,
거무스름한 암새의 젖 한 연적,
거무스름한 새끼 새의 눈물 한 연적,
큰 바다 속에 있는 풍차만 한 황옥이 있습니다.
조로 나리,
이 보물을 전부 그대가 가지시오!
이제 이 킴손 고와를 그대가 가지시오!
이까짓 벌레를 놓아주시오."

초리스동 라마의 속민 판관이 절하며 애원했다.
조로가 벌레를 놓아주었다. 라마가 조로에게 절하자 자리에 앉혔다.
킴손 고와를 데려다가 사랑하는 자사 시키르 형에게 주었다.

로그모 고와의 남편 선발대회

그때 셍게슬루* 카간의 딸 로그모 고와가 자기에게 어울리는 사내다운 사내를 보지 못했다며 명궁 셋, 장사 셋, 대단히 현명한 라마 하나, 수행원 여럿을 거느리고 왔다. 티베트 땅에 삼십 명의 신통력 있는 용사들이 있다고 해서, 사내다운 사내가 있을까 해서 왔다며 만 명을 모으라고 했다.

만 명이 모여들었다. 초통 노얀이 지나가자 조로가 부탁했다.

"초통 아저씨, 나도 좀 태워다 주세요."

"너 이 못된 놈! 감히 비천의 현신인 로그모 고와를 취하겠다고 가려는 것이냐? 나는 다른 데 가는 거다."

차르긴 아저씨가 지나갔다.

"차르긴 아저씨, 나를 좀 태워다 주세요."

조로가 부탁했다. 차르긴이 조로를 태워 그곳에 당도했다. 만 사람이 모인 가운데, 초통 노얀이 상석에 앉아 있었다. 조로가 보고는 빈정댔다.

"초통 아저씨가 다른 곳에 간다고 해서 투덜거렸더니만 이제 보니 로그모 고와를 취하겠다고 와 있네. 좋다!"

로그모 고와가 일어나서 사람들 앞으로 나왔다.

"여기 있는 카간들께 여쭙니다. 능력 있는, 사내다운 사내가 있습니까? 저는 저의 명궁 세 사람과 장사 세 사람을 모두 이기는 사람에게 시집가

---

* Senggeslü. 원전 표기에 이스겔루(Isgelü), 셍게스겔루(Senggesgelü) 등으로 혼선이 나타난다.

려고 합니다."

나서는 사람이 아무도 없었다.

"나의 명궁 세 사람과 활을 쏘아 이기는 사람에게, 나의 장사 세 사람과 씨름을 해서 이기는 그 사람에게 가겠습니다. 여러분은 '아무리 아름다운 처녀라도 그렇지, 남편을 직접 고르고 다니다니!' 하고 흉을 보고 있습니다. 그러나 내가 태어날 때,

서쪽 지붕 위에 천록이 놀고 있었습니다.
동쪽 지붕 위에서는 해태가 놀고 있었습니다.
해가 없는 날인데도 빛이 나고 있었습니다.
구름 없는 날인데도 비가 내리고 있었습니다.
큰 아리쇠 위에서는 앵무새가 지껄이고 있었습니다.
중간 아리쇠 위에서는 뻐꾸기가 울고 있었습니다.
작은 아리쇠 위에서는 파랑새가 지저귀고 있었습니다.
나는 이렇게 아홉 가지를 모두 완벽하게 갖춘*
비천의 현신 로그모 고와 공주랍니다.
명궁과 장사를 가립시다!"

로그모 고와가 선언했다.
로그모 고와의 세 명궁 가운데 하나는 아침에 활을 쏘면 차를 세 번은

---

* 비천이 태어나는 상서로운 징표는 4권 「게세르의 단호한 의지」에 있는 내용을 참고하건대, 위 일곱 가지 외에 눈 덮인 흰 산, 바깥 대륙의 중심에 있는 흰 사자(푸른 갈기), 검은 산 바깥 대륙의 중심에 있는 검은 씨소인 것으로 짐작된다. 위에 나오는 해태, 파랑새는 각각 oruluy, urangyadai-yin yoo-a sibayun으로 몽골어 사전류에서 확인되지 않는, 옮긴이의 상상력과 자의恣意의 산물이다.

끓일 시간이 지나야 화살이 내려오고, 다음 사람은 쏜 화살이 차를 두 번 끓일 시간이 지나야 내려온다. 마지막 사람은 차가 한 번은 끓어야 내려온다.

로그모 고와가 다시 말했다.

"나의 이 사람은 아침에 누워서 하늘을 향해 활을 쏘면 누워 있다가 화살이 내려올 때 머리를 피합니다. 머리가 있던 자리에 화살이 맞습니다. 우리는 이런 사람을 명궁이라 부르고 있습니다. 그렇지 못하고, 아무리 멀리 쏘아도, 그 과녁에 못 맞히면 형편없다고 합니다, 우리는."

지금까지 신통력이 있는 삼십 명이 로그모 고와의 세 명궁과 활쏘기를 겨루었으나 아무도 이기지 못했다. 장사들 역시 그 누구도 이기지 못했다. 조로가 일어나 달려가 로그모 고와의 라마에게 말했다.

"아이고, 스님. 이제야 겨우 마음에 드는군요. 씨름을 해보겠습니다."

"예끼, 이놈! 여기 이 신통력 있다는 삼십 명도 아무도 못 이겼다. 안 된다!"

"꼭 겨루겠습니다."

조로가 졸라댔다.

"정 그렇다면 겨루어봐라!"

스님이 조로에게 허락했다.

조로가 몸을 가다듬고 섰다. 라마가 조로를 소개했다.

"여보게, 우리 장사들! 이 아이가 씨름을 하자네."

큰 장사가 일어났다. 조로가 '게세르의 몸'으로 나타났다. 신통력으로 모든 사람의 눈을 가렸다.

한 다리로 산 정상을 디뎠다.

한 다리로 바닷가를 밟았다.
큰 장사를 천 리 밖으로 던져버렸다.
중간 장사를 이천 리 밖으로 던져버렸다.
작은 장사를 삼천 리 밖으로 던져버렸다.
모든 사람이 조로를 바라보며 눈을 떼지 않았다.
세 명의 명궁이 활을 쏘았다.
그들의 화살이 오정에 내려왔다.
조로도 쏘았다.
조로가 쏜 화살은 오정이 되도록 내려오지 않았다.
저녁이 되어 캄캄해졌다.

사람들이 "해가 떨어졌다, 밤이 되었다"면서 흩어지려고 할 때 자사 시키르가 말했다.

"아닙니다. 우리 코흘리개 조로의 화살은 이렇게 어두운 녘에나 내려옵니다."

마침 그러고들 있을 때 조로의 화살이 내려왔다. 조로가 머리를 피하자 머리가 있던 자리를 맞혔다.

하늘들을 지배하는 누나*가 조로의 화살이 올라오자 그것을 잡자마자 모든 새들을 꿰어 떨어뜨렸다. 그중에 가루다 새가 있었다. 가루다 새가 떨어져 내려올 때 해를 가렸다. "모든 사람이 하지 못한 것을 코흘리개 조로가 해냈다"며 사람들이 흩어지려고 했다.

로그모 고와가 "잠깐!" 하면서 제지했다. 한 손에 양 칠십 마리의 갈비

---

* 즉, 보와 동종 가르보.

를 들고, 한 손에 술 한 항아리, 그리고 흰목대머리수리의 머리만 한 터키석을 들고 만 명에게 말했다.

"내가 돌아보는 사이에 양 칠십 마리의 갈비, 술 한 항아리를 만 명에게 나누어주고, 흰목대머리수리의 머리만 한 터키석을 자기 입에 물 수 있는 사람에게 내가 가겠소!"

이 사람 저 사람이 달려들었으나 아무도 하지 못했다.

바담아리의 아들 밤 소요르자는 할 수 있었다. 조로가 몰래 할 수 있는 수를 네댓 가지 훔쳤다. 수를 빼앗기자 소요르자는 해내지 못했다. (로그모 고와가) 조로의 큰 콧물을 보고는 돌아서서 가버렸다. 차르긴 아저씨가 한마디하며 꾸짖었다.

"당신이 잘났다고 해도 여자 아니오?
조로가 못났다고 해도 남자 아니오?
당신의 명궁 셋을 이겼는데,
당신의 장사 셋이 죽음을 당했는데,
이런 것을 모르는 것이 당신의 잘남이란 말이오?"

차르긴 아저씨가 로그모 고와를 데리고 조로에게 갔다. 조로가 맞아나가 로그모 고와의 손을 내려 받았다.

"당신이 아무리 잘나봐야 여자다. 대체 뭐야? 제 치마 꼬리에 불이 붙은 것도 보지 못하는 죄 많은 여자다, 당신은."

조로가 면박을 주자, 여자가 제 뒤를 돌아보았다.

조로가 신통력으로 만 명에게 양 칠십 마리 갈비, 술 한 동이를 다 나누어주고 터키석을 제 입에 물고 앉았다. 모든 사람이 웃었다.

초통 노얀이, '못난 놈이지만 내 형제의 자식인 조로가 차지했구나. 나중에 빼앗자'고 수를 생각했다.

모든 사람이 다 흩어졌다. 로그모 고와가 수행원들을 데리고 도망쳐 돌아갔다. "그 못난 녀석이 쫓아오나?" 하고는 뒤를 돌아보았다. 모습이 보이지 않는다고 여기고 계속 갔다. 다시 따라오지 않나 하고 뒤돌아보면서 갔다. 모습이 보이지 않았다.

조로는 신통력으로 로그모 고와의 뒤에 함께 앉아 가고 있었다. 로그모 고와가 수행원들에게 따라오는지 보라고 해서 수행원들이 뒤를 돌아보다가 조로를 보았다.

"아이쿠, 이런! 보아 하니 그대의 뒤에 함께 타고 가지 않습니까?"

"아이고머니나! 어쩌나! 이를 어떻게 하나? 내가 떼어버릴 수 없는 고통에 빠져버렸구나! 이날 입때까지 기다려서 남편을 고른 일이 보람 없이 되었구나. 어머니 아버지께 이제 뭐라고 말씀을 드리나? 무슨 낯으로 어머니 아버지를 뵙나?"

로그모 고와가 울면서 제 집으로 달려갔다.

조로가 신통력으로 만 명의 먼지를 일으키며 갔다. 아버지, 어머니가 만 명의 먼지를 보았다. '비라얀 카간을 얻었나 보다' 하며 기대에 찼다.

천 명의 먼지가 일었다. '미라얀 카간을 얻은 게로군' 하고 지레짐작했다.

구백 명의 먼지가 일었다. '치가친 카간을 얻은 것일까?' 하고 추측했다.

백 명의 먼지가 일었다. '초통 노얀을 얻었나 보군' 하고 있었다.

조로가 칠십 명의 먼지를 일으켰다. '바담아리의 아들 밤 소요르자를 얻은 것이야' 하고 여겼다.

그런데 막상 닿아서 제대로 보니 코흘리개 조로를 뒤에 태우고 있었다.

처가의 학대

아버지가 딸에게 화가 나서 서쪽 문으로 나오며
굴레와 채찍을 들고 말 떼로 갔다.
오빠가 누이에게 화가 나서 활과 화살을 잡고
동쪽 문으로 나와 양 떼로 갔다.
어머니가 딸에게 화가 나서 애꿎은 자기 물건만
끌어당겨 노려보고 있었다.
중국인 하인 놈은 솥을 제 앞으로 당겨놓았다.

조로에게 안장 방석을 거꾸로 펴주었다. 조로가 등을 돌리고 앉았다.
"안장 방석을 펴주었더니 돌아앉는 것은 무슨 짓이야?"
로그모 고와가 꾸짖었다.
"당신은 말에 안장을 어떻게 얹고 타는데?"
조로가 물었다.
조로를 일으켜 세우고 안장 방석을 바로 펴주었다. 조로가 로그모 고와의 자리로 가서 말했다.

"당신 아버지가 서쪽 문으로 굴레와 채찍을 들고 갔어.
당신네 말 떼를 강도가 약탈했나?
난 이래봬도 영웅 칸이야.

내게 말을 달라고.

내가 쫓아가 도로 빼앗아주지.

당신 오빠가 동쪽 문으로 활과 화살을 들고 갔어.

당신네 양 떼에 늑대가 덤벼들었나?

난 명궁이야.

내게 활과 화살을 줘봐.

내가 죽여주지.

당신 어머니는 물건을 끌어다 놓고 노려보고 있어.

당신네 물건에 귀신 씌었나?

난 귀신을 쫓는 사람이야.

내가 쫓아주지.

당신네 중국 놈은 솥을 잡아당기고 있어.

당신네 솥에 요귀라도 씌었나?

난 요귀를 쫓는 주술사야.

내가 주술을 부려주지."

아버지, 어머니가 모두 저녁에 돌아왔다.

"죄 많은 년, 사악한 년, 사내다운 사내를 잘도 데려왔구나. 그렇게 잘난 네 사내를 개가 잡아먹을까 두렵다. 개한테 잡아먹히게 하고서는 그 화가 우리에게 미치게 하겠지!"

로그모 고와에게 악담을 퍼붓고는 조로를 솥으로 씌워 버려두었다.

조로가 밤에 솥을 밀쳐버렸다. 양을 한 마리 잡았다. 고기를 먹다가 남은 것을 개 앞에 놓아두고 송아지 가죽 데겔 위에 양의 피를 발라 던졌다. 그러고는 벌판으로 가서 누웠다.

로그모 고와가 아침에 일어났다. 아버지, 어머니가 보았다.

"잘난 네 서방을 개가 잡아먹고 있다. 화가 미치면 네가 책임져라!"

딸이 속으로 후회하며 밖으로 나와 앉았다. 하염없이 앉아 있다가 조로를 보러갔다.

"능력은 생김새에 비해 뛰어나던데. 죽었을까, 살았을까?"

로그모 고와가 찾아다니는데 조로가 신통력으로 여러 말 떼를 돌보는 사람으로 변해 그 앞에 나타났다.

"여보시오, 말치기! 당신, 코흘리개 조로를 보았소?"

"코흘리개 조로라는 사람을 나는 모르겠소만 도사, 동사르, 링, 이 세 무리의 나라가 '셍게슬루 카간의 딸 로그모 고와가 조로를 데려다 개한테 먹였다. 그 딸을 죽여도 아주 흉하게 죽이겠다! 아버지, 어머니를 약탈해도 가장 혹독하게 약탈하자!'며 오고 있소."

"이 사람의 말이 사실이다" 하고 로그모 고와가 울면서 갔다. 조로가 그 앞에 다시 양치는 사람으로 변해 섰다. 로그모 고와가 양치는 사람에게 물었다. 양치는 사람 역시 똑같은 이야기를 했다.

'이 두 사람의 말이 맞다. 내게 이제 죽는 일 말고는 아무것도 없다. 아버지, 어머니에게 가서 흉한 꼴을 보여드리고 죽느니 혼자서 죽어야지. 이 강에 빠져 죽어야지' 하고는 말을 모둠발로 뛰어가게 해 큰 바위로 달려갔다. 달려가는데 조로가 신통력으로 말꼬리를 잡아당겼다. 로그모 고와가 뒤를 돌아다보았다.

"아이고! 조로, 어서 말에 타!"

조로가 말에 올랐다. 황금빛 누런 콧물이 줄줄 흘러내렸다. 콧물이 보기 싫어 로그모 고와가 등을 웅크리고 갔다.

"조로, 안 되겠어. 너는 돌아보고 앉아 있어!"

그 말을 듣고 조로가 내리더니, "높은 산에는 길이 있지 않은가? 한번 태어난 몸에 머리가 하나인가, 둘인가? 이 말의 길은 이것인가?" 하고는 말머리 쪽으로 올라갔다. 그러더니, "아니다. 이게 아니다. 길이 이게 아니다" 하면서 종아리 쪽으로 내려갔다. 내려가자 말이 놀라 날뛰었다. 조로가 떨어져 죽은 척하고 누웠다.

로그모 고와가 내려서며 소리쳤다.

"아이고머니! 조로, 일어나!"

조로가 소리 없이 누워 있었다.

"아이고! 조로, 제발 일어나!"

로그모 고와가 애원했다. 그러자 조로가 "바로 보고도 탔다. 돌아보고도 탔다. 전부 당신 마음대로군" 하고 일어났다.

그제야 로그모 고와는 조로를 바로 태우고 데려갔다.

조로가 당도한 뒤에 로그모 고와의 외할아버지와 외할머니가 보러왔다.

"자, 우리 손녀딸은 비천의 현신이다. 잘난 사람에게 갔나, 못난 사람에게 갔나?"

장인 장모가 조로를 숨기면서 벗긴 밀을 한 그릇 주어 물건들 사이에 눌러놓으며 일렀다.

"이놈아, 그분들이 갈 때까지 나오지 마라!"

외할아버지와 외할머니가 도착해서 물었다.

"우리 손주 사위가 잘난 사람인가, 못난 사람인가?"

"아이고, 어찌 알겠습니까? 어린앱니다. 지금 이웃에 갔습니다. 잔치를 하고 있어요."

사위가 둘러댔다.

그렇게 앉아 있는데 조로가 황금빛 누런 코를 흘리며 콧물 끝에 밀알을 붙이고 나와 물었다.

"내게 볼일이 있나요?"

로그모의 외할아버지와 외할머니가 "이런 얼어죽을! 네 아비 대가리다! 이따위로 하고 다니는구나! 너희 이 요망한 것들!" 하고는, 사위네 말 떼를 몰고 자기네 집으로 돌아갔다.

"말, 갑옷, 화살 통, 활을 내게 주세요. 나는 영웅 카간입니다. 추격하겠습니다."

조로가 장인 장모에게 말했다.

"이런, 염병할! 못난 네놈에게 무슨 말, 무슨 무기를 줄 것 같으냐?"

그 말을 듣자마자 조로는 등성이에 엎드려 있는 양 떼 가운데 씨양과 씨염소를 붙들어 짝을 만들어 쫓아갔다. 쫓아가서 사람이고 말이고 할 것 없이 두들겨 패버리고 말 떼를 도로 빼앗아 주었다. 그러고 나서 조로가 말했다.

"나 이제 내 땅으로 가겠소."

"너 못된 놈을 무슨 핑계로 돌려보내겠느냐? 그냥 살아라!"

장인이 꾸짖었다.

조로가 아내를 시험하다

게세르가 초통 노얀으로 변신하면서, 조로는 덫을 놓아 들쥐를 잡겠다며 먼저 나가는 것으로 해놓았다. 초통 노얀으로 변신한 조로가 로그모 집 밖에 도착해 말에서 내렸다.

"조로는 어디 있느냐?"

초통이 물었다.

"방금 덫을 놓아 들쥐를 잡는다고 나갔소."

로그모 고와가 대답했다.

"나는 티베트를 지배하는 큰 노얀이다.
사랑스럽고 훌륭한 내 며느리가 고생을 하고 있구나!
못난 조로를 죽이고 싶으냐? 내가 죽이마!
여자를 주라고 해도 내가 주겠다.
쫓아버리라고 해도 내가 쫓아버리겠다.
내가 너를 취하겠다."

초통이 말했다.

"내가 압니까? 당신이 알지요. 친척 사이인데요."

로그모 고와가 대답했다. '내가 너를 취하겠다'는 초통의 말에 로그모 고와의 마음이 혹했다. 초통이 말을 타고 떠나는데 조로가 다가왔다.

"말을 타고 가는 저 사람은 누구야?"

조로가 물었다.

"오, 네 친척 초통이라던가?"

로그모 고와가 심드렁하게 대꾸했다.

"뭐 때문에 왔대?"

조로가 다시 물었다.

"아이, 네 안부를 묻고는 말을 타고 갔어."

"우리 티베트 고장은 여기서 먼데, 무슨 일로 내 안부만 묻고 만나지도 않고 갔나?"

"나야 모르지. 네 안부만 묻고 갔어."

"알 만하군, 알 만해."

로그모 고와의 말을 듣고 조로가 빈정거렸다.

"뭘 알았다는 거야, 이 못난 놈아! 네놈이 나한테 강짜를 놓겠다는 거야?"

로그모 고와가 악을 썼다.

"지금 네가 오히려 나를 생트집하고 있는 것 아닌가?"

조로가 밖으로 나갔다.

이튿날, 조로가 다시 사냥을 가는 척하고 바담아리의 아들 밤 소요르자로 변신했다. 역시 초통이 말한 것처럼 속여 말하자 로그모 고와의 마음이 혹했다. 밤 소요르자가 떠나자 조로가 돌아왔다.

"저 사람은 누구야?"

"바담아리의 아들 밤 소요르자란다."

"무슨 일이래?"

"네 안부를 묻더라."

"그런데 어째서 나를 만나지 않고 가는 거야? 알 만하군. 당신이 티베트의 잘난 사내들을 모아 나를 죽이려는 것이 맞군."

조로가 다시 빈정거리며 나갔다.

다음날은 게세르가 티베트의 삼십 용사로 변신했다. 제각기 무기들을 들고 정말인 것처럼 행동하면서 왔다. 셍게슬루* 카간의 집 밖에 와서 앉았다.

"여기 남달리 이렇듯 잘난 사람들은 누구인가?"

카간이 사람을 시켜 물었다.

"우리는 티베트 사람들이오. '조로의 아내를 주겠으면 준다고 하고, 안 주겠으면 안 준다고 태도를 분명히 하라'고 우리를 보냈소이다."

티베트의 삼십 용사들이 대답했다.

셍게슬루** 카간이 여러 사람과 의논을 했다. '주겠다'고 하자, "사랑하는 공주를 이들에게 주어버리고 무슨 염으로 살겠습니까?" 하고 반대하는 사람들이 있었다. '안 준다'고 하자, "삼십 용사가 우리를 죽일 것입니다" 하고 반대하는 사람들이 있었다.

셍게슬루 카간이 한 가지 수를 내었다.

"여러분, 먼저 돌아가 계시도록 하시오! 딸은 나중에 보내리다. 혼인 준비를 아직 다 못했소이다."

"조로가 당신네 마음에 안 차서 딸을 다른 사람에게 줄 테면 주어보시

---

* 원전(1권 상39)에 이스겔루(Isgelü).
**위와 마찬가지로 이스겔루(Isgelü). 원전의 같은 면 참조.

오. 만일 조로에게 딸을 주지 않았다가는, 조로를 괜히 오래 붙들고만 있다가는……. 우리 신통력 있는 삼십 용사들은 당신들보다 더 강한 사람들을 이겼소이다. 당신들은 함부로 센 척하지 마시오! 지체가 되었소이다. 알아서들 하시오!"

삼십 용사가 돌아갔다.

이 말을 전해들은 셍게슬루*의 백성들이 무서워 죽겠다며 삼십 용사를 따라갔다. 그들은 티베트에 도착해 티베트 사람들과 함께 유목했다.

---

* 원전(1권 상40)에 셍게스겔루(Senggesgelü).

말달리기 대회

초통 노얀이 조로를 시기하여 꾀를 냈다.

"삼만 명을 모아 말달리기 대회를 하자.
미늘 갑옷,
쟁쟁함이라는 이름의 투구,
도람착*이라는 이름의 칼,
만 개의 별이라는 이름의 방패,
온갖 치렛거리를 모두 놓고 시합하자.
이 대회에서 누구든 우승하면
그가 상품도 갖고,
로그모 고와도 그 사람이 갖자!"

삼만 명이 시합을 하자고 모여들었다.
조로가 향을 피우고 하늘에 계신 납사 쿠르제 할머니에게 빌었다.

"내 어머니시여!

---

* doramčay neretü ildü. 도람착이 어떤 (종류의) 명검을 가리키는 것으로 짐작되나 의미는 확인되지 않는다. toramčay, duramčay, turamčay으로 읽어도 마찬가지다.

저는 인간 세상 모든 중생을 돕기 위해

시방 세계의 지배자 게세르 카간이 되어 태어났습니다.

내생에 염라대왕의 그곳에서

죄지은 모든 자의 영혼을 구제하기 위해

갖춘 것 없는 소년이 되어 태어났습니다.

초통 노얀이 제 아내를 빼앗고자

삼만 명의 사람을 모아 시합을 합니다.

제 조류망아지가 훌륭하면 그것을 내려주십시오.

훌륭하지 못하면 하늘의 말 떼에서 한 마리를 내려주십시오."

"아이고, 내 코흘리개야" 하면서 납사 쿠르제 할머니가 조류망아지를 일곱 살배기 조류말로 만들어 내려주었다.

하늘에서 내려왔기 때문에 바람처럼 빨리 돌아 조로에게 붙들리지 않았다. 붙들리지 않자 조로가 타오르고 있는 향 위에 더러운 향을 얹었다. 그러자 조류말이 비루먹은 두 살배기 조류망아지가 되어 붙들렸다. 비루먹은 두 살배기 조류망아지를 타고 조로가 삼만 명 뒤에서 출발했다.

가다가 셍게슬루 카간을 만났다.

"이 못난 사위 놈아, 비루먹은 조류망아지로 네가 누구를 이기자고 가는 것이냐? 사랑하는 내 딸을 다른 사람에게 빼앗기려고 가느냐, 너는? 내 십만 마리 거세마 가운데서 한 마리를 타고 시합에 나가거라!"

셍게슬루 카간이 이같이 야단을 치자 조로가 말했다.

"장인의 십만 마리 거세마들이 저를 따르지 않을까 걱정입니다. 길이 든 비루먹은 두 살배기 조류망아지를 타고 시합하겠습니다."

삼만 명이 약속 장소에 모여 각자 제 말을 준비시키고 몸을 풀고 있었다. 대군중이 말달리기 대회를 했다. 조로가 비루먹은 두 살배기 조류망아지의 고삐를 조이며 맨 뒤로 처졌다.

고삐를 조였다 풀었다.
일만 명을 제치고 나왔다.
다시 조였다 풀었다.
다시 일만 명을 제치고 나왔다.
다시 조였다 풀고 풀었다 조였다.
마지막 일만 명을 제치고 선두로 나왔다.
조로 앞에는 초통 노얀이
영양을 따라잡는 절따호박말*로
곡식을 뿌리면 닿을 거리에서 달려갔다.
초통 앞에는 아스마이 노얀이
훌륭한 청총이말**로
고두리살로 쏘면 닿을 거리에서 박차고 갔다.

조로가 비루먹은 두 살배기 망아지에게 말했다.

"나는 가장 의지 있는 자답게 돌진하겠다.
너는 가장 용감한 자답게 초통을 들이받아라.

---

*털빛이 절따말과 호박말의 중간인 말. 절따말은 털이 붉은빛 도는 누런 말. 중세국어 졀쭛몰(赤馬). 호박말은 털빛이 옅게 누르스름한 말.
**총이말보다 털빛이 더 파르스름하고 짙은 잿빛 말.

말이고 사람이고 가리지 말고
영양을 따라잡는 절따호박말의
자뼈를 부러져라 차고 나와다오."

조류망아지가 "알았다!"고 대답했다.

조로가 돌진했다. 조로가 말한 대로 되었다. 조로가 앞서 나간 것을 초통 노얀이 보고는 놀랐다.
"이런! 조로가 어찌된 거야?"
"아저씨! 어찌된 거유? 내 로그모를 다른 사람이 차지하겠네."
조로가 빈정대며 앞서 나갔다.
"삼만 명을 앞지른 내 비루먹은 두 살배기 조류망아지야! 아스마이 노얀의 청총이말을 앞지르자!"
조로가 고삐를 조이다 풀고, 풀다가 조이면서 달렸다. 아스마이 노얀의 훌륭한 청총이말 혼자서 거들먹거리며 가고 있었다. 다시 고두리살을 쏘아 닿을 거리에서 따라잡히지 않았다.
조로가 비루먹은 두 살배기 조류망아지에게 말을 하며 울었다.

"아이고! 비루먹은 두 살배기 내 조류망아지야!
어찌된 거냐, 너는?
미늘 갑옷,
쟁쟁함이라는 투구,
도람착이라는 이름의 칼,
만 개의 별이라는 이름의 방패,

치렛거리들,
여섯 살 나이에 만난 나의 로그모 고와,
나의 이 모든 것을
다른 사람에게 빼앗겼으면 좋겠느냐, 너는?"

두 살배기 조류망아지가 대답했다.
"얘, 나의 코흘리개야! 나는 하늘의 말이고 저 말은 이 세상의 말이지만 관절마디가 나보다 네 개가 많고, 털도 나보다 많다. 나는 따라잡을 수가 없구나. 하늘에 계신 너의 납사 쿠르제 할머니께 빌어라."

"어머니시여,
그대의 일곱 살배기 조류말은 뒤로 처졌습니다.
뒤에서 아스마이 노얀의 청총이말이 앞으로 나왔습니다.
내가 아끼는 많은 보석 달린 치렛거리들,
신통력으로 얻은 나의 로그모 고와를
아스마이 노얀이 차지한다고 좋아라고 합니다.
어머니시여, 어찌하면 좋겠습니까?"

어머니가 듣고 말했다.
"이런! 내 코흘리개 조로가 사람에게 지고 울고 다니다니? 보와 동촉*은 이리 오시오. 비루먹은 두 살배기 망아지를 그대가 다루어보시오. 아스마이 노얀의 말은 내가 한 수를 내어보리다."

---

* 게세르가 인간 세상에 내려오면서 받기로 한 물건들이 필요해서 요구할 때까지 보관책임을 진 이.

둘이 하늘에서 나란히 내려왔다. 두 살배기 조류망아지를 보와 동촉이 다루자 일곱 살배기 조류말의 몸에 맞추어졌다. 제 굴레의 재갈을 물어뜯으며 몸을 들고 일어섰다.

납사 쿠르제 할머니는 청총이말의 두 겨드랑이에 불화살을 놓았다. 청총이말이 네댓 번 공중제비를 하다가 넘어졌다.

두 살배기 망아지가 결승점에 가까워졌다. 아스마이 노얀이 "아이쿠, 이런! 제기랄!" 하고 일어나면서 울었다.

조류말이, "아까는 청총이말이 선두에 나설 차례였다. 이제는 내가 선두로 나갈 차례가 되었다" 하고는 나아갔다.

조로는 보석이 박힌 치렛거리들을 받아 자사 시키르 형에게 주고 제 집으로 돌아왔다.

사냥 대회

이튿날, 질투를 이기지 못한 초통 노얀이 다시 왔다.
누구든 사슴을 죽여서 열세 마디 꼬리를 자르는 자가 로그모 고와를 차지하게 하자고 했다. 모든 나라가 좋다고 했다.
조로가 가서 알랑기르* 활과 시키낙** 화살로 사슴의 두 눈 한가운데를 꿰뚫어 쏘았다. 열세 마디 꼬리를 잘라 가졌다. 초통 노얀이 찾아왔다.

"애 조로야, 이 뒤로는 내
너를 꾸짖지 않으마.
너를 때리지 않으마.
내 조카들 가운데 가장 가까이 생각하마.
열세 마디의 꼬리를 내게 주려마."

"아저씨, 꼬리가 뭐 대단하다고요. 드리지요. 내가 마침 활쏘기를 하러 갑니다. 내게 이스만탄*** 화살을 주세요."
"화살이 뭐 대수냐? 옜다."

---

* alanggir numu. 활의 일종이나 형태, 기능 따위는 확인되지 않는다. 궁체는 전나무로 만들고 뿔은 입히지 않는다고 한다. 레싱Lessing 외(1982:27)
** sikinay(sumu…). 화살의 일종으로 짐작되나 재질, 형태, 기능 따위는 확인되지 않는다.
*** isman-tan(neretü-sumu…). 화살의 일종으로 짐작되나 재질, 형태, 기능 따위는 확인되지 않는다.

초통이 조로에게 자신의 화살을 주었다.

조로가 신통력으로 꼬리에서 세 마디를 잘라 초통에게 주었다. 초통 노얀이 여러 사냥꾼들에게로 갔다. 사냥꾼들이 모여들었다. 초통이 큰 목소리를 내어 말했다.

"사슴을 내가 죽였다. 열세 마디 꼬리를 내가 잘라 갖고 있다. 로그모고와를 내가 차지하겠다!"

초통이 사냥꾼들을 모아놓고 말하고 있을 때, 조로가 다가왔다.

"이런, 이런! 초통 아저씨! 당신은 참으로 사악한 거짓말쟁이요! 도대체 얼마나 사악한 거짓말쟁이요, 당신은? 내가 사슴을 죽여 열세 마디 꼬리를 자르고 있는데 당신이 와서는,

'얘 조로야,
이 뒤로는 욕을 하지 않으마!
때리지 않으마!
조카들 가운데 가장 가까이 사랑하마!
이 꼬리를 내게 다오!'

하지 않았습니까? 내가, '아저씨! 꼬리가 뭐 대단하다고요? 내가 마침 활쏘기를 하러 갑니다. 내게 이스만탄 화살을 주세요' 하고 말하지 않았습니까? '화살이 뭐가 대단하다고?' 하고 내게 주지 않았습니까, 당신이?"

조로가 초통의 화살을 뽑아 보여주었다.

"이런, 이런! 못된 놈의 소행머리를 보게나! 여러분, 제 아내를 차지하자 내 화살통을 간수하는 사람에게서 훔쳐서는 헛소리를 하는 거요, 이놈은!"

초통이 사냥꾼들 앞에서 떠들었다.

"좋아! 당신 꼬리가 온전한지 당장 보라고!"

조로도 지지 않고 맞섰다. 꼬리를 보았다. 세 마디가 없었다.

"세 마디는 어디 있수?"

조로가 다그치자, 초통 노얀이 아무 소리도 하지 못했다.

"사악한 거짓말쟁이라는 것을 알기에 꼬리를 세 마디 떼고 내어준 것이 이것 아니오?"

조로가 품에서 세 마디의 사슴 꼬리를 꺼내 보여주었다. 초통 노얀이 창피해서 외면하고 가버렸다.

바로 그날 밤, 조로가 하이낙 소 백여덟 마리 값이 나가는 초통의 가라말을 훔쳐서 죽였다. 초통이 이튿날 집뒤짐을 하러 왔다. 집을 뒤져 말고기를 찾아냈다. "이런 망할 놈!" 하고 가서는 조로를 죽인다고 티베트, 탕구트의 군대를 소집했다.

초통 노얀이 갑옷을 입고 무기를 들고 왔다. 조로가 빨간 보조개 얼굴을 한 큰 아이로 변신했다. 쌈지에서 '울림'이라는 이름의 활을 꺼내 당겼다. 활을 당기자 만 마리의 용이 코 고는 소리를 냈다. 가장 먼저 초통 노얀이 도망쳤다.

이튿날 초통 노얀이 다시 제안을 내놓았다.

"하루 사냥에서 사슴 만 마리를 죽이고, 사슴 만 마리의 고기를 사슴 한 마리의 겹주름위에 채워넣을 수 있는 사람이 오나도스 강에서 누구든 걸어서 건널 수 있는 얕은 곳을 찾아낼 수 있으면, 그 사람이 로그모 고와를 차지하게 하자!"

그래서 수많은 사냥꾼이 모두 모여들었다. 조로에게는 활과 화살이 없었기 때문에 로그모 고와가 낙타치기의 활과 화살을 가져다가 "조로가 분질러버리지 않으려나?" 하면서 주었다.

조로가 힘껏 당겨 분질러버렸다.

로그모 고와가 다시 소치기의 활과 화살을 갖다주었다.

조로가 다시 세게 당겨 분질러버렸다.

다시 말치기의 활과 화살을 가져다가 "더 이상 더 활과 화살이 있으면 내 갈비가 되거라!" 하면서 주었다.

조로가 활을 세게 당겨 분질러버리고 갔다.

당도해 보니 사냥꾼들이 사슴을 쏘며 돌아다니고 있었다. 조로가 신통력으로 하루 사냥에서 만 마리의 사슴을 죽였다. 사슴 만 마리의 고기를 잘라 사슴 한 마리의 겹주름위에 채워넣었다. 그 한 마리의 꼬리를 잘라 내 꼬챙이에 걸고 갔다.

수많은 사냥꾼들이 헤매고 다니다가 조로의 그 표시를 따라갔다. 오나도스 강에 이르렀으나 누구든 걸어서 건널 수 있는 얕은 곳을 찾아내지 못했다. 조로가 오더니,

사슴을 데려다 몰아넣었다.
사슴이 뿔 끄트머리만 내밀고 강을 건너갔다.
들나귀를 데려다 몰아넣었다.
옆구리까지 물이 차면서 건너갔다.
영양을 데려다 몰아넣었다.
조로가 신통력으로 초통의 눈에는
영양의 발굽 정도까지만 물이 차는 것처럼 보이게 했다.

"자, 세 분 큰 노얀이시여! 걸어서 건널 수 있는 곳을 찾아냈습니다. 걸어서 건너는 곳을 고르시겠습니까?"

초통이 나섰다.

"나는 영양의 건널목으로 건너겠다!"

"나는 들나귀의 건널목으로 건너겠다."

셍룬 노얀이 말했다.

"차르긴 아저씨는 왜 아무 말씀이 없으세요?"

조로가 차르긴 노얀에게 물었다.

"얘, 조로야, 네가 알아서 해라."

"차르긴 아저씨, 들나귀의 건널목으로 건너세요."

셍룬과 차르긴과 모든 사냥꾼이 함께 들나귀의 건널목으로 건넜다. 초통 노얀만 영양의 건널목으로 건너려다가 물에 떠내려갔다.

"아이고, 조로야! 나 좀 건져줘라!"

초통이 소리를 질렀다.

조로가 채찍을 들고 뛰어 들어갔다. 초통 노얀을 제 채찍으로 목을 휘감아 잡아 강가로 끌어내자 초통 노얀이 말했다.

"얘, 조로야! 네놈이 나를 건지기는 건졌다만 목조르기꾼이라는 칭호를 받으면 어떻겠냐?"

"좋소, 나야 상관 없수."

조로가 그렇게 말하고 채찍을 풀어버렸다. 초통 노얀이 다시 떠내려가면서 살려달라고 비명을 지르며 발버둥쳤다.

"얘, 조로야! 나 좀 살려다오!"

조로가 뛰어들었다. 조로가 초통의 머리카락을 쥐어 뽑히도록 잡고 나왔다. 조로가 강가에 이르자 초통 노얀이 다시 말했다.

"얘, 조로야! 네놈이 나를 건지기는 건졌다만 머리가죽 벗기기꾼이라는 칭호나 받으면 어떻겠냐?"

조로가 "좋습니다" 하고는 초통을 놓고 나왔다. 다시 떠내려갔다.

"얘, 조로야! 이제 제발 좀 살려다오. 나 죽는다!"

초통이 소리쳤다. 조로가 꼼짝도 하지 않았다.

여러 사람이 "아까운 사람이 죽는구나! 얘, 조로야! 제발 건져주거라!" 하며 애원하고 나서야 움직였다.

조로가 신통력으로 제 채찍을 양날 칼로 만들어 내주었다. 초통이 칼을 잡았다. 초통을 끌고 나오자 두 손바닥이 떨어져 나갔다.

"얘, 조로야! 네놈이 나를 꺼내주긴 꺼내주었다만 내 두 손바닥은 어디로 갔느냐? 자, 얼마나 큰 죄를 저지른 거냐? 그러나 네놈이 꺼낸 건 꺼낸 거지."

"어! 아저씨 손이 없네요."

조로가 대꾸했다.

사냥꾼들이 돌아다니다 그날 밤을 초원에서 보냈다. 몹시 추웠다. 땔나무도 소똥도 없었다.

초통에게는 사람의 말을 알아듣는 개가 한 마리 있었다. 개에게 조로가 무슨 말을 하고 있는지 가서 들어보라고 했다. 조로가 신통력으로 개가 온 것을 알고 말했다.

"내일은 활화살 강에서 숙영해야지.
활과 화살을 찾아 가져야지. 활과 화살을 망가뜨려야지.
신발 강에서 숙영해야지. 신발을 찾아 가져야지.

신발을 하이낙 소의 뿔에 걸어야지.
세 사람의 무릎으로 아리쇠를 세워 음식을 끓여야지.
먹고 자야지. 빈속에 자면 안 되지."

개가 가서 초통에게 조로가 한 말을 하나도 빠뜨리지 않고 이야기했다. 초통 노얀이 사람들에게 공표했다.

"내일 활화살 강에 들어가면 활과 화살을 줍는다더라.
신발 강에서 하마下馬하면 신발을 줍는다더라.
세 사람의 무릎으로 아리쇠를 세워 음식을 해먹으라더라!
오늘 밤 빈속에 자지 말라더라! 음식을 먹고 자라더라!"

초통 노얀이 일어나 제 활과 화살을 꺾고 세 사람의 무릎으로 아리쇠를 삼아 세웠다. 신발을 하이낙 소의 뿔에 걸었다. 불을 피우자 세 사람이 "어이쿠, 뜨거라!" 하면서 솥을 밀쳐버렸다. 결국 음식을 먹지 못하고 굶고 잤다.

이튿날 동이 틀 무렵 초통 노얀이 말을 타고 조로에게 갔다.
"얘, 조로 있느냐?"
"아저씨, 무슨 일이에요?"
"조로! 활화살 강이 어디 있느냐? 신발 강이 어디 있느냐?"
초통이 물었다.
"아저씨, 그게 무엇인데요? 무슨 말이에요?"
조로가 되물었다.
"활화살 강에서 하마하면 활과 화살을 얻고, 신발 강에서 하마하면 신발을 얻는다고 했다."

"누가 아저씨한테 그랬는데요, 아저씨?"

조로가 물었다.

"내 개가 나에게 말했다."

"개와 말을 하다니, 당신은 참으로 잘난 사람이네요."

조로가 통박을 주자 초통이 부끄러워 되돌아갔다. 그러더니 다시 돌아와서 물었다.

"애야, 간밤에 네가 꿈을 꾸었다는 것이 사실이냐?"

"예, 사실이지요, 아저씨!

'검은 사슴을 쏘면 재앙이 닥치고,
검은 몸통에 이마가 흰 사슴을 쏘면 재앙이 없다'

는 그런 꿈을 꾸었소."

이튿날 새벽녘, 여러 사람들이 사냥을 시작했다. 초통 노얀은 검은 사슴과 마주쳤으나 쏘지 않고 검은 몸통에 이마가 흰 사슴만을 찾아다녔다.

새벽녘에 큰 사슴이 이마 사이에 서리가 앉은 채로 달려왔다. 초통 노얀이 '저것은 검은 몸통에 이마가 흰 사슴이다' 하고 쫓았다. 가다 보니 이마 사이에 있던 서리가 녹아 사라졌다. '검은 놈이었구나, 내가 잘못 쫓고 있었어' 하고 돌아왔다.

사냥을 하고 다니는데 두 뿔 가운데 눈이 걸린 사슴이 달려왔다. '이놈은 검은 몸통에 이마가 흰 사슴이구나' 하고 쫓았다. 쫓다가, 말과 함께, 개와 함께 쫓아 돌아다니다 조로 옆으로 다가왔다.

"얘, 조로야! 이놈 조로야! 이 사슴을 쏘아 죽여라!"

"에이, 우리 아저씨도! 내 활쏘기가 형편없는 것을 모르우? 사슴을 쏜답시고 아저씨의 말과 개를 쏘아 죽이게 되우. 나는 안 되우."

"얘, 조로야! 말과 개가 무슨 상관이냐? 사슴을 쏘아다오!"

초통이 보챘다.

"그러지요, 아저씨가 그러면. 내 말이 형편없어서 따라잡지를 못해요. 나를 지나서 돌려서 몰아오우!"

초통 노얀이 사슴을 따라잡아 돌려서 몰아왔다. 뒤에서 활을 당기고 따라가면서 신통력으로 초통의 말을 개와 함께 꿰뚫어 쏘고 사슴을 죽였다. 초통 노얀이 사슴 옆에 내렸다.

"얘, 조로야! 네놈이 사슴을 죽이긴 죽였구나. 내 아까운 말과 개는 어떻게 된 거냐?"

"참 나, 이거야 원. 아저씨라는 사람이 어떻게 탓을 하나. 자, 그렇게 되긴 되었소. 그렇지만 내가 활쏘기가 형편없다는 것을 말했소, 안 했소?"

조로가 그렇게 따지다가 사슴을 보고 초통에게 물었다.

"아저씨가 쫓던 사슴이 검은 몸통에 이마가 흰 사슴이 아니라 그냥 검은 사슴이었수?"

초통 노얀이 죽은 사슴을 보더니 말했다.

"이런, 제기랄! 내가 이마가 흰 사슴이라고 쫓아다닌 것이 검은 사슴이었네. 얘, 조로야! 이제 어떻게 하냐?"

"'이 재앙이 말과 개에게 닥치게 하소서!' 하시구려, 아저씨."

"얘야, 이놈들은 아주 좋은 것들이었다."

죽은 개와 말을 보고 초통이 아까워했다.

조로가 신통력으로 초통의 말과 개를 죽인 것은, 초통의 말과 개가 사람의 말을 할 줄 알았기 때문이었다.

사냥꾼들이 모두 제집으로 돌아갔다. 로그모 고와가 마중을 나와 차르긴에게 물었다.

"하루 사냥에 사슴 만 마리를 누가 죽였습니까? 오나도스 강의 건널목을 누가 찾아냈습니까?"

차르긴 아저씨가 대답했다.

"누가 해낼 수 있겠느냐? 우리 실루 다스바 말고."

'실루 다스바라니 누굴까?' 하고 로그모 고와가 아무리 생각해봐도 알 수가 없었다. 그것이 조로의 칭호라는 것을 모르고 이번에는 초통에게 다시 물었다.

"누가 해냈겠나? 내 큰아들 알탄만이 해낼 수 있는 일이지!"

초통이 대답했다.

로그모 고와가 '이 무슨 요상한 일이냐?' 하고 속으로 불안해하면서 집으로 돌아갔다.

조로가 소를 타고 꼬챙이 끝에 똥 묻은 겹주름위를 달고 갔다. 장모가 사위가 잡은 사슴 고기를 받아 내리려고 왔다. 와서 보더니 화를 내며 집으로 들어갔다.

"에이, 이런! 사냥꾼들이 내게 거짓말을 했어!"

장모는 조로가 가져온 겹주름위를 지붕창 쪽으로 집어던졌다. 그 서슬에 지붕창을 묶은 끈이 탁 하고 끊어지면서 집이 쓰러지려고 했다. 그러자 장모가 놀라 밖으로 뛰어나오며 소리쳤다.

"아이고, 아이고! 사위! 이게 어떻게 된 거야?"

조로가 들어가 보더니 말했다.

"똥 묻은 겹주름위였어요."

그러고는 다시 집으로 뛰어들어가 겹주름위를 게르 기둥으로 밀어 던졌다. 장모가 화덕을 파고 솥을 가져왔다.

"장모님, 이것은 제가 잡은 사슴 고기입니다. 솥 한 개에 다 들어가지 않습니다. 이웃의 솥을 다 모아다 삶으세요."

조로의 말에 장모가 이웃의 솥을 모은다고 곳곳으로 사람을 보냈다. 화덕을 여럿 파고 솥에 물을 부었다. 고기를 넣었다. 모두 가득 찼다. 고기가 익어 건지니 많은 사람들이 모여들었다.

겹주름위를 반쯤 먹자 모두들 배가 불렀다. 조로가 신통력으로 장모의 배에 사슴 한 마리분의 고기를 채워넣었다. 장모가 고기를 소화시키지 못해 다 죽게 되어 엎드렸다.

조로가 그 모습을 보고 말했다.

"우리 장모가 배가 불러 돌아가시게 되었다!"

이어, 조로가 한 길짜리 흰 나무로 배를 위로 세 번, 밑으로 세 번 문질렀다. 장모가 위로 토하고 아래로 싸고 해서 나왔다.

샘이 난 초통 노얀이 다시 찾아와서 말했다.

"누구든지 가루다 새를 잡아 두 개의 아름다운 깃을 차지하면 그 사람에게 로그모 고와를 주자!"

수많은 사람이 다투어 사냥에 나섰다.

조로는 화신의 몸으로 공중으로 가고, 흉한 모습으로는 황금 세상으로 갔다. 조로가 도착해서 보니 수없이 많은 사람들이 모여 가루다 새를 쏘았으나 닿지 못했다. 오직 바담아리의 아들 밤 소요르자가 쏜 화살만이 가루다 새의 둥지 한가운데를 뚫고 지나갔을 뿐이었다. 조로가 다가가 가루다 새를 추어주었다.

"으르렁거리는 네 목소리가 이다지도 아름다우니
목이 달린 네 머리는 얼마나 멋있을까?"

조로에게 목이 달린 머리를 보여주었다.

"가루다 새야! 목이 달린 네 머리가 이다지도 멋지니
네 몸은 또 얼마나 근사할까?"

조로에게 자신의 몸을 보여주었다. 조로가 다시 가루다 새를 꾀었다.

"네 몸이 이다지도 근사하니
푸드득푸드득, 이리저리, 탁탁하면서
날갯짓하면 얼마나 훌륭할까?"

가루다 새가 탁탁 소리를 내면서 날갯짓을 할 때 활을 당겨 죽였다. 두 개의 아름다운 깃을 신통력으로 공중에서 가져다 로그모 고와의 모자에 몰래 꽂았다. 수많은 군중이 모두 깃털을 차지하려고 떨어진 가루다 새의 몸에 달려들어 다투었다. 조로 또한, 이 사람도 밀쳐버리고, 저 사람도 밀쳐버리며 다가갔다.
조로가 우는 척하고 서 있자, 로그모 고와가 울었다.

"나라의 잘난 사내들이

가루다 새를 죽여
깃털을 제 여자에게 꽂아주었다.
내 사내 조로도
저렇게 꽂아줄 것인가, 내게?"

로그모 고와가 울자 다른 여러 여자들도 같이 울었다.

"아서라!
못난 코흘리개 조로가
가루다 새를 죽여
두 개의 멋진 깃털을 로그모 고와에게 꽂아주었다.
우리 잘난 사내들도 이렇게 명궁이 되었으면!"

모든 사람들이 각자 제집으로 돌아갔다. 조로는 돌아가지 않았다. 로그모 고와가 집에 도착하여 들어가려다 보니 두 개의 멋진 깃털이 문설주에 닿았다. 이 무슨 기이한 일인가 하고 모자를 벗어보니 깃털이 모자에 꽂혀 있었다.

'조로에게 신통력이 있구나!' 하고 조로의 발자취를 따라갔다.

게세르의 노래

게세르가 큰 바위의 우묵한 곳에서 자신의 모든 수호신과 앉아 있었다. 큰 잔치를 하는 중이었다. 로그모 고와가 밖에서 엿보며 생각했다.

'우리 조로가
내 사내가 이렇게 잘났으면.'

그러고 나서 로그모 고와가 그곳으로 뛰어 들어가자 게세르는 몸을 바꾸어 조로의 몸으로 앉았다. 아리야 알람카리 흰 여하늘이 로그모 고와에게 분부를 내렸다.

"여봐라, 며느리야! 오늘 이 잔치에는 수많은 수호신이 모두 모여 너에게 절을 올리는 것이다. 이 잔치에서 무슨 음식이든 주면 먹어야 한다."

로그모 고와가 "예!" 하고 대답했다.

큰 잔치가 끝났다. 끝난 뒤에 아리야 알람카리 흰 여하늘이 로그모 고와에게 익은 여자아이 하나를 그릇에 담아주었다. 먹지 않았다. 그 뒤에 죽은 사람의 손가락을 갖다주었다. 잘라 씹다가 뱉어버렸다.

아리야 알람카리 흰 여하늘이 "내가 뭐라고 말했더냐?" 하고 꾸짖자 큰 잔치의 손님들이 흩어졌다. 로그모 고와가 어쩔 줄을 몰라 아리야 알람카리 흰 여하늘의 치맛자락을 붙들었다.

"이 며느리가 어찌하면 되겠습니까?"

"네게서 자손을 구한다.
네가 이것을 먹었으면
'게세르보다 나은 세 아이'를 낳을 것이었다.
'게세르와 같은 세 아이'를 낳을 것이었다.
'게세르보다 못한 세 아이'를 낳을 것이었다.
아아, 며느리야! 너는 하지 못했다. 이제 몇을 달라는 거냐?"

아리야 알람카리 흰 여하늘이 물었다.
"흰 여하늘님, 그대가 몇을 주실 것인지 마음대로 하소서."
로그모 고와가 대답했다.
"백여덟을 받아라!"
흰 여하늘이 로그모 고와를 집에 데려다주고 돌아갔다. 조로가 나간 뒤에 로그모 고와가 울다가 시어머니에게 이렇게 말했다.
"아아, 어머니! 저는 그런저런 것부터 이런저런 것까지 모든 것마다 이렇게 괴롭습니다. 당신의 아들이지만 너무 괴로워 어떻게 해서든 죽겠습니다. 죽어서 염라대왕에게 가서 고소를 하겠습니다.

내 흰 눈자위는 노래졌습니다.
내 검은 눈동자는 하얘졌습니다."

로그모 고와가 그렇게 말하고 나가자 조로의 어머니가 조로를 불렀다.
"네 아내 로그모 고와가 죽겠다고 하더라. 그런저런 일부터 이런저런 일까지 다 겪었다더라. 염라대왕에게 가서 고소를 하겠다고 하더라. 남의 딸이 목숨을 끊어 내게 나쁜 이름이 돌아오게 만들지 말고 잘 지내거라, 애야!"

조로가 가서 게세르의 몸으로 되어 누웠다. 로그모 고와가 밖에서 엿보고 있다가 뛰어들어와 게세르를 위에서 눌렀다. 게세르가 타일렀다.

"남자가 여자를 위에서 누르는 법이다. 여자가 남자를 위에서 이렇게 누르는 법도 있더냐?"

게세르가 로그모 고와에게 차례로 사방을 향하게 하고 아홉 가지씩 모두 서른여섯 가지 가르침을 내렸다. 가르침을 내린 뒤 말했다.

"내가 태어났을 때,
악마의 까마귀가 한 살배기 아이의 눈을 쪼아 장님을 만들고 다닐 때,
내 눈 위에 아홉 갈래 쇠덫을 쳐놓고,
악마의 까마귀를 잡아 죽이고,
눈 위에 눈을 더한, 눈 게세르 카간이 나 아니냐?

내가 두 살 때,
염소 이빨에, 개 주둥이에, 쇠 어금니를 가진 악마가
궁구 에치게라는 순례 라마로 둔갑하여
갓난아이들의 혀끝을 깨물어 벙어리를 만들고 돌아다닐 때,
마흔다섯 개의 조개처럼 하얀 이빨을 물고, 젖을 빨지 않고 누워 있을 때,
'당신네 이 아이가 원래부터 이렇게 이를 악물고 있었소, 지금 이렇게 되었소?' 하고 물었을 때,
내 아버지 어머니가 '원래 태어날 때는 입도 있고 코도 있었소. 이제 죽으려고 이렇게 되었나? 모르겠소' 하고 대답했을 때,

그러자 라마가 제 혀를 젖처럼 빨게 했을 때,

혀를 조금 빼는 척했다.

내가 잘 빤다며 점점 혀를 크게 빨게 했다.

젖을 빠는 척하면서 혀뿌리를 마흔다섯 개의 조개처럼 하얀 이빨로 끊어져라 깨물어 죽였다.

두 살 때 혀 위에 혀를 더한, 혀 게세르 카간이 나 아니냐?

내가 세 살 때,

사악한 들쥐가 땅을 뒤집고 다녀,

몽골 나라에 악업을 행하고 다녀,

내가 소치기 노인이 되어, 작은 무쇠도끼를 들고 가니

사악한 들쥐가 황소만큼 되어 돌아다니고 있었다.

소치기 노인이 황소의 두 뿔 사이 한가운데를 때려 죽였다.

세 살 때 사악한 들쥐가 땅을 뒤집고 다니며,

몽골 나라에 악업을 행하고 다닐 때,

사악한 들쥐를 죽인,

시방 세계의 자비롭고 거룩하며 어진 카간이 나 아니냐?

네 살 때, 종달새 목구멍으로 가서,

일곱 악귀가

하루에 사람 칠백 명, 말 칠백 마리를 닥치는 대로 잡아먹는 것을

조로의 몸으로 변신해서 일곱 악귀를 큰 바다에 빠뜨려 죽였고,

사르타그친, 아야가친, 볼리야그친이라는 삼백 명의 속인俗人을 부처님께 귀의케 하고,

날선 칼이라는 이름의 망고스를 죽인,
시방 세계의 게세르, 거룩하고 어진 카간이 나 아니더냐?

다섯 살 때, 사랑스러운 여름에서 유목하면서
사랑스러운 여름을 상서롭고 좋은 고장을 만들고,
놀롬 평원*에서 타지크 에르데니 카간의 상인 오백 명을,
신통력으로 사흘을 하루로 만들고,
무쇠를 뜨겁게 달구고,
말벌로 에워싸,
물 없는 곳에 오백 명의 상인을 모아,
부모님의 은혜에 보답하기 위해
관세음보살님의 절을 지은,
사랑스러운 여름을 상서롭고 좋은 고장으로 만든,
거룩한 게세르 카간이 나 아니더냐?

여섯 살 적에,
로그모 고와 네가 세 명의 명궁, 세 명의 장사를 데리고 왔을 때,
만 명이 모여 활쏘기 시합을 벌였을 때,
네가 하늘의 비천의 현신 로그모 고와다 하고 왔을 때,
너의 세 명의 장사를 죽인,
너의 세 명의 명궁을 활을 쏘아 이긴,

---

* 앞에서 타지크 상인들의 이야기가 나올 때는 등장하지 않았으나 게세르 이야기에서 중요한 배경이 되는 평원.

삼만 명의 선두로 달리던 자를 길을 잃게 하고 너를 차지한,

또한 초통 노얀이 질투가 나서,

삼만 명을 모아 말달리기 대회를 하자고 했을 때,

미늘 있는 갑옷,

쟁쟁함이라는 이름의 투구,

도람착이라는 이름의 날선 칼,

만 개의 별이라는 이름의 방패와 치렛거리들을 놓고

말달리기 대회를 하자,

누구의 말이든 우승하면,

그 보물을 갖고,

로그모 고와를 그 사람이 차지하자고 했을 때,

그래서 많은 사람이 모여들고,

내가 하늘에 계신 납사 쿠르제 할머니께 빌어

향을 피워놓고 영험한 조류말을 타자마자

삼만 명을 이기고

수많은 보석 달린 치렛거리를 받아

형 자사 시키르에게 주고

모든 자를 라마에게 귀의케 한

도인 게세르 카간이 나 아니더냐?

일곱 살 적에 다시

초통 노얀이 질투에 못 이겨

누구든 사슴을 쏘아 죽이면,

누구든 열세 마디 꼬리를 먼저 잘라 가지면,

그 사람이 로그모 고와를 차지하게 하라고 했다.

모든 사람이 갔다.

나도 뒤따라가서 사슴을

전나무 활, 시키낙 화살로

사슴의 두 눈 사이

한가운데로 꿰뚫어 쏘아 죽였다.

모든 사람들을 라마에게 귀의케 한,

초통을 부끄러워 돌아가게 한

명궁 게세르 카간이 나 아니더냐?

내 나이 여덟 살 적에

초통 노얀이 다시

누구든 하루 사냥에 만 마리 사슴을 죽이면,

누구든 오나도스 강에 건널목을 찾아내면

그 사람이 로그모 고와를 차지하게 하라고 했다.

초통 노얀과 모든 사람이 나섰다.

나 조로가

비루먹은 두 살배기 조류망아지를 타고

하루 사냥에 만 마리의 사슴을 죽였다.

오나도스 강에 건널목을 내준

시방 세계의 자비롭고 거룩한 게세르 카간이 나 아니더냐?

내 나이 아홉 살 적에

초통 노얀이 다시 질투가 도져

누구든 가루다 새를 쏘아 죽이고
누구든 두 개의 아름다운 깃털을 차지할 수 있으면,
그 사람이 로그모 고와를 차지하게 하라고 했다.
모든 사냥꾼이 모여들었다.
나는 조로의 몸으로는 황금 세상으로 가고,
화신의 몸으로는 공중으로 갔다.
내가 도착해 보니
모든 사람이 가루다 새에게 활을 쏘아댔으나
미치지도 못하고 있었다.
바담아리의 아들 밤 소요르자가 쏜 화살이
둥지 가운데로 뚫고 지나간 다음에
내가 가서 가루다 새를 추켜세워서
푸드득푸드득, 이리저리, 탁탁 하고 있는 것을
가루다 새의 머리통을 부서져라 쏘고서
화신의 몸으로
가루다 새의 아름다운 두 개의 깃털을 가져다 네게 꽂아주었다.
모든 궁수들을 이긴
명궁 게세르 카간이 나 아니더냐?

열 살 적에
아버지 어머니의 은혜에 보답하고자
관세음보살님의 절을 세운
거룩한 게세르가 아니더냐?*

내 나이 열한 살 적에
몹쓸 병의 주인,
로그모 나그보라는 이름의 악마를 잡아 죽인
부자 게세르 카간이 나 아니더냐?

내 나이 열두 살 적에
붓는 병의 주인,
쇠 귀고리 악마를 잡아 죽여
붓는 병의 뿌리를 끊어버린
모든 자의 지배자 게세르 카간이 나 아니더냐?

내 나이 열세 살 적에
탄저병의 주인,
창자 머리 악마를 죽여
탄저병의 뿌리를 끊어버린
거룩한 게세르 카간이 나 아니더냐?

내 나이 열네 살 적에
용왕의 딸 아조 메르겐과 나 게세르 카간이 함께 사냥을 나갔다.
아조 메르겐과 게세르 카간이 함께 다니고 있을 때
내 앞으로 사슴 일곱 마리가 지나갔다.

---

* 회고하는 내용이지만 열 살 이후의 행적은 앞에 소개되지 않은 이야기들이다. 혹시 우리의 1716년 목판본의 바탕이 된 수서본이나 구전 「게세르」에는 이 이야기들도 들어 있을 가능성이 있어 보인다.

일곱 마리를 꿰뚫어 쏘았다.

땅에 박히도록 쏘았다.

그리고 나자 아조 메르겐 앞으로 사슴 아홉 마리가 지나갔다.

아조 메르겐이 아홉 마리 사슴을 꿰뚫어 쏘았다.

바위에 박히도록 쏘았다.

이제 자웅을 어떻게 가릴 것인가 생각하고 있는데

사슴 한 마리가 지나갔다.

나 게세르가 맞히지 못하고 여러 사람들을 앞질러 나갔다.

아조 메르겐이 내 뒤에서 따라왔다.

나 게세르가 뒤를 돌아보고

'나도 여자다! 내 뒤에 사람은 나보다도 못생긴 여자 같다!' 하고 소리쳤더니

아조 메르겐이 '내가 여자라는 것을 알아차렸구나!' 하고는

사슴을 쏘아 죽였다.

나 게세르가 가서 화살을 뽑아 겨드랑이에 끼우고

죽은 척하고 누워 있었다.

아조 메르겐이,

'내가 어제는 아마타이의 아들 테무르 카타이를 죽이고

그의 부루말을 빼앗았다!

이제는 시방 세계의 지배자 게세르 카간을 죽이고

그의 조류말을 빼앗은 것이 바로 이것이다!' 하고는 끌고 갔다.

나 게세르는 움직이지 않고 누워 있었다.

나 게세르는 나의 분신인 다른 사람을 만들어,

'아조 메르겐이 시방 세계의 지배자 게세르 카간을 죽였다!

자사 시키르 형이 세 무리의 나라를 소집하여
아조 메르겐을 죽이자! 약탈하잔다!' 하고 소리쳤다.
아조 메르겐이 감추었던 머리카락을 풀고,
오른쪽 머리가닥을
'내 아버지와 오라버니에게
나쁜 일이 닥치지 않게 하소서!' 하고
오른손 쪽으로 폈다.
왼쪽 머리가닥을,
'내 아우와 어머니께
나쁜 일이 닥치지 않게 하소서!' 하고
왼손 쪽으로 폈다.
땋은 머리를
'내 중국 노예에게
나쁜 일이 닥치지 않게 하소서!' 하며
뒤로 풀었다.
게세르가 그것을 알고 일어나 씨름을 했다.
게세르를 한 번 무릎 꿇렸다.
게세르가, '사내가 씨름을 세 판은 해야 하는 것 아니오?
먼지를 네 번은 털어야 하는 것 아니오?' 하고 말했다.
다시 씨름을 했다.
게세르 내가 들어 던졌다.
나 게세르가 너를 갖겠다고 했다.
아조 메르겐이 '예!' 하고 응했다.
나 게세르가,

'이렇게 되면 내 새끼손가락을 핥을 것이냐?' 하고 다짐했다.
아조 메르겐이 '예!' 하고 대답했다.
새끼손가락을 찔러 피를 핥게 했다.
이제 둘이 함께 큰 바다에 물을 마시러 갔다.
물에 당도할 무렵
물 속에서 화살의 그림자가 반짝이는 것을 보았다.
나 게세르가,
'내 뒤에서 활과 화살을 펼 사람이 없다' 하고
뒤를 돌아보니
아조 메르겐이 활과 화살을 펴고 다녔다.
나 게세르가,
'너 왜 이러느냐?'고 물었다.
'내가 당신을 겨누는 것이 아니라,
바다의 고기를 겨누는 것이다' 하고 아조 메르겐이 대답했다.
그 말대로 물고기가 죽어
바다가 빨강으로 움직이고 있었다.
둘이서 바다에 당도해 물을 마시고 나서
나 게세르가 옷을 벗고 바다에 뛰어들어
저편으로 나와 앉아 있었다.
아조 메르겐이 기다리고 있지 못하고
옷을 벗고 바다에 들 때
나 게세르가 휘파람을 불어 회오리바람을 일으키자
그녀의 옷이 날아가 나무 꼭대기에 걸렸다.
나 게세르가 돌아와 옷을 입고 있을 때

아조 메르겐이 와서
나 게세르의 품으로 들어왔다.
나 게세르가 사방에 아홉 가지씩
가르침의 말을 내렸다.
열네 살 적에
용왕의 딸을 아내로 취한
시방 세계의 게세르, 거룩하고 어진 카간이 내가 아니더냐?

지금 열다섯 살에는
내가 이같이
하늘처럼 호령하고
용처럼 포효하며 다니고 있노라."

 그 말을 할 때 하늘이 천둥을 치고, 용이 포효하고, 감로수의 비가 내리고 있었다. 게세르가 분부를 내리고 있을 때 로그모 고와가 한 번은 울고 한 번은 웃고 있었다.

시방 세계의 열 가지 해악의 뿌리를 끊어버리신
자비롭고 거룩하며 어진 게세르 카간의 이름을 울려 퍼지게 한 첫 권.

— 제 2권 —

북쪽 지방의 산더미만 한 검은 얼룩 호랑이

북쪽 지방에 망고스의 화신인, 산만큼 큰 검은 얼룩 호랑이가 있었다. 몸이 백 리를 차지하고, 코 오른쪽에서는 불의 만다라가 타오르며, 코 왼쪽에서는 연기가 치솟고 있었다. 사람을 하루 거리에서 보고 한나절 거리에서 덮쳐 삼킨다고 했다.

시방 세계의 지배자 게세르 카간의 승리의 세 누이 가운데 이르잠소 다리 오담*이 게세르에게 분부했다.

"얘, 우리 코흘리개야. 북쪽 지방에 망고스의 화신인 산더미만 한 검은 얼룩 호랑이가 있다더라. 너의 이 섬부주의 사람들이 그 호랑이의 근처로는 다니지도 못한다더라. 네가 그것과 싸워 물리치거라!"

"내 누이의 분부가 옳소. 내가 몰랐소. 당장 가서 그놈을 무찌르겠소!"

게세르가 승리의 세 누이에게 그렇게 대답하고, 보석 자사 시키르 형에게, 그리고 삼십 명의 용사들에게 사자를 보냈다. 그들 모두에게 서로 불러서들 오라고 했다. 그들이 모두 모였다. 자사 시키르가 게세르에게 물었다.

"우리를 왜 오라고 하셨소, 나의 거룩한 이여?!"

게세르 카간이 분부했다.

---

* 이 누이의 이름은 1권 상6의 8행 등 몇 군데에서는 이르잠사드 다리 오담(Irjamsad dari Udam)으로, 이곳을 비롯한 몇 군데(2권[하]1)에서는 이르잠소 다리 오담(Irjamso dari Udam)으로 나온다. 이 책에서는 두 가지 형태를 모두 사용하기로 한다.

"오, 나의 자사여! 그대는 들었소? 북쪽 지방에 산더미만 한 검은 얼룩 호랑이가 있다 하오. 사람을 하루 거리에서 보고 한나절 거리에서 덮쳐 삼킨다고 하오. 그놈 곁에는 다리 달린 사람이 발 그림자도 못한다 하오. 내가 나이 열다섯 살이 될 때까지 있는 대로 신통력을 보이고 다니느라 그대들에게 한번도 영웅다운 모습을 못 보여주었소. 이제 영웅다운 모습을 보여주겠소. 갑시다!"

시방 세계의 지배자 게세르 카간이
영험한 조류말을 탔다.
이슬처럼 영롱한
검댕처럼 검푸른 갑옷을 입었다.
번갯불빛 흰 어깨 가리개를 둘렀다.
해와 달을 나란히 넣어 만든
이마 부위가 흰 투구를,
보석으로 오늬를 붙인 서른 대의 흰 화살을 담았다.
무시무시한 검은 활을 메었다.
영험한 세 길 검은 꼬챙이 칼을 찼다.

그리고 다음과 같이 명령을 내렸다.
"내 뒤에서 사람 매 자사 시키르가 나의 날개 달린 총이말을 타고 가라! 미늘 갑옷을 입어라! 쟁쟁함이라는 이름의 투구를 보석 머리에 써라! 서른 대의 흰 화살을 담아라! 무시무시한 검은 활을 잡아라! 쿠르미라는 이름의 초강력 순정 무쇠칼을 차라.
나를 우리 자사가 따르라!

우리 자사 뒤에서 사람 독수리 쇼미르*가 잿빛 총이말을 타고 가라! 이슬처럼 영롱한 검댕같이 검은 갑옷을 입어라! 서른 대의 흰 화살을 담아라! 무시무시한 검은 활을 잡아라! 무디어지지 않는 날선 단단한 무쇠칼을 차라!

네가 나의 자사의 후위를 맡도록 하라!

쇼미르의 뒤에 바담아리의 아들 밤 소요르자가 훌륭한 제 청총이를 타고 가라! 푸른 쥠쇠가 있는 갑옷을 입어라! 모든 무기를 다 갖추어라!

쇼미르의 뒤로 너 소요르자가 뒤따라가라!

밤 소요르자의 뒤에서 모든 이에게 외삼촌 같은 나의 부이둥이 잿빛 총이말을 타고 가라! 모든 무기를 다 갖추어라!

나의 삼십 용사가 너를 따르고, 각자의 후위와 끊어지지 마라! 밤 소요르자를 너 부이둥이 따르라!"

이 명령을 내리고 시방 세계의 지배자 게세르 카간이 삼십 명의 용사를 거느리고 떠났다. 가다가 산더미만 한 검은 호랑이를 하루 거리에서 보았다.

"산더미만 한 검은 얼룩 호랑이 그놈이다."

게세르 카간이 말하자 보석 자사 시키르 형이 맞장구를 쳤다.

"산꼭대기에 안개 같은 것을, 연기 같은 것을 불어 날리고 있는 그놈이다."

"나의 자사 시키르여! 그놈이 맞소."

게세르가 맞다고 하자, 삼십 명의 용사가 "어디? 어디?" 하며 떠들어

---

* soomir. 다른 곳에는 대체로 šoomir로, 몇 군데는 šoomar로 나온다. '쇼미르'로 표기를 통일.

댔다. 자사 시키르가 용사들에게 말했다.

"그대들은 소리 없이 가라! 그대들은 보지 못한다. 게세르의 고삐가 어디로 향하는지, 그것을 따라가자!"

시방 세계의 지배자 게세르 카간이 말 궁둥이를 때려 미끄러지듯 나갔다. 산더미만 한 검은 얼룩 호랑이가 한나절 거리부터 도망쳤다. 시방 세계의 지배자 게세르 카간이 영험한 조류말의 뒷다리를 힘껏 채찍질해 모둠발로 뛰었다. 게세르의 뒤로 삼십 명의 용사가 순서대로 차례차례 갔다. 산더미만 한 검은 얼룩 호랑이가 한나절 거리에서 게세르 카간을 삼키려다 놓쳤다. 호랑이가 게세르를 놓치고 빙빙 돌면서 움직였.

삼십 명의 용사가 당도하자 게세르가 과연 '용사들 중의 용사들'인지를 시험해보려고 신통력을 써서 호랑이 아가리로 들어갔다. 들어가자마자 호랑이의 아래 송곳니 두 개를 두 발로 찼다. 입천장을 머리로 받았다. 이어서 아가리 양쪽 가장자리를 양 팔꿈치로 때리며 앉았다.

부이둥이 삼십 명의 용사를 데리고 달아났다. 자사 시키르가 달아나는 부이둥을 불렀다.

"이런, 제기! 기다려라, 부이둥! 너 어떻게 된 거냐?"

그래도 부이둥은 뒤도 돌아보지 않고 달아났다.

망고스의 큰 나라에 이르기 전에 국경의 초원에 도착했다. 게세르의 곁에 남은 사람은 보석 자사, 사람 독수리 쇼미르, 바담아리의 아들 밤 소요르자 이 세 용사뿐이었다. 자사 시키르가 다른 두 용사에게 울면서 말했다.

"시방 세계의 열 가지 해악의 뿌리를 끊어버리신 자비로운 게세르, 거룩하고 어진 우리의 카간을 산더미만 한 검은 얼룩 호랑이가 삼켰다. 못난 부이둥은 삼십 명의 용사를 데리고 달아났다. 나의 거룩한 이의 이름이 아깝다. 이제 우리 셋마저 달아나면 몇몇 마구니들이 뭐라 할꼬? 질투심 많은 삼형제 시라이골의 세 카간이 뭐라 할꼬? 나의 두 사람은 무슨 생각을 하는가?"

"우리 둘이야 뭘 알겠나? 자사 시키르, 그대가 알아서 하시오!"

쇼미르와 밤 소요르자 두 사람이 대꾸했다.

"나보고 알아서 하라니? 뭘 알아서 하란 말인가? 잔치를 알아서 하란 말인가? 같이 쳐들어갈 거면 쳐들어가고, 돌아가려면 돌아들 가라! 하, 너희 담력이라니!"

자사 시키르가 울면서 날개 달린 청총이말의 뒷다리를 채찍질했다. 쿠르미*라는 이름의 초강력 순정 무쇠칼을 뽑아 호랑이에게 돌진해가는 사이에 생각했다.

'시방 세계의 지배자 나의 게세르 카간은 화신이었다. 죽었을까, 살았을까? 만일에 살아 있으면 내 보석 몸에 닿을 것이다!' 하고 쿠르미라는 이름의 초강력 순정 무쇠칼을 집어넣었다.

호랑이에게 다가가 한바탕 싸울 때 자사 시키르가 호랑이의 이마 가죽을 왼손으로 때렸다. 호랑이가 펄쩍 뛰어오르자 붙잡은 손으로 이마 가죽을 세차게 잡아당겨 버렸다. 그러고는 뛰어올라 덤벼들면서 호랑이의 두 귀를 때리자 호랑이가 움직이지 않았다. 자사가 다 싸우고 나서야 다른 두 용사가 칼을 뽑아들고 말에서 내려 쫓아왔다.

게세르 카간이 호랑이의 입 안에 있다가 분부를 내렸다.

"나의 보석 자사여! 내 그대를 알았소! 이 호랑이의 가죽을 훼손시키지 마오. 수를 써서 죽이시오. 머리 가죽은 투구집 백 벌이 나올 것이오. 몸통 가죽에서 일백오십 벌의 갑옷집이 나올 것이오. 자사여, 놓으시오!"

---

* 원전에 kürmei kürdü (쿠르메이 바퀴/기도 바퀴). 다른 곳과 통일하여 쿠르미로 표기.

"나의 거룩한 이, 이 무슨 분부이시오!"

게세르 카간의 분부를 듣고 자사 시키르가 웃으며 손을 놓았다.

말을 탄 채 호랑이 아가리에 들어가 있던 게세르 카간이 왼손으로 호랑이의 멱을 움켜쥐고 말을 천천히 몰면서 오른손으로 유리 자루가 달린 화살 다듬는 칼을 빼어 호랑이의 멱을 '탁' 하고 자르고 나왔다.

호랑이를 죽이고 나서 게세르 카간이 자사 시키르에게 명령했다.

"나의 자사는 솜씨가 있지 않소이까! 머리 가죽을 삼십 용사의 서른 개의 투구집에 맞추어 재단하시오. 몸통 가죽을 갑옷 삼십 벌에 맞추어 재단하시오. 남은 것은 삼백 선봉의 훌륭한 자들에게 주겠소."

게세르 카간이 호랑이를 죽이고 세 용사를 데리고 떠났다. 가다가 자사 시키르가 아뢰었다.

"오, 나의 거룩한 이여! 못난 부이둥이 그대의 삼십 용사를 데리고 달아났소. 그대의 이름이 아깝소."

"나의 자사 시키르여! 잠자코 가시오! 내가 아주 어렸을 때부터 마구니들을 무찌르고 다닐 때 부이둥을 길잡이로 삼아 다녔소. 비유하자면 부이둥은 어두운 밤 박힌 바늘도 놓치지 않는 길잡이였소. 그리고 육도 중생의 모든 말을 아는 현명한 이요. 잠자코 가시오! 그에게 망신을 주지 마오! 그에게 '현명한 대바늘'이라는 칭호를 주겠소."

시방 세계의 지배자 게세르 카간이 그렇게 분부를 내렸다.

열다섯 나이에 시방 세계의 지배자 게세르 카간이
삼십 명의 용사를 데리고 북방에 있는 산더미만 한
검은 얼룩 호랑이를 신통력으로 죽인 두 번째 권.

― 제3권 ―

중국의 구메 카간의 정치를 바로잡다

무리하게 강요된 애도

중국의 구메 칸이 카툰*이 죽자 명을 내렸다.

"나의 이 슬픈 일을 맞이하여,
서 있던 사람은 선 채로 계속 울어라!
앉아 있던 사람은 앉은 채로 계속 울어라!
돌아다니던 사람은 돌아다니던 채로 계속 울어라!
돌아다니지 않던 사람은 있던 채로 계속 울어라!
음식을 먹고 있던 사람은 먹던 채로 계속 울어라.
안 먹고 있던 사람은 안 먹던 채로 계속 울어라!"

모든 사람이 씁쓸하게 여겨 대신의 관소 밖에 모여 수군거렸다.

"카톤이 죽었다.
장례를 치렀다.
라마들을 모아 사십구 일간 염불도 했다.
재도 감당치 못할 만큼 올렸다.
카간은 대신들과 의논해서 새 카톤을 얻으면 될 것이다.

---
* Qatun. 카간, 칸, 노얀 등 통치자의 배우자.

카간은 모든 백성을 행복하게 해야 한다.
이 카톤 혼자 죽은 것이 아니다.
모든 사람이 다 죽는 것이다.
이런 명령이 어디 있는가?
이제 이 카간을 깨우칠 수 있는 이, 누구인가?"

모든 대신과 백성이 찾았지만 결국 찾지 못했다.

호기심 많은 대머리

그 카간에게는 일곱 명의 대머리 장인匠人이 있었다. 일곱이 한 형제였다. 큰형은 호기심 많은 대머리 사르키라골이라는 사람이었다. 그에게는 그를 말리고 나서는 아내가 있었다. 그 대머리 장인이 일을 마치고 집에 와서 아내에게 말했다.

"이 카간의 신하들이 누가 카간을 깨우칠 수 있을까 하고 의논하더라고. 시방 세계의 지배자, 자비롭고 어진 게세르 카간이 할 수 없으면 어느 누가 이 카간을 깨우칠 수 있을꼬? 그 못난 것들이 그것도 모르더라고."

그러자 그의 아내가 꾸짖었다.

"아이고머니나! 이를 어째? 어떻게 생겨먹었는지 주제도 모르는 참견쟁이, 바보천치, 요망한 대머리란 말이요, 당신은?! 재상들이 생각지 못한 것을 당신이 생각해내겠다는 거요? 당신 앞에 놓인 일이나 잠자코 하시오!"

호기심 많은 대머리는 제 아내가 보내주지 않을 것을 알고 말했다.

"물이나 길어오소. 배고파 죽겠네, 밥이나 끓여 먹세."

대머리는 아내가 물 길러갈 때 갖고 다니는 물통 바닥에 여기저기 구멍을 내두었다. 아내를 물 길러 보내고 나서 대신들에게 가서 물었다.

"오, 나리들이시여! 카간을 깨우칠 이로 누구를 정하셨습니까? 찾으셨습니까?"

"아직 찾지 못했네."

대신들이 대답했다.

"우리 카간을 누가 깨우칠 수 있겠습니까? 시방 세계의 지배자 자비롭고 어진 게세르 카간만이 깨우칠 수 있을 것입니다. 그런데 나리들께서 그분을 모시러 가기는 어려울 것입니다."

"자네가 모셔올 수 없으면 누가 모셔오겠나? 자네가 좀 가주게."

대신들이 말했다.

"가겠습니다. 뭐 대단한 일이라고요. 제가 가지요. 제게 말하고 말구종*이나 딸려주세요."

대머리 장인에게 말과 말구종을 딸려주었다. 대머리 장인이 게세르 카간에게 당도해 말에서 내렸다. 누군가 말에서 내리는 것을 게세르 카간이 신통력으로 알고, 또 그가 분수도 모르는 참견쟁이라는 것도 알고, 집으로 들어오기 전에 위엄으로 그 기를 눌러버렸다.

그 장인이 집 안으로 들어가 앉을 줄도 모르고, 절하는 것도 잊어버렸다. 그저 멍하니 보고만 있었다. 게세르 카간이 꾸짖었다.

"못된 놈, 너는 누구의 신하냐? 어떻게 된 못난 바보 대머리가 앉지도 않고, 절도 않고 도대체 뭐 하자는 거냐? 그러면서 나가지도 않는 것은 또 무슨 수작이냐? 그저 우두커니 서 있겠다는 것이냐, 뭐냐?"

그래도 그 장인은 아무 소리도 내지 못하고 서 있기만 했다. 게세르 카간이 위엄으로 기를 누르는 것을 멈추었다. 대머리 장인이 정신이 들어 절을 하고 아뢰었다.

"중국의 구메 카간의 카톤께옵서 성불을 했습니다. 카간께서는,

---

* 말을 타고 갈 때에 고삐를 잡고 앞에서 끌거나 뒤에서 따르는 하인.

'서 있던 사람은 선 채로 계속 울어라!
앉아 있던 사람은 앉은 채로 계속 울어라!
돌아다니던 사람은 돌아다니던 채로 계속 울어라!
돌아다니지 않던 사람은 있던 채로 계속 울어라!
음식을 먹고 있던 사람은 먹던 채로 계속 울어라!
안 먹고 있던 사람은 안 먹던 채로 계속 울어라!'

하는 명을 내렸습니다.

그래서 카간의 재상들이 의논을 하여, '시방 세계의 지배자 게세르 카간께서 오셔서 우리 카간을 깨우쳐주시겠나이까?' 하고 저를 보냈습니다."

"이런, 제기! 모든 칸들이 카톤이 죽으면 내가 깨우치러 다녀야 하는 거냐?"

게세르 카간이 그렇게 꾸짖자, 그 대머리는 아무 소리도 하지 못했다.

"자, 가긴 간다, 내가.
조개처럼 흰 산이 있다.
조개처럼 흰 산의 남쪽에
조개처럼 흰 새끼 양이 혼자서 울고 있다.
그것을 가져와라.
황금 산이 있다. 황금 산에서
황금 풍차가 저절로 돌아가고 있다.
그것을 가져와라.
쇠 산이 있다. 쇠 산에서
푸른 코뿔이 쇠 소가 혼자 놀고 있다.

그것을 가져와라.

황금 산이 있다. 황금 산에서

황금 막대기가 혼자 막대기질을 하고 있다.

그것을 가져와라.

구리 산이 있다. 구리 산에서

구리 개가 혼자 짖고 있다. 그것을 가져와라.

황금 산이 있다. 황금 산에서

황금 등에가 혼자 윙윙거리고 있다. 그것을 가져와라.

해를 붙잡는 밧줄이 있다. 그것을 가져와라.

개미들의 카간이 쥐구멍에 모아놓은 잎사귀 황금더미가 있다.

그것을 가져와라.

달을 붙잡는 밧줄이 있다. 그것을 가져와라.

이의 힘줄이 한 줌 있다. 그것을 가져와라.

거무스름한 수새의 코피가 한 연적 있다. 그것을 가져와라.

거무스름한 암새의 젖이 한 연적 있다. 그것을 가져와라.

거무스름한 새끼 새의 눈물이 한 연적 있다. 그것을 가져와라.

큰 바다 속에 거대한 바위만 한 황옥이 있다.

그것을 가져와라.

이 모든 것이 없으면 대머리 장인 일곱이 모두 솜씨가 있다.

그 일곱 장인의 머리를 가져와라.

이 보물들이 없으면 나는 안 간다."

게세르 카간의 말에 "예" 하고 대머리가 떠났다. 대신들에게 게세르 카간의 명령을 하나도 빠짐없이 아뢰었다.

"오, 맙소사. 이렇듯 많은 보물을 어디서 구하나?! 하나라도 구할 수 있을까? 일곱 장인의 머리를 달라고 했다면 구할 수 있다."

대신들이 일곱 장인을 죽여 그들의 머리를 주자고 했다. 일곱을 모두 때려죽였다. 일곱 장인의 머리를 두 사람을 시켜 게세르 카간에게 가져다주었다.

"옳은 일을 한 사람의 머리를 내게 가져다주네. 좋다!"

게세르 카간이 한 솥에 양고기를 가득하게 삶았다. 다른 한 솥에는 일곱 사람의 머리를 삶았다.

구메 카간의 두 사신이 무서워 떨었다. '이 게세르 카간이 우리에게 먹이려고 일곱 사람의 머리를 삶는 모양이다' 하고 생각했다. 양고기를 두 사신에게 내다주었다.

일곱 사람의 머리를 푹 삶아 빈 해골만 남겼다. 일곱 개의 해골을 새겨 잔을 만들었다. 그러는 동안 게세르 카간이 "내 뒤따라가마" 하고 두 사신을 돌려보냈다.

납사 쿠르제 할머니의 보물

일곱 개의 해골로 잔을 만들고, 아라키*를 고아 아라자를 만들었다. 아라자를 고아 코로자를 만들었다. 코로자를 고아 시라자를 만들었다. 시라자를 고아 보라자를 만들었다. 보라자로 다그바, 디그바, 마르바 이런 이름의 술 일곱 가지를 걸러 받았다. 일곱 가지 술을 다 만들자 자신의 어머니인 납사 쿠르제 할머니께 바람에 실어 보냈다.

납사 쿠르제 할머니가 받아드시고 취해 계실 때 게세르가 갔다. "내 코흘리개가 왔느냐" 하고 내려다보았다.

"어머니, 문안드리겠습니다. 내게 사다리를 내려주십시오."

게세르 카간이 말했다.

"오, 얘야! 참말이로구나."

납사 쿠르제 할머니가 줄사다리를 내려주었다.

"오, 어머니! 인간 세상에 있는 유일한 후손인 내게 떨어져 죽으라고 줄사다리를 내려주십니까? 쇠사다리를 내려주십시오."

납사 쿠르제 할머니가 쇠사다리를 내려주었다. 쇠사다리로 게세르 카간이 올라가서 납사 쿠르제 할머니께 인사하고 물었다.

"어머니, 그대의 못된 며느리인 제 처 로그모 고와가 말하는 것이 있었습니다.

---

*소주.

'조개같이 흰 산이 있다.

그 남쪽에 조개같이 흰 새끼 양이 혼자서 울고 있다.

황금 풍차

푸른 외뿔이 쇠 소

황금 막대기

구리 주둥이 개

황금 등에

이의 힘줄 한 줌

개미의 코피 한 연적

해를 붙잡는 황금 밧줄

달을 붙잡는 은 밧줄

거무스름한 수새의 코피 한 연적

거무스름한 암새의 젖 한 연적

거무스름한 새끼 새의 눈물 한 연적

바다 속에 있는 황옥,

이 모든 것이 나의 아버지 셍게슬루* 카간에게 모두 있다'

고 합니다. 그것이 정말입니까, 거짓말입니까?"

"예끼, 얘야! 그렇게 많은 보물이 그 못된 것에게 어떻게 있겠느냐? 모두 내게 있다, 그 모든 것이."

어머니가 대답했다.

"어머니, 어디 있습니까? 구경 좀 합시다."

---

* 원전(3권 하4)에는 세길루(Segilü)로 표기의 혼선이 나타난다.

제3권 169

"애야, 내가 네게 무엇인들 아끼겠느냐? 그 자물쇠 달린 궤짝에 있다. 받아라."

게세르 카간에게 열쇠를 주었다.

제 어머니에게서 열쇠를 받아 자물쇠를 열고 어머니가 돌아보는 틈을 타 보물을 집어 모두 품에 품었다.

"어머니, 문안을 드렸으니 저는 이제 돌아가겠습니다."

게세르가 쇠사다리로 내려오는데 어머니가 불렀다.

"얘, 조로야. 무엇 때문에 서둘러 돌아가느냐? 네가 이처럼 서둘러 왔는데 국도 안 먹이고 어떻게 돌려보내겠느냐?"

"어머니, 뵈었으면 되었습니다. 차니 국이니 먹지 않아도 상관없습니다."

게세르 카간이 쇠사다리를 타고 내려왔다. 그 시절에는 사람을 배웅할 때 뒤에서 재를 뿌리는 풍속이 있었다.

"애야, 잘 가거라!"

어머니가 뒤에서 재를 뿌렸다. 그 뿌린 재가 하늘에 흩어져 흰 구름이 되었다.

호기심 많은 새

게세르 카간이 아래 세상에 내려와 옷자락을 펴서 많은 보물을 들여다보았다. 다른 보배는 모두 있었지만 네 가지 보배가 없었다.

거무스름한 수새의 코피,
거무스름한 암새의 젖,
거무스름한 새끼 새의 눈물,
바다 속의 황옥
이 네 가지 보배가 없었다.

"이런, 아버지한테 들킬까 봐 어머니의 많은 보물 가운데 네 가지를 가져오지 못했구나! 이제 어디서 구하나?"

시방 세계의 지배자 게세르 카간이 하늘로 다니는 자 거무스름한 수새에게 꿈을 꾸게 했다. 거무스름한 수새가 새벽 동틀 무렵 잠에서 깨어나 암새에게 말했다.

"이 몸이 태어난 이래 이런 꿈을 꾸어본 적이 없네. 간밤 내 꿈에 나이란자 강 상류에서 여덟 해 동안 새끼를 낳지 않은 살인자 여우가 죽어 있었지. 내가 가서 그 고기를 먹는 꿈을 꾸었어. 이 얼마나 좋은 꿈인가?"

"하늘로 다니는 중생에게는

황금 세상 위에 있는

시체에 내려앉는 법도가 없다고 했소.

황금 세상에서 행하는 중생이

푸른 하늘로 오르는 법도가 없다고 했소.

그때

시방 세계의 지배자 게세르 카간이 태어날 때

사람의 가죽을 쓰고 태어났다고 했소.

시방에 현신한다고 했소.

그가 먹는 고기일 수도 있소.

그가 드시는 약수는 바다일 수도 있소.

신통력 있는 사람이

수를 쓰는 것인지도 모르오.

그만두시오! 가지 마오!"

암새가 말렸다.

"내가 공중으로 돌면서 살펴보다가 사람이 없으면 내려가 먹겠네. 사람이 있으면 돌아오겠네. 내 꿈이 참인지 거짓인지 가서 보겠네."

암새가 말리다 못해 지쳐버렸다.

시방 세계의 지배자 게세르 카간이 나이란자 강 상류에 여덟 해 동안 새끼를 낳지 않은 살인자 여우를 죽여 고기를 펴놓았다. 아홉 갈래 쇠덫을 가슴에다 쳐놓았다. 덫의 끈을 묻고 구덩이를 파고 들어가 몸을 뉘어 숨어 있었다.

거무스름한 수새가 공중에서 돌아보고 다니다가, '사람이 없구나' 하고 내려왔다. '이제 고기를 먹자!' 하고 엉덩이 살을 먹고 나서 가슴으로 옮겨 가 먹으려 하는데 아홉 갈래 쇠덫에 걸렸다. 게세르가 끈을 당겨 새를 잡았다. 붙잡혀 팔짝거리고 있는 새의 코를 때려 피를 한 연적 받았다.

그러고 있을 때 암새가 공중으로 울고 다니며 수새에게 말했다.
"당신한테 내 말하지 않았소? 이제 당신은 이 꼴로 죽게 되었소."
암새가 울고 다닐 때 게세르 카간이 신통력으로 알고 분부를 내렸다.

"아이, 거무스름한 암새야!
내 네 서방을 죽이지 않으마!
거무스름한 암새야!
네 젖 한 연적을 다오!
거무스름한 새끼 새의 눈물 한 연적을 다오!
큰 바다 속에 거대한 바위만 한 황옥이 있다.
그것을 다오!
세 가지를 모두 가져와라!
그렇게 하지 않으면 내가 네 서방을 죽이리라."

게세르 카간은 암새에게 그렇게 분부한 뒤, 덫에 걸린 수새가 살려고 버둥대는 모습을 보여주었다.
"시방 세계의 지배자, 가히 두려워할 게세르 카간이시여! 찾아보겠습니다. 제 남편을 죽이지 마세요!"
거무스름한 암새가 그렇게 애원하고 날아갔다.
거무스름한 암새가 제 새끼에게 젖을 못 빨게 하면서 젖 한 연적을 받았다. 새끼를 울려 눈물을 한 연적 받았다. 큰 바다에서 거대한 바위만 한 황옥을 찾아냈다.

　이 셋을 모두 가지고 와서 시방 세계의 지배자 게세르 카간에게 주고서 수새를 데리고 갔다.

구메 카간의 해코지

그렇게 게세르 어진 카간이 여러 가지 보물을 차지하고 나서 중국의 구메 카간에게 갔다. 구메 카간의 집에 당도하여 들어가 보니 구메 카간은 아직도 죽은 카톤을 그리워하고 있었다.*

게세르 카간이 설득해보았다.

"오, 카간이시여! 이것은 그대가 잘못하는 일이오. 죽은 사람 산 사람이 함께 사는 법은 없소이다. 만일 함께 살면 산 사람에게 불길하오. 카톤의 장례를 치르시오. 모든 라마들을 소집하여 염불을 하시오. 공덕을 쌓는 데 필요한 것은 그것일 게요. 카간이 카톤을 맞이하여 자신의 모든 백성을 기쁘게 하면, 이 세상에서 자신의 이름을 빛나게 하면 그것이 곧 그대의 명예일 게요."

구메 카간이 말했다.

"이 어리석은 사람은 누구인가? 이 시신을 나는 단 일 년이 아니라 십 년이 지나도 버리지 않을 것인데."

'정 그렇다면 어찌하겠는가?' 하고 게세르 카간이 나와 구메 카간이 잠든 뒤에 다시 들어가서 카간의 품에 있는 카톤의 시신을 훔쳐냈다. 대신에 죽은 개를 카간의 품에 넣어놓았다. 카간이 다음날 아침에 일어났다.

---

* 원전(3권 하6)의 동사 öberlejü (öberlekü의 미완료부동사)는 1차적 의미인 '품에 안다', 그리고 이에서 파생된 '그리워하다'라는 뜻이 있다. 따라서 이 장면은 카간이 카톤의 시신을 안고 있는 모습을 그린 것일 수도 있다.

"아이쿠! 아이쿠! 어제 그 사람이 한 말이 정말이로구나! 이것이 내가 누워 있는 동안에 어떻게 개가 되었을까? 이것을 저리로 가져다 버려라!"
구메 카간이 뛰어나와 명령했다.
그러고 나서 얼마 후 문지기 한 사람이 와서 아뢰었다.
"게세르 카간이라는 자가 카간께서 잠든 뒤에 들어가 카톤의 시신을 가져다 버렸습니다. 저는 무서워서 그에게 아무 소리도 하지 못했습니다."
"아이쿠, 이런! 아이쿠, 이런! 그 게세르가 내 카톤을 가져다 버렸다! 그저 버린 것이 아니라 내 품에 중생 중에 가장 사악한 개를 뭐 하자고 넣어두었나? 내 그놈을 죽이겠다!"

구메 카간이 게세르를 끌어다 뱀 구덩이에 던져버렸다.
게세르가 거무스름한 암새의 젖을 모든 뱀에게 조금씩 조금씩 뿌렸다. 모든 뱀이 중독이 되어 죽었다. 큰 뱀으로 베개를 삼고 작은 뱀 여러 마리로 자리를 삼아 잤다. 시방 세계의 지배자 게세르 카간이 아침 일찍 일어나 노래를 불렀다.

"이 카간은 나를 뱀 지옥에 던져
뱀으로 죽일 카간이라고 생각했더니
내게 제 뱀을 죽이게 하고
즐기는 카간이었네."

뱀 구덩이를 지키는 사람이 가서 제 카간에게 게세르 카간의 말을 빠짐없이 전했다.
"그 사람이 우리의 뱀을 다 죽이고 죽지 않은 뱀들을 갖고 놀며 누워 있습니다."
구메 카간이 명령했다.
"개미 지옥에 갖다 버려라!"
이내 게세르를 데려다 던졌다. 거무스름한 수새의 코피를 모든 개미에게 뿌렸다. 그 많은 개미가 모두 중독이 되어 죽었다. 개미를 죽이고 게세르 카간이 노래를 불렀다.

"이 카간은 나를 개미 지옥에 던져
개미로 죽일 카간이라고 생각했더니
내게 제 개미를 죽이게 하고
즐기는 카간이었네."

개미 지옥을 지키는 사람이 제 카간에게 가서 보고했다.
"그 사람이 우리의 개미를 모두 죽이고 놀면서 누워 있습니다."
"이 지옥에다가 데려다 던져라!"
게세르 카간이 이의 힘줄을 조금 뿌렸다. 그 많은 이가 모두 죽었다. 이를 죽이고 게세르가 노래했다.

"이 카간은 나를 이 지옥에 던져
죽일 카간이라고 생각했더니
내게 제 이를 죽이게 하고
즐기는 카간이었네."

이 지옥을 지키는 사람이 가서 제 카간에게 아뢰었다.

"그 사람이 우리의 모든 이를 다 죽이고 놀면서 누워 있습니다."
"벌 지옥에 데려다 던져라!"
구메 카간이 명령했다.
게세르를 데려다 벌 지옥에다 던졌다. 황금 등에를 풀어놓아 벌을 모두 잡게 했다. 벌을 죽이고 나서 게세르가 노래했다.

"이 카간은 나를 벌 지옥에 던져
죽일 카간이라고 생각했더니
내게 제 벌을 죽이게 하고
즐기는 카간이었네."

벌 지옥을 지키는 사람이 가서 제 카간에게 게세르 카간의 말을 빠짐없이 보고했다.
다시 맹수 지옥에 데려다 던졌다. 게세르 카간이 구리 주둥이 개를 풀어 지옥의 맹수를 모두 죽이고 노래했다.

"이 카간은 나 게세르를 맹수 지옥에 던져
죽일 카간이라고 생각했더니
내게 제 맹수를 죽이게 하고
즐기는 카간이었네."

맹수 지옥을 지키는 사람이 가서 제 카간에게 말했다.
"그 사람이 우리 지옥의 맹수를 전부 죽이고 놀면서 누워 있습니다."
카간이 다시 명령했다.

"어둠의 골짜기에 데려다 던져라!"

게세르 카간이, 해를 붙잡는 황금 밧줄로, 달을 잡는 은 밧줄로 해와 달을 올가미질해서 붙들어 어둠의 골짜기를 밝히고 밤을 지냈다. 게세르가 노래했다.

"이 카간은 나 게세르를 제 어둠의 골짜기에 던져
죽일 카간이라고 생각했더니
나 게세르를 시켜 제 어둠의 골짜기를 밝히고
즐기는 카간이었네."

어둠의 골짜기를 지키는 사람이 가서 제 카간에게 게세르의 말을 빠짐없이 전했다.

"큰 바다에 데려다 던져라!"

게세르를 데려다 던졌다. 거대한 바위만 한 황옥을 안고 들어갔다. 들어가자 바다가 두 조각이 나도록 말랐다. 황옥 옆에서 놀면서 노래했다.

"이 카간은 나 게세르를 큰 바다에 던져
죽일 카간이라고 생각했더니
나 게세르를 시켜 바다를 말려
모든 사람에게서 물을 빼앗고 즐거워하는 카간이었네."

게세르를 바다에 던진 사람이 가서 제 카간에게 보고했다.

"그 사람이 죽은 것이 아니라 바다가 말랐습니다. 이런 노래를 부르고 다닙니다" 하고 게세르가 부른 노래를 그대로 보고했다.

"구리 당나귀에 태워 풀무장이를 시켜 사방에서 큰불로 풀무질을 해 죽여라!"

게세르 카간이 말머리만 한, 틈이 없는 검은 숯을 몸에 문질러 바르고 기다렸다.

풀무장이가 와서 사방에서 큰불을 놓으며 풀무질을 하자 불이 몸에 닿았으나 신통력으로 몸에서 물이 솟아 불을 꺼뜨려버렸다. 불을 꺼뜨리고 나서 게세르가 앞서처럼 노래했다.

풀무장이가 구메 카간에게 가서 전했다.

"그 사람이 죽지 않고 이런 말로 노래를 합니다."

"날선 칼로 쳐 죽여라!"

게세르 카간이 칼로 친다, 활을 쏜다 할 때 신통력으로, 황금 막대기로 무기들을 중간에서 때려버렸다. 신하들이 죽일 수 없어서 제 카간에게 보고했다.

"얼마나 사악한 사람인지, 이제 우리에게는 죽일 방법이 없습니다. 우리는 죽일 수 없습니다. 카간의 성총聖寵을 바라옵니다."

신하들이 입을 모아 아뢰었다.

"많은 창을 모아 창끝에 매달아 죽여라!"

게세르 카간을 데리러 가자 게세르 카간이 제 황금 풍차를 가져다 창들을 부러뜨리고 나서 탄식했다.

"이제 이것으로 내게도 수가 다했다. 이제 내가 이렇게 죽는 수밖에 없구나!"

구메 카간의 딸 구네 고와

구메 카간의 딸 구네 고와가 신통력으로 게세르에게 닥친 일을 알고 게세르를 찾아왔다.

"그대는 이 모든 악행과 고통을 이렇게 계속 당하고만 있을 것이오?"

그렇게 말하고는 자기가 기르는 앵무새의 다리에 천 길 비단실을 묶어 게세르 카간에게 실을 잡게 하고, 게세르의 집에 사신으로 보내게 했다. 게세르가 성문 지붕 위로 올라가 앵무새에게 큰 소리로 분부를 내렸다.

"내 앵무새여, 가라! 가라!
중국의 구메 카간이
시방 세계의 지배자 게세르 카간을 죽였다.
나보다 윗길 가는 나의 세 용사를 오게 하라!
나와 대등한 나의 세 용사를 오게 하라!
나보다 못한 나의 세 용사를 오게 하라!
나의 삼십 용사는 후위가 되게 하라!
아홉 용사가 와서
이 카간의 성과 도시를 파괴하라!
이 카간을 죽이되
가장 끔찍하게 죽여라!
눈앞에서 나라를 재로 만들어라!

눈앞에서 나라를 검은 숯으로 만들어라!
모든 백성을 데려가거라!
오, 나의 앵무새여 가라!"

그의 앵무새가 날아갔다. 그러나 게세르 카간이 실끈을 잡고 있었다. 구메 카간이 그 내용을 전부 듣고 찾아와 애원했다.

"아이고, 이런! 무슨 수를 다해도 게세르 카간을 죽이지 못했다. 이제 그보다 윗길 가는 아홉 용사가 오면 우리에게 아무것도 남아나지 않겠다. 오, 게세르 카간이시여! 새를 부르시오! 무엇이든 그대가 말한 대로 하리다."

"내 새는 멀리 갔소. 아니 되오."

"무슨 분부든 내리소서! 그대의 분부대로 따르겠소!"

구메 카간을 비롯해 모두가 절을 했다. 게세르 카간이 분부를 내렸다.

"좋소! 딸 구네 고와를 주겠소? 그러면 내가 새를 불러보리다."

"드리지요. 그대에게 무엇인들 아끼겠소?"

"오, 나의 앵무새여! 돌아오너라!"

게세르 카간이 신통력으로 천 길 비단실을 잡아당겼다.

구메 카간이 게세르 카간을 집으로 초대해 큰 잔치를 했다. 카간이 딸 구네 고와에게 몰래 물었다.

"얘, 구네 고와야. 너를 게세르에게 주겠다. 네가 안 가면 우리를 죽이고 너를 데려갈 것이다."

"아이고, 아버지! 시방 세계의 지배자 게세르 카간을 이용만 했다간 아버지를 죽인다 하는데 제가 어떻게 안 가겠습니까? 아버지 분부가 지당하십니다."

구네 고와를 시방 세계의 지배자 게세르에게 주었다. 게세르 카간이 구네 고와를 데리고 삼 년을 살았다. 삼 년이 된 뒤에 게세르 카간이 구네 고와에게 말했다.

"내가 당신 아버지를 평화롭고 즐겁게 살게 했소. 당신 곁에서 삼 년이 되도록 살았지. 내가 이제 돌아가 집과 가축을 데리고 다시 오겠소."

구네 고와가 말했다.

"아이고머니나! 시방 세계의 지배자이신 나의 게세르 카간이시여! 어인 분부시오? 여기서 삽시다. 안 되면 내 그대와 함께 가겠소. 내가 뭐 하러 여기 떨어져 살겠소?"

"그 말이 맞소. 그러면 둘이 함께 점을 봅시다. 그리고 성 밖으로 나가 밤을 보냅시다."

게세르 카간이 구네 고와에게 제안했다.

게세르가 영험한 조류말을 탔다. 구네 고와가 총이 간자 노새*를 탔다. 둘이 함께 성 밖으로 나와 밤을 보내면서 점칠 방법을 정했다.

"당신 말대로 둘이 함께 여기서 살아야 한다면, 내일 아침에 일어나 봤을 때 내 영험한 조류말과 당신 노새가 성을 향해 자고 있는 거요! 당신의 말이 틀리고 내 말이 옳으면 내 영험한 조류말이 내 집을 향해 자고 있는 거요!"

그러기로 하고 두 사람 모두 잠자리에 들었다. 시방 세계의 지배자 게세르 카간이 새벽녘에 나와서 보아 하니 노새와 말이 성 쪽을 향해 자고 있었다.

---

* 몸통의 털빛이 파르스름하고 이마에 흰 털이 난 노새.

"오, 내 영험한 조류말이여! 너 이게 무슨 짓이냐? 내 집을 향하라!"
 게세르 카간이 명령했다. 영험한 조류말이 제 집 쪽을 향하자 게세르 카간이 구네 고와를 깨웠다.
 "동이 트고 있소. 일어나시오! 자, 당신과 내가 점을 치고 잤소. 우리 가운데 누구의 말이 옳고, 누구의 말이 그른가? 말과 노새를 보시오!"
 구네 고와가 나와서 보았다.
 "당신 말이 옳고 내 말이 틀렸소. 돌아가겠으면 당신이 알아서 하시오. 나의 주인 게세르 카간이시여, 돌아가려면 돌아가시오."
 두 사람이 떠났다. 혼자 남게 된 구네 고와를 성에 도착할 때까지 배웅하고 시방 세계의 지배자 게세르 카간이 나아갔다. 도중에 어느 크고 높은 산에 이르렀다.
 "그때부터 이때까지 내가 이룩해낸 업이 크다. 이제 천국으로 돌아가 살자."
 게세르 카간이 앉아 있을 때, 승리의 세 누이 가운데 하나인 보와 동종 가르보 누이가 내려와 타일렀다.

 "오, 나의 코흘리개여!
 네 상체는 시방 세계의 부처님이 완정하시고
 네 허리는 네 분 큰 하늘이 완정하시고
 네 하체는 용왕들이 완정하며
 네가 때린 것은 죄악을 몰아내는 것이었다.
 네가 죽인 것은 영혼을 구제하는 것이었다.
 이 섬부주의 지배자 게세르 카간은 네가 아니더냐?
 이제 더 이상 무슨 부처님의 생을 얻자고 앉아 있느냐, 네가?"

"내 누이의 말씀이 옳소. 내 말이 지쳐 앉아 있었소. 곧 출발하리다."
게세르 카간이 다시 말에 올랐다.

삼 년 만의 귀향

게세르 카간이 나아갔다. 날이 샐 무렵 집에 당도했다. 로그모 고와가 담비 털가죽 담요를 덮고 자고 있었다.

"오, 나의 로그모 고와여,
부드럽고 기름진 풀에 파고 들어가는 빨간 부룩송아지*처럼
파고 들어가 엎드려 있느니
높은 산꼭대기 위로 다니는 배고픈 사슴처럼
새벽녘에 일어나 이리저리 돌아보고 다닐지어다!"

게세르 카간이 분부했다.
로그모 고와가 일어나 옷을 입었다. 로그모의 집에서 일하는 안종이라는 이름의 중국 사람이 있었다.
"오, 세친 안종아, 일어나거라!"
중국인 안종이 일어났다. 로그모 고와가 그에게 일렀다.

"오, 세친 안종, 일어나 달려오너라!
빨리 오너라!

---

*아직 길들지 않은 송아지.

황금으로 가장자리를 낸 소똥*으로

안감을 대라!

은으로 가장자리를 낸 소똥에

겉감을 대라!

물이 어머니처럼 있다. 많이 넣어라!

소금이 외손자처럼 있다. 조금만 넣어라!

차가 아버지처럼 있다. 조금만 넣어라!

젖이 외삼촌처럼 있다. 많이 넣어라!

버터가 노얀처럼 있다. 조금만 넣어라!

젖이 끓을 때는

바다가 파도친다고 여겨라!

저을 때는

수많은 스님들이 경을 읽는다고 생각해라!

마실 때는

황금 노랑할미새가 제 구멍에 들어간다고 생각해라!

시방 세계의 열 가지 해악의 뿌리를 끊어버리신

거룩한 나의 그이께서 임해 계시다.

차를 서둘러 끓여라!"

세친 안종이 로그모 고와에게 여쭈었다.

---

* 몽골 유목민들의 가장 중요한 땔감은 마른 소똥(aryal)으로, 이를 귀히 여겨 황금으로, 은으로 '가장자리를 낸'이라 표현했다. 또한 아궁이 가득 소똥을 때서 차를 끓이는 모습을 '안감, 겉감'으로 표현했다.

"그대의 그 분부가 어인 분부시오?
그대의 몸은 황금 궤짝과 같지만
그 안에는 허섭스레기나 넣어둔 것 같소.
내 몸뚱어리야 말 불알주머니같이 생겼지만
내 속은 칸고야*라는 이름의 용무늬 비단을 넣은 것 같소.
시방 세계의 지배자 게세르 카간을
겨우 차 한 솥으로 기쁘게 하실 참이오?
사자 강의 수원에 내려온 사자 아저씨에게 이르시오!
코끼리 강의 수원에 내려온 코끼리 아저씨에게 이르시오!
자사 시키르 형에게 이르시오!
삼십 용사, 삼백 선봉들에게 이르시오!
세 무리 사람들에게 말하시오.
그들 모두를 큰 잔치에 데려와 인사드리게 하시오."

이어서, 로그모 고와에게 절하며 다시 물었다.
"제 말씀이 잘못되었나요?"
"얘, 안종아! 네 말이 옳다. 그들 모두에게 파발마를 띄워 초대해라. 게세르 카간에게 인사드리게 하라!"
세친 안종이 파발마로 다니면서 전했다. 그들 모두가 기뻐하도록 큰 잔치에 불러 게세르 카간에게 인사드리게 했다. 잔치가 파하고 모든 사람이 돌아갔다.

중국의 구메 카간의 정치를 바로잡은 세 번째 권.

---

* 질이 좋은(값비싼) 비단의 이름으로 짐작되나 정확한 내용은 알 수 없다.

— 제4권 —

망고스의 모든 겨레의 뿌리를 끊고
투멘 지르갈랑 카톤과 함께 행복하게 살다

초퉁의 흉계

시방 세계의 지배자 게세르 카간은 투멘 지르갈랑* 카톤의 거처를, 가는 데 한 달쯤 걸리는 곳에 두고 백성들 몰래 왕래하고 있었다. 사람들은 알지 못했으나 초퉁 노얀이 이를 알고 구인 바라와라는 이름의 누런 점박이 말을 타고 개미 무늬 전통을 허리에 차고 갔다.

초퉁 노얀이 투멘 지르갈랑을 만나 말했다.

"오, 사랑스럽고 아름다운 내 조카며느리여!
시방 세계의 지배자 게세르 카간이니 뭐니 하면서
네게는 제 그림자만 보이고 다닌다, 그는.
중국의 구메 카간의 정치를 바로잡고,
구네 고와를 데리고 삼 년을 살고 왔다.
이제는 로그모 고와의 곁에 산다.

---

* 여기(4권 상1, 2행)서는 아랄란아 고와(Aralan-a ɣoo-a). 이 사람은 어마어마하게 큰 행복, 기쁨, 만복萬福, 만경萬慶의 뜻을 가진 투멘 지르갈랑(Tümen jirɣalang)으로 81회, 아랄란아 고와(Aralan-a ɣoo-a)로 여기서 1회, 아랄고 또는 아랄라노 고와(Aralɣu/Aralanu ɣoo-a)로 4회(4권 하27의 3·6·11행, 5권 상43의 8행), 아랄로 고와(Aralu ɣoo-a)로 4회(5권 하3의 18행, 상11의 4행, 하29의 16행, 하35의 7행) 등장한다. 번역문에는 모두 투멘 지르갈랑으로 통일하여 표기한다. 이 인물이 게세르가 공갈 협박하여 손에 넣은 마 부자의 딸 아롤가 고와(1권 하29의 15행)와 동일 인물인지는 알 수 없다. 담딩수렝(1986:211)은 아를랑 고와(아랄란아, 아랄라노, 아랄로 등)와 투멘 지르갈랑은 원래는 서로 다른 인물이고, 다른 이야기의 주인공들이었으나 몽골 「게세르」에서 한 사람으로 바뀌었다는 취지의 네클류도프(С. Ю. Неклюдов)의 추론을 소개하고 있다.

네게는 오지 않는 것이다.
저리 보아도 만 명이 기뻐 웃을,
이리 보아도 만 명이 기뻐 웃을,
이렇게 자색이 훌륭하고 사랑스러운 네가 괴로워해야 하다니!
내가 너를 가지마!"

"아니, 이런! 초통 아저씨! 이게 다 무슨 수작이오?
초통 노얀이 만 명 모여 와도
내가 단 하룻밤 꿈에서 본 게세르의 그림자에도 당치 못하오.
당신의 이 수작을
위에 계신 푸르른 영원한 하늘이 들으소서!
아래 계신 흙이 있는 황금 세상, 대지 어머니께서 들으소서!
움직이는 중생 누구든 이 말을 들으면
귀를 멀게 하소서! 눈을 멀게 하소서!
입에 담아서는 아니 될 말이오, 당신의 이 말은!"

투멘 지르갈랑이 꾸짖었다.
"잠자코 앉아서 차와 국이나 드시고 돌아가오!"
초통에게 큰 잔치 선물을 주어 돌려보냈다.

초통 노얀이 칠팔 일 지나 다시 와서 투멘 지르갈랑에게 한마디했다.
"오, 이런, 제기랄! 사랑스럽고 착한 내 며느리여! 너는 고통을 당해도 아주 끔찍하게 고통을 받으며 지내고 있는 것이 아니냐? 너를 내가 취하겠다" 하고 말했다.

"아이고, 맙소사, 아저씨!
일전에 내가 한 말을 남의 말로 알았소?
전능하신 영원한 하늘의 아들
나의 주인 게세르 카간이 나를 버렸소?
오늘 초통 노얀 당신에게 주었소?
신성하고 의지되시는 하늘의 아들 시방 세계의 지배자
나의 게세르 카간이 나를 버렸소?
자기 아저씨인 초통 노얀 당신에게 주었는데
당신이 싫어서 내가 안 간 것이오?
당신 조카며느리가 얼마나 못되고 사나운지 맛 좀 보겠소?
당신이 명예를 돌보지 않는데 내게 돌볼 무슨 이름이 있겠소?
애들아, 몽둥이를 가져오너라!"

투멘 지르갈랑이 소리치며, 초통 노얀의 말이고 몸뚱어리고 사정없이 두들겨 팼다. 그리고 그의 말을 빼앗아 걸려 보냈다.
초통 노얀이 한 달 걸릴 곳에 있는 제집에 두 달이 다 지나서야 당도했다.

저주의 동굴

초통 노얀이 제 몸을 가죽으로 덮고, 고기를 푹 고아먹고 해서 몸을 추슬렀다. 제 집에서 칠팔 일을 지낸 뒤 "내가 너 투멘 지르갈랑을 무슨 수를 써서든 게세르에게서 떼어내겠다!"고 욕지거리를 퍼부었다. 그러고는 양식을 가지고 '저주의 동굴'로 갔다.

그 동굴은 남을 행복하게 하려는 자나 괴롭히려는 자의 꿈에 사람이 되어 나타나 수를 알려주는 곳이었다. 그 저주의 동굴에서 석 달이 지나도록 누워 있었으나 초통의 꿈에는 아무것도 나타나지 않았다.

"이런, 제기랄! 이 동굴의 신통력이 떨어졌나? 초통이 이렇게 말라비틀어지는군. 이 무슨 팔자람!"

다시 아흐레 동안 아무것도 먹지 않고 누워 있었다. 그러자 그 다음날 밤에 저주의 동굴이 사람이 되어 초통의 꿈에 나타났다.

"투멘 지르갈랑의 목민과 짜고 가죽부대 하나로 피를 가득 담아놓도록 하라.

두 번째 부대에는 코로자*를 가득 담아놓도록 하라.

세 번째 부대에는 요구르트를 가득 담아놓도록 하라.

---

* 발효주인 아이락(말젖술)을 증류하여 만드는 아라키(소주)를 증류해서 만든 아르자를 다시 증류한 술. 이렇게 네 번 거듭 고아내린 센 술.

이 세 가죽부대의 아가리를 묶지 말도록 하라.

투멘 지르갈랑의 치마끈에다 묶어놓도록 하라.

등잔불을 끄고 잠이 든 뒤에 '카톤이시여, 송아지들이 어미젖을 빨아먹었습니다' 하고 큰 소리로 말하도록 하라.

'몇 마리가 빨아먹었느냐?' 하고 물을 것이다.

'백 마리가 빨아먹었습니다' 하고 말하도록 하라.

'괜찮다' 하고 잘 것이다.

잠이 든 뒤에 다시 말하도록 하라.

'카톤이시여, 송아지들이 어미젖을 빨아먹었습니다' 하고 말하도록 하라.

'몇 마리가 빨아먹었느냐?' 하고 물을 것이다.

'천 마리가 빨아먹었습니다' 하고 말하도록 하라.

마찬가지로 '괜찮다' 하고 잘 것이다.

다시 말하도록 하라!

'송아지들이 어미젖을 빨아먹었습니다' 하고 말하도록 하라.

'몇 마리나 빨아먹었느냐?' 하고 물을 것이다.

'전부 빨아먹었습니다' 하고 대답하도록 하라.

'아버지 어머니께서 드실 젖이 떨어질라!' 하고는 펄쩍 뛰며 일어날 것이다.

그 세 가죽부대에 있는 것을 쏟으면

그것이 투멘 지르갈랑을 게세르에게서 떼어내는 수다."

초통이 가다가 투멘 지르갈랑의 말치기들을 만났다.

말치기들은 말 떼를 우묵한 골짜기에 모으다가, "골짜기가 꽉 차지 않고 중간쯤만 찼으니 말이 없어진 것이다" 하며 말 떼를 찾아다니고 있었다.

초통 노얀이 가서 물었다.
"너희네 말 떼는 어떤가? 많은가, 적은가? 살쪘는가, 말랐는가?"

"많으면 일부는 당신더러 가지라고 할까 그러오?
적으면 우리를 다스리라고 할까 그러오?
말랐으면 우리를 매질하라 보내려고 그러오?
살쪘으면 우리를 상 주려고 그러오?"

한 말치기가 다가서며 말했다.
"가까이 오지 마라! 이 못된 놈들의 버르장머리를 보게나! 네 이놈들! 내 앞에서 감히 그따위로 지껄이다니, 이 무슨 짓거리냐?"
초통 노얀이 그의 말머리를 때리자 말치기들이 말했다.
"초통 아저씨가 말 떼를 훔치러 왔다! 꺼져라! 꺼져라!"
여러 말치기가 초통을 에워싸고 욕을 하며 장대올가미로 두들겨 팼다. 초통 노얀이 달아났다.

가다가 낙타치기들을 만났다. 마찬가지로 앞서처럼 물었다. 마찬가지로 낙타치기들이 화를 내면서 초통을 두들겨 팼다. 초통이 달아났다.

가다가 소치기들을 만났다. 마찬가지로 앞서처럼 되었다. 소치기들에게서 달아나 양치기들에게로 갔다.

다시 양치기들에게 너희네 양은 어떠냐고 물었다. 마찬가지로 양치기들과도 다투게 되었다.

송아지치기와의 내통

초통이 맞은 데가 너무 아파 몸을 추스르려고 큰 양을 한 마리 훔쳐 산으로 올라갔다. 며칠 몸을 추스르고 나서 투멘 지르갈랑의 송아지를 돌보는 사람에게 저물녘에 이르렀다. 다가가 인사를 하고 나서 다섯 가지 가축*을 치는 사람들 가운데 누가 행복하고 누가 행복하지 않은지 물었다.

송아지치기가 대답했다.

"우리에게 무슨 기쁨이 있겠습니까?
눈보라를 눈보라라고 하지 않습니다.
더위를 더위라고 하지 않습니다.
찬바람을 찬바람이라고 여기지 않습니다.
수도 없이 많은 송아지 뒤나 따라다니고 있지 않습니까?"

"말치기는?" 하고 물었다.

"거세마를 마음 내키는 대로 알아서 탑니다.
술을 마음 내키는 대로 알아서 마십니다.

---

* 몽골인의 5대 가축은 원래 낙타, 말, 소, 양, 염소. 그러나 이 이야기에서는 염소치기가 아닌 송아지치기가 나온다.

마음이 흡족해서 다니지 않습니까?
그들의 그 네 가지 가축에 무슨 차이가 있겠습니까?
괴롭다면 저희가 괴롭지요."*

초통이 다시 물었다.
"자, 너희를 그 네 가지 가축의 목민들보다 낫게 해주면 너희는 내게 무엇을 줄 것이냐?"
"아이고, 우리가 초통 아저씨에게 무엇을 아끼겠습니까? 얻는 만큼 드리겠습니다. 아니면 드릴 것이 뭐가 있겠습니까, 저희에게?"
"내가 목적을 이루게 되면 너희를 엄청나게 즐겁게 해주겠다."
초통이 그렇게 말하자, 송아지치기가 "허, 좋습니다" 하고 기뻐했다. 송아지 한 마리를 죽여서 초통에게 잔치를 베풀어주었다.
초통이 송아지치기에게 말했다.

"가죽부대 하나에 피를 담아라!
다른 부대 하나에는 요구르트를 담아라!
다른 부대 하나에는 코로자를 담아라!"

초통이 송아지치기에게 하나하나 일러 말하고 돌아갔다. 송아지치기가 가죽부대 셋에다 그 모든 것을 담아 투멘 지르갈랑의 치마끈에 매어 놓았다.

---

* "다른 네 가지 가축을 기르는 사람들이야 어려울 게 뭐가 있겠습니까? 다 괜찮습니다. 우리만 제일 고생이지요."

밤에 등불이 꺼지고 나자 송아지치기가 투멘 지르갈랑 카톤에게 찾아가 말했다.

"카톤이시여, 송아지들이 어미젖을 빨아먹었습니다."

"몇 마리나 빨아먹었느냐?"

"백 마리가 빨아먹었습니다."

"괜찮다."

투멘 지르갈랑 카톤이 잠들었다.

앞서와 같은 말을 거듭하자, 투멘 지르갈랑이 '젖이 다 떨어지겠다'며 펄쩍 뛰어 일어났다. 그 서슬에 세 가죽부대에 담아 치마에 매어둔 것이 모두 쏟아졌다. 그 세 가지 액체의 모든 김이 머리가 열두 개 달린 망고스에게 이르렀다.

망고스가 아팠다.

"점을 치는 내 빨간 실을 다오!"

망고스가 실을 가져오게 하고 "내가 왜 아플까?" 하며 점을 보았다.

"시방 세계의 지배자 게세르 카간에게
자신의 재산이 있고, 자신의 목영지가 있는
자색이 훌륭한 아름답고 고운 한 카톤이 있다.
저주의 동굴이 시키는 대로
세 가죽부대에 나쁜 것들을 담아 나에게 쏟은 것이다.
누군 할 수 있고 누군 못할 것 같으냐?"

점괘를 본 망고스가 가죽부대 셋에다 예의 그 세 가지를 모두 담았다. 그러고 나서 게세르 카간에게 나쁜 일이 일어나는 조짐을 마련해놓고 쏟았다.

게세르 카간이 편찮았다. 방방곡곡에 돌림병이 퍼졌다.

로그모 고와와 초통 두 사람이 함께 모와 구시, 당보라는 예언자를 찾아갔다.

"게세르가 무엇 때문에 편찮은가, 방방곡곡에 무엇 때문에 돌림병이 도는가, 점을 보시오."

예언자에게 점을 치게 했다. 예언자들이 점을 쳐보았다.

"자, 이것 때문이오. 우리 게세르 카간에게 다른 목영지에 용색이 아름다운 한 카톤이 있소이다. 그리고 게세르에게 검측한 마음을 가진 친척이 하나 있소이다. 그가 저주의 동굴에서 대단히 요악스러운 방술을 배워 투멘 지르갈랑이 망고스에게 해로운 조짐을 만들어 쏟게끔 했소이다.

망고스는 몸이 아프자 빨간 실로 점을 쳐보고 알아냈소이다. 망고스가 알고서 같은 음식으로 몹쓸 조짐을 만들어 이쪽으로 쏟아 '게세르의 편찮음', '방방곡곡의 돌림병'이 그 때문에 점점 더해가고 있소이다."

"이제 이것을 어떻게 해야 해결되겠소?"

로그모 고와가 물었다.

"점괘에 의하면, 그 카톤을 쫓아내야 좋아질 것이라 하오이다. 그 외에는 좋아질 방법이 없소이다. 이런 죄스러운 점괘가 나왔소이다."

예언자들이 말했다.

투멘 지르갈랑 카톤의 결단

로그모 고와와 초통이 돌아와 투멘 지르갈랑에게 사자를 보냈다.

"게세르가 편치 않소이다. 그대 때문에 방방곡곡에 돌림병이 돌게 되었다고 하오. 그대가 그냥 떠나면 된다고 하오. 떠나면 게세르가 아픈 것도 낫는다고 하오. 안 떠나면 더 나빠진다고 했소이다."

사자가 전했다.

"내가 그대의 말을 알아들었다. 나를 게세르가 내쫓는 것인가, 그대의 주인인 로그모 고와와 초통이 내쫓는 것인가?"

투멘 지르갈랑이 사자에게 물었다.

"게세르가 쫓아내는 것이오."

사자가 대답했다.

"이 사악한 죄업은 초통의 짓이리라.
나의 게세르는 나를 쫓아내지 않는다.
로그모와 초통이 나를 내쫓는 것이다.
내가 가마.
전능하신 영원한 하늘의 아들,
나의 주인 게세르 카간께선 쾌차하소서!
오늘 내가 겪는 괴로움만으로도 충분하오며,
전생의 내 업에 축복이 있으면

그대는 쾌차하신 뒤에 반드시
나를 찾아 데려올 것을 믿습니다.
사자는 돌아가라. 내가 떠나리라!"

투멘 지르갈랑이 사자를 보내고 나라의 모든 사람들, 가난하고 힘없는 자들을 모두 모이게 했다.

"내가 있을 때처럼 나의 집과 가축을 잘 보살펴주시오, 여러분. 나의 게세르가 병환이 대단하다 하오. 뜻하지 않은 괴로움이 내게 닥쳤소. 내가 여러분을 모이게 한 것은 이 때문이었소."

투멘 지르갈랑이 재물을 나누어주고 울면서 떠났다. 나라의 가난한 사람, 힘없는 사람을 필두로 온 나라가 슬퍼하며 함께 울며 쫓아갔다.

"오, 사랑스러운, 보석처럼 소중한 그대여!
그대는 우리의 큰 나라를 왜 버리십니까?
그대가 즐거워하는 곳에서 모두 즐거워하겠나이다.
괴로워하는 곳에서 모두 함께 괴로워하겠나이다.
그대가 죽으면 우리도 죽겠습니다."

나라의 모든 사람들이 울면서 따라갈 때, 투멘 지르갈랑이 다시 말했다.

"이렇게 모두 함께 가면
주인 게세르 카간에게 나쁘다고 하오.
모두 함께 가면
사랑하는 나의 주인 게세르 카간에게 나쁘다고 하오.

나의 여러분, 모두 돌아가시오!"

가지고 있던 보석을 나눠주고 떠났다. 모든 나라 사람들이 돌아왔다.

투멘 지르갈랑이 그저 혼자서 가다 보니 '흰 땅'에 당도했다.

모든 중생이 전부 흰색이었다. 토끼가 사신으로 마중을 나와 데려갔다. 흰 땅 나라 전체가 큰 잔치를 벌여주었다. "우리 카간에게 복이 있다"면서 흰 데겔을 입히고, 흰 말에 태워 배웅해주었다.

거기서 계속 가다가 '색동 땅'에 당도했다.

까치가 사신으로 마중을 나와 데려갔다. 그 사람들도 앞서 '흰 땅' 사람들처럼 잔치를 하고, 배웅을 해주고 돌아갔다.

'노란 땅'에 이르렀다.

여우가 사신으로 마중을 나와 데려갔다. 모든 중생이 앞서의 법도대로 잔치를 베풀고 배웅을 하고 돌아갔다.

계속 나아가서 '푸른 땅'에 도착했다.

늑대가 사신으로 마중을 나와 데려갔다. 마찬가지로 앞서의 법도대로 잔치를 하고 배웅을 하고 돌아갔다.

계속 나아가 '검은 땅'에 이르렀다.

큰 바다로 들어가 그저 계속 갔다.

투멘 지르갈랑 카톤이 망고스의 손에 들다

그런데 거세마가 달리기 시합하는 것보다 더 세차고 뜨거운 바람을 몰아쉬며 달려왔다. 투멘 지르갈랑이 "아이고머니나! 이 무슨 일일꼬?" 하고 두려움에 떨며 갔다.

그랬더니 이번에는 우레말*이 달리기 시합하는 것보다 더 세차고 차가운 바람을 몰아쉬며 달려왔다. 투멘 지르갈랑이 그 바람에 날려 몸을 가누지 못하고, "나의 게세르 카간이시여! 어찌된 일이오?" 하며 울면서 갔다.

그러자 이번에는 망아지가 달리기 시합하는 것보다 더 세차게 윗입술을 하늘에 대고, 아랫입술은 땅에다 대고 달려왔다. 머리가 열두 개 달린 망고스였다.

투멘 지르갈랑이 머리가 열두 개 달린 망고스가 무서워서 무릎 꿇고 절하며 말했다.

"위에 계신 코르모스타 하늘님이라고 생각했습니다.
간밤에 황무지에서 밤을 보냈습니다.
꿈이었을까요, 생시였을까요?
온통 캄캄해지면서 나를 하늘로 데려가는 것이었습니다.
코르모스타 하늘님이십니까?

---

* 세 살에서 다섯 살까지의 수말.

이를 어찌 이해해야겠습니까?
오늘 아침, 걷다걷다 지쳐서 큰 바닷가에서 잠이 들었습니다.
바다 가운데서 거대한 물고기 같은 것이 덤벼들어 나를 잡았습니다.
물고기가 아닌 용왕이기라도 했을까요?
그대를 누구로 알아야 하겠습니까?
나는 시방 세계의 지배자 게세르 카간이 싫어서
머리가 열두 개 달린 망고스에게 가려고 도망쳐 나왔습니다.
망고스의 카간이 맞으시나요, 아닌가요?
언젠가 내가 이런 카간의 소젖을 짜는 중국 여자라도 되었으면!
재를 치우는 하녀라도 되었으면!"

그러자 망고스가 "하하하! 좋다! 좋다! 가자!" 하면서 말을 가져왔다.

"아씨는 두려워 마오!
내 그대를 잡아먹지 않소.
내 축원이 이루어지고 있소.
그대에 대해 내가 들었소.
게세르 카간에게 아름다운 카톤이 한 사람 있다고.
빼앗자 했지만
시방 세계의 지배자 게세르 카간은
만만치 않다고 해서 그냥 있었소.
그대가 나의 소젖을 짜는 중국 하녀가 될지,
진실한 사랑의 아내가 될지
아직은 모르겠소이다."

망고스가 제 성에다 투멘 지르갈랑을 데려다놓고 (지금까지 데리고 살던) 두세 명의 아름다운 카톤들을 삼켜버렸다. 투멘 지르갈랑을 망고스가 취하자 시방 세계의 지배자 게세르 카간이 병에서 회복되었다. 모든 사람이 돌림병에서 벗어났다.

초통의 비열한 수작

시방 세계의 지배자 게세르 카간이 로그모 고와에게 말했다.

"중국의 구메 카간의 정치를 바로잡고 중국에서 삼 년을 살고 왔소. 내가 로그모 고와 당신 곁에 와서 병이 든 지 오래되었소. 이제 투멘 지르갈랑에게 가보겠소."

게세르 카간이 영험한 조류말을 대기시켰다. 로그모 고와가 아뢰었다.

"열 가지 해악의 뿌리를 끊어버리신, 두려워 마땅한 나의 거룩한 이여! 그대의 투멘 지르갈랑 카톤은 잘못되었습니다. 이제 어디로 가시려는 겁니까?"

"아니, 이런! 이게 무슨 소리요? 지금 그 사람이 어떻게 잘못되었단 말이오? 그만두시오. 나는 가겠소!"

로그모가 초통에게 사람을 보냈다. 초통이 왔다. 로그모와 초통이 말을 맞추고 초통이 게세르에게 아뢰었다.

"오, 나의 거룩한 이여! 진실을 아뢰겠나이다. 그대의 투멘 지르갈랑은 그대가 싫어서 간다며 머리가 열두 개 달린 망고스에게 도망쳤습니다. 내 님이시여, 말과 몸을 잠시 쉬도록 하소서!"

거룩한 이, 게세르가 말했다.

"내 아내가 잘못이냐?
내 아내를 죽이겠다, 내가!

망고스의 잘못이냐?
망고스를 죽이고 내 아내를 데리고 오겠다!
나는 가겠다!"

게세르 카간이 출정하려 하고 있었다. 초통 노얀이 아뢰었다.
"두려워 마땅한 나의 거룩한 이여! 어려서부터 망고스와 겨루고 다녀 망고스 다루는 법을 압니다. 나의 님이시여! 내가 추격하겠습니다."
"아저씨, 그만두시오! 그 나쁜 망고스는 만만치 않소. 내가 추격하겠소!"
"나의 님이시여, 그 나쁜 망고스가 무엇이 만만치 않습니까? 내가 쫓아가겠습니다."
"정 그렇다면, 나의 아저씨여, 서둘러 가시오."
게세르 카간이 초통에게 큰 잔치를 베풀었다. 재물을 주고 백성의 절반을 주었다.
초통이 물러나 제 집에 돌아와 무기를 갖고 망고스를 추격한다며 어딘가로 갔다. 이삼 일이 지나자 초통 노얀은 자신이 병이 났다고 나라 사람들에게 발표했다. 그러더니 다시 초통 노얀이 잘못되었다고 선포했다.

시방 세계의 지배자 게세르 카간이
영험한 조류말을 탔다.
이슬처럼 영롱하게 빛나는 투구를 쓰고,
보석을 박은 검댕처럼 검은 갑옷을 입었다.
모든 무기를 갖추고
자신의 투멘 지르갈랑을 찾겠다며 말에 올랐다.

그러나 초통 노얀이 죽었다는 말을 듣고는, '떠나간 아내도 아내지만 사랑하는 나의 아저씨가 돌아갔다고 한다. 장례를 치르고 영혼이 하늘로 올라가도록 하겠다'고 마음먹고 초통의 집으로 향했다. 당도하여 게세르 카간이 들어가자 초통 노얀이 자리 위에서 죽은 척하고 있었다.

한쪽 눈을 가늘게 뜨고
한쪽 눈은 감고
왼손은 펴고
오른손은 움켜쥐고
왼발은 뻗고
오른발은 오그리고 누워 있었다.

"아이고 우리 아저씨가 돌아갔네!
우리 큰집의 큰아들 알탄*이 죽겠네그려!
죽은 사람이
한 눈을 감고,
한 눈을 가늘게 뜨고 죽으면
불길한 징조라는데……."

게세르 카간이 초통 노얀의 가늘게 뜬 눈에 뿌린다며 흙을 손에 쥐고 다가갔다. 초통 노얀이 가늘게 뜬 눈을 감았다.

---

*4권 상8. mani yeke gerei yeke keüken-i altan……. 여기서 큰집은 큰아버지네 집이 아니라 집안 권력자의 집.

"한 손을 움켜쥐고,
한 손을 펴고 죽으면
후손에게 뭔가를 내놓으라는
불길한 징조라고 하던데……."

게세르가 다시 초통 노얀의 손 쪽으로 가자 손을 움켜쥐었다.

"한쪽 다리를 오그리고
한쪽 다리를 뻗고 죽으면
후손에게 나쁜 징조라고 하던데……."

게세르가 초통의 다리 쪽으로 가자 다리를 폈다.

"아저씨를 높은 나무에 걸어놓겠다.
땔감을 많이 모아 불을 피우겠다.
영혼을 하늘로 올려 보내겠다.
그리고 나서 투멘 지르갈랑을 찾으러 가겠다!"

게세르가 초통 노얀을 가져다 높은 나무에 걸고, 큰 불을 놓았다. 초통 노얀이 일어나 뛰었다.
"아이고, 우리 아저씨! 죽은 사람이 불에 힘줄이 타면 일어난다고 하던데. 그런 것이네."
게세르가 초통 노얀의 몸을 불붙은 나무로 쑤셔댔다.
"아이고 뜨거워라! 아이고 죽겠네! 죽지 않았다, 네 아저씨는!"

초통 노얀이 비명을 질렀다.

"아저씨, 이리 오우."

게세르가 초통 노얀을 불더미 속에서 끌고 나왔다. 초통 노얀의 온몸의 털이 다 타고, 손발이 모두 불에 데었다.

"우리 초통 아저씨, 이게 어떻게 된 거유?"

"오, 나의 님이시여, 머리 열두 개 달린 망고스가 비할 데 없이 강하다고 해서, 그대가 가서 죽으면 어쩌나 해서 내가 꾀를 낸 것이오."

"나의 아저씨, 그대의 이 수는 얼마나 멋진 수요."

게세르 카간이 제집으로 돌아갔다.

게세르의 단호한 의지

게세르가 "이제 가겠다" 하며 앉아 있었다. 라마들, 선생들이 와서 말리며 아뢰었다.
게세르가 말했다.

"훌륭한 라마가 오면 영혼을 해탈시킨다고 한다.
중간 라마가 오면 경을 읽는다고 한다.
못된 라마가 오면 밖에 있는 가축을 잡아먹게 한다고 한다.
집안에 있는 재물을 없애게 만든다고 한다.
두 사람의 맹인이 길을 찾지 못하고 함께 다니는 것과 같다고 한다.
매여 있는 부룩송아지가 나무에 감긴 것과 같다고 했다.
금식 기도에나 힘써라!"

왕공, 판관이 와서 말리며 아뢰었다.
게세르가 말했다.
"큰 정치와 통치법전을 삼가 준수하고 재판을 지연시키지 마라! 돌아가라!"

삼십 용사와 삼백 선봉이 와서 말리며 아뢰었다.
게세르가 말했다.

"내가 떠난 뒤 어느 쪽에서 적이 올지 모른다. 갑주, 투구, 무기를 성심으로 갖추고들 있으라! 돌아들 가라!"

이들 모두가 돌아간 뒤에 로그모 고와가 말리며 말했다.

"제가 태어날 때
서쪽 지붕 위에 천록이 놀고 있었습니다.
동쪽 지붕 위에서는 해태가 놀고 있었습니다.
해가 없는 날인데도 빛이 나는 것이었습니다.
구름 없는 날인데도 비가 내리는 것이었습니다.
큰 아리쇠 위에서는 앵무새가 지껄이고 있었습니다.
중간 아리쇠 위에서는 뻐꾸기가 울고 있었습니다.
작은 아리쇠 위에서는 파랑새가 지저귀고 있었습니다.
눈 덮인 흰 산은 바깥 대륙의 중심이라고 했습니다.
흰 사자는 안에 있는 보석이라고 했습니다.
그들의 푸른 구리 갈기는 주위의 치렛거리라고 했습니다.
그 셋은 옛날부터 생겨났다고 합니다.
지금도 있으면 게세르와 나 두 사람에게 길함과 상서로움이 함께하소서!
검은 산은 바깥 대륙의 중심이라고 했습니다.
검은 씨소는 안에 있는 보석이라고 했습니다.
꼬리와 뿔은 주위의 치렛거리라고 했습니다.
그 셋은 옛날부터 비롯되었다고 합니다.
지금도 있으면 게세르와 나 두 사람이 길하고 복되소서!

비천의 이러이러한 아홉 가지 신비를 완전하게 갖춘 그대의 로그모 고와, 제가 금합니다."

그러자 게세르 카간이 로그모 고와에게 분부했다.

"비천의 아홉 가지 신비의 현신인 나의 로그모 고와 카톤이여!
진실이면, 마른땅에서 물이 나게 해주시오.
빈 땅에서 열매가 나게 해주시오."

로그모 고와가 빈 땅에서 열매가, 마른땅에서 물이 나오게 해주었다.

게세르의 출발

시방 세계의 지배자 게세르 카간이 중국의 구메 카간의 나라에서 돌아와 삼 년을 살았다. 이제 게세르 카간이 영험한 조류말에 올랐다. 보석 달린 온갖 치렛거리를 차고 두르고 떠나게 되었다.
로그모 카톤이 말했다.

"조류말 네가 게세르의 행보를 끝내지 못하면,
내가 네 갈기와 꼬리를 잘라 태워버리겠다!
(수호신이여!) 게세르가 말의 행보를 끝내지 못하면,
그의 엄지손가락을 잘라 태워버리소서!"

그러고는 게세르가 먹을 음식을 가방에 넣어주었다. 조류말이 먹을 포도, 사탕을 목에 매달아주었다. 게세르 카간이 떠났다. 게세르가 뒤를 돌아보았다.
"그대는 여자가 그 따위 언사를 하는데도 뒤를 돌아보시오?"
조류말이 게세르를 나무랐다.
게세르가 나아갔다. 영험한 조류말을 타고 높은 산의 꼭대기 위에 올랐다. 껑충껑충 뛰는 말 위에서 승리의 세 누이에게 빌었다.

"나의 보와 동종 가르보시여,

나의 아리야 아얄로리 오드카리시여,
나의 이르잠소 다리 오담이시여!
나의 승리의 세 누이시여!
어느 쪽으로 가야합니까, 내가,
그대들의 코흘리개가?"

황소 괴수

세 누이가 한 마리 파랑새가 되어 내려와 게세르를 동쪽으로 데리고 가며 말했다.

"얘, 우리 코흘리개 아우야! 가라! 우리 게세르 코흘리개야. 저쪽에 머리가 열두 개 달린 망고스의 화신인 황소 괴수가 한 마리 있다.

오른쪽 뿔은 하늘에 기대고,
왼쪽 뿔은 황금 세상에 기대고,
한 번 먹을 때마다 한 들의 풀을
모조리 핥아버린다.
한 번 마실 때마다 한 산의 개울물을
처음부터 끝까지 다 마셔버린다.
이러한 까다로운 적이다.
애야, 조심해서 상대해라."

"내 누이들의 말씀이 옳다."
게세르가 세 누이의 충고를 받아들였다.
말을 타고 가다 보니 황소 괴수가 한 번 펄쩍 뛰어 십 리를 달아났다. 영험한 조류말은 한 번에 펄쩍 뛰어 일곱 리밖에 가지 못했다. 아무리 뛰어도 세 리 간격을 좁히지 못했다.

도저히 따라잡지 못하자 터키석 오늬를 붙인 화살 서른 대를 말을 탄 채 쏘았다. 화살은 황소 괴수를 못 맞혔다. 떨어진 화살을 승리의 세 누이가 주워 모으며 따라갔다.

게세르가 끝내 황소 괴수를 못 맞히고 제가 오던 길로 돌아가며 화살을 찾았으나 찾지 못했다.

"내 누이들이여, 황소 괴수를 어쩌면 좋겠소?
황소 괴수는 한 번에 십 리를 뛰는데
나의 영험한 조류말은 일곱 리밖에 뛰지 못하오.
세 리 저만치 두고 따라잡지 못하고
터키석 오늬를 붙인 서른 대의 흰 화살을 쏘았소.
터키석 오늬를 붙인 서른 대의 흰 화살을 찾지 못했소.
누이들이여, 어떻게 하지요?"

게세르가 울고 갈 때, 승리의 세 누이가 한 마리 파랑새가 되어 날아와 말했다.

"애, 우리 코흘리개야. 왜 우느냐?
계집애냐, 네가?
사내대장부가 한번 '그러자!'고 해놓고
이제 와서 무슨 말을 늘어놓는 것이냐?
터키석 오늬를 붙인 네 흰 화살 서른 대는 내가 주워놓았다.
네가 먹을 라마의 축복이 스며든 음식,
영험한 조류말에게 먹일 보리, 밀도 준비해놓았다.

이것들을 가지고 가라. 애, 우리 게세르야!"

"우리 누이들의 말씀이 모두 옳다."
 게세르가 가면서 그것들을 모두 챙겨 가지고 갔다. 터키석 오늬를 붙인 흰 화살 서른 대를 담고, 축복받은 음식을 먹고, 영험한 조류말에게 밀을 먹이고 갔다.

 황소 괴수의 발자취를 따라 가까이 다가가서 황야에서 밤을 보냈다. 영험한 조류말은 땀을 식히며 특별한 풀을 먹고 대비하도록 매어놓았다. 자신은 동북쪽을 보고 데겔의 앞자락으로 머리를 덮고 잤다.
 황소 괴수가 한밤중에 살금살금 기어왔다. 한 번 달려들어 핥자, 매어 놓은 영험한 조류말이 피하지 못하는 사이 갈기와 꼬리를 다 핥아버렸다. 한 번 더 핥자, 터키석 오늬를 붙인 흰 화살 서른 대의 꼬리 깃털을 다 핥아버렸다.
 영험한 조류말이 깨어나 위협했다.
 "여봐라, 황소 괴수야! 내가 시방 세계의 지배자이신 게세르를 깨운다!"
 "오냐. 너 그런 흉한 소리나 하려거든 내일은 나를 쫓아다니지도 마라!"
 황소 괴수가 잠이 든 게세르의 얼굴에 산더미 같은 똥을 누고 갔다.
 시방 세계의 지배자 게세르 카간이 동틀 무렵에 깨어 깜짝 놀라 산더미 같은 똥을 던져버렸다. 그 똥이 벌판 하나를 가득 채우고도 남았다. 펄쩍 뛰어 일어나 보니 영험한 조류말이 갈기와 꼬리가 없이 비루먹은 두 살배기 조류망아지가 되어 있었다. 터키석 오늬를 붙인 화살은 꼬리 깃털 없이 알몸이 되어 있었다.
 "남의 수호신이 이러고 다닐 때 하늘에 있는 나의 그 많은 수호신은,

그 모든 수호신 그대들은 도대체 뭘 한 거요? 나의 승리의 세 누이여! 황소 괴수가 와서 영험한 조류말의 갈기와 꼬리를 훑어 비루먹은 두 살배기 조류망아지로 만들고, 터키석 오늬를 붙인 나의 흰 화살을 훑어 서른 대 모두 꼬리 깃털도 없이 만들어버리고 갔소!"

게세르가 울면서 하소연하자, 승리의 세 누이는 한 마리 파랑새의 모습으로 다가와 달랬다.

"애야, 울려거든 돌아가거라!
사내대장부는 야망으로 사는 것 아니냐?
여편네는 질투로 사는 것 아니냐?
절벽이 무너지지 않으면 옥 바위가 된다고 했다.
대장부가 실수를 하지 않으면
청동 보석 돌 심장이 된다고 했다.
영험한 조류말에게 먹여
갈기와 꼬리를 자라게 할 밀을 가져다 놓았다.
너 먹으라고 라마가 축복한 음식을 가져왔다.
터키석 오늬를 붙인 서른 대의 네 흰 화살에
꼬리 깃털을 붙여놓았다.
원래 것보다 흉한지, 훌륭한지 보거라!"

살펴보니 원래 것보다 훨씬 훌륭한 것 같았다.
게세르가 흰 화살 서른 대를 차고, 라마가 축복한 음식을 먹었다. 영험한 조류말에게 밀을 아침부터 저녁까지 세 번 먹이자 갈기와 꼬리가 자라났다.

게세르 카간이 출발했다. 황소 괴수의 발자취를 따라가면서 영험한 조류말에게 이야기를 했다.

"어이, 나의 영험한 조류말아!
황소 괴수를 앞지를 수 있겠느냐?
네가 저놈을 앞지르면 못하면 나는
너의 네 발을 잘라버리고
안장과 굴레를 지고 돌아가겠다!"

영험한 조류말이 말했다.

"오, 시방 세계의 지배자, 나의 게세르 카간이시여!
좋소, 내가 황소 괴수를 앞지르겠소!
그대가 쏜 화살이 황소 괴수 이마의 흰 털을 맞히고 뚫고 들어가
몸통 오른쪽 헌데로 나오도록 쏘시오!
그대가 그를 놓치면 나는,
그대를 차버리고 하늘에 있는 그대의 누이들에게 가버리겠소!"

"그래, 좋다!"
게세르 카간이 영험한 채찍으로 오른쪽 뒷다리를 세 번 채찍질하고 나서 내달렸다. 조류말이 게세르에게 화가 나서 게세르를 공중으로 데리고 갔다. 게세르가 제어할 수 없어 조류말을 달랬다.

"어이, 내 영험한 조류말이여!

제4권 221

하늘로 다니는 재두루미를 쫓는 매, 수리냐, 네가?
황금 땅 위로 제대로 가도록 해라, 애야!"

황금 땅 위로 내려와 모든 곳을 밟아 파헤치며 뛰어갔다. 게세르의 머리 위로 먼지를 풀풀 내며 달렸다.

"애, 내 영험한 조류말아!
네가 모든 땅을 파헤치며 달리는 들쥐, 족제비냐?
황금 세상 위로 제대로 달려
흉악한 놈 앞으로 나가거라, 애야!"

황금 세상 위로 제대로 달려 황소 괴수의 앞으로 나왔다.
게세르 카간이 지나가며 활을 쏘았다. 황소 괴수 이마의 흰 털 부위로 쏜 화살이 몸통 오른쪽에 난 헌데로 나오도록 쏘았다. 황소 괴수가 화살에 맞자 영험한 조류말에서 뛰어내려 꼬리 세 마디를 잘라 입에 물었다.
승리의 세 누이의 수호신이 하늘에서 내려와 꾸짖었다.

"애, 코흘리개야.
네가 달려드는 것은 용사의 모습이구나!
네가 활을 쏘는 것은 명궁의 모습이구나!
네가 영험한 조류말을 멀리 버리고 내려온 것은 바보의 모습이구나!
잘라서 네가 먼저 입에 문 것은 게걸스러운 모습이구나!
이 황소 괴수의 고기를 하늘에 있는 여러 수호신들 모두에게,
승리의 세 누이에게,

정결한 제물로 삼아 제사를 받들도록 해라, 애야."

"내 누이들의 분부가 옳다. 내가 배가 고팠나? 어떻게 된 거야? 화가 났나?"
게세르가 황소 괴수의 고기를 차례차례 수호신 모두에게 정결한 제물로 삼아 제사를 받들었다.

살인 바위

게세르가 다시 출발할 때 승리의 세 누이가 말했다.

"얘, 코흘리개야. 이제부터는 아귀의 땅, 아주 더럽고 몹쓸 곳이다. 우리는 안 간다. 안됐지만 너 혼자서 가거라. 가다 보면 아귀의 화신인 한 악귀가 있는 강이 나온다. 그곳에서는 말, 사람, 바위가 헛되이 울부짖으며 흐르고 있다. 그곳을 '구루 소야카!' 하고 영험한 채찍을 세 번 흔들고 건너가라. 거기서 더 가면 아귀의 화신인 두 바위가 있다. '합! 합!' 하면서 지나가는 사람을 끼워 죽이고 있다. 그곳은 네 스스로 알아서, 수를 써서 지나가야 한다. 애야, 거기서부터 더 나아가서는 모든 일을 네가 알아서 해야 한다."

시방 세계의 지배자 게세르 카간이 출발했다. 과연 악귀가 있는 강이 나타났다. '우리 누이들이 한 말이 정말이다' 하고 생각했다. "구루 소야카!" 하고 영험한 채찍을 세 번 흔들고 건너갔다.

거기서 더 나아가 망고스의 화신인 두 바위에 당도했다. '우리 누이들이 얘기한 두 바위가 바로 이것이로구나!' 하고 생각했다.

영험한 조류말을 변신시켜 비루먹은 두 살배기 조류망아지로 만들었다. 자신은 바짝 마른 못난 사람으로 변신했다. 바위에 이르러 바위를 속이고자 말했다.

"아이고, 아이고! 이 두 바위가 '합! 합!' 하고 소리를 내며 이렇게나 빨리 움직이는 모습이 어쩌면 이렇게도 근사할까? 옳지! 티베트 땅에서 온 비루먹은 두 살배기 조류망아지, 바싹 마른 못난 사람 나를 보고는 빨리빨리 '합, 합' 하고 움직이는 것일까? 원래 습관이 이럴까? 우리 티베트 땅의 바위는 사람을 서로 하루 걸리는 곳 아니면, 한나절 되는 곳에서부터 '합! 합!' 하고 와서 부딪혀 죽이는데. 오, 나는 무서워서 죽겠네. 난 돌아가야겠다."

"이 사람 말이 옳다. 가엾기도 하지! 무섭다고 하네. 우리도 하루 걸리는 곳에서부터 와서 '합!' 하고 끼워 죽이자!"

두 바위가 서로 멀어져 갔다.

두 바위가 멀리 떨어지고 나자 게세르 카간이 영험한 조류말을 채찍질해 지나갔다. 두 바위가 그걸 보고 게세르를 끼워 죽이려고 너무 빨리 달려오다가 자기들끼리 부딪혀 산산이 부서졌다.

망고스의 낙타치기

게세르 카간이 계속 나아가면서 망고스의 온갖 색깔 나라들을 만났다. 그러자 각각의 색깔로 변해 그곳을 빠져나갔다.

거기서 더 나아가니 망고스의 낙타를 돌보는 사람이 낙타만 한 돌을 문질러 화살을 만들고 있었다. 게세르가 그것을 보고 소만 한 돌을 문질러 화살을 만들었다.

"여보시오, 동무! 당신은 무엇 하는 사람이오?"

낙타치기가 게세르에게 물었다.

"나는 소치기요. 자, 우리 둘이 서로 때리고 놉시다!"

게세르가 낙타치기에게 제안했다.

"자, 그럽시다!"

"자, 위로 때릴까요, 밑으로 때릴까요?"

게세르가 물었다.

"내가 위로 때리리다. 당신은 밑으로 때리구려."

낙타치기가 대답했다.

낙타치기가 게세르를 낙타만 한 바위로 위협하다가 때렸다. 게세르가 조로의 몸으로 변신하여 작은 사람이 되어 서 있었다. 위에서 때렸으나 너무 작아서 못 맞혔다.

"어이, 친구! 내 차례요!"

게세르 카간이 밑으로 때리는 척하면서 그의 염통을 머리로 받았다.

낙타치기가 기절해 쓰러졌다. 위에서 누르고 엎드려서 물었다.

"망고스의 성이 어디 있느냐? 여기서 길은 편안하냐? 망고스가 어디로 사냥을 다니느냐?"

"망고스의 성은 여기서 가깝소.
여기서 가다 보면 하늘의 흰 고개에
하늘 세상의 아이들로 파수를 놓았소.
거기서 더 가서 인간 세상의 노란 고개에
인간 세상의 아이들로 파수를 놓았소.
거기서 더 가서 우리 망고스의 검은 고개에
망고스의 아이들이 파수를 보고 있소.
모든 이치를 하늘의 아이가 알고 있소."

게세르 카간이 그를 죽이고 다른 세 종류의 가축치기를 마찬가지 방법으로 죽이고 갔다.

세 고개

하늘의 흰 고개에 당도했다. 하늘의 아이들이 게세르를 보고 소리 내어 울었다.

"아이고! 이 빨간 다리를 가진 사람은 이곳을 밟지 않았어요. 만일 사람이 오면 망고스가 우리를 죽였어요. 당신이 어떤 분인지 어떻게 알지요?"

"애들아, 무서워하지 마라. 이리들 오렴. 나는 시방 세계의 지배자 게세르 카간이다. 너희는 하늘 세상의 아이들이라면서 어찌된 거냐?"

"아버지 어머니에게 떼를 써서 황금 세상 위로 내려와 놀며 다니는데, 머리 열두 개 달린 망고스가 별안간 우리를 덮쳐서 붙들려 왔어요. '게세르가 올 것이다' 하고 우리를 파수로 놓은 것입니다."

"자, 그렇다면 머리 열두 개 달린 망고스를 내가 죽여주마. 너희는 내게 무엇을 주겠느냐, 애들아?"

"오, 거룩하신 이여! 당신께라면 무엇을 아끼겠습니까?"

하늘의 아이들이 절을 하고, 덧붙여 말했다.

"오, 시방 세계의 지배자 게세르 카간이시여! 여기서 가다 보면 저쪽에 인간 세상의 노란 고개가 있습니다. 그 아이들에게도 마찬가지로 말씀을 하시고 지나가십시오.

거기서 더 나아가 머리가 열두 개 달린 망고스의 고개에는 망고스의 아이들로 파수를 놓는다고 합니다. 그 고개에는 도저히 지나갈 수 없는 숲과 바위가 있습니다. 밤낮을 분간할 수 없이 짙은 안개가 끼어 캄캄할 것입니다. 거기서 이것이 필요할지도 모르겠습니다."

하늘의 아이들이 제 품에서 야광주가 든 유리병을 꺼내 주면서 말했다.

"오, 거룩하신 이여! 그 고개를 넘을 때 이것을 들고 가면 빛이 나오게 됩니다."

"오, 가엾은 애들아! 너희 말이 옳다."

"오, 거룩하신 이여! 그 고개를 넘어가면 저쪽에 세 개의 높은 산 가운데 골짜기에 팔뚝만 한 사람이 있습니다. 빨간 실로 점을 치는데, 점괘가 헛갈리는 법이 없는 그런 예언자입니다. 그에게 점을 치세요. 좋다고 하면 가세요. 나쁘다고 하면 멈추세요."

"오냐!"

게세르가 떠났다.

인간 세상의 노란 고개를 하늘의 아이들이 하라는 대로 말하고 넘었다. 거기서 더 나아가 망고스의 검은 고개에 이르렀다.

검은 고개에 도착하니 정말로 풀 한 포기 없는 높고 험한 산이었다. 안개가 내려 낮인지 밤인지 구분이 가지 않을 정도로 캄캄했다. 말에서 내려 제수를 차려놓고 여러 수호신에게 빌었다.

"하늘에 계신 나의 여러 수호신이여!
나의 승리의 세 누이여!
하늘이 포효하는 것처럼,
용이 와서 부딪치는 것처럼
주먹만 한 우박비를 오게 하소서!
원수가 지키는 험한 고개를 넘나이다!"

하늘이 포효하는 것처럼, 용이 와서 부딪치는 것처럼 큰 비가 내리고 주먹만 한 우박비가 쏟아졌다. 야광주가 든 유리병을 오른손에 쥐고, 영험한 조류말로 그 고개를 달려 넘어갔다. 망고스의 아이들이 우박에 놀라 머리를 가리고 엎드려 있었다. 주먹만 한 돌을 쌓아놓고 망고스 아이들의 머리를 착착 때려죽였다.

팔뚝만 한 점쟁이

그들을 죽이고 세 산 가운데 골짜기를 따라 올라갔다. 과연 팔뚝만 한 사람이 있었다. 영험한 조류말을 비루먹은 조류망아지로 둔갑시켰다. 자신도 못난 사람으로 둔갑하고, 그곳에 이르러 말에서 내렸다. 가면서, '거짓말이다. 이 팔뚝만 한 사람이 점을 치면 절대로 틀리지 않는다는 것은 실없는 거짓말이다' 하고 생각했다.

게세르가 팔뚝만 한 사람에게 가서 앉으며 주문했다.

"그대 팔뚝만 한 사람아!
나는 흰 강을 따라 올라가
거세한 낙타 떼를 가진 사람들을 강탈하러 간다.
점을 쳐보아라.
노란 강을 따라 올라가
시르가* 씨말이 거느리는 말 떼를 가진 사람들을 강탈하러 간다.
점을 쳐보아라.
검은 강을 따라 올라가
가라 간자** 씨말이 거느리는 말 떼를 가진 사람들을 강탈하러 간다.

---

*털에 흰빛이 도는 노란색 말.
**몸통의 털은 검은색이고 이마에만 흰 털이 난 말.

점괘를 보아라!"

팔뚝만 한 사람이 빨간 실을 하나 뽑아 점괘를 보았다.

"흰 강을 따라 올라가지 마라!
부처님의 길이다.
노란 강을 따라 올라가지 마라!
사바 세계의 길이다.
검은 강을 따라 올라가라!
망고스에 목표를 두고 있다, 그대는.
꽤 고통을 당하지만 어쩌겠느냐?
그대 목표를 이룰 것이다."

점괘를 듣고 떠나려고 하는데 팔뚝만 한 사람이 불렀다.
"어이, 잠깐! 내가 아직 실 하나를 안 보았다."
게세르가 돌아보자, 그가 게세르에게 물었다.

"그대 상체는 시방 세계의 부처님이 완정하신 것은 어찌된 일이오?
그대 허리는 사대 하늘이 완정한 것은 어찌된 일이오?
그대 하체는 사대 용왕이 완정한 것은 무슨 일이오?
이 섬부주를 지배하는 자,
시방 세계의 지배자 게세르 카간이 그대 아니오?
이 못난 팔뚝만 한 사람이
빨간 실로 점을 쳐서 절대로 틀리지 않는다는 것이

허튼 거짓말이면 어쩌나 하고 걱정하고 있소, 그대는!"

"오, 현명한 예언자여! 나의 그 말에 화가 난 거요, 그대는?"
게세르가 물었다.

"무엇 때문에 화가 나겠습니까, 제가?
이 높은 산의 가운데 길로 넘어가시면
망고스의 화신인 달라붙는 나무가 한 그루 있습니다.
그 나무 옆으로 사람이 지나가면
날선 칼로 난도질해서 죽이곤 합니다.
그것을 조심해서 다루십시오."

팔뚝만 한 사람이 게세르에게 일러주었다.
"그러리다!"
게세르 카간이 떠났다.

살인 나무

게세르가 그 나무의 모습을 먼발치에서 보고서 영험한 조류말을 하늘로 올라가게 했다. 자신은 둔갑해서 거지가 되었다. 영험한 세 길 검은 꼬챙이 칼을 둔갑시켜 세 길짜리 검은 지팡이로 만들었다. 모든 화살촉, 창촉을 둔갑시켜 두 안장 가방에 넣을 어지간히 많은 곡식으로 만들었다. 화살 다듬는 유리 자루 달린 칼을 오른쪽 소매에 숨겼다.

거지로 변해 나무 옆을 지나가 그늘에 앉아 화살 다듬는 유리 자루 달린 칼로 나무 밑을 파내기 시작했다. 그러고 있자니 나무 꼭대기가 사람이 되어 칼을 휘둘렀다.

위를 바라보며 "아이쿠!" 하고 큰 소리를 지르며 말했다.

"거지인 내가 와서 앉을 때는 나무였는데
이것이 지금은 어떻게 사람이 되어
날선 칼을 휘두르는가?
어찌된 화신 나무인가, 이것이?
나는 세상을 떠도는 거지다.
위에 계신 코르모스타 하늘님의 화신 나무가 있다고 하던데.
원수의 적을 보면 싸워 죽인다던데.
그 화신 나무일까?
이 섬부주의 주인 티베트의 게세르 카간의 화신 나무일까?

외방外邦의 적을 보면 질투하는 마음을 내서 죽인다고 하던데.
모든 가난하고 지친 사람을 보면 길을 가르쳐준다고 하던데.
모든 자의 주인 게세르 카간이 화신 나무일까?
내가 어떻게 아나?
머리가 열두 개인 라그산* 카간의 화신 나무인 게다.
그이라면 정말로 몰랐다, 내가.
세상을 떠도는 못나고 지친 가난한 거지다, 나는.
지금 이 나무의 밑에 어지간히 많은 감자가 자라고 있어
나는, 그것을 캐서 먹는다."

"어쩌면 그토록 말을 감동스럽고 아름답게 하는 거지더냐, 이자는? 그늘에 앉아라. 감자를 캐서 먹어라!" 하고 나무가 말했다.
감자를 캐는 척하면서 나무 밑을 파내 화살 다듬는 유리 자루 달린 칼로 뿌리를 탁, 탁 잘랐다. 나무를 밀어버리고 게세르 카간이 세 길 검은 꼬챙이 칼로 쳐서 불꽃을 일으켜 불을 질렀다.

---

* ragsan, Рагшас.

투멘 지르갈랑과의 재회

게세르가 망고스의 화신을 꽤 여럿 죽였던 탓에 망고스는 사냥을 하러 다니다가, 별안간 머리가 아팠다. 그래서 큰 바다에 들어가 몸을 식히려고 누웠다. 누운 채로 잠이 들었다. 시방 세계의 지배자 게세르 카간이 보라매로 둔갑해 망고스의 왼쪽 눈을 쪼고 달아났다.

망고스가 달려들었으나 놓쳤다. 일어나 쫓아갔다. 게세르가 저 멀리 높은 산, 상상봉 위로 올라가 팔뚝만 한 사람이 되어 놀고 다녔다. 망고스가 다가오니 다시 보라매가 되어 큰 바다로 날아가 팔뚝만 한 사람이 되어 놀고 다녔다. 망고스가 다시 바다로 다가오자 다시 매가 되어 날아갔다. 망고스가 쫓아가다가 쫓지 못하고 제집으로 돌아갔다.

집에 와서 투멘 지르갈랑에게 말했다.

"에이, 제기랄! 이 몸이 태어나서 이런 고통은 겪어보지 못했네. 오늘 내가 사냥을 하고 다니는데 머리가 갑자기 아파서 큰 바다에 들어가 몸을 씻고 누웠다가 잠이 들었네. 그런데 별안간 보라매가 와서 내 왼쪽 눈을 쪼고 달아났네. 내가 일어나 쫓아가니 높은 산 상상봉 위로 올라가 팔뚝만 한 사람이 되어 놀고 다니네. 내가 높은 산, 상상봉 쪽으로 쫓아가려니 오히려 큰 바다로 날아와 다시 팔뚝만 한 사람이 되어 놀고 다니네. 내가 바다로 가니 다시 날아가네.

나는 모든 수가 다 동이 났네. 그래서,

내 잿빛 염통이 날뛰네.
내 짧은 갈비가 쑤셔대네.
털 달린 내 머리가 곤두서네.
내 사대삭신이 떨리네.
아아, 무슨 업원일꼬?
시방 세계의 지배자 게세르 카간이 왔나?
코르모스타 하늘이 현신해 왔나?
용왕들이 왔을까?
아수라들이 왔을까?
어떤 마구니들이 왔나?
그들 말고는 나를 건드릴 사람은 아무도 없는데.
모든 자를 내가 차지했는데."

"아이고, 나의 훌륭한 낭군이시여! 시방 세계의 지배자 게세르 카간이라는 자는 시방에서 현신할 어리석은 화신이 많지 않소. 부처님의 태생이다 해서 새로는 둔갑하지 않아요. 아수라들일 거예요. 그게 누구라고요? 당신도 참."
투멘 지르갈랑이 핀잔을 주었다.
"그 말이 틀림없네."
망고스가 말했다.

망고스가 이튿날 아침녘에 사냥을 하러 갔다. 시방 세계의 지배자 게세르 카간이 영험한 조류말을 타고 망고스의 성으로 갔다. 망고스는 성을 말도 못하게 높이 지었다. 게세르가 대문을 찾지 못하고 영험한 조류말에게 말했다.

"얘, 나의 영험한 조류말아!
네가 나를 성 위로 데리고 올라가라.
성안에서 황금 주사위를 떨어뜨린 것처럼 정확하게 내려가라!
나를 데리고 올라가지 못하면 네 발목을 잘라버리고
안장과 굴레를 지고 돌아가겠다.
너를 데리고 올라갈 때 내가 떨어지면
이 아귀의 성에 떨어져 죽고 나서
네 살을 개에게 먹이도록 하겠다!"

"아이고, 나의 두려우신 거룩한 이여! 그대의 이 분부는 어찌된 것입니까? 왜 이렇게 저렇게 분부를 하십니까? 그대가 '자, 가자!' 하고 말하는데 내가 '안 됩니다!' 하고 나선 적이 있었습니까? 그대는 삼십 리 되는 곳으로 가서 고함을 지르면서 엄습해 오소서. 고도리살이 닿을 곳에서부터 '자! 자! 가라! 가라!' 하고 나의 오른쪽 재갈을 당기며 오소서. 내가 알아서 그대를 태우고 올라가리다!"

"그래, 옳다!"

시방 세계의 지배자 게세르 카간이 삼십 리 되는 곳으로 갔다. 왼손으로 고삐를 쥐고 갈기 위를 때렸다. 오른손으로 뒷다리를 세 번 때리고 나서 고함을 지르며 내달았다. 고도리살이 닿을 곳에서부터는 '자! 자! 가라! 가라!' 하고 오른쪽 재갈을 당기면서 왔다. 영험한 조류말이 공중으로 올라갔다. 들어갈 때 황금 주사위처럼 성안에 정확하게 내렸다.

영험한 조류말을 공중으로 올라가게 했다. 자신은 거지로 변신했다.

모든 무기를 둔갑시켜 두 개의 안장 가방에 든 어지간히 많은 곡식가루로 보이게 했다. 영험한 세 길 검은 꼬챙이 칼을 세 길 검은 지팡이로 둔갑시켰다. 한쪽 눈이 먼 사람처럼 행세했다.

게세르가 성의 담 위로 올라가 말했다.

"이 얼마나 아름다운 성인가?
나는 세상을 떠도는 가난하고 지친 거지다.
위에 계신 코르모스타 하늘님도 뵈었다.
아래 세상의 용왕들도 다 만났다.
그 두 성도 모두 이렇게 아름답지는 못했다.
티베트에 시방 세계의 지배자 게세르의 아름다운 성이 있다고 했다.
나는 그것은 보지 못했다.
열두 개의 머리를 가진 망고스에게 한 아름다운 성이 있다고 했다.
나는 그것도 보지 못했다.
공연히 어슬렁거리고 다니다가
이 두 카간 가운데 하나의 성과 마주친 것일까?
이 성의 카간과 카톤을 만났으면……"

게세르가 지팡이를 짚고 큰 소리로 떠들며 집 쪽으로 갔다. 가보니 빨간 지붕창 덮개가 있는 말도 못하게 큰 흰 게르가 있었다. 그 문에 이르렀다. 오른쪽 문설주에도 왼쪽 문설주에도 송아지만 한 거미가 한 마리씩 엎드려 있었다.

투멘 지르갈랑이 게세르의 목소리를 듣고 "아이고!" 하며 그저 일어나 뛰어나왔다.

두 마리의 송아지만 한 거미는 망고스의 화신이었다. "투멘 지르갈랑이 나오면 삼켜버려라!" 하고 놓아둔 대로 그 두 거미가 입을 쩍 벌리고 투멘 지르갈랑을 삼켜버리려고 기어나왔다.

그러자 가난하고 지친 사람이 짚고 있던 검은 지팡이로 두 마리 거미를 신통력으로 때려죽였다. 그러고는 자신의 분신을 두 마리의 거미로 만들어 속임수로 놓아두었다.

"오, 가히 두려워할 나의 거룩한 이여! 어디서 오셨소?"

투멘 지르갈랑이 게세르를 끌어안았다.

"짧은 고삐를 가진 여편네라는 것이 바로 이것이로구먼.* 자네가 울고 있으면 망고스가 알 게 아닌가? 울지 말게! 내게 그 못된 놈의 급소나 알려주게."

게세르의 말을 듣고 투멘 지르갈랑이 안았던 손을 놓았다. 게세르가 투멘 지르갈랑을 보고 물었다.

"오른쪽 뺨에 연지를 바르고,
오른쪽 몸을 아름다운 치렛거리로 꾸민 것은 무엇 때문인가?
왼쪽 뺨에 검댕을 바르고,
왼쪽 몸을 볼품없는 치렛거리로 꾸민 것은 무슨 까닭인가?"

"내가 오른쪽 몸을 아름답게 꾸민 것은, 나의 용감한 게세르 카간이 와서 교활한 망고스를 무찔러 잡아죽이고 다시 머리를 잘라버린다는 상징이오.

---

* "여자는 자제력이(혹은 지혜가) 부족하다는 말이 하나도 틀린 말이 아니구먼."

내가 왼쪽 몸을 흉하게 꾸민 것은, 머리가 열두 개 달린 망고스를 굴복시킨다는 상징이오.

망고스가 어제 매에게 눈을 쪼인 그 일을 내게 일일이 이야기했을 때 나는 그대가 온 것을 알고 이렇게 나쁜 상징을 드러낸 것이오. 오, 나의 거룩한 이여!

망고스는 실로 흉맹합니다. 그대가 죽을지도 모르오. 나의 그대여, 돌아가오!"

투멘 지르갈랑이 울면서 말했다.

"예끼, 투멘 지르갈랑 이 사람아!
자네의 그 말이 무슨 소린가?
머리가 열두 개 달린 망고스를 무찌르려 들지 않고서
시방 세계의 지배자 게세르 카간이 되어 가지고
머리가 열두 개 달린 망고스에게 자네를 빼앗기고도
섬부주의 주인 게세르 카간이라고
온 세상으로 떨치며 다니겠는가, 내가?
그가 이길 수도 있지.
그러면 나의 자네를 빼앗은 대로 가지겠지!
내가 이길 수도 있지.
그러면 내가 자네를 데리고 돌아가겠지!"

게세르가 대답했다.

"그 죄 많은 것의 소행을 내 어떻게 알겠소? 당신에게서 오고부터는 집 밖은 쳐다보지도 못했소. 푸른 구리 노새를 타고 사냥을 하러 갔소. 저녁 해가 빨갛게 물들 무렵 칸다가이 사슴*을 싣고 옵니다. 적이 온 것을 알면 그 노새가,

    코를 드르렁거리고
    재갈을 물어뜯으면서
    네 발로 껑충대고 날뛰면서
    땅을 차며 옵니다.
    오롤온, 가랄온이라는 이름의 두 마리 총이말이 뛰어나와
    여기저기 밀치고 다닙니다.
    자신에 대한 점괘를 절대로 잘못 보지 않는
    그런 용한 점쟁이입니다.
    오, 나의 거룩한 이여!
    당신은 어디 들어가 숨어요."

"그 정도쯤이야 뭐 대단하다고? 자네는 그를 꾀어 약점을 알아내주게."
게세르가 당부했다.

---

* 큰북방사슴. 라틴학명은 *Alces alces*.

투멘 지르갈랑이 망고스의 약점을 알아내다

게세르와 투멘 지르갈랑이 함께 방법을 생각해내어 일곱 길 구덩이를 파고 게세르가 그리로 들어갔다.

평평한 흰 돌로 눌렀다.
그것을 천에다 육자 진언*을 그려 덮어놓았다.
그 위로 흙을 뿌렸다.
그 흙 위로 시든 풀을 놓아두었다.
풀 위로 푸른 풀을 심었다.
그 모든 것 위에 솥을 하나 놓고 물을 가득 채웠다.
그 물 옆에 모든 새의 똥을 주워다 놓았다.
빨간색 흰색 안장 끈을 묶어놓았다.

망고스가 저물녘 하늘이 빨갛게 물들었을 때 푸른 구리 노새에 칸다가 이 사슴을 싣고 왔다. 그 노새가,

코를 드르렁거리며
굴레의 재갈을 물어뜯고

---

*옴마니밧메훔. 몽골-티베트 불교의 가장 중요한 기도문.

땅을 파 던지면서 껑충대며 날뛰며 온다.
오롤온, 가랄온 두 마리 총이말이
여기저기 껑충대며 밀쳐대며 뛰어온다.

"이 수상한 여편네가 뭔가 있군.
요 간사한 여편네가 속임수가 있군.
적이 왔나? 내 코에 딱정벌레 냄새가 나는군.
내 점괘를 보는 빨간 실을 당장 내놔!"

망고스가 소리쳤다.

"아이고! 아이고!
수상한 여편네가 뭔가 있다는 것이 무슨 말이냐?
나의 수상한 게세르가 와서 간교한 망고스의
멱을 눌러 잘라버리게 하소서!
간사한 여편네가 속임수를 부린다는 것이 무슨 말이냐?
나의 용감한 게세르 카간이 와서 간사한 망고스의 멱을 잘라
거듭거듭 부처님께 제사를 올리도록 하소서!
게세르가 싫다고, 네가 좋다고 도망쳐온 나다!
수상하고 간사하다고 하는데
내가 이제 네 집에 살아서야 어쩌겠느냐?"

투멘 지르갈랑이 악다구니를 했다.

"그래도 그렇지, 네가 어떻게 내게 저주 짓거리를 할 수 있느냐?
내가 점괘로 쓰는 빨간색 실이나 당장 들어가서 가져와라!
여자의 가랑이 밑으로 꺼내지 마라!
개 대가리 밑으로 꺼내지 마라!
내 점괘는 징조가 완벽하다.
오른쪽 벽 밑으로 꺼내 오너라!"

투멘 지르갈랑이 들어가자마자 그가 하지 말라고 한 것과는 반대로 하고서 실을 주었다. 망고스가 노새 위에 앉아서 점괘를 보았다.

"아이쿠, 이런!
시방 세계의 지배자 게세르 카간이 와 있다.
화로 밑에 묻었나, 어쨌나?
평평한 흰 돌로 누르고 검은흙을 뿌리고 누웠나, 어쨌나?"

투멘 지르갈랑이 말했다.

"예라, 이! 너 무슨 소리냐?
게세르를 누가 묻었느냐?
지금 내가 묻었을까?
아아, 위에 계신 하늘이 내 아버지가 되어 소리를 내셨으면!
아래 있는 흙 덮인 황금 세상이 사람이 되어 소리를 냈으면!
우리 둘이 하는 이 이야기를 자세히 들었으면!"

게세르의 한 화신이 공중에서 사람이 되어 소리를 냈다.
"게세르가 싫다고 왔다, 너는. 이제 떠나라!"
게세르가 땅 밑에서 말했다.
"망고스가 괜히 생트집 잡고 있는 것이다."
망고스가 그것을 듣더니, "아이고, 이상도 하네" 하고 웃으며, "실 하나를 마저 보지 않았네" 하고 그것을 다시 보며 말했다.

"게세르가 죽어가고 있네.
검은 땅에 들어가
평평한 돌로 누르게 하고
흰 눈으로 덮게 해서
검은 흙으로 묻게 하고
시든 풀이 떨어져,
그 위로 푸른 풀이 자라고,
청동의 큰 바다가 되었네.
거기 온갖 새가 살면서
제 똥을 떨어뜨리고 다니네.
그 모든 것 위에 까마귀, 까치가 앉아서
게세르를 웃음거리로 만들고 다니네.
죽은 지 일 년이 다 되었네."

망고스가 노새에서 내려와 말했다.
"큰 이쑤시개를 다오."
망고스가 이를 쑤시고 나서 잇새에 낀 두세 사람을 떨어뜨렸다.

"여보, 먹을 것 좀 줘!"

투멘 지르갈랑이 죽은 사람의 고기를 볶아주었다. 망고스가 먹고 나서 투멘 지르갈랑을 품에 안았다.

"아이, 나의 잘난 서방님!
당신은 방금 사냥에서 돌아와서
나를 아무 이유 없이 꾸짖었어.
게세르가 싫다고, 당신이 좋다고 온 나를.
당신의 이 성에는 문이 없어.
당신이 나가면 집에는 나만 남아 있을 텐데.
사악한 게세르가 오면 나를 죽이고 갈 텐데.
그가 오는 것을 알면
내가 당신에게 알리러 갈 수도 있을 텐데."

투멘 지르갈랑이 말했다.

"에이, 내가 자네더러 하는 소리가 아니라,
사람에게는 믿음이 없네, 나는
거목을 나무로 치지 않고,
참새를 새로 치지 않고,
여자를 동무로 치지 않아!
안 돼!"

"당신은 나를 데리고 와서는 집에 있던 아름다운 카톤을 삼켜버렸어.

이제 카톤을 새로 하나 얻었나 보군. 그러면 나 역시 먹어치우겠네. 당신은 그 생각을 하고 누워 있겠지. 나야 어차피 사악한 게세르 손에 죽어도 죽을 목숨이니 어쩌겠어! 다 내 죄지. 죽이든 살리든 알아서 하라지!"

"투멘 지르갈랑! 그래, 알았다. 헤헤헤! 이리 누워!"

망고스가 투멘 지르갈랑을 끌어안고는 "옛다!" 하며 금반지 두 개를 주면서 말했다.

"하나는 나갈 때 코끝에다 놓고 나가라고.
내 성이 문을 열어줄 거야.
하나는 다시 들어올 때 새끼손가락에 끼고 들어와야 해.
내 성이 문을 열어줄 거야.
나는 앞으로 간다고 하고 뒤로 가지."

망고스는 자기가 사방을 돌아다니고 들고나는 방식을 일일이 이야기해주었다.

"자, 잘난 서방님. 그건 그렇다 치고
게세르의 화신은 내가 일일이 다 알고 있소.
게세르가 오면 당신은 무슨 수를 써서 이기려 하오?
당신의 화신을 내 아직 모르오.
내게 말해주오.
내가 들어야 안심이 되겠소."

"그 나쁜 놈이 오면 새끼손가락 하나면 죽일 수 있어.

내 집 앞에 세 가지 빛깔의 큰 바다가 있지.
거기서 이쪽으로 다섯 겹* 대나무 숲이 있지.
이쪽 바다의 해변에, 대나무 숲의 저쪽에
흰 씨소, 검은 씨소가 싸우고 있지.
흰 씨소는 게세르의 수호신, 아침에 이기지.
낮에는 나의 수호신인 검은 씨소가 이기지.
나의 그 소를 죽여야 나를 어찌어찌 죽일 수 있지.
그 뒤에 큰 성이 하나 있지.
그 성안에 내 누이동생 셋이 살지.
아홉 그루 빨간 나무 꼭대기에서 살지.
그자가 나의 누이들을 죽이면 나를 당해낼 수 있지.
그것 말고는 무엇을 어떻게 할 수 있겠나?
거기서 동쪽으로 세 바다가 있지.
거기에 세 마리의 암사슴이 놀고 다니지.
한낮 더위에 바다에서 나와 쭉 뻗고 드러눕지.
그 세 마리를 화살 한 대로 쏘아 쓰러뜨리고,
가운데 암사슴 배를 쫙 찢어 당겨
황금 상자를 꺼내 짓밟아
그 안에서 대침을 꺼내 똑 부러뜨리면 나를 죽일 수 있지.
그렇게 안 하면 나를 어떻게 당해내겠나, 그가 나를?
그 서쪽에 성이 하나 있지.
거기에 내 화신 누나가 하나가 있지.

---

* 뒤에는 '다섯 빛깔'로 나온다.

태어난 이래 내게 보여주지 않은 큰 벌레가 한 마리 있지.

내 영혼인 그 둘을 죽이면 나를 죽이게 되지.

그가 그렇게 하지 않고는 달리 어떻게 죽이겠나, 나를?"

그러고 나서 망고스가 "내 화신들을 다 얘기했네" 하고 엎드리자 투멘 지르갈랑이 부추겼다.

"못나고 어리석기는, 당신도 참! 내가 아까 당신한테 뭐라고 했수? 누구의 화신이 더 많을까 하고 묻지 않았수? 또 있수? 있으면 말해봐요."

"내가 잠든 뒤에

내 오른쪽 콧구멍에서 큰 금붕어가 나와

내 오른쪽 어깨 위에서 놀고 다니지.

왼쪽 콧구멍에서 작은 금붕어가 나와

내 왼쪽 어깨 위에서 놀고 다니지.

그 둘을 죽이면 어쩌겠나?

한 훌륭한 장사의 힘만큼은 싸우다가 죽어야지.

자, 나를 죽인다 한들

내 형 타르니치 라마, 어머니 야그사, 하나뿐인 아들 가르손,

이들 셋을 어떻게 한꺼번에 죽이겠나?

그들은 모두 내 몸이 되어 싸울 거야.

나의 그 셋을, 만일에 나의 그들을 죽이면,

내가 후손 없이 죽는 것이지."

"참으로 훌륭한 우리 서방님이오! 이제 내 소원이 풀렸소. 당신과 만난

것은 내 복이오."
 투멘 지르갈랑이 망고스를 추어올렸다.
"하하! 사실이네! 사실이고말고!"
 망고스가 기뻐하며 누웠다.

 망고스가 새벽에 일어나 앞으로 간다며 뒤로 나갔다.

망고스와 그 겨레붙이를 몰살하다

투멘 지르갈랑이 게세르를 깨운 뒤 두 개의 금반지를 주었다. 망고스의 모든 행동방식을 빠짐없이 이야기했다.

"자, 이제 괜찮다!"

게세르가 영험한 조류말을 공중에서 내려오게 해 올라탔다. 나갈 때 금반지 하나를 코끝에다 놓자 문을 열어주었다.

세 빛깔 바다를 건너, 다섯 빛깔 대나무 숲을 헤아리며 갔다.

저쪽에서 흰 씨소와 검은 씨소가 싸우고 있었다.

흰 씨소가 흥분해서 두 다리를 구부리고 눈을 빨갛게 돌리며 흰 거품을 내고 있었다. 검은 씨소는 오른쪽에서 헐떡거리고 있었다.

게세르가 검은 씨소를 겨누고 활시위를 당겼다가 놓았다. 염통을 '탁' 하고 쏜 뒤 영험한 세 길 꼬챙이 칼로 찍었다.

다섯 빛깔 대나무 숲에 불을 지르고 뒤도 돌아보지 않고 달아났.

돌아와 성문에 당도하여 금반지를 새끼손가락에 끼고 보여주었다. 대문이 열리고 있었다. 뒤를 돌아보니 세 빛깔 바다가 게세르를 쫓아왔다. 게세르는 영험한 조류말을 타고 성문으로 치달렸다. 바다가 조류말의 엉덩이 위로 덮쳤다가 놓쳤다. 성문이 닫혔다. 바다가 제자리로 돌아갔다.

게세르가 투멘 지르갈랑에게 말했다.

"그 나쁜 것들을 죽이고 왔네, 내가."

낮에 둘이 근사하게 즐겼다. 저물녘에 "망고스가 온다, 자" 하고 해자에 들어가 엎드렸다. 저물녘에 망고스가 왔다.

"아이고, 내 머리가 아프다. 게세르가 왔나?"

"아이고, 우리 잘난 서방님! 당신 머리가 어떻다고요? 음식을 찾아먹지 못했소?"

투멘 지르갈랑이 물었다:

"아주 조금 찾아 먹었네. 내 머리가 갑자기 윙윙거리면서 계속 아프네."

망고스가 대답했다.

이튿날 아침, 망고스가 일어나 뒤로 간다고 하고서 앞으로 갔다. 게세르가 나와 뒤로 갔다. 큰 성에 이르니 세 명의 누이동생들이 아홉 그루의 빨간 나무 끝에 앉아 있었다.

게세르가 변신하여 화려하고 근사한 미남이 되어 성안으로 들어갔다. 아홉 그루의 빨간 나무 밑에 이르러 온갖 종류의 장난감을 가지고 놀며 말을 걸었다.

"이 빨간 나무 위에 앉은 이 세 분의 아름다운 아가씨들은 뉘 댁의 따님들이오?

위에 계신 코르모스타 하늘님에게 아름다운 따님들이 세 분 계시다던데, 그분들인가?

아래 계신 용왕님들에게 아름다운 따님들이 세 분 계시다던데, 그분들인가?

게세르 카간에게 딸들이 있다고 하던데.

망고스의 아름다운 세 딸이 있다고 하던데.

그 넷 중에 하나의 따님들인 게 분명해.

이렇듯 아름다운 아가씨들이 내 곁으로 내려와 내 장난감을 구경했으면.

이 아가씨들이 까마귀인가, 까치인가?

어쩌다 나무 꼭대기에 앉아 있게 되었나?"

"사실 이 사람 말이 옳다. 우리가 새냐? 이 나무 끝에 우리가 할 일 없이 앉아 있을 게 뭐람?"

망고스의 누이동생들이 내려왔다. 게세르가 노는 것을 구경하고 같이 놀면서 감탄했다.

"아이, 사람아! 너는 누구네 식구냐?"

"나는 서쪽에 있는 영원의 고장에서 왔소. 검은 모자를 쓴 카르마*가 준 백여덟 개의 비단 매듭이 내게 있소. 그것을 차시겠소, 아가씨들?"

"아이고, 큰 라마가 준 것을 왜 안 차겠니? 어서 다오!"

"목에다 차겠소, 발에다 차겠소, 아가씨들?"

"뭣 때문에 발에다 찰까, 우리가? 목에다 차겠다, 우리는."

"이리들 오시오. 내가 채워드리고 싶소."

게세르가 그렇게 말하고 품에서 활시위 세 개를 꺼내 셋을 모두 목 졸라 죽였다.** 아홉 그루의 나무를 잘라 불을 놓아 큰 성을 태워버렸다.

저물녘에 망고스가 머리가 아프다면서 돌아왔다.

---

* 검은 모자는 노란 모자라는 별명을 가진 게룩파 불교와 대립하던 티베트의 카르마파 불교의 별명. 1640년대 (오이라트) 몽골까지 끌어들인 피 비린내 나는 다툼에서 승리한 게룩파에 의해 이단시되었다. 대부분의 몽골 불교도는 게룩파이며, 여기서는 망고스의 겨레가 카르마파 불교를 숭상하는 것으로 묘사된 듯하다.

** 활시위로 목을 졸라 죽이는 것은 옛 몽골의 풍습. 1388년 북원의 마지막 황제 투구스 테무르를 예수데르의 부하들이 활시위로 목 졸라 죽인 고사도 있다.

"몸이 아픈데 사냥하고 돌아다닐 필요가 뭐 있소? 당신한테 먹을 게 부족하오? 하루 온종일 몸조리나 했으면 좋으련만."

"아이고, 여보! 내게 무엇이 있다고 그러나, 자네는? 아프지만 상관없네. 사냥을 나가겠네."

망고스가 그렇게 말하고는 잠들었다.

셋째 날, 동쪽으로 간다고 하고 서쪽으로 갔다. 게세르가 나가서 동쪽으로 갔다.

버드나무 숲을 지나가니 세 마리의 암사슴이 이쪽 해변으로 와서 엎드렸다. 세 마리를 화살 한 대로 쏘아 잡고 가운데 암사슴의 배를 탁 갈랐다. 그 안에서 황금 상자가 떨어졌다. 쾅쾅 발로 밟아 깨뜨려 구리 대바늘을 꺼내 똑 부러뜨린 뒤 버렸다.

저물녘에 망고스가 "내 머리가 굉장히 아프다"며 돌아왔다. 투멘 지르갈랑이 "내일 하루 온종일 몸조리나 하라"고 했다.

"자네 무슨 소리야? 내일 내가 데리고 가서 보여주겠네."

망고스가 투멘 지르갈랑에게 말했다.

넷째 날, 새벽 동틀 무렵에 망고스가 일어났다. 머리를 싸매고 투멘 지르갈랑을 데리고 가 큰 황금 게르로 들어가게 했다. 거기에는 아무렇게나 던져놓은 죽은 사람들이 널브러져 있었다.

다시 온갖 치렛거리가 있는 한 근사한 게르에 들어갔다. 거기에는 가축의 고기, 물고기의 고기, 사냥감의 고기, 이 모든 것이 쌓여 있었다.

누추한 게르가 한 채 더 있었다. 망고스가 투멘 지르갈랑을 그리로 데리고 들어갔다. 금은보석 모두를 모아다 놓았다.

"이것들을 먹겠다고 하면 단 하루에 다 먹어치울 수 있네. 여축餘蓄을 해가며 먹자는 게 아닌가? 아파도 괜찮네. 사냥을 하러 가겠네, 나는."

망고스가 세 곳의 게르를 보여주고 동쪽으로 갔다.

게세르가 나오면서 서쪽에 있는 성으로 달렸다. 게세르 앞으로 늙은 꽃사슴 한 마리가 뛰어오르며 달려들어 왔다. 게세르가 활시위를 당겨 이마의 흰 점을 쏘자 화살이 그 짧은 꼬리의 뿌리로 나왔다. 그 암사슴이 화살을 맞은 채로 달아났다.

게세르가 때리며 쫓아가자 큰 성으로 들어가 아홉 겹 돌대문을 닫았다. 게세르가 그 대문 양쪽을 두 개의 무쇠도끼로 박살을 내고 들어가자 짜글짜글 늙은 노파 하나가,

아래 송곳니를 하늘에다 대고
위 송곳니를 황금 세상에다 대고,
두 개의 젖통을 황금 세상에다 늘어뜨리고,
정수리로 쏜 화살이 짧은 꼬리의 뿌리로 화살촉을 내밀고,
개처럼 뒷다리로 앉아

"아이고! 아이고, 죽겠네!" 하며 앓는 소리를 내고 있었다.

게세르가 잘생긴 미남으로 변해 들어가서는 말했다.

"아이고, 할머니, 어떻게 되신 거예요?"

"그동안 황금 세상으로 마음대로 돌아다니며 중생을 잡아먹고 있었다네. 오늘도 어떤 사람을 잡아먹으려고 갔지. 그런데 별안간 이렇게 화살을 맞고 너무나도 고통스러워 꼼짝도 못하고 엎드려 있다네."

화살 깃털을 잡고 뽑으려 해도 못 뽑았네.
살대를 잡고 뽑으려 했으나 못 뽑았네.
검은 피가 쏟아지도록 쏘았다네.
아까운 내 목숨이 끊어지도록 쏘았다네.
여보게, 잘생긴 젊은이, 자네는 누구네 식구인가?
나의 이 화살을 좀 뽑아주게!"

"아이고, 할머니! 그대의 화살을 나는 못 뽑소.
위에 계신 코르모스타 하늘님의 화살인 게요.
가운데 있는 아수라들의 화살인 게요.
나는 못 뽑소!"

"아이고, 우리 동무하세! 여보게 동무! 좀 살려주게!"
"아니, 누님, 어찌된 거요? 자기 동생도 몰라보고! 이게 도대체 어찌된 거요?"
"아이고, 네가 누군데?"
"그대의 아우, 나 망고스가 아니오?"
"아이고, 애야! 네가 언제 이렇게 모습이 근사해졌니?"
"게세르 카간의 아내를 빼앗은 뒤로 이렇게 근사해졌수."
"그런데 나를 무엇 때문에 쏘았느냐?"
"누이는 내가 태어나고 나서 단 한 번도 내 영혼인 항아리에 든 벌레를 보여주지 않아 그래서 화가 나서 쏘았소!"
"애야, 너를 죽일까 봐, 남에게 보여주면 어찌되든 해롭다고 해서 그런 거였다. 나는 안 죽을 것이었는데 네가 이것 때문에 나를 죽이려 했느냐?"

노파가 게세르에게 항아리에 든 벌레를 던져주었다.

"누이, 이리 오시오. 화살을 뽑겠소."

화살을 뽑는 척하면서 화살로 파올려 죽였다. 영혼을 밀폐된 건물에 집어넣고 불을 질러버렸다.

망고스가 저물녘에 돌아왔다. "아이고 죽겠네, 내 머리!" 하고는 구르다 엎어진 채로 잠들었다.

오른쪽 콧구멍에서 큰 금붕어가 나와 오른쪽 어깨 위에서 놀고 다녔다. 왼쪽 콧구멍에서는 작은 금붕어가 나와 왼쪽 어깨 위에서 놀고 다녔다.

투멘 지르갈랑이 숯 두 자루를 가루가 되도록 갈아서는 둘 다 침대에 놓았다. 게세르를 깨웠다. 게세르가 일어나 큰 무쇠도끼를 숫돌에 갈았다.

"썩! 썩! 하는 게 무슨 소리냐?"

망고스가 투멘 지르갈랑에게 묻고는 앞에 있는 자루에 든 숯을 삼켜버렸다.

"꿈꿔요? 나를 잡아먹으려 하는 거요? 썩! 썩! 하는 거라니 뭐 말이오?"

투멘 지르갈랑이 핀잔을 주었다.

망고스가 "자, 내가 보겠다" 하고 자루를 한 번 비틀자 서걱거리는 소리가 났다. 그러자 망고스가 "응, 같은 소리구나" 하고는 다시 누웠다.

게세르가 일어나 화살을 비틀었다. 망고스가 펄쩍 뛰어 일어나며 그 자루에 든 숯을 삼켜버렸다.

"캄캄한 데서 아무거나 삼키지 말고 차라리 불을 켜고 나를 삼켜라!"

투멘 지르갈랑이 투덜댔다.

"꽉! 꽉! 하는 소리는 무엇이냐?"

망고스가 물었다.

"내가 지붕 끈을 당기자 툭! 소리가 났소."

"자, 다시 당겨보아라."

망고스가 명령했다. 곧 당겼다.

"응, 똑같은 소리구나."

망고스가 다시 잠들었다.

게세르가 두 자루의 무쇠도끼를 들고 왔다. 투멘 지르갈랑에게 숯을 두 줌 집도록 했다.

"내가 찍을 때 당신은 이 숯가루를 그 상처에 넣어버려!"

게세르가 망고스의 두 어깨 위에 있는 금붕어를 두 어깨와 같이 내리찍었다. 찍은 뒤에 투멘 지르갈랑이 예의 숯가루를 상처에 넣어버렸다.

망고스가 쓰러졌다가 일어나서 게세르와 싸웠다. 게세르가 망고스를 쓰러뜨리고 머리를 잘라버렸다. 열한 개를 다 자르고 나머지 한 개마저 자르려고 하는데 망고스가 말했다.

"열 가지 해악의 뿌리를 끊은,

가히 두려워할 거룩한 이가,

나를 죽여도 아주 흥하게 죽이는구나.

너와 나는 큰 원한이 없었다.

네가 못났다고 해서

내가 네 아내를 데려온 것이 아니다.

네 카톤이 스스로 온 것이다.

네 카톤에게 물어보아라.

둘이 동무가 되자!

어디 원수진 적이 있으면

그를 둘이 함께 죽이자!
겨울에 내 고장은 따뜻하지 않으냐? 여기서 살자.
여름에 네 고장은 서늘하지 않으냐? 거기서 살자!"

"그렇구나."
게세르의 말을 듣고 이르잠소 다리 오담이라는 이름의 누나가 하늘에서 소리 질렀다.
"아이고, 얘! 우리 코흘리개야! 이것의 말을 무엇이라고 믿느냐, 너는? 그놈의 몸이 불린 쇠로 변한 뒤에는 네가 죽일 수 없게 된다! 서둘러라!"

머리를 자르려고 하니 칼이 둔탁한 소리를 냈다.
겨드랑이를 찔렀다. 당해내지 못했다.
약한 엉덩이로 찔러서 배를 갈라버렸다.
불린 쇠를 흘려서 머리를 잘라버렸다.

게세르는 망고스가 타던 가라 간자 말을 타고 망고스로 변신하여 형 타르니치 라마를 찾아갔다. 라마에게 절하고 축복을 받는 척하면서 배를 갈라버렸다. 라마가 "옴……" 하고 말하려다 잊어버리고 "밧" 하고 말했다. 가라 간자 말이 밖에서 쓰러졌다. 피를 부어주자 말이 회복되었다.
아들 가르손에게 갔다. 칠층 성 밖에서 "얘, 가르손아!" 하고 불렀다.
"들어오세요!" 하고 아들이 나왔다.
"얘야, 너를 안아보자! 손을 다오!"
성문 틈으로 손을 잡고 말했다.
"얘야, 성문을 열어라!"

아들 가르손이 성문을 열었다. 아들을 껴안는 척하면서 팔을 잘라버렸다.

"아이고, 죽겠네!"

가르손이 악을 쓰면서 엎어졌다. 달려들어가 아들을 흔들었다.

"아이고, 이런! 죽여도 가장 끔찍하게 죽이네! 우리 아버지가 준 만 마리의 흰 말 떼가 있소. 그 가운데 조개처럼 흰 말이 있소. 그것을 가지시오. 나를 놓아주시오! 어찌하겠소, 당신은?"

아들 가르손이 게세르에게 제안했다.

"네 아비의 대가리라고 해라. 너는 못된 바보에 요악스러운 놈이다. 너를 죽이든, 안 죽이든 그 말 떼가 누구의 것이 될 것 같으냐?"

"오냐! 나는 네게 네 아비를 죽이라고 저주하마. 너는 내게 네 자식을 죽이라고 기도해라!"

가르손이 악담을 퍼부었다.

"오냐, 네 말이 옳다. 너는 네 할머니에게 어떻게 인사하느냐? 그거나 말해라!"

망고스의 아들에게 모든 것을 낱낱이 말하게 하고 나서 머리를 잘라버렸다. (게세르가) 망고스 어머니의 집에 망고스의 아들로 변신하고 갔다.

"게세르가 온다고 해요, 할머니! 구리 대바늘, 황금 대바늘을 가르쳐주세요!"

노파가 가르쳐주었다.

노파가 "축복을 하겠다!"며 쇠 가죽긁개를 들고 "구루 라그사! 구루 라그사!" 하고 앞으로 왔다. 망고스의 아들이 황금 대바늘, 구리 대바늘을 가지고 달아났다. 노파가 알아차리고 쫓아왔다. 망고스의 아들이 황금 대바늘, 구리 대바늘을 똑 분질러버렸다. 노파가 죽었다.

머리가 열두 개인 망고스를 죽였다. 모든 씨와 뿌리를 끊었다. 그런 뒤에 투멘 지르갈랑 카톤이 말했다.

"머리가 열두 개 달린 망고스를 죽였소. 망고스의 모든 씨와 뿌리를 끊었소. 이제 둘이 함께 황금 탑 위에서 편히 삽시다."

그러고는 게세르에게 황금 그릇에 '박'이라는 이름의 검은빛 음식을 만들어 바쳤다.

게세르가 그것을 먹고 모든 것을 잊고 살았다.

머리가 열두 개 달린 망고스의 모든 겨레의 뿌리를 끊고,
투멘 지르갈랑 카톤과 함께 황금의 탑 위에서 편안하게 산 네 번째 권.

— 제5권 —

시라이골의 세 칸

까마귀의 보고

그때 시라이골의 세 카간이 회맹을 했다. 차간 게르투* 칸이 차간 에르케투** 카톤에게서 낳은 알탄 게렐투*** 태자에게 자기 어머니처럼 아름다운 아내를 어디서 얻어줄 수 있을까 하고 의논하기 위한 자리였다. 세상 칸들의 딸들을 일일이 보자고 했다. 그러나 사람이나 말로는 다 다닐 수가 없었다.

흰 매를 토끼 고기로 살을 찌워
위에 계신 하늘들의 딸이 아름다운지 보고 오라고 보냈다.
정교한 목소리의 앵무새를 벌레로 살을 찌워
중국 카간의 딸이 아름다운지 보고 오라고 보냈다.
볼품 있는 공작새를 과일로 살을 찌워
네팔 카간의 딸이 아름다운지 보고 오라고 보냈다.
여우를 가죽과 힘줄로 살을 찌워
인도 카간의 딸이 아름다운지 보고 오라고 했다.
까마귀를 사악한 음식으로 살을 찌워
티베트 카간의 딸이 아름다운지 보고 오라고 했다.

---

* 흰 집을 가진.
** 흰 권리를 지닌.
*** 금빛 나는.

그들 모두가 떠났다.

흰 매는 하늘로 올라가 돌아오지 않았다. 정교한 목소리의 앵무새가 돌아와 말했다.
"중국 카간의 딸 구네 고와가 있습니다. 게세르 카간이 구메 카간의 정사를 다스리고, 딸 구네 고와를 데리고 삼 년을 살다가 돌아갔습니다. 용모는 여전히 아름다웠습니다."

다른 사자들을 기다려 알아보자고 했다. 공작새가 와서 말했다.
"네팔 칸의 딸의 용모는 여전히 아름다웠습니다. 이 세상 말을 몰라 여기 와서 화목하게 지내지 못하면 어쩌나 하고 있습니다."

여우가 와서 말했다.
"인도 칸의 딸의 용모는 대단히 아름다웠습니다. 땅에 배를 깔고 엎드려 검은 콩, 흰 콩을 세고 있습니다. 허물은 그것입니다."

까마귀가 삼 년이 되도록 돌아오지 않았다. 그 다음해가 되어서야 왔다. 와서는,

카라 게르투 칸에게 달려들어 깍깍댔다.
시라 게르투 칸에게 달려들어 빽빽거렸다.
차간 게르투 칸의 집 밖에 와서
하늘로 피해 달아나며 말했다.

"먼 곳에 갔던 사자인 까마귀 내가 돌아왔다. 나를 영접하지 않겠는가?"

차간 게르투 칸이 "맞는 말이다" 하고 두 아우에게 사자를 보내 모든 군대를 소집해오도록 했다.

"아이고, 불쌍하기도 하지! 이 까마귀 날개 끝이 부러졌네! 발톱이 다 빠져버렸네! 주둥이 끝이 뽑혔네!"

차간 게르투 카간이 양을 한 마리 잡아주면서 말했다.

"아이고, 불쌍한 까마귀야. 이 위에 앉아 이야기를 근사하게 해보아라!"

"안 되지, 안 돼! 당신의 이 조그마한 고기 위에는 안 앉겠어, 나는!"

"가엾어라. 이 까마귀의 말이 맞다."

암말을 한 마리 잡아주며 말했다.

"이 위에 앉거라!"

"당신의 이 조그마한 고기로는 성에 차지 않아, 나는.
안 앉겠어!
당신을 도우려고 다니다가,
푸른 하늘에서 마음껏 날다가,
아까운 날개 끝이 부러졌어, 나는!
음식을 찾아먹을 주둥이 끝을 뽑혔어, 나는!
황금 세상 위로 마음껏 아장거릴 발톱이 다 빠졌어, 나는!"

"이 불쌍한 것. 제가 겪은 고통 때문에 슬픔에 겨워하는 것도 당연하지."

셋 가운데 막내인 카라 게르투 카간, 즉 시만 비로자가 여덟 살 난 아이를 죽여서 "이 위에 앉아 말을 하거라!" 하고 주었다.

까마귀가 그래도 말을 듣지 않고 공중에서 피해 다니며 말했다.

"위에 있는 코르모스타 하늘님에게 갔었다고, 나는.
코르모스타 하늘님에게 아름다운 딸이 셋이 있더라고.
청혼하면 하나는 줄 수도 있을 것 같더라고.
빼앗으려면 하나는 빼앗을 수도 있겠더라고.
훔치려면 하나는 훔칠 수도 있겠더라고.
그렇지만 코르모스타 하늘님이 사납기 때문에
칸 당신은 취할 수가 없다고!"

"여기 앉아서 말을 해라!" 하고 황금 용마루 꼭대기 장식을 놓아주었다.
까마귀가 여전히 앉지 않고 이야기했다.

"아래 세상의 용왕들에게 아름다운 딸이 셋이 있더라고.
가운데 아수라들에게 아름다운 딸이 셋이 있더라고.
용왕들은 힘이 세고, 아수라들은 사납다고.
그래서 그 칸들의 딸을 칸 당신은 얻을 수 없다고!
누구를 취해도 코르모스타의 딸이나 마찬가지로 된다고.
뭘 더 자세히 이야기할까나, 내가?"

용왕들과 아수라들의 딸들에 대해 이야기하자 은 용마루 꼭대기 장식과 쇠 용마루 꼭대기 장식을 놓아주었다.
"이 위에 앉아 얘기하거라!"
그러나 까마귀는 말을 듣지 않았다. 까마귀가 다시 말했다.

"자, 티베트 땅에,

시방 세계의 지배자,
자비롭고 거룩하고 어진 게세르 칸에게로 갔지, 내가!
카톤의 아버지는 셍게슬루* 칸이라고 하더군.
카톤을 로그모 고와라고 부르더라고.
로그모 고와가 서 있는 몸은
소나무에 화려한 비단을 두른 것 같더라고.
앉은 몸은 사람이 오백 명 사는 흰 게르 궁전 같고,
오른쪽 어깨 위에서는 황금 모기가 돌고 있더군.
왼쪽 어깨 위에는 은 모기가 돌고 있었고.
오른쪽에 있는 해에 앉으면 녹는 것 같았고,
왼쪽에 있는 달그림자에 앉으면 굳는 것 같았지.
밤 불빛에 십만 마리 거세마를 지키는 것 같았다고.
이렇게 측량할 수 없이 아름답더라고.
짓고 사는 집은 오백 명이 사는 흰 게르 궁전이고,
게르를 덮은 천은 화려한 비단으로 만들었더군.
게르를 고정시키는 끈은 끊어지지 않는
네 번 이은 큰 깁 비단이고,
버팀목은 황금 기둥이고,
게르에는 흰 탑이 있더라니까.
여의보주가 있었지.
읽는 책은 황금으로 쓴 간주르와 단주르** 불경이고.

---

* 5권 상3. 여기서는 1권 상40에서처럼 셍게스겔루(Senggesgelü).
** 티베트·몽골 불교 경전의 집대성. 전자는 주로 경과 율(經律)을, 후자는 주로 논과 소(論疏)를 모아놓았다.

갈라진 틈이 없는 숲도 있더군.
게세르는 집에 없었지.
머리가 열두 개 달린 망고스에게서
자신의 투멘 지르갈랑 고와 카톤을 찾아오려고
가서는 오지 않았다고 하더군.
위에 있는 하늘들, 가운데 아수라들, 아래 세상의 용왕들,
이들의 딸들도 로그모 고와와는 비할 수 없어."

칸을 비롯해 모든 병사가 함께 기뻐했다.
"어이, 까마귀야, 여기 앉거라!"
나무로 된 용마루 꼭대기 장식을 놓아주었다. 역시 내려오지 않았다.
차간 게르투 칸이 화가 나서 활과 화살을 잡고 두드렸다.
"좋다, 너 이 못된 놈아, 하늘에서 점지받은 새라도 되냐, 네놈이? 우리가 길러서 보낸 까마귀 아니더냐, 네놈은?"
까마귀가 혼이 나서 잿더미 위에 떨어져 붙잡혔다.
"자, 로그모 고와에 대해 뭐라고 지껄였느냐? 그에 대해 다시 얘기하거라!"
차간 게르투 카간이 명령했다. 다시금 일일이 얘기했다.
"이런, 제기랄. 이 까마귀의 말이 사실이면 로그모 고와가 얼마나 아름다울까? 거짓말이면 얼마나 공교한 말솜씨를 가진 까마귀인가, 이놈이!"
그러고는 "어이, 까마귀! 가서 먹이나 먹어라!" 하고 말했다.

황새의 정탐

로그모 고와에게로 사람과 말을 보내기로 했다. "오래 걸릴 텐데, 언제 갔다 오지?" 하며 걱정들을 하다가 세 칸의 수호하늘들이 황새로 변신해 가서 보기로 했다.

차간 게르투 칸의 수호신 차간 우르군 하늘*이 머리와 가슴으로 변신해 희게 되었다.

시라 게르투 칸의 수호신 시라 우르군 하늘**이 허리로 변신해 노랗게 되었다.

카라 게르투 칸의 수호신 카라 우르군 하늘**이 꼬리로 변신해 검게 되었다.

세 칸의 수호하늘이 황새로 변신해서 갔다.

새벽녘에 게세르 카간의 오백 명이 사는 흰 게르 궁전의 지붕창 위에 내려앉았다. 절대로 흔들리지 않을 흰 게르가 "우드득" 소리를 내며 흔들렸다. 게르를 고정시키는 끊어지지 않을 집 밧줄 가운데 둘을 끊어버렸다. 구부러지지 않을 황금 기둥을 구부러뜨렸다.

---

* 흰 넓은 하늘.
** 노란 넓은 하늘.
** 검은 넓은 하늘.

로그모 고와가 놀라 일어나 펄쩍 뛰었다.

옷을 입고 게세르 칸의 삼십 용사 가운데 가장 아껴서 데려다놓은 바르스 용사*에게 가서 울며 소리쳤다.

"아이고, 우리 바르스 용사!
남자가 잠만 자면 사냥에서 처진다 하오!
여자가 잠만 자면 바느질에서 처진다 하오!
나무가 누워만 있으면 개미가 집을 짓는다 하오!
시방 세계의 지배자, 나의 서방님, 거룩한 이를
머리가 열두 개 달린 망고스가 죽였는가?
망고스의 화신인 새가 로그모 고와 카톤인 나를 잡으러 왔는가?
자사 시키르를 비롯한 삼십 용사를 죽이려고 왔는가?
새가, 여느 새와는 다른 새가 와서 앉았소.
내가 무섭소.
아이고, 우리 바르스 용사!
무시무시한 검은 활을 잡아당기고,
황금 흰 화살을 오늬에 걸고 밖으로 나오시오!"

바르스 용사가 무시무시한 검은 활을 잡아당기며, 황금 흰 화살을 오늬에 걸며 밖으로 나왔다. 그러나 새를 보자 용기를 잃고, 검은 활의 줌통**을 놓치고, 흰 화살의 오늬를 빠뜨리고 넋을 놓고 보고만 있었다.

---

* 호랑이 용사.
**활의 한가운데 손으로 쥐는 부분.

"아이고, 아이고!
너 따위를 바르스 용사라고
칭호를 붙여 부른 사람을 죽이고,
머리에다 물을 부으라고 하랴!
사내가 되어서 새한테 겁을 낸단 말이냐?
비록 여자라고 하지만 내가 쏘마!
활과 화살을 다오, 내가 쏘마!"

로그모 고와가 울면서 말했다.
"아이고! 여자에게 활과 화살을 주어 쏘게 하면 시방 세계의 지배자이신 우리 게세르 칸께서 뭐라 하시겠소? 사랑하는 자사 시키르 형, 삼십 용사 모두 나를 '에메 바르스* 용사'라고 부를 것이오."
바르스 용사가 검은 활의 손잡이를 꽉 잡고, 화살을 메겨 당기고 있었다.
"여보시오, 손잡이 줌통을 놓치지 마시오!" 하고 로그모 고와가 바르스 용사를 말로 거들었다. 그러나 손잡이 꼭지를 놓쳐 한쪽 어깨의 깃털에 "탁" 하고 맞았을 뿐이었다.
새가 로그모 고와를 보고 세 번 돌았다. 로그모 고와도 위를 세 번 보았다. 새가 갔다. 바르스 용사가 쏜 새의 깃털을 용사와 로그모 고와가 모았다. 털이 나귀 서른 마리분 짐, 깃축이 노새 세 마리분 짐이 되었다.
황새가 제 곳으로 돌아가 차간 게르투 칸에게 보고했다.
"까마귀가 지껄인 것 모두 다 사실이었습니다. 게세르의 삼십 용사와 자사 시키르가 있습니다. 게세르가 돌아오지 않은 것도 사실입니다."

---

* 암호랑이.

차간 게르투 칸의 출정명령

차간 게르투 칸이 자신의 두 아우에게 사자를 보냈다. 그리고 "열세 살 이상 되는 자는 라마, 동자승에 이르기까지 모두 소집하라! 누구든 불응하면 사형에 처한다!"고 선포했다.

가운데 아우 시라 게르투 칸이 도착해 말했다.

"오, 형님! 시방 세계의 지배자 게세르 카간이 태어날 때 사람의 가죽을 쓰고 태어났다고 합니다. 시방에 현신했다고 합니다. 삼십 용사도 완강하고 무시무시한 적들이라고 합니다. 그를 원정하는 것을 그만두소서!"

"너는 못된 눈이 터졌다 하고 앉아 있거라! 사악한 병에 걸렸다 하고 엎드려 있거라! 너의 대군을 내가 인수하겠다!"

시라 게르투 칸에게 욕지거리를 퍼붓고는 돌려보냈다.

막내아우 카라 게르투 칸 시만 비로자가 왔다.

"오, 사랑하는 칸 형님! 게세르는 위에 있는 코르모스타 하늘님의 아들이 아닙니까? 하늘 세계에서 행할 때 허다 중생을 이겼습니다. 아래 세상에 왔지만 어떻게 되었습니까?

모든 중생의 수호신을 움켜쥐고 태어난 사랑하는 자사 시키르 형은, 삼십 용사는 모두 화신들입니다. 시방 세계의 지배자 게세르 카간의 품에 있는 아내 로그모 고와는커녕 삼십 용사 가운데 어느 하나의 아내인들 빼앗을 수 있습니까. 우리가?

이 많은 군대를 보내 이 근처 칸들의 딸들을 일일이 알아보게 합시다.

아름다운 처녀가 단 한 명도 없겠습니까? 만일 없으면 대신들, 관원들, 부마들의 딸들을 뽑읍시다. 아름다운 처녀가 한 사람 있으면 로그모 고와의 치레대로 치레를 해서 이름을 로그모 고와라고 해서 줍시다. 그를 누가 감히 로그모 고와가 아니라고 하겠습니까?"*

"네놈은 귀가 먹었다 하고 앉아 있거라! 사악한 병에 걸렸다 하고 누워 있거라!"

형이 욕지거리를 했다. 이처럼 온갖 욕지거리를 퍼붓자 "내가 두려워한다고 여기고 있군" 하며 아우가 돌아갔다.

이튿날 차간 게르투 칸이 군대를 소집해 출정하려고 하고 있었다. 시만 비로자가 와서 황금 잔에 코로자를 따라 바치며 말했다.

"오, 당신의 이 군대에서 겁쟁이는 제가 아닙니다. 저는 오히려 용사입니다. 우리는 그동안 하늘이 사랑하는 칸들의 아들이라고 해서 특권을 누렸습니다. 검은 몸을 고약하게 난도질하는 자 게세르 칸에게 죽으려고 가고 있습니다. 권능 있고, 하늘의 덕이 있는 후손들이라며 살았습니다. 이 몸을 섬부주의 지배자 게세르 칸에게 흉하게 잘못되게 하려고 가게 되었습니다.

가기는 가겠습니다. 그러나 이 아이들, 라마들, 동자승들, 노인들, 중국인들을 데려가시겠다는 것은 무슨 까닭입니까?

게세르 칸의 자사 시키르와 삼십 용사가 '시라이골의 라마들, 동자승들, 노인들, 중국 여자들을 데리고 왔다, 가자!'고 덤벼들어 우리를 나이

---

* 원하거나 사랑했으나 뜻대로 이루어지지 않은 여자의 이름을 다른 여자에게 붙이는 이야기는 1240년대에 간행된 것으로 여겨지는 『몽골비사』에서도 나타난다. 유원수(2004:36)에서 후엘룬 부인의 이야기 참조.

란자 강 상류에 사는 빨강머리오리에게 매가 달려들 듯이 쓰러뜨리는 것이 안 보이십니까?

많이 죽었다는 이름보다 적게 죽었다는 이름이 낫습니다. 칸이시여!"

"네가 한 말의 앞부분은 그르다. 뒷부분은 옳다."

차간 게르투 카간이 많이 데려가려던 것을 그만두고 군인들만 서둘러 헤아렸다. 헤아린 군대는 삼백삼십만이 되었다.

시라이골의 세 칸이 군대를 거느리고 떠났다.

보석 자사의 고장은 먼 데 있었다. 차차르가나 강을 거슬러 올라가 고르반 톨가토에 있었다.

바르스 용사가 쏜 새의 깃털을 로그모 고와와 바르스 용사가 함께 자사에게 보이려고 하루밤낮 거리의 길을 떠났다. 그날 밤을 새워 새벽 동이 틀 무렵 당도했다. 자사 시키르가 일찍 일어나 차차르가나 강에서 말 떼에게 물을 먹이고 있었다.

"어라, 낮에 청해도 오지 않던 로그모 고와가 동틀 녘에 왜 왔을까? 롱사야, 날개 달린 내 총이말을 붙들어라!"

롱사가 날개 달린 총이말을 붙들어 굴레를 씌우고 안장을 얹어서 주었다. 자사 시키르가 쿠르미라는 이름의 초강력 순정 무쇠칼을 손바닥으로 두드리며 빠른 걸음으로 달려 마중 나왔다.

"아이고, 로그모 고와!" 하고 멀리서부터 부르고 물었다.

"손에 든 게 나무요, 깃이오?"

"아주버니, 무슨 나무겠소? 깃이오."

"내 다 알고 있었소. 나는 일어나지 않은 일 세 가지를 미리 아오. 지난 일 세 가지를 따라가며 아오."

자사 시키르가 뛰어가 인사하며 물었다.

"그 새의 머리는 어땠소?"

"희었소."

"허리는 어땠소?"

"노랬소."

"다리는 어땠소?"

"검었소."

"시라이골의 세 칸이 시방 세계의 지배자, 나의 주인인 거룩한 이가 없는 것을 알고 로그모 고와 당신을 빼앗아다가 차간 게르투 칸의 차간 에르케투 카톤에게서 태어난 알탄 게렐투 태자에게 주려고 군대가 오고 있소. 세 칸의 수호하늘이 황새로 변신하여 나의 그대를 보고 간 것이오."

그러고는 새의 머리는 흰색, 허리는 노란색, 꼬리는 검은색인 이유를 하나도 빠짐없이 모두 이야기했다.

자사 시키르, 난총, 쇼미르의 출정

자사 시키르가 말했다.

"그 세 칸의 수호하늘이 황새로 변신해서 왔던 까닭은 이것이오. 그날 못된 까마귀가 돌아다녔소. 다른 것이 방해가 되어서 내가 그놈을 죽이지 않았던 거요. 이 상황이 그 몹쓸 까마귀의 소행에서 비롯된 것일 수 있소. 자, 시방 세계의 지배자 나의 게세르 칸이 안 계셔도 사랑하는 자사, 삼십 명의 용사, 세 지파의 백성이 우리에게 있지 않소? 오든 어쩌든, 그대로 오게 두시오! 나의 로그모는 두려워 마시오. 내 말이 맞을까, 틀릴까? 초통에게 가져다 보이시오, 이 깃을."

바르스 용사와 로그모 고와가 함께 깃을 초통에게 가져다 보였다. 초통 노얀이 보고 나서 말했다.

"어이쿠, 이런! 우리 자사의 말이 정말이다. 시라이골의 세 칸은 우리와 원한 살 일이 없었다. 그런데 로그모 고와를 빼앗으러 오고 있다.

로그모 고와는 카톤 강의 노 섬에 가서 숨어라.
올라간 초지에 숨어라.
오르트카이 시라 벌판에 숨어라.
옹긴 카라 골짜기에 숨어라.
말 떼를 둘 자리에 낙타 떼를 두어라.
낙타를 둘 곳에 말 떼를 두어라.

양 떼를 둘 곳에 소 떼를 두어라.
소 떼를 둘 곳에 양 떼를 두어라.
로그모 네가 자는 곳에 중국 여자를 잘 꾸며서 자게 하라.
너를 찾지 못하면 우리에게서 무엇을 빼앗겠는가?"

로그모 고와와 바르스 용사가 초통의 말을 자사에게 가서 전했다. 자사가 초통의 말을 전해듣고 그들을 나무랐다.

"이런, 제기랄! 당신들은 그 못된 것의 말이나 듣고 있구려! 그자는 시라이골의 세 칸이 우리에게 원수진 일이 없다고 지껄이고 있소. 당신한테서 그놈들이 지금 왜 온다는 이야기를 듣고도 그따위 소리를 지껄인단 말이요?"

"나도 도대체 무슨 말을 했는지 기억이 없소. 새에 겁을 먹고는 정신을 차리지 못하고 있었소."

바르스 용사가 고백했다. 그러자 자사 시키르가 다시 꾸짖었다.

"적이 없을 때는 내가 용사입네 하고 뽐내고,
막상 적이 닥치면 쓸데없는 말이나 지껄이고,
현명한 이들이 없을 때는 '똑똑한 이가 나요!' 하며 나서고,
현자가 오면 숨어 있는 것은 못난 짓이야!"

호랑이가 왔네 어쨌네 하면 맞서자!
곰이 왔네 어쨌네 하면 붙어버리자!
코끼리가 왔네 어쨌네 하면 턱을 찢자!
사자가 왔네 어쨌네 하면 죽여버리자!

사람이 왔네 어쨌네 하면 힘을 겨루자!
깨무는 검은 얼룩뱀이 되어 왔네 어쨌네 하면
가루다 새가 되어 그 위에서 덮치자!
포효하는 호랑이가 되어 왔네 어쨌네 하면
푸른 구리 갈기털 달린 사자가 되자!

이어, 자사 시키르가 사자들을 보냈다.

"자, 어떠냐? 가라!
삼십 용사, 세 지파, 티베트, 탕구트의 군대를 오라고 하라!
말 있는 자, 말 없는 자 모두 오라고 하라!
집결지는 차차르가나 강이 들어가는,
나의 게세르 칸의 집이 있는,
올라간 초지 그곳이라고 하라!"

자사 시키르는 제 무기를 챙기고, 몸소 제 군대를 거느리고 로그모 고와, 바르스 용사와 함께 갔다.
게세르의 집에 당도하여 난총을 데리고 왔다. 삼십 용사를 비롯해 티베트, 탕구트 군대의 말 있는 자, 말 없는 자들을 모두 데리고 왔다. 대군이 집결했다.
자사 시키르가 소리내어 물었다.
"군대가 집결했느냐?"
"집결해 있습니다."
쇼미르가 말했다.

로그모 고와가 명령했다.

"제비를 던져라!"

"제비는 잠깐만 기다리시오, 우리 로그모! 내가 시라이골 세 칸 군대의 많고 적음을 탐지하고 오겠소. 사람 독수리 쇼미르, 함께 가자! 열다섯 살 난 나의 보석 난총도 같이 가자!"

자사 시키르가 말했다.

자사가 날개 달린 제 총이말을 탔다.
제 미늘 갑옷을 입었다.
쟁쟁함이라는 이름의 투구를 제 보석 머리에 썼다.
서른 대의 흰 화살을 찼다.
무시무시한 검은 활을 둘러멨다.
쿠르미라는 이름의 초강력 순정 무쇠칼을 찼다.

쇼미르가 제 잿빛 총이말을 탔다.
이슬처럼 영롱한 두 벌 검은 갑옷을 입었다.
서른 대의 흰 화살, 무시무시한 검은 활을 둘러멨다.
무디어지지 않는, 날선 단단한 검은 칼을 찼다.

보석 난총 역시 잿빛 총이말을 탔다.
일백 개의 조각을 댄 검댕처럼 검은 갑옷을 입었다.
서른 대의 화살, 사나운 검은 활을 둘러멨다.
무디어지지 않는, 날선 단단한 검은 칼을 찼다.

자사 시키르가 "가자!" 하자 셋이 함께 떠났다. 엘레스투 아골라*의 꼭대기 위로 정찰을 나갔다. 짐승들이 수도 없이 많이 움직여 왔다. 황금 세상 위에 다니는 짐승들이 상처가 있는 놈들, 상처 없는 놈들 할 것 없이 달려갔다.

그것을 지켜보면서 자사 시키르가 말했다.

"큰 먼지가 움직였다. 어마어마하게 많은 짐승들이 쫓겨오고 있다. 시라이골 세 칸의 군대가 들이닥치는 것일까?"

하루 거리 되는 곳까지 가서 다시 보았다. 세 칸의 작은 부대가 카톤 강을 거슬러 오고 있었다. 삼백 명 크기의 정찰대가 한나절 거리에서 앞서 가고 있었다.

쇼미르와 난총이 마주 나아가 보았다.

"아이쿠, 이런! 우리 자사가 한 말이 참말일세.
어떻게 이리도 많은가!
전부 죽여버리자, 자사여!
어찌 이리도 빛나는 군대인가, 저것은!
하늘에 있는 별이 모두 황금 세상으로 내려온 듯하네.
황금 세상의 잎과 꽃이 하늘에서 자란 것 같네."

쇼미르가 말했다.

"어이, 쇼미르! 너의 그 말이 무슨 말이냐?

---

*Elesütü ayula. '모래 있는 산.'

시라이골의 군대가 많은 것을 어찌 알았느냐, 네가?
우리 군대가 적은 것을 어떻게 시험했느냐, 네가?
황금 세상의 잎과 꽃이 하늘로 올라가 자란 것을 언제 봤느냐, 네가?
하늘에 있는 별이 모두 황금 세상으로 내려온 것을 언제 봤느냐, 네가?
어떻게 근거 없는 거짓말을 한다는 말이냐, 쇼미르 너?
남자가 원정에, 사냥에 나갈 때 무기에 치레를 하면 잘못되더냐?
여자가 잔치에 갈 때 치레를 하면 잘못되더냐?
이제 우리 셋의 치레가 그들에게 잘못되었느냐?"

보석 난총이 나무랐다.

"우리 난총의 말이 옳다.
내가 쓸데없는 빈말을 하고 있었다.
차간 게르투 칸의 군대가 젖이 끓듯이 오고 있다.
우리 자사가 국자로 폈다 부었다 하여 가운데로 들어가는 자가 되어라!
시라 게르투 칸의 군대가 들불이 타오르는 것처럼 오고 있다.
불 끄는 자는 쇼미르 내가 되겠다!
카라 게르투 칸의 군대가 홍수처럼 밀려오고 있다.
우리 난총이 물길을 내서 없애는 자가 되어라!
세勢가 무슨 상관이냐? 셋이서 세 칸을 공격하자!"

쇼미르의 이 말에 자사 시키르가 명령을 내렸다.

"너희 말이 옳다.

삼백 정찰대를 먼저 죽이자!
그리고 나서 한 카간의 거세마를 빼앗자!
사람을 잡아 정보를 알아낸 뒤,
돌아갈 것인지 공격할 것인지를 거기에 근거해서 정하자!
쇼미르와 난총 둘이 함께
이리로 해서 저기 저쪽으로 길을 내라!
나는 뒤에서 함성을 지르며 들어가 너희들이 공격케 하겠다!
내게서 달아난 것을 너희가 죽여라!
너희에게서 달아난 것을 내가 죽이마!"

셋이서 바로 그 말대로 약속을 정했다. 한 사람도 살아나가지 못했다. 삼백 마리 거세마를 깊숙한 곳에 매어두었다. 근처에 있던 오보*에 돌을 쌓아 말 탄 사람처럼 만들어 세우고 갑옷을 입히고 투구까지 씌워놓았다.
   다시 셋이 함께 들어가 차간 게르투 칸의 만여 마리 거세마를 빼앗아 가지고 왔다.

---

*앞서 「인간 세상 '쿠셀링 오보 모임'의 예언」에서 소개된 내용 참조.

시만 비로자

세 칸 가운데 막내인 시만 비로자가 차칸 게르투 칸의 영험한 흰 말을 타고 네 다리에 네 개의 모루를 묶고, 위에서 쇠모루로 때리며 따라왔다. 그렇게 무거운 것을 매달지 않으면 자신의 기를 누르지 못해 제 주인을 공중으로 데리고 올라가는 말이었다.

자사 시키르가 시만 비로자를 맞아 나가면서 두 사람에게 명령했다.

"사람이 따라오고 있다. 말로 하자면 내가 말로 하겠다. 싸우자고 들면 내가 싸우겠다. 너희 둘은 말 떼를 몰고 가라!"

시만 비로자가 놀라며 말했다.

"어이쿠, 이런! 네놈들은 어찌 이리도 많은 거세마를 훔쳐냈느냐? 네놈들은 어느 형제의 사람이냐? 이름을 대라!"

"우리는 티베트의 게세르 카간의 소와 양을 돌보는 자들이다. 우리는 소 천오백 마리를 잃어버렸다. 그 소들의 자취를 밟아 당신들의 삼백 명의 정찰대에 들어가게 되었다. 당신들의 정찰대가 길을 가르쳐주었다. 정찰대가 온 길을 밟아가다가 당신들의 두 칸네로 들어가게 되었다. 소를 내달라고 하자 '티베트 거지 놈들, 소라니 무슨 소 말이냐?' 하고 오히려 우리의 말머리를 때렸다. 누가 남자로 태어났는지, 누가 여자로 태어났는지 하고* 당신들의 거세마를 빼앗은 것이 이것이다."

---

* "자웅을 겨루기 위해."

"너희는 무엇 때문에 소를 잃어버렸느냐?"
시만 비로자가 묻자, 자사 시키르가 대답했다.

"시방 세계의 지배자 나의 게세르 카간이
머리가 열두 개 달린 망고스에게
투멘 지르갈랑 고와 카톤을 찾으러 갔다.
망고스를 죽이고 카톤을 데려왔다.
와서는 호수같이, 초원같이 큰 잔치를 해서
소치기 양치기 할 것 없이,
소똥꾼, 땔감꾼 할 것 없이 모두 은혜를 내려 취해 잠든 사이에
내가 소를 잃어버린 것이다."

시만 비로자가 돌아가 차간 게르투 카간에게 그 말을 모두 낱낱이 이야기했다.
"아이고, 아이고, 내 거세마를 가져갔구나! 가져가라고 해라! 사악한 게세르가 왔으면 돌아가겠다!"
차간 게르투 칸이 울었다.
"그대의 눈이 터졌다고, 사악한 병에 걸렸다 하고 돌아가시지요! 그대의 대군을 내가 돌려왔습니까? 에이, 기분 나빠! 아무 소리 못하고 앉아만 있네. 이제 여덟 마리 붉은 시르가 거세마를 소리쳐 불러서 알아봐야겠군!"
시만 비로자가 형에게 한바탕 퍼붓고 나서 커다랗게 소리를 내어 시르가 거세마를 불렀다.

"영원한 하늘 칸이 점지해서 태어나고,
굴레를 씌워 너희를 탄 카라 게르투 칸이
너희가 사랑하는 시만 비로자 이 사람 아니냐?
검은 산을 높은 고개로 넘을 때
칸다가이 사슴처럼 기어넘는 너희는 어디 있느냐?
전능하신 하늘이 점지하여 태어나고,
안장을 얹어 너희를 탄
너희의 보석 시만 비로자가 나 아니더냐?
높은 산을 낮은 고개를 넘을 때
잿빛 사슴이 되어 부른 너희는 어디 있느냐?"

여덟 마리 시르가 거세마가 시만 비로자의 소리를 듣고 울부짖었다. 다른 말들이 따라서 울부짖었다.

자사 시키르가 말했다.

"쇼미르, 난충! 알겠느냐, 너희는? 저 여덟 마리 시르가 거세마는 사람의 말을 알아듣고 있다. 저 사람이 소리를 내자 저것들을 시작으로 수많은 말들이 모두 울부짖었다. 저것이 무엇으로 둔갑하면 우리도 그 종류로 둔갑하자! 조심해서 가자!"

세 사람이 많은 거세마들을 모으며 몰았다.

고와 아골라*의 고개를 넘자니 이들 시르가 거세마들이 여덟 마리의 아름다운 영양이 되어 기어들었다. 자사 시키르가 "그래, 가라! 가라!" 하고 띄엄띄엄 활을 쏘았다.

---

* ɣou-a aɣula '아름다운 산.'

세 사람의 한가운데로 기어들도록 해서 석 대의 화살로 여덟 마리를 한꺼번에 쏘아버렸다. 수많은 거세마들이 모두 흥분해서 달아났다. 거세마들을 모을 수가 없자 모두 카톤 강의 깎아지른 낭떠러지로 떨어뜨려 죽였다.

셋이 함께
못마땅한 이리처럼
높은 곳으로 올라가 바라보고 있었다.

시만 비로자가 돌아가 차간 게르투 카간에게 말했다.
"사악한 소치기가 아닙니다. 악명 높은 게세르의 삼십 용사들일 것입니다. 그들이 공격한 길에는 돌이 부서지고 나무가 부러지고, 우리의 거세마를 전부 죽였습니다."
"정말로 그러면 얘야, 돌아가야 하지 않겠니?"
차간 게르투 칸이 물었다.

"차간 게르투 칸이시여,
그대 몸의 아홉 구멍이 막혔습니까?
그대의 군대를 내가 데리고 왔습니까?
예서 돌아갔다는 이름보다
왔다가 죽었다는 이름이 낫지 않습니까?"

시만 비로자가 대들었다.

자사, 난총, 쇼미르의 공격

"너희 두 사람 생각은 어떠냐? 이 뒤로는 다른 용사가 오게 하고 이제 우리는 돌아가자."
자사 시키르가 마음에 없는 말을 했다.
난총이, "어이, 쇼미르. 잠깐만! 내가 한마디하자!" 하고는 말했다.

"시방 세계의 지배자, 어지신 게세르 칸의
삼십 용사라는 칭호를 언제 우리가 받겠는가?
보석 같은 우리의 이 몸이 집에 돌아가
병으로 죽어 처자를 울려서야 되겠는가?
차라리 피가 든 붉은 차를 나눠 마시고 같이 죽자!"

"우리 난총의 말이 옳다. 나의 자사여!
차간 게르투 칸을 공격하라!
시라 게르투 칸을 나 쇼미르가 공격하마!
카라 게르투 칸을 우리 난총이 공격하라.
며느리가 어쨌다는 건지
셋이 함께 세 칸을 공격하고 나서 돌아가자!"

쇼미르가 말하자, 자사 시키르가 입을 열었다.

"너희 두 사람 말이 모두 옳다! 쇼미르는 향을 피워라. 난충은 공양을……."

자사 시키르, 쇼미르, 난충 셋이서 절하며 게세르 칸의 수호신에게 빌었다.

"위에 계신 코르모스타 하늘 아버지의 가호가 있기를!
곁에 계신 아수라의 부중部衆에서
힘을 완전하게 갖추신 열일곱 하늘들의 가호가 있기를!
차례차례로 삼십 용사를 내려주신
서른세 하늘들께옵서 태어난 자들을 너그러이 여기소서!
위로 시방 세계의 부처님이시여,
아리야 알람카리 흰 여하늘이시여,
납사 쿠르제 할머니시여,
승리의 세 누이시여,
황금 세계의 신령한 산들의 칸이신 오와 군지드 아버지시여,
위에 계신 네 분 큰 하늘이시여,
중간에 있는 사바 세계여,
아래 계신 네 분 용왕들이여,
그대들의 자사 시키르가
여러분 모두에게 차례차례로 깨끗한 제사를 올리나이다.
제사를 받드는 까닭이 무엇인고 하면
이 섬부주의 지배자 게세르 칸이라고 해서
남의 품에 있는 여자를 빼앗자는 것이 아닙니다.
오히려 게세르의 카톤 로그모 고와를 빼앗으려고

시라이골의 세 칸의 군대가 오고 있습니다.
이렇게 하는 것을 우리 셋이서 공격하려고 합니다.
나의 이 일을 허락하시는 것이면,
우리의 모든 수호신께서 우리의 동무이시면,
차례차례로 만여, 천여 군대의 형세가 되어주시옵소서!
사방으로부터, 네 분 큰 하늘에서 비를 많이 내리셔서
짙은 안개가 끼도록 하소서!"

"자사 나는 차간 게르투 칸을 공격하고 공격하겠다.
나는 만 명을 죽여 머리를 갖겠다.
나의 쇼미르는 시라 게르투 칸을 공격하고 공격하라.
만 명을 죽여 엄지손가락을 가져라.
나의 난총은 카라 게르투 칸을 공격하고 공격하라.
만 명을 죽여 오른쪽 귀를 가져라.
그것으로 누가 몇을 죽였는지 알도록 하자!"

세 마리의 총이말에게 빌었다.

"내리막길을 달릴 때는 구르는 돌처럼 달려라!
비탈길을 달릴 때는 사향사슴처럼 달려라!
강을 따라 달릴 때는 여우처럼 달려라!"

세 마리 말이 세 번 하품을 했다.
세 마리 말이 세 번 꼬리를 털고,

세 번 몸을 떨었다.

두 개씩의 이중 껑거리끈,*

두 개씩의 이중 가슴끈

두 개씩의 이중 뱃대끈**을 매고 말을 타고 갔다.

쇼미르가 물었다.

"우리가 만날 장소는 어딘가?"

난총이 말했다.

"어이, 쇼미르. 잠자코 가라. 우리 중 누구는 처자를 데리고 왔느냐? 우리 중 누구는 저 혼자 왔느냐? 이내 곧 서로 다시 만날 것이다."

무엇을 일일이 늘어놓겠는가? 말이 말대로 되었다. 세 사람의 여러 수호신들이 모여, 천여 군대의 한가운데에 함께 나타나 행진했다. 이내 곧 서로 다시 만나서 돌아왔다. 도중에 수색자들의 거세마 삼백 마리를 빼앗아왔다.

시라이골의 세 칸은 벼락을 맞은 것 같고, 호랑이에게 공격당한 것 같았다. 세 칸이 새벽에 일어나 상의하려고 했다. 그러나 죽은 자기 군사들을 보고는 힘이 빠져 셋이 함께 모일 수가 없었다. 죽은 자들의 시신을 수습하고 오정 무렵에 모였다. 차간 게르투 칸이 울며 말했다.

"나를 공격한 자는 대군인가 하면 대군이 아니다.

강도 떼인가 하면 강도 떼도 아니다.

---

* 말의 안장이나 길마를 궁둥이 쪽에서 고정시키는 끈. qodary-a. 『몽어유해蒙語類解』의 qudurγa. 후거리(鞦皮). 김형수(1974: 256) 참조.

**마소의 안장이나 길마를 얹을 때 배에 걸쳐서 졸라매는 줄.

단 한 사람이다.
공격하는 모습은 천군만마의 군세이니 어찌된 일인가?
어찌된 징조인가?"

"아니, 내가 그대에게 말하지 않았습니까?
아무것도 모르는 큰 바보는 그대가 아닙니까?
화신들이 무엇 때문에 화신이라고 불립니까?
이 말씀을 드리겠습니다.
그대는
앞으로 삼십 용사가 다 오면
우리의 수많은 군사를, 우리를
숲의 나무를 까꺼, 도끼로 베는 것처럼 될 것을
보지 않는 것입니다.
이제는 쫓아가도 따라잡지 못합니다.
죽이지도 못합니다.
우리가 그 셋을 추격하느니
각자 시신을 수습하는 것이 차라리 낫습니다."

시만 비로자가 말하고 돌아갔다.

"우리가 이 머리, 귀, 손가락으로 무엇을 하겠나? 버리자. 우리는 누가 몇을 죽였는지 다 알지 않느냐?"
쇼미르가 자사와 난총에게 말했다. 그러자 두 사람이 대답했다.

"쇼미르, 너는 이것이 얼마나 무겁다고 버리자고 하느냐?
힘이 들면 시라이골의 세 칸의 거세마들이 힘들 것이다.
남아 있던 우리의 삼십 용사가 보고 우리의 행동대로 행하게 하자.
어린 백성들이 보고 그들의 심장이 더욱더 강해지도록 하자!
남아 있던 초통 노얀 앞에 쏟아버리자."

셋이 같이 당도했다. 쇼미르가 만 사람의 머리, 귀, 손가락을 모두 가져다 초통 앞에 쏟아버렸다.
"얘들아, 이게 무엇이냐?"
초통 노얀이 뒤로 물러앉았다.

"어이, 초통 아저씨!
사람의 머리, 귀, 손가락을 몰라보니
그대의 눈과 귀는 멀었습니까?
적이 쳐들어온다고 하는데
'로그모 고와에게 원한이 없다. 숨겨라!' 하고 말하는
그대는 어찌된 것입니까?
게세르 카간이 안 계시지요? 그러면,
이 군대의 노얀은 초통 아저씨 그대 아닙니까?
사내의 징표가 이것이 아닙니까?"

자사 시키르가 말했다.
"얘들아, 너희가 죽었으면 어쩌나 했다. 너희의 이 일은 잘한 일이다."
삼백 마리 거세마 중에서 로그모 고와와 아조 메르겐 두 카톤에게 최

상마를 골라주었다. 삼십 용사에게도 한 마리씩 주었다. 남은 것은 대군의 말 없는 군사들에게 주었다.

초통에게는 주지 않았다.

반조르와 지르고간 에레케이투의 대결

"수색자의 임무가 누구에게 있소? 내가 제비를 뽑아 보내겠소."
로그모 고와가 물었다.
"한두 용사를 내가 지정하겠소. 그 뒤로는 제비로 보냅시다."
자사가 대답한 뒤, "암바리의 아들 반조르가 출정하라!"고 명령했다.

반조르가 제 가라말을 탔다.
검은 미늘 갑옷을 입었다.
서른 대의 흰 화살, 무시무시한 제 검은 활을 둘러멨다.
날선 무쇠칼을 찼다.

반조르가 말을 타고 와서 자사에게 물었다.
"여보게, 자사! 내가 있는 힘을 다해 움직일 것이네. 앞서 갈까?"
"우리의 움직임이 꽤 느리네. 나이란자 강 상류에 사는 색동오리에게 매가 달려들 듯이 몇 번 바람을 일으키고 오게!"
반조르가 떠났다. 엘레스투 아골라 정상에 올라 게세르 칸의 수호신에게 빌었다. 차간 게르투 칸을 공격했다.

아홉 겹으로 에워싼 군대를 공격했다.
아홉 개의 독纛*을 잘라버렸다.

아홉 개의 군기軍旗를 분질러버렸다.
아홉 명의 밥 짓는 자를 베었다.
아홉 무리의 거세마를 빼앗아 나왔다.

차간 게르투 칸이 동틀 무렵에 일어나 두 아우에게 사자를 보냈다. 두 아우가 왔다. 방금 전에 사악한 놈이 와서 공격했다고 울며 말했다.
"그대가 일일이 말할 필요 없습니다. 우리도 다 알았습니다. 울음으로는 일이 되지 않습니다. 정교하게 추격하는 방법을 씁시다."
시만 비로자가 말했다.
그래서 이제는 누군가 호걸을 시켜 추격케 하기로 했다. 메르겐의 아들 지르고간 에레케이투**를 불러 추격케 하기로 했다.
지르고간 에레케이투가 왔다. 차간 게르투 칸의 준마인 총이말에 두 자루의 흙을 실어서 주었다. 반조르를 따라잡으면 차간 게르투 칸의 말씀을 전하겠다고 했다. 지르고간 에레케이투가 반조르의 자취를 따라갔다. 마침내 엘레스투 아골라의 고개 위에서 따라잡았다.

"어이, 티베트의 못된 가난뱅이 거지 도적놈아! 우리 말 떼를 놔두어라! 한 살배기 망아지 딸린 내 암말을 망아지에서 떼어내지 말고 놔두어라! 두 살배기 망아지 딸린 내 암말을 두 살배기 망아지에서 떼어내지 말고 놔두어라!

---

* 카간, 황제를 상징하는 일종의 기旗. 깃대 상단에 말총을 모아 술처럼 늘어뜨린다. 유원수 (2004:196, 주18), 유원수(1990) 참조.
** '엄지손가락이 여섯 개인 자.' 엄지손가락은 활을 쏘는 데 가장 중요한 손가락. 따라서 명중력이 뛰어나고 한 번에 여섯 대의 화살을 날릴 수 있는 명궁.

건강한 내 말을 지치게 하지 마라.

마른 내 말을 지치게 하지 마라.

눈멀고 절름대는 내 말을 무리에서 떨어져 헤매게 하지 마라.

우리 차간 게르투 칸을 왜 공격했느냐, 네 이 못된 놈!

아홉 개의 독을 왜 잘랐느냐, 네가?

아홉 개의 군기를 왜 분질렀느냐?

아홉 명의 밥 짓는 사람을 왜 베었느냐?

아홉 무리 거세마를 왜 빼앗았느냐?

만 사람 가운데 으뜸인 사람을 왜 상하게 했느냐?

천 사람 가운데 나를 밥으로 만들었다, 너는!

깃발의 술을 왜 잘랐느냐?

깃대는 왜 부러뜨렸느냐?

우리 차간 게르투 칸은 해와 달을 같이 뜨게 할 만큼 신통력 있는 분이다.

나는 메르겐의 아들 지르고간 에레케이투다.

한 번 활을 쏠 때마다 나는 한 개의 좋은 활과 여섯 개의 화살로 쏜다.

계戒를 지키는 사람은 쏘지 않는다, 나는.*

만약에 쏘면 내 영혼이 지옥의 바닥으로 갈 것이다.

어이, 내 보잘것없는 말 떼를 그저 놔두거라!"

암바리의 아들 반조르가 대답했다.

---

* bačaɣ-tu kümün-i ülü qarbuqu buyu bi. bačaɣ은 티베트어 bsnyen gnas, 산스크리트어 upavāsatha, 우리 불교의 오계五戒에 해당하는 개념. 레싱 외(1982:64). "계를 지키는 사람으로서 함부로 사람을 쏘지 않는다'고 해야 더 자연스러울 듯하다.

"이런, 네 아버지 대가리다.
못난 바보 자식이 독에 취했냐?
네게 주려고 빼앗은 말 떼냐?
이 부자 시라이골이 거지 티베트에게 무슨 말 떼를 달라고 하느냐?
잠자코 돌아가거라!
네가 신통력이 있다는 것은 사실이겠지.
게세르에게 신통력이 없는 것도 사실이다. 그러니 덤벼들 테면 덤벼라!"

반조르가 무시하고 갔다.
반조르의 위로 세 마리의 독수리가 날아왔다. 지르고간 에레케이투가 말했다.

"티베트의 거지 놈은 보고 있거라!
네 머리 위로 날아오는 세 마리의 독수리 가운데
앞에 있는 것이 어미다. 뒤에 있는 것이 아비다.
가운데 있는 독수리를 네 위에 떨어지도록 쏘면
네 머리 위가 지저분해질 것이다.
빗나가면 내 머리 위가 지저분해질 것이다."

독수리가 반조르의 옆에 떨어졌다. 반조르가 말했다.

"네 아버지 대가리라고 해라.
사나이가 새에게 사나이다움을 뽐낸단 말이냐?
네가 앞서 계를 지킨다고 하지 않았느냐?

중생의 목숨을 아니 끊는다고 한 네 말은 어찌된 것이냐?
계를 허락한 너의 라마가 새는 쏘아 죽여도 괜찮다고 하더냐?
너 못난 놈이 두려워하고 있구나.
이제 보고 있거라.
이 뒤 세 산 정상에 있는 사슴 세 마리 가운데
오른쪽 산의 사슴은 어미다.
왼쪽 산에 있는 것은 아비다.
가운데 산의 사슴을 쏘겠다.
사슴을 쏜다는 말이 그냥 사슴만 쏜다는 것이 아니다.
산 밑에서 위로 산꼭대기로 쏜다는 말이다.
왼쪽과 오른쪽 산의 사슴이 어디로 쓰러지겠느냐?
어찌되는지 보거라, 너 못난 놈아!"

반조르가 활을 당길 때 활과 화살에게 빌었다.

"내 활의 위 끝은 사슴의 뿔이다.
아래 끝은 영양의 뼈다.
두 배*는 검은 물소의 뼈다.
손잡이는 흰 소라다.
시위는 푸른 족제비다.
위 끝을 나의 게세르 칸의 시방 세계의 부처님이 지키소서!

---

* 활에서 나무, 또는 뼈로 만든 둥글게 굽은 부분(궁체). 이 활은 궁체가 두 개의 둥글게 굽은 부분으로 이루어진 듯.

아래 끝을 사대 용왕이 지키소서!
두 배를 사대 하늘이 지키소서!
시위를 푸른 족제비가 지켜라.
손잡이를 내가 잡는다.
내 화살을 황색 바람이 움직여라!"

산꼭대기로 활을 "탁" 하고 쏘았다. 왼쪽 산의 사슴이 이쪽으로 쓰러졌다. 오른쪽 산의 사슴이 저쪽으로 쓰러졌다. 화살이 황색 회오리바람이 되어 먼지를 일으켰다.

지르고간 에레케이투가 낙담해 말갈기를 끌어안고 말이 천천히 움직이게 하면서 보고 있었다. 반조르가 제 화살을 들고 말 떼를 몰고 갔다. 지르고간 에레케이투가 쫓아와 따라잡았다.

"어이, 자네 이름이 반조르라고? 고귀한 명궁과 다투지 않겠네. 지엄한 칸들, 노얀들과 맞서지 않겠네. 나는 지금 그대와 신통력을 겨루자는 것이 아니네. 자네가 나의 말 떼를 돌려주길 바라고 있네."

"어이, 호걸! 자네를 죽이고 자네 말 떼를 빼앗을 수도 있네. 자네에게 무엇 때문에 주겠는가?"

"오, 반조르! 공작새는 제 꼬리를 아낀다고 했네. 멋있는 호걸은 제 이름을 아낀다고 했네. 정 안되면 부드러운 흰 말과 비단 가라말 나의 이 두 마리만 돌려주게. 이 둘을 돌려주면 예시豫示를 하나 알려줌세."

반조르가 화를 냈다.

"먼저 네놈이 쏘았지. 한 가지 예시가 있을 거라고 했나? 이제 말 두 마리를 달라, 중요한 것을 알려주마고? 자, 이제 네 그 예시라는 것이 어떻게 된 거냐? 네놈을 죽이고 나면 시라이골의 세 칸에게 내가 호걸이더라고 전할 놈이 없어 그냥 놔두었더니. 네가 나와 친구로 맹세하겠다면 타고 있는 준족駿足의 총이말을 다오. 우리 자사의 날개 달린 총이말을 닮았다. 그러면 달라는 말들을 주마. 그 위에 아홉 마리를 얹어주마. 내가 줄 수 있는 것은 이것이다."

그러자 지르고간 에레케이투가 말했다.

"에이, 준족의 총이말을 주고 나면 돌아가 무슨 말을 하겠나, 내가?"

"옳지, 네가 나를 속여서 빼앗겠다? 나는 너를 죽이고 빼앗아야겠다. 이제 준족의 총이말은 누구의 것이냐?"

반조르가 화를 냈다.

"아이고, 반조르! 무엇 때문에 화를 내나, 자네는? 주겠네."

지르고간 에레케이투가 제 준족의 총이말을 주었다.

반조르가 두 마리의 말 위에 아홉 마리를 얹어주고 나서 말했다.

"내 행동을 너의 세 칸에게 자세히 보고하거라!"

지르고간 에레케이투가 돌아와 세 칸에게 모든 일을 낱낱이 이야기했다.

"단 한 사람의 용사도 산을 그렇게 쏘고 다니는데 삼십 용사가 다 오면 무엇인들 남아나겠는가?"

반조르가 집으로 돌아왔다. 준족의 총이말을 자사에게 주었다. 많은 말을 앞서의 방법대로 멋지게 나누어주었다.

초통에게는 주지 않았다.

올라간 니둔과 심주의 대결

"이제 소모의 아들, 나의 올라간 니둔*이 출정하라."

자사 시키르가 명령했다.

올라간 니둔이 제 말에 올랐다. 흰 벡테르 갑옷**을 입었다. 준비한 무기를 들고 자사에게 왔다. 역시 반조르가 물은 대로 물었다.

"카톤 강의 상류에 앉은 카르마이 오리에게 해동청海東靑이 달려든 듯이 만들어놓고 와라!"

자사가 일렀다.

올라간 니둔이 떠났다. 반조르가 한 그대로 시라 게르투 칸을 공격했다. 마찬가지로 반조르가 한 그대로 만들어놓고 왔다. 시라 게르투 칸의 홍고르의 아들 심주가 추격했다. 엘레스투 아골라의 고개 위에서 따라잡았다. 앞서 지르고간 에레케이투와 같은 말을 하자 "귀찮은 자식!" 하고는 상대도 않고 그냥 말 떼를 몰고 갔다.

"좋다! 네가 내 말 떼를 못 돌려주겠다면 용사답게 멈춰 있거라! 내가 명궁으로서 활을 쏘든지 아니면 내가 용사답게 있겠다. 네가 명궁으로서 활을 쏘아라!"

"옳거니! 너는 내가 두려워한다고 생각하는 모양이로구나. 내가 용사

---

* 붉은 눈, 화성(Mars)의 몽골어 이름.
** 옷 안에 입는 갑옷.

의 자세로 있어주마. 네가 명궁의 모습으로 쏘아보거라!"

그러고는 용사의 자세로 있었다. 심주가 명궁의 자세로 당기고 있다가 놓으려 할 때 올라간 니둔이 쟁반만 한 입을 벌리고, 등잔만 한 눈을 빨갛게 굴리며 "자, 쏘아라! 하하!" 하며 껄껄대고 웃어넘겼다. 심주가 용기를 잃는 바람에 화살이 올라간 니둔의 위로 지나갔다.

"자, 이제 흉한 순서가 내 것이 아니냐? 내 화살은 굽은 곳도, 먼 데도 가서 맞힌다. 네 대가리를 꼭대기가 떨어져 나간 것처럼 쏘아주마. 쓰러졌다가 일어나 시라이골의 세 칸에게 가서 내 모습을 빠짐없이 이르거라! 네가 죽는 것은 안된 일이다. 내 화살의 독이 그곳에서 너를 따라잡을 것이다."

올라간 니둔이 활을 쏘았다. 말한 대로 맞혔다. 심주가 쓰러졌다가 일어나 제 말의 갈기를 끌어안고 느리게 돌아갔다. 집에 이르러 올라간 니둔의 모든 소행을 낱낱이 말하고 나서, "사악한 놈의 화살 독이 나를 따라잡았나?" 하고는 죽었다.

올라간 니둔의 많은 말 떼를 앞서의 방식으로 나누어주었.

초통에게는 주지 않았다.

보석 난충이 성급한 비로와의 암수에 쓰러지다

이제 수색의 임무가 누구에게 있는가 하고 제비를 던졌다. 팔십 세의 차르긴 노인을 맞혔다. 보석 난충이 "늙으신 내 아버지를 출정케 하느니 자식된 내가 출정하겠다" 하고 제 잿빛 총이말을 탔다. 모든 무구를 갖추었다.

난충의 아내는 문 땅의 칸의 딸 뭉굴진 고와로 두 사람은 신혼이었다. 뭉굴진 고와가 애원했다.

"여보, 이제 갓 시집온 새색시가 참견한다고 생각 마오. 내가 친정 부모님께 돌아가는 흉한 꿈을 꾸었소. 이번 행차에 가지 마오, 여보!"

난충이 옳게 여겨 집에 있었다. 그러고 있는데 초통 노얀이 왔다.

"어이, 호걸이 되어서 어떻게 된 일이냐? 제 아내 말에, 죽는다고 그만두다니! 너를 비겁한 못난이라고 놀리지 않겠느냐? 초통 노얀 나는 열다섯 살에 온갖 일들을 안 겪은 줄 아느냐?"

"그 말이 옳다!" 하고 난충이 출정했다.

"여보, 한 번만 공격하고 나오시오. 두 번 다시 하지 마오!"

난충의 처가 울면서 말했다.

난충이 나아가 엘레스투 아골라 정상에 올랐다. 올라간 니둔과 마찬가지로 카라 게르투 칸을 공격하고 왔다.

카라 게르투 칸의 신하인 라카의 아들 아람조가 엘레스투 아골라 정상에서 따라잡았다.

무엇을 일일이 늘어놓으랴? 딱 앞서의 절차와 같았다. 아람조가 난총을 쏘겠다며 시위를 놓았다. 난총이 게세르의 수호신에게 빌었다. 시위를 놓자 회오리바람이 일며 화살이 위로 지나갔다. 아람조가 난총에게 이름을 물었다.

"이제 내가 활을 쏠 순서가 아니오? 어린 사람인 내게 무슨 이름이 있겠소?"

난총이 갑옷 입은 사람을 가운데로 꿰뚫어 쏘고, 갑옷 입힌 말도 빼앗았다.

난총이 아람조를 죽이고 돌아가던 도중에 생각했다. 단 한 명을 죽이고 말 떼를 가지고 가면 게세르 칸의 삼십 용사가 놀리지 않겠는가? 난총은 사람과 인사하기가 두려웠는지 단 한 명을 죽이고 왔다고 사람들이 비웃을 것이라고 생각해 다시 되돌아갔다.

산사람들(네팔)의 성급한 비로와를 공격했다.
만 명의 군사를 요절냈다.
적의 많은 머리를 한데 싸서 잿빛 총이말의 꼬리에 매달았다.
아홉 명의 밥하는 자를 베었다.
아홉 개의 독과 군기를 잘랐다.
아홉 무리의 말 떼를 빼앗아 돌아왔다.
산사람들의 성급한 비로와가 엘레스투 아골라 고개 위에서 따라잡았다.

"티베트의 강도 아이야!
싸울 것이면 왜 시라이골의 세 칸과 싸우지 않고,
살육전을 할 것이면 왜 세 칸과 하지 않고,

네팔 칸의 아들 성급한 비로와인 나와 싸우느냐, 너는?
너는 내 독의 술을 왜 잘랐느냐?
군기를 무엇 때문에 분질렀느냐?
내 말 떼를 그저 놔두어라, 이 골칫거리야!"

"어이, 네 아비 대가리다. 네가 형편없는 산사람들의 성급한 비로와이면 나는 하늘의 아들 보석 난총이다. 아무도 다툴 수 없는 게세르 칸의 신통력 있는 용사들이 우리가 아니냐?
너는 시방 세계의 지배자 나의 거룩한 이의 어떤 나쁜 점 때문에 시라이골의 카간에게 왔느냐? 전에 자사와 쇼미르와 나 셋이서 왔었다는 것을 알려주마. 너 나쁜 놈의 대가리를 이미 베었던 것이다."
그러는 동안 난총의 위로 세 마리의 기러기가 날아왔다.
"어이, 강도 놈아! 네 위로 날아오는 세 마리 기러기 중 가운데 기러기를 쏘겠다. 내 화살이 앞에 두 마리는 쇠 화살촉으로 맞히고, 뒤에 있는 것은 깃으로 밀어버릴 것이다. 내가 이 세 마리 기러기를 그렇게 쏘면 너는 말 떼를 놔두어라. 내가 못 맞히면 네가 다 가져라!"
성급한 비로와가 말했다. 난총이 "오냐" 하고 대답했다.
성급한 비로와가 기러기를 쏘려고 활을 당기는 척하다가 난총이 위를 올려다보고 있을 때 난총의 두 겨드랑이를 꿰뚫도록 쏘았다. 난총이 쓰러졌다가 일어났다. 아홉 발짜리 모직 수건을 풀어 겨드랑이로 검은 피가 용솟음치는 것을 꽉 묶어 피를 멈추게 했다.
"네 아비 대가리다. 이 나쁜 자식! 네가 겁을 먹은 게로구나. 두 여편네가 싸우다가 하나가 가위로 찌른 것과 같지 않느냐, 네놈의 짓거리는? 나는 너 나쁜 놈의 화살 한 대에 죽지 않는다. 화살이 비켜가는* 용감한 사나이 난총이 나 아니냐? 네놈은 사악한 세 칸에게 놀라서 가라. 한 가지 이적異跡을 보여주마. 너 멀리 가서 모자 술에 나래새 풀을 꽂아라. 나래새 풀 끝에 양의 똥을 꽂아라. 술 위로 양의 똥의 아래로 딱 나래새 풀만 쏘아 맞히마. '그의 두 겨드랑이로 화살이 뚫고 나가도록 쏘았으나 그가 죽지 않고 이렇게 쏘았다'고 가서 전해라!"

성급한 비로와가 난총의 말대로 멀리 가서 등을 돌리고 서 있었다.

난총이 활을 당기면서, "네 아비 대가리라고 해라. 네가 속였다고, 내가 속았다고 생각하고 돌아가느냐?" 하고 갑옷 입은 사람을 화살이 몸통을 뚫고 지나가도록 쏘아 죽였다.

---

* 원전은 aruy seimegei. '(마른 소똥) 바구니＋성긴.'

총이말의 노래

난총이 제 총이말에 뛰어올라 타고 가서 비로와의 머리를 잘라 말의 목에 매어 걸었다. 그의 말을 잡아타고 말 떼를 몰아 엘레스투 아골라의 등성이로 몰고 갔다. 가다가 물이 없는 곳에 이르러 피가 나고 목이 말라 말에서 떨어지게 되었다.

몸이 오른쪽으로 기울어지면 잿빛 총이말이 오른쪽 갈기로 기대서 안정되게 했다. 왼쪽으로 기울어지면 왼쪽 갈기로 기대서 안정시켰다. 갈기 위로 두 팔을 뻗치고 쓰러질 때 머리를 들어올리려고 했으나 맥없이 무너졌다.

늑대 두 마리가 그의 살을 먹자 하고, 까마귀 두 마리가 그의 눈을 쪼자 하고 왔다. 총이말이 난총의 몸 위에 네 다리로 올라타고 서서 난총을 부르며 울었다.

푸른 하늘로 마음껏 다니던 나의 새 매여!
밑으로 떨어졌는가, 그대는?
깊은 바다로 마음껏 다니던
나의 거인 상어여!
미끼에 걸렸는가, 그대 나의 주인이여?
흙 있는 황금 세상을 마음껏 돌아다니는
게세르 칸의 총아 나의 난총이여!

아귀에게 붙들렸는가, 그대 나의 주인이여?
삼십 용사는 서로 모린 호르*의 곡조처럼 아름답고,
대나무 마디처럼 단단한 사이였고,
서른 마리 총이말 우리는
그대들에게 새의 날개와 같았는데,
지고하신 하늘의 아들 나의 난총이여!
이 섬부주의 사람에게 죽음을 당하였소,
그대 나의 주인이여?
하늘 칸께서 점지하사 태어난
사랑하는 나의 난총이여!
검은머리의 사람에게 죽음을 당했소,
그대 나의 주인이여?
보석 몸을 너희에게 먹히게 하면
누가 나를 잿빛 총이말이라고 부르겠느냐?

난총의 잿빛 총이말이 두 마리의 늑대가 뒤에서 나서면 발로 차고, 앞에서 다가서면 물어뜯고 울었다.

---

* 몽골 음악에서 가장 중요한 악기. 말총을 모아 만든 두 현을 역시 말총을 모아 만든 활로 켠다.

난충을 살려내다

난충이 약간 정신이 들었다. 말의 가랑이 밑에 누워 이리저리 살펴본 뒤 까마귀에게 당부했다.

"오, 두 까마귀야! 내 이 두 눈은 말할 것도 없고 몸뚱어리가 누구의 것이 되겠느냐? 나를 먹기 전에 먼저 가서 자사 시키르와 삼십 용사들에게 내 말 좀 전해라. 보석 난충이 원한을 품은 적을 맹렬히 공격하고, 그의 딸들 아들들을 포로로 해서 엘레스투 아골라의 등성이로 몰고 온다. 내가 물이 없어 목이 말라 죽는다. 물을 가져다 달란다고 해라. 이렇게 말을 많이 했구나. 오, 까마귀야! 삼십 용사들은 새의 말을 모른다. 부이둥에게 이야기하라."

두 마리의 까마귀가 갔다. 가서 대군 위로 빙빙 날아다녔다. 부이둥이 모든 소리를 금하라고 했다.

"아이고, 이런! 이 두 까마귀의 말이 사실이면 큰일이다!"

부이둥이 울며 일어나 펄펄 뛰었다. 자사 시키르가 부이둥을 불러 물었다.

"내가 알겠다.
남자는 갑옷 입고 투구 쓴 사람이 아닌가?
여자는 뼈대 있고 머리 긴 여인이 아닌가?
난충에게 도움이 되는, 말하는 까마귀일 것이다, 이것은."

부이둥이 자사에게 난총의 말을 모두 자세히 전했다. 자사와 로그모 고와가 몰래 울었다.

"우리 보석 난총이 셀 수 없이 많은 가축을 노획해온다고 한다. 우리가 물을 가지고 간다."

대군에게는 그 내용을 감추고 자사, 로그모 고와, 부이둥 셋이서 떠났다.

"우리의 그 사람이 죽지는 않았겠지. 살아 있을 것이다. 의사 쿵겐*을 불러와라!"

로그모 고와가 부이둥을 보냈다. 부이둥이 당도하여 의사 쿵겐을 불렀다. 의사 쿵겐 내외가 함께 말했다.

"금년에는 내가 동쪽으로 가면 운이 없소. 만일에 가면 죽소. 안 가오, 나는!"

부이둥이 와서 그 말을 자사와 로그모 고와에게 전했다. 로그모 고와가 화가 나서 말했다.

"이 나쁜 놈의 말을 들어보게!
우리 게세르 칸이 없다고, 내가 여자라고,
우리 난총이 죽는다는데도 안 가겠다는 것이냐?
너 이 나쁜 놈!
네놈을 죽인다 한들 누가 내게 죄를 물으리?"

의사 쿵겐을 을러서 데리고 갔다.
넷이서 엘레스투 아골라의 등성이를 따라왔으나 찾지 못하고 다니는데

---

* '가벼움'이라는 뜻.

우묵한 곳에서 큰 물체 하나가 나와 하늘에 닿도록 먼지를 일으키며 달려갔다. 넷이서 그 자취를 밟아가다가 로그모 고와가 알아보았다.

"우리 게세르의 영험한 조류말 아니오, 이것이?"

세 사람이 "이것을 쫓아가서 어떻게 따라잡나?" 하고 걱정하며 자취를 밟아갔다.

가다가 보니 난총 곁에 사람이 모아놓은 것처럼 수많은 말 떼가 모여 있었다. 잿빛 총이말이 마중하며 울었다. 자사와 로그모 고와도 함께 울었다. 게세르의 영험한 조류말이 난총이 쓰러진 것을 신통력으로 알고 와서 난총의 곁에 많은 말 떼를 모아놓고 있었다.

의사 쿵겐이 죽은 난총의 두 겨드랑이로 약을 넣어서 살려냈다. 난총이 시라이골의 세 칸을 친 일을 빠짐없이 전부 말했다. 만 명의 땋은 머리와 성급한 비로와의 머리를 집어들고 모두 웃으며 앉았다.

지르고간 에레케이투를 죽이다

그들이 앉아 있는데 갑자기 여섯 대의 화살이 날아왔다. 하나는 난충을, 하나는 부이둥을, 하나는 의사 쿵겐을 맞혔다. 다른 석 대의 화살은 세 사람의 말을 맞혔다.

로그모 고와가 일어나 울면서 말했다.

"아이고, 자사! 이 어찌된 일이오?"

"오, 로그모 고와여! 적이 근처에 있다는 징조 아니겠소? 울지 마시오."

자사 시키르가 세 사람의 화살 석 대를 잡아 뽑고 쿵겐 의사의 약을 쓴 뒤 출발했다.

자사 시키르가 산꼭대기에 올라 살펴보니 시라이골 세 칸의 메르겐의 아들 지르고간 에레케이투가 우묵한 곳에 있으면서 한 대의 좋은 활, 여섯 대의 좋은 화살로 "내 어느 화살이 사람을 못 맞히면 그 사람의 말을 맞혀라. 말을 못 맞히면 사람을 맞혀라!" 하고 속삭이며 쏘았던 것이었다. 자사 시키르가 나아가 따졌다.

"네 이놈! 네놈은 사악한 메르겐의 아들 지르고간 에레케이투가 아니더냐, 이 나쁜 놈아! 우리 암바리의 아들 반조르에게 준족의 총이말을 왜 주었더란 말이냐, 너 이 나쁜 놈?"

"너의 그 말이 옳다. 너희네 한 아이가 와서는 우리의 모든 것을 엉망으로 만들고 가기에 내가 쏘았다."

"자, 그렇다면 내게는 잘못이 없는 것 아닌가?" 하고는 자사 시키르가 활을 쏘았다.

지르고간 에레케이투의 영혼은 여섯 개의 엄지에 있었다. 그는 화살에 신경 쓰지 않았다.

펄쩍 뛰어 일어나 제 활과 화살을 당겼다. 당기는 것을 자사 시키르가 신통력으로 알고 단단한 제 무쇠칼을 홱 뽑아들고 달려들어 이제 팽팽하게 당긴 시위를 막 놓으려는 여섯 개의 엄지를 활시위와 함께 끊어버렸다.

지르고간 에레케이투가 목숨을 잃고 쓰러졌다. 갑옷, 말, 여섯 개의 엄지를 가지고 왔다. 그런데 로그모 고와가 울고 있었다.

"아이고, 로그모 고와가 울면 누가 이 약으로 치료할 것이오? 내가 그 사악한 지르고간 에레케이투를 죽이고 왔소. 우리 게세르가 하늘에서 점지를 받아 데려온, 죽은 사람을 살리는 자 쿵겐 의사가 약을 많이 만들었소."

자사 시키르가 로그모 고와를 달랬다. 향을 피우고 게세르 칸의 수호신에게 빌었다.

"나의 거룩한 이께서는
시방 세계의 열 가지 해악의 뿌리를 끊어버렸습니다.
위에 계신 코르모스타 하늘 아버지께서는,
승리의 세 누이께서는,
모든 수호신께서는,
모두 너그러이 내려주소서.
나의 이 세 사람의 떠나간 영혼을 돌려 가져오겠습니다.
멀리 간 영혼을 모아오겠나이다.
나의 이 약이 깃털보다 가볍고, 화살보다 빠르게 하소서."

자사 시키르가 수호신에게 절하고 셋을 향에 쏘인 후, 쿵겐 의사의 약을 썼다.

세 사람 모두 즉시 살아났다. 쿵겐 의사가 일어나 자신은 힘을 쓸 수 없다며 먼저 약을 마시고 두 사람에게도 먹였다. 약을 먹은 뒤, 세 사람의 몸이 원래처럼 되었다. 쿵겐 의사가 말 세 마리에게서 화살을 뽑고 지르고간 에레케이투 엄지의 살을 약에 섞어 세 마리 말의 상처에 발랐다. 세 마리 말이 살아났다.

여러 마리 말 떼에서 아홉 마리 살진 말을 골라 죽여서 게세르 카간의 수호신들에게 제사드린 뒤 절하고 떠났다.

로그모 고와와 부이둥이 함께 말 떼를 몰고 갔다. 자사, 난총, 쿵겐 의사는 성급한 비로와의 머리에 활을 쏘아대며 갔다. 수많은 말 떼를 역시 앞서의 법도대로 잘 나누어 가졌다.

초통에게는 주지 않았다.

초통의 어리석은 꾀

시라이골의 세 칸이 돌아가 함께 설영設營했다. 초통 노얀이 말 떼를 훔치려고 그들의 뒤를 따라갔다.

검은머리에 흰 꼬리를 한 짙은 누른색 점박이 말을 탔다.
개미 무늬 전통을 허리에 둘렀다.
청동 갑옷을 입었다.
넓은 칼을 차고 쫓아갔다.

초통 노얀이 말 떼를 훔쳐오는데 뒤에서 차간 게르투 칸의 부하인 피를 마시는 독수리 카라가 쫓아와 엘레스투 아골라의 고개 위에서 따라잡았다. 초통 노얀이, "자, 내가 얼마나 대단한 호걸이더냐" 하고 자만에 빠져, "이 말 떼에서 자사에게는 단 한 마리도 주지 않겠다"며 가는데 피를 마시는 독수리 카라가 말했다.
"이런 나쁜 놈이 있나? 헛소리 지껄이고 다니는 것 좀 보게! 네 집에 간 뒤에나 주든 말든 해라!"
카라가 보이지 않게 숨어 있다가 소리를 지르며 공격했다. 초통이 말 떼를 버리고 도망쳤다. 따라잡아 오자 전통과 활, 화살을 잡고 땅굴토끼의 푹 파인 구멍으로 기어 들어갔다.
"어이, 못된 놈, 나와라! 구멍에 들어는 갔다만 어디로 나오려고 그러느냐, 네놈은?"

카라가 소리쳤다.

"내 말 떼는 저것이다. 내 몸뚱어리는 네게 필요 없지 않느냐?"

초통 노얀이 대꾸했다.

"대단히 인심 좋은 놈이로구나, 너는! 그러면 네 전통, 활, 화살을 다오!"

초통 노얀이 전통, 활, 화살을 내주었다. 카라가 서른 대의 흰 화살 깃의 홈에 흙을 채워 왔다.*

"네가 나오지 않으면 연기를 피우리라."

카라가 소똥을 옷자락에 담아왔다.

"나를 죽이지 마오! 게세르가 없소. 로그모 고와를 빼앗을 방법을 내가 말하리다!"

초통이 굴에서 나왔다. 초통을 묶고 말 떼를 몰아 세 칸에게 데려갔다. 초통의 결박을 풀어주자 초통이 절을 했다. 차간 게르투 칸이 "위로 오르시오!" 하고 말했다.

시만 비로자가 초통 노얀을 채근했다.

"절하는 초통 노얀, 위로 오르라는 칸, 이 둘이 얼마나 근사한가? 여보시오, 그대의 말씀이 무엇이오? 말씀하시오!"

"게세르는 집에 없소. 망고스에게 간 뒤로 돌아오지 않고 있소. 게세르의

---

* 화살 깃에 흙을 채우는 행위는 옮긴이도 확실하게 이해하지 못하고 있다. 주위의 몽골 사람들의 설명 역시 짐작인 듯했다. 화살대를 쏘시개로, 마른 소똥을 땔감으로 불을 일으킬 때 화살대의 깃(의 홈)에 넣은 약간의 흙이 화약 구실을 할 수도 있을 것 같고, 또 불붙는 속도를 지연시켜 마른 소똥에 불이 채 붙기 전에 쏘시개인 화살이 다 타버리는 것을 어느 정도 막아줄 수도 있겠다 싶었다. 화살이 30대이므로 깃은 90개가 될 것이고, 깃에 흙을 채울 자리가 있다면 모두 90군데에 채우게 되는 것이다.

사랑하는 자사 시키르 형과 삼십 용사 그들은 까다로운 백성들이오만 어찌되었든 로그모 고와를 빼앗아올 방법을 내가 말하리다."

"자, 무엇이오? 말하시오!"

"내 갑옷, 무기를 모두 돌려주시오. 한 무리의 나쁜 말 떼를 주시오. 시라이골의 세 칸의 군대가 돌아가서, 그 뒤를 밟아가다가 따라가지 못해서 버린 나쁜 말 떼를 가지고 왔다고 내가 말하겠소. 그렇게 하면 우리의 대군과 삼십 용사 모두 해산할 것이오. 내 뒤에서 천천히 따라와 로그모 고와를 데려가시오."

세 칸이 이 말을 옳다고 여겨 그것들을 전부 다 주었다. 초통 노얀이 출발하다가 몸을 돌려 다시 돌아왔다.

"게세르와 나는 영지와 속민으로 계속해서 서로 다투며 오늘에 이르렀소. 로그모 고와를 빼앗은 뒤에 그 속민을 내게 주시겠나이까?"

차간 게르투 칸이 "주마"고 했다. 초통이 절을 하고 떠났다.

제 집에 당도했다. 자사 시키르를 비롯한 모든 대군이 초통 아저씨가 왜 이리 오래 걸렸는지 물었다. 초통 노얀이 말했다.

"시라이골의 세 칸의 군대가 겁을 먹고 돌아가고 있다. 뒤를 밟아가다가 따라가지 못할 것 같아서 버린 나쁜 말 떼를 가지고 왔다. 너희는 내가 갈 수 없다고 하면서 그들이 돌아간 뒤에야 보냈다. 내가 말 떼를 훔치러 가려는 것을 무엇 때문에 걱정했느냐? 비록 나쁘다 해도 사랑하는 네 친척이 아니냐? 너희가 믿지 못하겠거든 사람을 보내 알아보라."

자사 시키르가 초통의 말을 믿었다.

"다른 사람이더냐? 초통 아저씨다. 이 말대로라면 돌아간 것이 사실이다. 대군, 우리 모두 해산해서 집으로 돌아가자!"

로그모 고와가 울고 있다가 자사에게 말했다.

"우리 게세르가 그대들에게 말하지 않았소?
초통의 참 얼굴을 알아야 한다고!
말은 가루고, 심장은 시커멓다고 하지 않았소?
안에다 감출 말은 자사와 로그모 그대들 모두
초통에게 비밀로 하라고!
바깥일도 초통이 못 듣게 하라고!
 '비겁함과 거짓말이 보통 비상한 것이 아니다, 까다롭다'고
하지 않았소?"

"아이고, 로그모 고와, 그가 비록 거짓말쟁이지만 적에게 부역할 그런 물건은 아닐 것이오. 우리, 집으로 돌아가지요."
자사가 말했다.
그 말이 옳다며 자사 시키르를 비롯해 모든 대군이 흩어졌다. 로그모 고와가 울고 있다가 말구종 아르가의 아들 아리곤에게 말과 무기를 갖춰 주고 시라이골의 세 칸의 군대가 돌아간 것이 참인지 거짓인지 확인하고 오라고 보냈다.

아조 메르겐 카톤의 분전

겨우 두 둔덕 저만치까지 시라이골의 세 칸의 군대가 육박해오고 있었다. 아리곤은 "이 적에게서 벗어난들 얼마나 오래 살겠는가, 내가?" 하고 달려들어 살육전에 들어갔다. 천 명을 죽이고 죽었다. 대군이 육박해 왔다.

로그모 고와가 울고 있다가—게세르에게는 자석 청동을 씌워 만든 큰 군도가 있었다—군도를 민소매 긴 저고리 속에 감추고 나왔다.

게세르 칸의 한 카톤이자 용왕들의 딸인 아조 메르겐 카톤이 활을 쏘고 있었다. 로그모가 두 번째 카톤인 아조 메르겐 카톤을 오라고 불렀다. 아조 메르겐이 왔다.

"시방 세계의 지배자인 나의 거룩한 이가 집에 없다고,
사랑하는 자사 시키르와 삼십 용사가 없다고,
여자라고 해서 보고 있을 것인가, 내가?
적의 선봉대를 공격하겠다!"

고 했다.

게세르의 큰 전통에 천사십 개의 화살을 빼곡히 담아주었다. 아조 메르겐이 전통을 받아 허리에 차고 적을 향해 나갔다. 알탄 게렐투 태자가 "로그모 고와의 얼굴에 대군의 먼지가 앉을라!" 하고 사십 명의 호걸만

거느리고 왔다.

아조 메르겐이 말했다.

"로그모 고와를 빼앗자고 오는 사십 명의 호걸들, 너희는 대군의 선봉이냐? 어찌된 것이냐?"

"우리가 선봉이다."

"좋다. 열 명씩 네 무리로 나누어 섰거라!"

열 명씩 네 조가 되어 서 있었다.

아조 메르겐이 넉 대의 화살로 열 명씩 네 조가 되어 서 있는 사람들을 쏘았다. 화살이 그리로 때리고 가서 대군을 맞혔다. 알탄 게렐투 태자를 죽이고 알탄 산달리*라는 이름의 누런 말을 빼앗아 탔다. 대군의 선봉대로 돌진해 들어가 도살을 하고 다녔다. 시라이골 세 칸의 군대가 달아났다.

"초통 노얀이 우리를 속였다. 게세르가 있었던 것이다. 우리 군대의 선봉대를 죽이고 다닌다."

군대를 지휘할 다섯 명의 호걸을 뽑았다.

차간 게르투 칸의 막내아우 시만 비로자가 무구를 갖추고 제 영험한 흰 말을 타고 나왔다.

한 사람은 피를 마시는 독수리 카라,

또 한 사람은 차간 게르투 칸의 딸을 맞이한 솔롱가** 칸의 아들 만종 졸라,

또 한 사람은 시라 게르투 칸의 딸을 맞이한 네팔 칸의 아들 밀라 곤촉,

---

* 황금의자.
**Solongya. 5권 상28 13행에서는 Solongyo.

또 한 사람은 카라 게르투 칸의 딸을 맞이한 문 땅의 칸의 아들 몽사 도스게르.

이 다섯이 나와 도망친 제 군대를 군도로 위협해 데리고 왔다. 세 칸의 군대가 엄청나게 왔다.

아조 메르겐이 만천의 군대를 죽였다. 전통을 만져보았다. 화살이 없었다. 이리저리 둘러보았다.

"좋은 동무도 없다. 이제 어떻게 해야 하나, 나는?"

아조 메르겐이 제집과 가축을 데리고 산 위로 올라갔다.

로그모 고와가 붙잡히다

로그모 고와를 포위해서 붙잡겠다고 왔다.
오른쪽으로 공격해오는 사람을 쓸어버렸다.
일만 군대를 쓸어버렸다.
왼쪽으로 공격해오는 사람을 마찬가지 방법으로 쓸어버렸다.
역시 마찬가지로 그렇게 되었다.

앞뒤에 있는 사람들이 소리를 질렀다. "군도를 휘두르기 전에 가라"고 서로에게 말했다. 앞뒤로 군대가 공격해왔다. 로그모 고와는 틈도 없고 수도 다해 신통력으로 잿빛 잠자리가 되어 하늘로 날았다.
차간 게르투 칸의 차간 엘리예* 수호신이 희고 넓은 하늘이 되어 쫓아갔다. 로그모가 하늘에서 아래로 내려와 날았다.
시라 게르투 칸의 시라 엘리예** 수호신이 노란 넓은 하늘이 되어 쫓아갔다. 로그모가 황금 세상 위로 바람의 날개로 날았다.
카라 게르투 칸의 카라 엘리예*** 수호신이 검고 넓은 하늘이 되어 쫓아갔다. 로그모가 수가 다해 황금 세상 위에 육백 비구니들로 변해 앉았다.
시라이골의 세 칸이 알아내지 못하다가 영험한 흰 말이 알 것이다 하

---

* 흰 솔개.
** 노란 솔개.
*** 검은 솔개.

여 그 말을 풀어놓았다. 흰 말이 와서 로그모 옆에서 그의 앞섶을 잡아당기며 땅을 찼다.

로그모 고와는 수가 다해 붙들렸다.

게세르의 흰 탑, 여의보주, 황금으로 쓴 간주르와 단주르 두 대승경전, 열셋 금강석 절, 갈라진 틈이 전혀 없는 검은 숯, 이 모든 것을 다 파괴하고 다 가져갔다.

로그모 고와가 울면서 가다가 게세르의 속민인 초라한 사람을 불러 세웠다.

"우리 게세르는 마음이 약한 사람이다. 망고스에게서 돌아온 뒤에 나를 잡아간 것을 보고 기절해 쓰러질 것이다. 그의 코를 이것으로 뚫게 하라!"

로그모 고와가 자신의 속눈썹 한 오라기를 뽑아주었다. 눈물을 한 국자 주었다. 입에다 부어주라고 했다. 그렇게 주고 갔다.

티베트 용사들의 분전

게세르의 바르스 용사는 자사 시키르를 배웅하고 술을 마시러 갔다가 취해서 혼자 집으로 돌아왔을 때 그 소식을 들었다.

무구를 갖추고 시라이골의 세 칸의 군대를 따라잡아 혼자서 가운데로 돌진해 들어갔다. 오만의 군사를 베고 목이 타서 쓰러졌다. 그들은 바르스 용사를 죽이고 계속 갔다.

미남 명궁 키야가 공을 세우기 위해 오천 군사를 죽이고 나왔다.

암바리의 아들 반조르가 혼자서 따라잡아 와서 돌격해 들어갔다. 바르스 용사와 마찬가지로 여러 군사를 죽이고 다니는데 이번에도 피를 마시는 독수리 카라가 가라말을 활로 쏘아 맞혔다. 도보로 살육전을 벌여 일천 군사를 죽이고 목이 타서 쓰러졌다.

소모의 아들 올라간 니둔이 쟁반만 한 입을 쩍 벌리고, 술잔만 한 눈을 빨갛게 굴리면서 적군 속으로 돌진해 들어갔다. 반조르와 똑같이 하고 다니는 동안 타고 있던 점박이 붉은 말을 중국 타이붕 칸의 아들 밀란 곤촉*이 활로 쏘았다. 도보로 싸워 천오백 명을 죽이고 목이 타서 쓰러졌다.

쇼미르가 따라잡아 와서 돌진해 들어갔다. 역시 다른 용사들처럼 그렇게 많은 군사를 죽이고 다니다 솔롱고**의 카간의 아들 만종 졸라가 잿빛

---

* 네팔 임금의 아들 밀라 곤촉과 혼선. 앞서 군대를 지휘할 다섯 명을 뽑는 장면 참조.
** Solongyo. 원전의 5권 하26 14행에서는 Solongya. 앞서 군대를 지휘할 다섯 명을 뽑는 장면 참조.

총이말을 활로 쏘았다. 도보로 살육전을 벌여 일천 군사를 죽이고 죽었다.

암바다이의 아들 테무르 카디가 돌격해 들어와 오만 군사를 죽이고 죽었다.

큰 다요,* 작은 다요, 큰 쿠쿠르게치,** 작은 쿠쿠르게치, 막내 다요, 롱사, 이들 여섯이 따라잡아 와서 육천 군사를 죽이고 다니는데 성급한 비로와의 아들 차간 망라이 장사가 바싹 뒤따라와서 이들 여섯을 죽였다.

바담아리의 아들 밤 소요르자가 와서 오만 군사를 베고 가는데 문 땅의 칸의 아들 몽사 도스게르가 훌륭한 청총이를 활로 쏘았다. 도보로 이천 용사를 죽이고 죽었다.

열다섯 살 난 보석 난총이 혼자서 따라잡아 들어갔다. 사만 군사를 죽이고 가는데 피를 마시는 독수리 카라가 잿빛 총이말을 활로 쏘았다. 도보로 살육전을 벌여 삼천 군사를 죽이고 죽었다.

부이둥이 따라잡아 들어갔다. 사만 군사를 죽이고 죽었다.

그 뒤로 다른 용사들이 차례차례로 삼백여, 이백여 명을 죽이고 죽었다.

게세르에게 보토치라는 이름의 신통력 있는 용사가 있었다. 도보로 전투할 때는 도깨비불처럼 굴러서 적을 태워 죽이는 것이었다. 말을 탔을 때는 말 위에서 보석 박힌 호리병박으로 땅을 쳐 흙을 떠서 불을 붙여 적군의 가운데로 들어가 불을 재처럼 뿌리고 다녔다. 적의 대군을 그 불로 찾아내며 다녔다. 적의 척후가 활을 쏘려고 했지만 불의 열기와 연기 때문에 접근하지 못했다. 시라이골의 세 칸의 군대가 수많은 사상자를 내고 퇴각했으나 보토치의 용기도 제 불의 열기와 연기에 쓰러져 죽었다.

---

*Dajuu. 굴대 끈.
**Kukurgeci. 풀무장이.

자사 시키르의 장렬한 최후

보석 자사의 목영지는 차차르가나 강을 거슬러 고르반 톨가토에 있었다. 모든 상황이 끝난 뒤에야 이야기를 들었다. 이야기를 들으면서 날개 달린 제 총이말을 탔다. 온갖 보석이 달린 치렛거리들을 썼다.

그렇게 가는데 팔십 세 난 차르긴 노인이 작은 시르가 말을 타고 따라와서 자사와 둘이서 시라이골의 세 칸이 간 길을 밟아갔다.

"저기, 아저씨! 올라간 초지에 있는 게세르의 큰 성에서부터 이리로 카톤 강에 이르기까지 엄청나게 많은 양 떼 속으로 작은 늑대, 거대한 늑대 두 마리가 들어간 것처럼 가고 있네요. 아저씨의 말과 제 말이요."

"다른 사람의 말이 이 죽은 사람들 속으로 다니겠는가? 오, 사랑하는 나의 삼십 용사여!"

차르긴 노인이 탄식했다. 자사는 화를 누르지 못했다.

"아저씨, 이제 그만 가세요. 저는 시라이골의 세 칸의 군대를 얼마나 많이 죽였는지, 얼마나 남았는지, 수를 정확하게 알아보겠습니다."

자사가 이 산의 꼭대기로, 저 산의 꼭대기로 올라가 게세르를 부르며 울고 다녔다.

청정 도솔 하늘의 아들이여!
황금 세상 위에 이름을 날리고 용맹을 떨친 시방 세계의 지배자 나의 게세르여!

오오, 코르모스타 하늘님의 아들의 현신인 나의 게세르여!
오오, 높은 산의 꼭대기로 다니는 자 검은 얼룩 호랑이여!
넓은 바다의 바닥으로 다니는 자 나의 상어여!
청정 도솔천의 하늘들이 약속해 따라온 그대의 삼십 용사들은,
황금 세상의 큰 회맹에서 맞이한 로그모 고와 그대의 카톤은,
열다섯 나이에 용맹을 떨치고 간 님 그대의 난총은,
그대의 사랑하는 보석 나 자사는 슬피 우는도다.
오오, 나의 게세르, 맙소사!
머리 열두 개 달린 망고스가 죽였는가, 그대를?
그대의 투멘 지르갈랑 카톤이 수를 써서 그대를 그곳에 주저앉혔는가?
오오, 맙소사! 하늘의 모든 수호신들이여!
오오, 맙소사! 우리 게세르여!"

모든 것을 빠짐없이 칭송하며 울고 다니는 동안 로그모 고와가 신통력으로 알고 멀리서 소리를 내어 분부를 내렸다.

"사람 매 나의 자사 시키르여!
나무가 부러져도 뿌리는 남지 않소?
사람이 죽어도 자손은 남지 않소?
나무가 뿌리도 없이 부러지는 법이오?
사람이 자손 없이 죽는 법이오?
죽은 삼십 용사를 어떻게 살릴 테요?
적의 발길이 무겁소.
게세르에게 가서 전하고 둘이 같이 와서 원수를 갚으시오!"

"이런, 제기! 로그모 고와 그대는 이야기하는 사이에 변절했소, 세 칸에게? 게세르를 무슨 면목으로 보려오? 나의 게세르가 와서 '아이고, 자사! 어찌된 거야?' 하면 내가 뭐라 하겠소? 어차피 죽을 몸이오. 무슨 좋은 목숨이라고 아끼겠소, 내가?"

자사가 대답하며, 다시 물었다.

"초통은 함께 있소?"

"오! 그 나쁜 놈은 여러분이 두려워서 시라이골의 세 칸의 정찰대를 데리고 먼저 갔소."

자사가 차르긴에게 와서 말했다.

"오, 아저씨! 시라이골의 세 칸의 남은 군사가 사십만이라 합니다. '사내가 젊을 때'라고 합니다. '새끼 염소 고기는 뜨거울 때'라고 합니다."

차르긴 노인이 말했다.

"애, 자사야!
내 앞은 가까워지고, 내 뒤는 멀어졌다.
높은 산의 꼭대기에 올라가자, 우리가.
애야, 내가 어디서 쓰러지면 내 시신을 적절히 수습해다오."

"등불에 떨어져 죽는 불나비였소? 가물, 서리 맞아 변하는 곡식이었소?"

자사 시키르가 차르긴 노인에게 면박을 주었다.

"나는 시방 세계의 지배자, 자비로운 나의 게세르를 만나 시라이골의 세 칸을 죽이고, 원수를 갚고 돌아오겠다, 애야!"

노인이 변명했다.

"우리 아저씨 겁먹었소? 말만 많아서 무엇을 하겠소? 가시오!"

자사 시키르가 차르긴 노인에게 대꾸하고는 날개 달린 총이말의 뒷다리를 힘껏 채찍질하고, 쿠르미라는 이름의 초강력 순정 무쇠칼을 쑥 뽑아들어 검은 쇳돌에 갈아 문질러 잡았다.

킬링의 골짝을 지나고 카톤 강의 여울을 건너 시라이골의 세 칸의 군대에 동북으로부터 들어갔다.

앞으로 가면서 찍을 때 잘 벤 곡식의 이삭처럼 만들었다. 뒤로 가면서 찍을 때 잘못 벤 곡식의 이삭처럼 만들고 갔다.

카톤 강을 죽은 사람으로 가득 채우고 갔다. 강이 붉은빛으로 흘렀다. 세 번 돌격해서 칠만 군사를 죽이고 서쪽으로 나왔다. 자사는 차르긴과 함께 돌면서 또 일만 군사를 죽이고 나왔다. 차르긴이 자사를 불렀다.

"아이고, 차르긴 아저씨. 나를 왜 오라고 하셨소?"

"아이고, 애야! 적의 호걸 대여섯이 돌아다닌다. 하나를 죽여라!"

차간 게르투 칸의 막내아우 시만 비로자가 영험한 흰 말을 타고 전신 갑옷을 입고 투구를 쓰고 자사를 맞아 나왔다. 자사와 맞붙었다. 자사의 날개 달린 총이말과 시만 비로자의 영험한 흰 말, 그 두 마리는 이종사촌 간이었다. 두 말이 서로 알아보고 자꾸 뒷걸음질쳐 물러났다. 자사가 칼끝으로 명령을 보냈으나 받아들이지 않았다.

자사가 왼손에 칼을 잡고, 활시위로 말을 탁 쳐서 갔다. 돌격로에 있던 일만 군사를 죽이고 나왔다. 자사가 모두 구만 군사를 죽였다. 차르긴이 일만 군사를 죽였다. 시라이골의 세 칸의 군대를 자사와 차르긴 단 두 사람이 모두 십만을 죽였다.*

---

* 원전의 ʾsirayiɣol-yin ɣurban qan-ača ?asa ɣayǰaɣar nigen bumti čerig alaba(시라이골의 세 칸으로부터 자사 혼자서 십만 군사를 죽였다)' 는 오류다.

수많은 군사를 벤 탓에 목이 말라 카톤 강의 물을 마셨다. 피 섞인 물에 중독되어 쓰러졌다. 시만 비로자가 나무에 몸을 감추고 와서 머리를 힘껏 찍어 죽였다.

머리를 떼어 병사에게 주어 보냈다. 로그모 고와가 자사의 머리를 보고 제 가슴을 두드리고, 제 배를 움켜쥐고* 시라이골의 세 칸에게 간청해 자사의 머리를 받아 끌어안고 울었다.

"시방 세계의 지배자,
열 가지 해악의 뿌리를 끊은 거룩한 내 님이여!
위에 계신 코르모스타 하늘님의 아드님이여!
하늘에서 따라온 그대의 자사 시키르가 그예 죽었구려, 내 님이여!
오, 우리 자사여!
그대의 상체는 네 분 큰 하늘들이 완정하였소.
그대의 허리는 사바 세계가 완정하였소.
그대의 하체는 흰 용왕이 완정하였소.
오, 우리 보석 자사 시키르여!"

---

* 원전은 elige-ben teberin(자신의 간肝을 끌어안고). 애통망극한 모습을 나타내는 몽골어 표현이다.

로그모 고와의 애끓는 편지

로그모가 울고 다닐 때 자사의 머리를 시라이골의 세 칸이 가져갔다. 로그모가 자사를 신통력으로 낫게 하려고 죽은 여러 군사 가운데 상처 없는 사람을 찾았다. 상처 없는 사람을 단 하나도 찾지 못했다. 전부 상처가 있는, 자사가 벤 군사들이었다.

매 한 마리를 발견해 자사의 영혼을 그 매에게 모셨다. 시라이골의 세 칸의 군사들 모두에게서 화살을 한 대씩 받아서 자사의 육신을 태워 승천케 했다. 자사의 화살 한 대에 글을 썼다.

'시방 세계의 열 가지 해악의 뿌리를 끊은
자비롭고 거룩한 나의 게세르 어진 칸이여!
죽었소, 그대는?
그대의 죽음은 그저 그것이었소?
만일 죽었으면 어찌해야 하오, 나는?
살아 있으면,
여섯 살 적에 만난 그대의 로그모 고와 나,
자사 시키르를 비롯한 그대의 삼십 용사,
그대의 열셋 금강석 절, 흰 탑, 그대의 여의보주,
황금으로 쓴 그대의 간주르와 단주르 대승경전들,
이 모든 것과 헤어진 것이오, 나의 게세르여?

싸우다가 죽었소, 그대의 삼십 용사들은!
포로로 잡혔소, 나 그대의 로그모 고와는!
오오, 나의 거룩한 이가 오셔서 원수를 갚으소서!'

로그모 고와가 화살을 신통력으로 보내버렸다. 보낸 화살이 게세르가 사는 망고스 성의 게세르의 전통에 맞았다.

"어라! 내 전통이 왜 쩔렁댔는가? 투멘 지르갈랑, 내 전통을 가져다주게!"

투멘 지르갈랑이 가져다주었다. 게세르 칸이 전통을 열어보았다. 보고서 자사의 화살을 잡고 알아보았다.

"이런! 이것은 우리 자사의 화살이 아닌가!"

게세르가 영험한 편지를 보았다.

"실로 우리 로그모 고와, 보석 자사 시키르, 나의 삼십 용사, 이들 모두 내 몸이었다. 내가 어째서 잊었을까? 나의 그들에게 적이 닥쳐들고 있다. 누구든 내게 덤빈 자가 있으면 그의 간에 가서 맞아라!"

게세르가 화살을 날려보냈다.

게세르가 보낸 화살이 차간 게르투 칸의 에르케투 카톤의 간을 맞혔다. 카톤이 죽었다.

세 칸의 군대가 서로 이야기했다.

"위로 푸른 하늘, 가운데 아수라들, 아래로 용왕들, 그들의 화살일까? 아니면 시방 세계의 지배자 게세르 칸이 오고 있는 것일까?"

그들이 두려워서 흩어져 달아났다. 로그모 고와에게 기쁜 마음이 생겼다.

"시방 세계의 지배자 나의 게세르 칸이 살아 계시다. 그가 보낸 화살이 원수의 사람을 맞혀 죽였다."

다시 그 화살에다가 편지를 썼다.

'그대를 카톤 강에서 아홉 달 동안 기다리겠소, 나는!
아홉 달이 되도록 오지 않으면
나는 차간 게르투 칸의 아내가 되어야 하오!
오, 나의 거룩한 이여!'

로그모 고와가 다시 화살을 날려보냈다. 보낸 화살이 게세르의 전통에 맞았다.

"내 전통이 왜 쩔렁댔는가? 내 전통을 가져다주게!"

투멘 지르갈랑이 가져다주었다. 게세르가 보고 자사의 화살을 알아보았다.

"아이고, 그날 온 화살이 아닌가, 이것은? 아이고, 이제까지 어쩌자고 잊고 있었을까, 내가? 나에게 누구든 해코지를 한 것이면 그의 간을 맞혀라!"

화살을 보낸 뒤에 투멘 지르갈랑이 "가히 두려워할 나의 거룩한 이여! 시장하십니까?" 하고는, 모든 일을 잊게 만드는 박이라는 음식을 게세르에게 주었다.

그때 차간 게르투 칸이 소만 한 큰 쇳돌 위에 앉아 있다가 게세르가 보낸 화살이 소리를 내는 것을 듣고, "가히 두려워할 거룩한 게세르에게 재를 올리겠다" 하고는 잔에 있는 차를 화살 앞에 뿌렸다. 게세르는 부처님이라 자신에게 재를 올리자 화살이 사람을 해치지 않고 소만 한 쇳돌을 맞혔다. 깊이 박혔다.

시라이골의 세 칸이 모두 왔다. 오늬를 잡고 뽑으려고 했으나 못했다. 깃털을 잡고 뽑으려고 했으나 못했다.

"이 화살이 누구의 것일까? 시방 세계의 지배자 게세르 카간의 화살일까?"

시라이골의 세 칸이 앞서처럼 두려워하며 계속 이동했다.

로그모 고와가 왔다.

"가히 두려워할 나의 거룩한 이의 화살이면 신통력 있는 화살이겠지? 빠져나와 내 민소매 긴 저고리 안으로 들어오거라. 아니면 그대로 있거라."

로그모 고와가 바위를 밀자 게세르가 보낸 자사의 화살이 빠져나와 로그모의 민소매 긴 저고리로 들어왔다. (로그모 고와는) "거룩한 이에게 어떻게 보낼까?" 하고 궁리하며 서 있었다.

노파, 까마귀, 여우의 편잔

게세르 카간이 성문 지붕 위로 올라가 잤다. 오정에 깨어 앉아 있는데 성 밑으로 한 노파가 암소 한 마리를 끌고 가고 한 여자가 그 뒤를 따라갔다. 여자가 노파를 불러 물었다.

"아이고, 할머니! 댁의 암소가 늙었나 보네요. 뿔이 왜 이래요?"

"우리의 거룩한 이께서는 내 암소 늙은 것보다 훨씬 늙어빠졌네. 게세르 칸이 올 때 이것은 송아지였네. 게세르 카간이 온 지 아홉 해가 되었네. 이제 늙는 것이 당연하지."

게세르가 생각했다.

"이런, 어떻게 된 이상한 일이냐? 어떻게 잊는단 말인가, 내가? 아홉 해가 되었다니 무슨 소린가?"

시방 세계의 지배자 게세르 카간이 자기 집으로 갔다.

투멘 지르갈랑이 다시 "가히 두려워할 나의 거룩한 이여, 시장하십니까?" 하고 예의 음식을 주어 잊게 했다.

게세르 카간이 다음날 다시 성문의 지붕 위에 올라가 앉았는데 오정 시간에 서쪽에서 한 까마귀가 왔다. 시방 세계의 지배자 게세르 카간이 맞이하여 말했다.

"아이, 불쌍한 이 까마귀가 고향의 똥오줌, 낙타 상처의 고름을 얻어먹자고 서둘러 가고 있는 게로군."

"시방 세계의 지배자 게세르 칸의 말씀이 옳소. 내가 태어난 고장은 성의 동쪽에 있는 탑이오. 서쪽에 먹을 것을 찾으러 갔소. 먹이를 찾아 먹고 이제 자던 곳에서 자려고 돌아오는 것이오.

나는 이 섬부주의 지배자 게세르 카간처럼 진흙을 게걸스럽게 먹지는 않았소. 태어난 티베트 땅의 신통력으로 얻은 그대의 로그모 고와가 여기 있소? 그대의 로그모 고와 카톤, 자사 시키르를 비롯한 그대의 삼십 용사, 그대의 보석 난총, 그들 모두 어디 있소? 이들 모두를 죽일 것은 죽게 하고, 잡힐 것은 잡히게 한 마당에, 나를 놀리지 않는 것이 괜찮을 걸 그랬소."

"아이고, 이런! 이놈의 말이 참말이다. 내가 어쩌자고 잊었을까, 내가!" 게세르가 집으로 달려 들어갔다.

투멘 지르갈랑이 다시 앞서 대로 "가히 두려워할 나의 거룩한 이여, 시장하십니까?" 하고 예의 음식을 주어 잊게 했다.

그 이튿날 역시 성문 지붕 위에 올라가 앉아 있으려니 여우가 달려왔다.

"아, 불쌍한 이 여우는 고향의 가죽, 힘줄이나마 얻어먹겠다고 저렇게 다투어 돌아다니고 있구나."

여우가 앞서 까마귀가 한 말 그대로 하나하나 말하고 나서 가버렸다.

"아이고, 어떻게 잊어버렸단 말이냐, 내가?"

게세르 칸이 집으로 달려 들어갔다. 투멘 지르갈랑이 앞서의 음식을 주고 잊어버리게 했다.

게세르가 기억을 되찾다

차르긴, 셍룬, 자사의 아들 라이잡, 미남 명궁 키야 이 넷이 함께 높은 산의 꼭대기에 올라가, 시방 세계의 지배자 게세르 칸 이야기를 하며 울고 있는데, 게세르의 세 누이 수호신이 세 마리의 학이 되어 공중에서 울고 갔다. 울고 간 뒤에 미남 명궁 키야가 말했다.

"오오, 이것은 신통력 있는 학이다. 우리가 울고 있을 때 울며 돌고 갔다. 소리가 비통한 것은 무슨 까닭인가?"

자사의 아들 라이잡이 학을 칭송하며 울며 절했다.

"오! 시방 세계의 열 가지 해악의 뿌리를 끊은 님,
나의 거룩한 이여!
그대의 상체는 시방 세계의 부처님이 완정하셨던 것입니다.
그대의 허리는 네 분 큰 하늘님이 완정한 것이었습니다.
그대의 하체는 네 분 큰 용왕이 완정한 것이었습니다.
한 번 현신할 때 천오백 분신이라고 했습니다.
어느 분신이 학이 되었습니까?
오오, 이런! 제발 오십시오, 그대여!"

이르잠소 다리 오담이라는 누나의 분신인 학이 내려와 위에 앉았다. 미남 명궁 키야가 학에게 물었다. 학이 아무 소리도 내지 않았다.

이제까지 있었던 모든 일을 낱낱이 말하고 나서 편지를 쓰자고 했다. 무엇을 쓰는가? 무엇이든 자신이 당한 모든 것을 낱낱이 쓰기로 했다.

"아이고, 게세르 칸이 죽었소? 안 죽었으면 나의 이 편지를 그에게 주시오. 우리의 그가 알 것이오."

학이 떠났다. 학이 간 뒤에 넷이 함께 말하면서 기뻐했다.

"아이고, 우리 거룩한 이의 분신인 학이었네."

학이 올 때 투멘 지르갈랑과 게세르가 성문의 지붕 위에 앉아 있었다. 투멘 지르갈랑은 게세르가 나가면 나가고, 들어오면 들어가면서 게세르가 고향을 그리워하는 것을 알고 엿보며 다녔다. 학이 공중에서 빙빙 돌면서 "이 편지를 투멘 지르갈랑이 보았구나. 꾀를 내서 게세르를 안 보내고 있구나!" 하고 신통력으로 우박비를 오게 했다.

비가 오자 투멘 지르갈랑이 제집으로 달려갔다. 게세르는 자신에게 떨어진 우박 하나를 삼켰다가 토했다. 학이 게세르 옆에 앉아 소리를 냈다.

"아이고, 이건 나의 티베트 땅의 학 같네! 어찌된 것인가? 참으로 신기한 학일세!"

게세르가 학을 불렀다. 학이 와서 제 목에 있는 편지를 던져주고 갔다. 편지를 보고 게세르 칸이 큰 소리로 울었다.

"보석 자사 시키르, 삼십 용사, 로그모 고와라고 있었다. 내가 어쩌자고 잊었던가?"

투멘 지르갈랑은 게세르의 영험한 조류말이 게세르에게 말하리라는 것을 알고 보리와 밀로 조류말을 꾀어 붙들었다. 그리고 꽉 막힌 큰 건물에 집어넣고 지달*로 묶고 쇠고삐를 씌워 커다란 나무에 매어두었다. 어떤

---

* 말이 함부로 뛰어 달아나지 못하도록 두 다리 또는 네 다리에 씌우게 되어 있는 고리. 중세 국어 지달.

날은 풀을 주기도 하고 어떤 날은 굶기기도 하며 붙들어놓았다.

게세르가 우는 소리를 듣고 영험한 조류말이 화를 누를 수 없어 제 쇠지달을 풀고, 제 쇠고삐를 확 잡아끌고, 막힌 건물의 문을 밀쳐버리고 나와서 게세르에게 달려가 울면서 이야기했다.

"그대의 보석 자사 시키르 형, 그대의 삼십 용사, 보석으로 이루어진 그대의 성, 그대의 이 모두가 잘못되었소. 머리가 열두 개 달린 망고스, 그대의 투멘 지르갈랑 카톤의 일은 잘되었소. 이제 어디로 가자고 우는 것이오, 그대는?"

"영험한 조류말아, 네 말이 맞다. 나의 영험한 조류말은 이리로 오라."

게세르가 조류말을 불렀다. 영험한 조류말이 보이지 않는 곳으로 가서 숨었다.

게세르 칸이 제집으로 달려 들어가 야단을 쳤다.

"요망하고 간사한 여편네야! 이슬처럼 영롱한 투구, 보석으로 겹겹이 박은 검댕처럼 검은 내 갑옷을 가져오너라. 온갖 보석이 달린 내 무기는 어디 있느냐? 가져오너라!"

투멘 지르갈랑이 말했다.

"아이고, 당신이 망고스와 똑같이 나를 요망하고 간사한 여편네라고 말하다니, 어찌된 일이오? 나는 티베트 땅에서 비루먹은 조류망아지와 말라빠진 못생긴 당신이 왔다고 망고스 서방을 죽였소!"

게세르가 영험한 굴레를 들고, "내 영험한 조류말은 이리 오너라!" 하고 부르며 갔다. 영험한 조류말이 오지 않았다. 승리의 세 누이에게 울며 빌었다.

"내 영험한 조류말을 찾아주시오, 나의 누이들이여!"

이르잠소 다리 오담이라는 이름의 누이가 공중에서 말했다.

"네 영험한 조류말은 네게 화가 나서 오지 않는 것이니라. 망고스*의 이 다르마디라는 이름의 총이말을 타고 가거라. 네 길 위에 많은 들당나귀가 이어서 붙들릴 것이다."

게세르가 총이말을 끌고 왔다. 향을 피우고 하늘에 있는 여러 수호신에게 빌었다.

"나의 모든 수호신들이여, 모두 허락하소서!
내가 당신들께 향을 바쳤나이다.
사악한 망고스를 죽이려고 왔나이다.
망고스를 죽였으나
사랑하는 나의 자사 시키르, 삼십 용사에게
적이 쳐들어왔다고 합니다.
도전한 적들에게 복수하겠습니다.
우거진 숲의 나무 하나,
마른 쇠똥을 실은 말 한 마리를,
부스러기 말똥을 하나씩 던져주십시오,
나의 여러 수호신들이시여!
원수의 성을 불질러버리고 가겠습니다!"

여러 수호신들이 허락하여 게세르의 분부대로 그것들 전부를, 달라고 한 땔감 모두를 내려주었다. 큰 불을 놓아 망고스의 성을 태워버렸다. 큰

---

* 원전에는 simnus(요괴, 아귀)이나 혼동을 피하기 위해 별도의 설명 없이 이하 망고스로 통일한다.

불이 닥쳐오자 투멘 지르갈랑이 감춰두었던 무기 전부를 꺼냈다.

"아이고, 내가 이토록 아홉 해가 되도록 산 것이 정말이로구나."

게세르가 녹이 슨 갑옷을 말의 푸른 똥으로 문질러 빛을 냈다.

총이말을 탔다. 망고스의 모든 영혼을 신통력으로 두 개의 가죽자루에 넣어 망고스의 사족백이*에 실었다. 투멘 지르갈랑을 데리고 시방 세계의 열 가지 해악의 뿌리를 끊은 그들의 자비로운 게세르, 거룩하며 어진 칸이 자신의 고향 쪽으로 나아갔다. 가는 동안 길 위에 많은 들당나귀가 있는 것을 보고 게세르가 말했다.

"망고스의 성에서 아홉 해를 사느라 내 어깨가 뻣뻣해졌나? 이 들당나귀를 사냥해야지!"

게세르가 총이말을 타고 모둠발로 뛰었다. 들당나귀와 나란히 가다 보니 들당나귀의 뒤에서 한 모습이 따라 달렸다.

"이 웬 이상한 모습이냐?"

게세르가 보았더니 영험한 조류말이었다.

"내 영험한 조류말이로구나. 나는 들당나귀를 사냥하겠다. 네가 서지 않으면 너의 네 다리를 쏘고 갈 것이다!"

---

*네 다리가 휜 말.

영험한 조류말의 노래

영험한 조류말이 달려와 총이말의 갈기 위로 제 머리를 올려놓고 말하며 울었다.

"나의 로그모 고와는
내 안장을 빛나게 하려고
칸고야라는 이름의 용무늬 비단으로 안석을 만들었소.
나를 따뜻하게 해주려고
담비 털가죽으로 안을 넣어 안장깔개를 만들었소.
부드럽게 해주려고
비단실로 짜서 뱃대끈을 만들었소.
빛이 나도록 하려고
황금으로 죔쇠를 만들었소.
겨울날에는 추울라 해서 담비 털가죽을 씌우고,
보리와 밀로 세 번 먹이를 주었소.
여름날에는 그늘에 매어두고
한낮의 더위에 약수로 물을 먹이고
위대한 사람이나 먹는 설탕과 대추를 먹여주었소.
나를 말로 태어난 것이라 해서
저녁에는 좋은 풀이 있는 곳에 데리고 나가 먹였소.

그대의 로그모 고와로부터,
그대의 자사 시키르를 비롯한 삼십 용사로부터 헤어졌소.
투멘 지르갈랑이 막힌 우리에 들여보내고 감금하여
몸이 괴로웠던 데 대해 내가 우는 것이오."

게세르가 "나의 영험한 조류말이 옳다" 하고 보리와 밀로 세 번을 먹이고 올라탔다.

망고스의 고모

게세르가 조류말을 타고 가는데 길 위에 흰 게르 궁전이 있었다. 그 밖에 아름다운 여자가 있었다. 그 여자가 맞이하며 말했다.

"시방 세계의 지배자, 가히 두려워할 거룩하며 어진 칸이시여! 내리셔서 국과 차를 드시고 떠나십시오!"

"투멘 지르갈랑, 너는 이대로 가거라! 나는 내리겠다" 하고 말에서 내렸다.

게세르가 보고 앉아 있으려니, 여자가 검은색 하늘소에 쟁기를 지워 땅을 갈아 씨앗을 뿌리고 보리와 밀을 길러 솥에다 펴고 구워 떡살 찍은 것 하나, 안 찍은 것 하나를 만들어 그릇에 담아 떡살 찍은 떡을 게세르 앞에 놓았다. 안 찍은 떡은 자기 앞에다 놓고 나갔다.

게세르의 승리의 세 누이가 한 마리 파랑새로 변신하여 지붕창 틀에 앉아 말했다.

"애, 우리 코흘리개야! 알겠느냐, 네가? 이 나쁜 것이 너에게 괜히 음식을 주는 것이 아니다. 독을 섞어 주는 것이다. 그 나쁜 것은 머리가 열두 개 달린 망고스의 고모란다."

게세르 칸이 떡살무늬 있는 떡을 여자 앞에 놓고, 없는 떡을 제 앞에다 놓았다. 여자가 들어왔다. 들어와서 게세르 칸이 먹지 않은 것을 보고, 검은색 세 길짜리 지팡이를 들고 와서, "속! 속!" 하는 소리를 내었다.

"게세르 칸이시여, 무엇하고 계시오? 드시오!"

게세르가 떡살무늬 없는 것을 집어들어 먹었다.

"여인이여, 음식을 먹어라!"

여자가 떡살무늬 있는 떡을 보지 않고 먹었다. "속! 속!" 하더니 게세르의 머리를 검은색 세 길짜리 지팡이로 "구루 속!" 하고 세 차례 때렸다. 게세르도 "구루 소야가!" 하고 여자의 머리를 세 번 때렸다.

여자가 당나귀가 되었다. 당나귀를 끌고 가 투멘 지르갈랑 앞에 큰 땔감을 모아놓고 불을 놓았다. 여자가 되어 악을 썼다. 당나귀가 되어 울부짖었다. 어쩔 수 없이 그슬려 태워 죽였다.

게세르의 수호신이 망고스의 겨레붙이보다 수가 더 많아 망고스 겨레를 이기고 그 뿌리를 끊었다.

사킬다이

망고스 겨레의 뿌리를 끊고 가는데 오록이라는 나라의 사킬다이*가 호박말을 타고 끝이 세모난 화살을 메기고 가면서, "이 땅에 나를 겁먹게 할 사람은 없다"고 했다.
게세르가 말했다.
"어이, 어이! 이게 누군가?"
게세르가 몰래 모둠발로 숲으로 가서 영험한 조류말을 감추어 두었다.
큰 활에 화살을 메기고 길 위에 숨어 있었다. 사킬다이가 다가왔다. 게세르 칸이 고함을 지르며 일어나 노려보며 활과 화살을 당겼다. 사킬다이가 달아났다. 게세르가 불렀다.
"어이, 사킬다이! 이리 오너라!"
사킬다이가 뒤를 돌아보고는 말했다.
"아이고, 저런! 사악한 게세르였네!"
사킬다이가 게세르에게 인사를 건넸다. 게세르가 물었다.
"자, 네가 방금 '이 땅에 나를 겁먹게 할 사람이 없다'고 하더니 어찌된 일이냐? 지금 무엇 때문에 내게서 도망갔느냐, 너는?"
"그대 말이 사실이다. 나는 그대인지 몰랐다."
"자, 가자!"

---

* Oroγ neretü ulus-yin Sakildai.

둘이 함께 갈 때, 사킬다이가 말했다.
"게세르! 그대가 나를 한 번 놀래켰다. 이제는 내가 그대를 한 번 놀래키마!

놀래킬 때 내리막으로 쫓아
그대 말안장의 껑거리끈을 끊으마!
오르막으로 쫓을 때
그대 말안장의 가슴끈을 끊으마!
가로질러 쫓을 때
그대 말안장의 뱃대끈을 끊으마!"

게세르가 "얼마든지!" 하고 대꾸했다. 사킬다이가 말했다.
"게세르, 우리 둘이 함께 가면서 이렇게 헛되이 가야 하는가? 누군가를 공격하여 말 떼를 몰아오자."
게세르가 "좋다!" 하고 대답하고 둘이 같이 가서 '삽'이라는 사람들의 말 떼를 몰아왔다.

삽이라는 나라의
롱사라는 이름을 가진 사람이
제 가라말을 타고
가시 달린 화살을 메기고,
돌갑옷을 입고 따라잡아 왔다.

사킬다이가 "내가 상대하마"고 했다. 게세르가 "너는 있어라. 내가 상대하겠다"고 했다.

둘이 서로 다투었다. 제비를 만들어 투멘 지르갈랑에게 갖다주었다. 투멘 지르갈랑이 던진 제비에 사킬다이가 나왔다. 사킬다이가 상대했다. 사킬다이가 맞아 나아갈 때 게세르가 분부했다.

"삽이라는 나라에 호걸이 없다. 내가 알던 딱 한 사람, 롱사라는 사람이 있다. 내가 어렸을 적에 나와 친구를 맹세하여 내 말구종을 하며 따라다녔다. 내게 갑옷을 달라고 해서 돌갑옷을 주었다. 그 갑옷은 다른 곳에서는 뚫리지 않는다. 너는 안장의 앞테를 겨누고 쏘아라. 오줌보를 뚫을 것이다."

사킬다이가 내려서 제 말의 등자를 한 뼘 짧게 줄였다. 롱사가 따라잡아 오더니 사킬다이의,

위를 한 번 보았다.
제 뒤를 한 번 보았다.
오른쪽으로 한 번 보았다.
왼쪽으로 한 번 보았다.
밑으로 한 번 보았다.

롱사가 내렸다. 사킬다이가 말했다.
"둘이 놀 때 등자를 짧게 줄이고 놀자!"
롱사가, '이놈이 나를 속이려드는구나' 하고 등자를 한 뼘 길게 늘이고 탔다.
"너는 누구냐?"
"나는 오록 나라의 사킬다이다."

"너는 누구냐?"
"삽이라는 나라의 롱사다."

"네가 내 위를 보는 것은 무엇이냐?
네 뒤를 보는 것은 무엇이냐?
네 오른쪽을 보는 것은 무엇이냐?
네 왼쪽을 보는 것은 무엇이냐?
네 밑을 보는 것은 무엇이냐?"

사킬다이는 롱사가 말 위에서 보인 행동을 보고 물었다. 그러자 롱사가 대답했다.

"내가 네 위를 보는 것은 너의 많고 적음을 확인하는 것이다.
내 뒤를 보는 것은 내 뒤에 있는 동무들을 확인하는 것이다.
내 오른쪽을 보는 것은 나의 가시 달린 화살의 많고 적음을 확인하는 것이다.
내 밑을 보는 것은 내 말의 느리고 빠름을 확인하는 것이다.
자, 내 말 떼를 훔치고, 나를 죽이려는 사람인 네가 쏘아라!"

"네 말 떼를 훔친 것이 사실이다. 말 떼를 찾겠다는 사람인 네가 쏘아라! 두렵다면 돌아가거라!"
사킬다이의 말이 끝나자 롱사가 활을 당겼다.
사킬다이의 안장 앞테를 겨누고 쏘았다. 등자를 짧게 맸기 때문에 위로 몸을 올려주었다. 안장의 앞테를 관통하고 지나갔다. 화살은 사킬다이의 가랑이 밑으로 소리를 내며 지나갔다.

"이제 차례는 내게 있지 않은가?
밑으로 쏘자니 네 말을 맞혀 죄를 지어 무엇하랴?
네 쥠쇠를 겨냥하자니 네 간을 꿰뚫을 것이다.
네 위를 겨누자니 네 목울대를 맞혀 네가 죽는다.
둘 사이의 중간, 안장 앞테의 흉한 나무를 쏘겠다."

사킬다이가 활을 당겨 겨누었다.
롱사가 등자를 길게 늘였기 때문에 몸을 일으킬 수 없었다. 화살이 안장의 앞테를 뚫고 지나갔다. 오줌보를 관통했다. 롱사가 전통에서 화살 한 대를 뽑았다.
사킬다이가 속여 말했다.
"호걸이면 화살 단 한 대에 기진맥진하지 않고 모둠발로 달려들며 활을 쏠 것이다. 못난 남자이면 기진맥진해서 서서 쏠 것이다."
그 말을 듣고, 롱사가 모둠발로 달려들면서 활을 쏘려 하다가 부상 때문에 굴러 떨어졌다.
사킬다이가 롱사를 죽이고 나서 가라말을 타고, 돌갑옷을 벗겨 입고, 전통을 허리에 차고, 자신의 무기는 호박말에 싣고 게세르의 뒤를 따라갔다.
사킬다이를 우쭐하게 하려고 게세르가 총이말을 타고, 볼품없는 안장과 굴레를 얹어 씌우고 갔다. 사킬다이가 소리 없이 따라잡아 가서는 갑자기 제 갑옷 소리를 절렁거리고 고함을 지르며 덤벼들었다.
"자, 내가 오록 나라의 사킬다이를 죽이고 모든 무기를 빼앗아 호박말에 실었다. 이제 네가 죽을 차례가 되었다. 게세르 칸을 죽이고, 영험한 조류말을 빼앗겠다!" 하고 샵 나라의 롱사인 척했다.

게세르가 달아났다.
오르막으로 쫓았다.
말안장의 껑거리끈이 탁 끊어졌다.
내리막으로 쫓았다.
말안장의 가슴끈이 탁 끊어졌다.
가로질러 쫓았다.
말안장의 뱃대끈이 탁 끊어졌다.

게세르가 말에서 내려 달리며 빨갛고 고운 얼굴의 아이가 되어 큰 화살을 당기고 있을 때 사킬다이가 소리를 질렀다.
"오, 나다. 게세르!"
"네가 사람을 하늘로 보낼 뻔했다!"
"네가 나를 한 번 놀라게 했다. 내가 너를 한 번 놀라게 했다. 말한 대로 되었다. 아니 그런가, 우리?"
"내가 놀란 것은 사실이다. 내가 빨간 아리따운 얼굴의 아이가 되어 큰 화살을 당기고 있을 때 말이다. '나는 사킬다이다!' 하고 네가 고함을 친 것은 너도 겁이 났다는 것 아니냐?"
게세르의 말에 사킬다이가 돌아보고 웃었다. 많은 말 떼를 나누어 가지고 각자 자기 고장으로 갔다.

구 년 만의 귀향

놀롬 평원에 이르자 길 위에 흰 게르 궁전이 있었다. 게세르가 무기를 모두 갖추고 문에 서 있었다. 한 작은 아이가 나왔다.

"얘야, 이 집이 누구의 것이냐?"

"시방 세계의 지배자 게세르 칸의 아조 메르겐 카톤의 집이에요."

"네 어머니는 집에 있느냐?"

"우리 엄마는 케데르구 카라*와 싸우고 있어요. 한 번은 케데르구 카라가 이겨요. 한 번은 우리 엄마가 이겨요."

게세르가 아이에게 말했다.

"얘야, 내가 서쪽으로 갔다고 해라."

그러고는 "이들 곁에 내리면 이들이 나를 지체하게 할 것이다. 나는 원수의 적을 쫓으리라!" 하고 동쪽으로 달아났다.

아조 메르겐이 활시위를 당기고 화살을 메기며 나왔다.

"얘야, 지금 그 사람 어디로 갔느냐?"

"서쪽으로 갔어요."

서쪽을 보니까 모습이 없었다. 동쪽을 보았다. 열세 둔덕 저쪽에 쟁쟁함이라는 이름의 투구 꼭대기가 모습을 내밀고 있었다. 아조 메르겐이

---

* kedergü qara. 앞, 뒤에서 소개된 일이 없어 어떤 존재인지 알 수 없다. 어떤 적을 멸시해서 부르는 이름일 가능성이 있고, 몽골 문어의 kederge qara(가죽다듬개 검둥이), kedürge gedergüü qara(거꾸로 검둥이) 등을 생각해볼 수 있다.

투구의 꼭지를 쏘아버렸다.

게세르가 "저 죄 많은 것이 화를 내는 것도 당연하다" 하고 말 위에서 몸을 굽혀 투구 꼭지를 집어들고 갔다.

"아비가 독살스럽다고 아직 어린 새끼까지도 독살스러운 것은 어찌된 거냐?"

아조 메르겐이 제 아이를 쏘아버렸다.

게세르가 그런 식으로 가다가 외가 식구들을 만나게 되었다. 외가 식구들에게 말을 묻고자 했다. 그러나 지금 물어본 말을 이듬해나 대답해 줄 사람들이었기 때문에 게세르가 가서 말 떼를 몰아냈다. 외삼촌 고와 답소 부자富者가 국자를 들고 때리며 쫓아왔다.

게세르를 알아보고 꾸짖었다.

"볼장 다 본 녀석! 나쁜 놈! 천치 자식! 네놈이 보잘것없는 말 떼나 훔치러 다니니 시라이골의 세 칸이 와서 네놈의 형 자사 시키르를, 네놈의 보석 난총을 비롯해 삼십 용사를, 삼백 선봉을 다 죽였다. 네놈의 로그모 고와 카톤을 빼앗아갔다. 네놈의 그 무엇이든 모든 것을 빼앗아갔다. 네 아버지 셍룬을 초통 노얀이 마름으로 만들었다. 이 모든 것을 나 몰라라 한 나쁜 바보 새끼! 네놈이 내 말 떼를 무엇 때문에 훔치고 있느냐?"

이 모든 것을 알고 나서 게세르가 말 떼를 주었다. 그렇게 이동해 가서 당도해보니 초통 노얀이 큰 성 앞에 오백 명이 들어갈 수 있는 게세르 칸의 흰 게르 궁전을 세워놓고 살고 있었다.

게세르가 발라가 강에서 내렸다. 두 자루 속에 든 망고스의 모든 영혼을 신통력으로 펴놓았다. 수없이 많은 사람과 가축이 산이고 들이고 없이 풀을 뜯으며 갔다. 삼사십 채의 게르 궁전 마을을 만들었다. 그 안에 붉은 지붕창 덮개가 있는 크고 흰 게르 궁전을 가장 먼저 세웠다.

게세르가 자신의 큰 성을 돌아보려고 갔다. 돌아다니다가 열셋 금강석 절을 비롯한 자신의 모든 것을 보고 낙담하여 기절해 쓰러졌다.

구 년 전 로그모 고와가 끌려가면서 부탁해둔 사람이 와서 로그모 고와의 속눈썹으로 게세르의 코를 뚫었다. 눈물을 한 숟갈 가져다 부어주었다. 그러자 게세르가 다시 정신이 들어 일어났다. 그 사람을 데려다 자신의 숙영지에 설영케 했다.

초통 노얀은 그동안 게세르 칸의 아버지 셍룬을 마름으로 부리면서, 수많은 말 떼가 있는 곳으로 심부름을 보내려던 참이었다.

초통 노얀이 "어이, 영감! 당신이 가라! 우리의 이 강 상류에 수많은 사람들이 설영한 것은 어찌된 일인가? 대신이니 노얀이니 함부로 찾지 말라고 하라! 며칠 묵고 떠날 것이면 날짜를 따져서 가축을 받아라!" 하고 셍룬을 보냈다.

셍룬 노인이 자기 말을 타고, 전통을 허리에 두르고, 활을 메고, 단도를 차고 갔다. 가면서 옛날과 비교했다.

"아이고, 아이고! 우리 게세르가 떠난 이래 이곳에 이렇게 근사한 설영지를 둔 사람은 없었다. 시방 세계의 열 가지 해악의 뿌리를 끊은 우리 아이, 거룩한 이의 옛 설영지와 똑같구나. 이렇게 아름다운 설영지가 있는 집이 남의 것이 되었다."

셍룬 노인이 울면서 왔다. 게세르가 문 위 틈으로 살펴보았다.

"아이고, 투멘 지르갈랑! 모자를 써! 우리 노인네께서 오고 계시네. 말에서 내리시면 차와 식사를 대접한 뒤 말씀을 들어보고 돌아가시도록 해! 나를 보시면 괜히 화를 내실 거라고, 저분이."

게세르가 탁자 위로 달려 올라가 커튼을 치고 앉았다. 노인이 와서 물었다.

"도대체 누구요? 어디 사람이오? 초통 칸이 나를 보냈소. 당신들보고 서둘러 떠나라고 하오. 아니면 날짜로 계산해서 가축을 받으라 했소. 우리 고장에 무슨 목적으로 머무는 것이오?"

투멘 지르갈랑이 말했다.

"오, 할아버지! 그대 칸의 명이 옳습니다. 두려워 죽겠습니다. 못난 저희가 떠나겠습니다. 우리 사내들은 집에 없습니다. 사냥 갔습니다. 사내들이 돌아온 뒤에 떠나겠습니다. 오, 할아버지! 말에서 내려서 차와 국 좀 드시고 가세요."

노인이 말에서 내려 자신의 두 살배기 얼룩빼기 말을 맡겼다. 전통과 활을 놓고 들어갈 때 단도를 앞으로 향하고 들어왔다.* 투멘 지르갈랑이 모전 깔개를 펴주었다. 큰 뿔잔에 차를 가득 부어주었다. 노인이 차를 받아 잔을 보고는 웃었다. 차를 다 마시고 잔을 주고 나서 울며 앉았다.

양의 앞다리 하나를 그릇에 담아주었다. 노인은 칼이 없었기 때문에 단도를 꺼냈으나 칼이 들지 않아 그냥 있었다. 게세르 카간이 마음이 아파 커튼을 뚫고 화살 다듬는 작은 유리 자루 칼을 던져주었다. 칼을 받고 웃었다. 노인이 썩썩 잘라먹고 고기를 돌려주고** 울었다. 투멘 지르갈랑이 물었다.

"아이, 할아버지! 웃는 사람에게는 이유를 물어보고, 우는 사람은 울게 두라고 했습니다.

---

* 몽골 전통에 남의 집에 들어갈 때는 무기를 밖에 놓고 들어간다. 그런데 칼을 가지고, 그것도 앞으로 향해 들어가는 것은 이상하다. 아마 셍룬이 경계심을 늦추지 않고 있음을 나타내거나, 그가 이른바 예의 바른 노인이 아님을 보여주는 것일 수도 있다.
** 몽골 사람들이 그릇에 고기를 담아내 주면 먹을 만큼 베어 먹고 식탁에 앉은 다른 사람에게 고기 그릇을 밀어주는 모습인 듯하다.

잔에 차를 담아드리니 웃으시네요.
마신 뒤에는 우시는 것은 무슨 까닭입니까?
고기를 드실 때 칼이 없고 칼이 들지 않아 칼을 드리니
칼을 보고 웃으십니다.
고기를 드시다 말고 우시니 어찌된 까닭입니까?"

"여보시오, 그대가 묻는 것은 당연한 일이오. 시방 세계의 열 가지 해악의 뿌리를 끊어버린 자비로운 어진 칸이라는 이가 내 아들이었소. 머리가 열두 개 달린 망고스에게 자신의 투멘 지르갈랑 카톤을 찾으러간 지가 아홉 해가 되었소. 나는 나의 그가 죽었는가 하고 생각했소. 차를 마실 때 이 뿔잔을 보고는 왔구나 하고 생각해 웃었다오. 얘야! 네 잔은 이것이다. 이제 너의 몸은 어느 것이냐 하고 내가 우는 것이라오."

노인이 말하면서 울었다. 투멘 지르갈랑 역시 울었다. 게세르가 참지 못하고 나와 노인을 끌어안고 울음을 터뜨렸다. 게세르가 울 때 황금 세상이 모두 감동해 움직였다.

"아이, 노인네도! 뚝 그치세요. 여자세요? 제가 왔으면 되었지요. 사악한 초통이 알겠어요! 모든 중생이 전부 감동해 움직일 거예요. 잠자코 계세요!"

노인을 놓고, 향을 피워 황금 세상을 안정시켰다.

"아버님! 이러니저러니 괜히 화내지 마세요! 잠자코 가세요. 이것을 가져다가 어머님하고 두 분이 국이라도 끓여 드세요."

게세르가 노인에게 소의 넓적다리를 하나 주었다.

노인이 출발한 뒤에 게세르가 신통력을 써서 자신을 만난 일을 잊게 했다. 노인이 가던 도중에 말했다.

"아이고, 아이고! 우리 게세르가 왔던가, 안 왔던가? 신기루였던가, 꿈이었던가? 그래! 안 왔다고 하면 이 고장에서 내게 소의 넓적다리는 고사하고 여우 정강이조차 줄 놈이 없다."

노인이 두 살배기 얼룩빼기 말의 오른쪽 뒷다리를 소의 넓적다리로 때리며 갔다. 가다가 넓적다리를 버리고 단도를 꺼내서는 초통의 집으로 달려들며 (자신에게) 다짐했다.

"이 땅의 주인이다, 너는. 제 땅에서 무슨 못난이 노릇이냐? 사악한 초통과 그 여편네 자라이*의 이름이 사라지고, 셍룬과 네 아내 아모르질라의 이름이 일어나게 해야 할 것이야!"

"아이고, 이 늙은이를 보게! 이게 어찌된 일이냐?"

초통 노얀이 세 사람을 시켜 노인을 젖은 몽둥이로 두들겨 팼다. 아버지가 맞고 있는 것을 게세르가 신통력으로 알았다.

"아이고, 아이고, 얘야! 나를 왜 죽이느냐, 네가? 이 강 상류의 사람들을 쫓아냈다. 강 상류에 세 무리의 사냥감이 있다. 강에 바짝 붙여 쏘면 된다고 내가 기뻐서 그런 것이었다."

셍룬이 말했다.

"그만 해라! 영감 당신이 옳다."

초통 노얀이 마른 쇠똥을 베개 삼아 셍룬을 눕게 했다.** 게세르의 어머니 아모르질라 노파가 밤에 엎드려 울면서 물었다.

"아이고, 영감! 거룩한 이와 헤어지고 나서부터 당신과 우리 두 사람에게 무슨 낙이 있었겠소? 오늘 당신이 기쁘다는 것도 당신이 고통받고 있다는 뜻일 게요. 자, 누우시오!"

---

* 초통의 아내 이름. jarai.
** 죽은 자에게 벽돌차(찻잎을 쪄서 벽돌 모양으로 찍어 만듬)를 베게 하는 풍속과 유사한 행위.

"못된 노망난 버르장머리없는 것! 고통받는 대로 받다가, 이대로 죽어야 하겠는가? 그래, 기뻐서 웃었다, 내가! 그것이 지금 어쨌다는 건가?" 하고 노인이 화를 내며 돌아누웠다.

"노망난 못된 늙은이, 순순히 말해! 우리 그 아이의 무슨 징조를 본 거지? 날더러 못난 당신처럼 어리석게 살고 있으라고? 닥쳐!"

"어이, 우리 할망구! 잠자코 있어. 오늘 그 사람들을 쫓아내고 돌아오는데 도중에 어떤 사람이 나타나서 말하더라고. 게세르는 죽지 않았다고. 영감님을 기쁘게 하려고 원수 초통을 죽이러 갔다고."

영감의 이 말을 듣고 노파가 울며 기쁜 마음으로 누웠다.

이튿날 시방 세계의 지배자 게세르 칸이 변신하여 세상을 떠도는 나이 많은 거지 라마가 되었다. 한 분신을 두 제자로 만들어 데리고 노새와 나귀에 꽤 많은 식량을 싣고 끌고 와서 초통의 집 밖에 와서 내렸다.

초통이 집 밖의 식탁에 앉아 있었다. "멀리서 오는 라마 같다. 누구인지 물어보아라" 하고 두 사람을 보냈다.

"라마는 뉘시오?"

"나는 세상을 떠도는 거지 라마요. 이 세상의 모든 칸들을 방문했소."

"그대는 어느 칸들을 방문했는가?"

"여보시오! 나는 안 가본 곳이 없이 전부 가보았소. 물어볼 일이 있소, 없소?"

두 사람이 와서 초통에게 보고했다.

초통이, "아이고, 이런! 아이고, 이런! 이 거지 라마는 어쩌면 말솜씨가 이다지도 좋으냐? 이리 데려오너라!" 하고 데려오게 했다.

"그래, 라마는 머리가 열두 개 달린 망고스에게 가보았는가?"

"가보았소."

"게세르가 갔다. 게세르가 이겼느냐, 망고스가 이겼느냐?"

"망고스가 게세르를 이겨 그가 죽은 지 구 년*이 되어, 망고스의 상반신이 태양을 차지하며 지키고 있소. 하반신은 흙이 있는 황금 세상을 차지하며 지키고 있소."

"옳지, 옳지! 내 소원이 성취되었다. 보석과 같이 귀중한, 부친과도 같은 라마시여! 이리 오시오!"

초통이 라마를 식탁에 앉게 했다. 게세르의 숙모인 초통의 아내가 울었다.

"아이고머니나! 아이고머니나! 세상에! 세상에! 돌아가셨소, 그대가? 하늘님의 아들 거룩한 이여! 내가 그대를 죽지 않을 만큼 그리워했는데! 티베트의 후사가 단절되었소? 오, 나의 거룩한 이여!"

그러자 초통이 "게세르의 완벽한 연인은 너였구나!" 하며 제 아내를 두들겨 팼다. 라마가 말했다.

"아이고, 칸이시여! 게세르라는 자는 그대의 조카라고 하지 않았소이까? 마음 뜨거운 그대의 친척이 아니오? 카톤에게도 눈물이 날 만큼 고통이겠지요."

라마의 말에 따르자 하고 제 아내 때리기를 멈추었다.

"말솜씨 좋은 거지 라마에게 주겠다! 무엇이든 전부 가져와라."

큰 잔치를 하고 물건을 엄청나게 많이 가져다주었다. 초통 노얀이 앉아서 라마에게 말했다.

"라마, 나의 이 개에게 이름을 지어주시오."

"그대의 좋은 개가 전에는 이름이 없었소이까? 그렇다면 제가 이름을

---

*5권 하44 15행. jayun jil(100년)은 명백한 오류다.

지어드리지요."

"참으로 좋은 개요."

학덕 있는 라마가 이름을 지어주었다.

'먼저 제 주인의 대가리를 삼키는 쓰레기, 나중에 제 대가리를 삼키는 쓰레기'라고 이름을 지었다.

"아까까지만 해도 말솜씨 좋은 거지였다, 이자는. 지금은 악담꾼 거지가 되었다, 이자가. 이자를 쫓아버려라!"

"오, 칸이여! 당신이 쫓으면 내가 갈 거요.
시방 세계의 열 가지 해악의 뿌리를 끊어버린
자비롭고 거룩한 이, 어진 칸은 죽지 않았소.
질투에 사로잡힌 초통을 죽이러 온다고 하오."

라마의 말에 초통이 넋을 놓고 뛰어나가며 이리저리 돌아보았다.

라마가 그곳을 떠나 성안으로 가려고 하는데 한 아이가 얼룩빼기 염소 오백 마리를 돌보며 한 번은 울고, 한 번은 노래를 부르며 갔다. 게세르가 "노래하는 것도 아니고, 우는 것도 아니다. 내게, 아니면 어느 동무에게 사랑하는 친척이 되는 아이다, 이 아이는!" 하고 물었다.

"얘야, 너는 누구냐?"

아이가 말했다.

"아이고, 자사 아버지로부터 시방 세계의 지배자 게세르 어진 칸이 떠나간 이래, 초통의 하인이 된 이래, 단 한 사람도 나를 '얘야, 너는 누구냐?' 하고 묻는 사람이 없었소. 그대는 뉘시오?"

"내가 먼저 물었다. 네가 먼저 말을 해라."

라마가 말했다.

"나는 이 섬부주의 지배자 게세르 칸의 보석 같은 사랑하는 형 자사 시키르의 아들이었소. 내 게세르 아저씨가 머리가 열두 개 달린 망고스를 치러간 뒤에 시라이골의 세 칸이 와서 로그모 고와를 빼앗으려고 들자 나의 아버지 자사를 선두로

적의 호걸들을 도륙하고,
뛰어난 거세마들을 전리품으로 빼앗고 다닐 때
질투에 사로잡힌 초통이 배반하여
모든 것이 물거품이 되었소!
나의 아버지 자사가 죽었소!
어떻게 이루 다 말하리오? 이와 같이 사연이 많소."

아이가 울며 다시 말했다.

"내게 말씀을 해주시오."

"얘야! 나는 세상을 떠도는 가난한 거지 라마다. 내가 세상을 떠돌다 보니 소문에 망고스가 더 세서 게세르가 졌다더라. 몰랐다, 나는."

아이가 울면서 말했다.

"내가 아버지 자사와 헤어졌지만 게세르 어진 칸 아저씨와도 영영 헤어지리라는 것을 어떻게 알았을꼬?

박복한 몸이 남의 하인이 되는 것이 나의 운명일까?
원수인 적에게 복수하기에는 이 몸이 너무 어린 것일까?

간다! 남의 하인이 되어 소중한 내 몸을 망쳐야 할까 보냐?
그 두 분이 영원히 살지 못했는데, 내가 영원히 살아야 하는가?
복수할 수단을 찾자!"

아이가 감동적인 말을 하며 울자 라마가 울었다. 황금 세상의 모든 것이 떨며 움직였다. 라마가 말했다.
"얘야, 가만있거라. 네 마음이 먼저 강해져야 하느니라."
아이가 뒤에서 따라가면서, "라마여, 잠깐만이요!" 하고 불러 세웠다. 라마가 "무엇이냐?" 하고 물었다.

"있는 몸에는 목숨이 필요합니다.
목숨을 아끼는 자에게는 수단이 필요합니다.
시방 세계의 지배자 나의 게세르 칸 아저씨를 기다리며
남의 염소 오백 마리를 돌봐주고 삯으로 받은
에즈기*가 있습니다."

아이가 주머니에서 에즈기를 꺼내 라마에게 바치며 말했다.
"오, 라마여!
하나는 나의 자사 아버님의 영혼을 위해, 하나는 시방 세계의 지배자 게세르 칸 아저씨의 영혼을 위해, 나의 이 두 분을 위해 그대가 좋은 축원을 해주세요.

---

*카테지 치즈의 일종. 양, 염소, 소젖의 유장(乳漿, 젖에서 단백질과 지방분을 분리해낸 나머지)을 끓여 만든다.

내게 어떠한 적에게도 파괴되지 않는 마법의 힘을 주세요!"
라마가 에즈기를 받고 울었다.

"얘야, 가만있거라.
사람에게는 수단이 필요하지 않느냐?
고아는 먼저 강해질 필요가 있지 않느냐?
코르모스타 하늘님의 아들 게세르가
해악스러운 망고스를 죽였을 것이다.
표리부동한 초통을
말라죽은 나무처럼 만들러 오고 있을 것이다.
남겨진 고아 모두에게
모든 하늘의 행복을 누리게 할 것이다.
전능하신 하늘의 지배자 게세르가
원수의 망고스를 죽였을 것이다.
이렇게 저렇게 말하는
네 원수의 초통을 발로 짓밟을 것이다.
지배자이신 게세르 칸과 만나
전능하신 하늘의 행복을 누리거라, 애야!
너는 복수하겠다고 했다.
너는 네가 너무 어리다고 생각했다.
나중에 복수하겠다고 했다.
그러면 너무 늦지 않을까 걱정했다.
네가 그렇게 말하는 것은 모두
네가 용사임을 나타내는 것이다.

옛다!"

라마가 아이에게 초통이 준 물건을 주고 갔다.
게세르가 성 밖으로 나와서 가고 있을 때, 한 노파가 옷을 어깨에 걸치고, 광주리를 지고, 왼쪽 어깨를 스치면서 마른 쇠똥을 주우며 한 번은 울고 한 번은 노래를 부르며 가는 것이었다. 달려가, "할머니 뉘시오?" 하고 물었다. 노파가 라마를 보고 웃었다. 그러고 나서 울었다.
라마가 물었다.
"할머니, 웃는 이유는 물어봐라, 우는 것은 놔두라고 했습니다. 그대는 내 앞에서 한 번은 노래하고, 한 번은 웃으면서 가셨습니다. 나를 만나고 나서는 이제 그대가 울고 가시는 것은 무슨 일입니까?"

"오. 스님! 그대가 묻는 것도 당연합니다.
시방 세계의 열 가지 해악의 뿌리를 끊어버린
자비롭고 거룩하며 어진 게세르 칸이라고 하는 이가
내 하나뿐인 아들이었소.
머리가 열두 개 달린 망고스를 치러간 지
구 년이 되었다오.
나의 그 아들은 시방 세계에 여러 모습으로 현신했소.
아무리 변신을 해도
이마에 있는 점, 조개처럼 흰 마흔다섯 개의 이는 변치 않소.
나의 그 아이의 화신이 맞다고 생각해 웃었다오.
뒤에 아닐지도 모른다 하고 울었다오."

게세르가 어머니의 말에 더 견딜 수가 없었다.

영험한 조류말을 하늘에서 내려오게 해서 탔다.
이슬처럼 영롱하게 빛나는 일곱 가지 보석을
겹으로 박은 검댕처럼 검은 갑옷,
모든 무기를 전부 갖추어 입었다.

"어머니! 내가 태어난 이래 내가 싸우는 모습을 보신 적이 있나요, 그대는? 이 성의 문루에 올라가 보세요. 내가 어떻게 맹렬하게 나타나는지, 나를 보세요."

게세르가 어머니를 세 번 끌어안고 출발했다. 어머니가 한 번은 울고 한 번은 웃고, 서지도 앉지도 못했다.

초통을 초주검 만들고 영지와 속민을 몰수하다

게세르가 초통의 서북쪽에서 천군만마의 먼지를 일으키며 공격했다.

초통이 "아이고, 이 큰 먼지가 무엇 때문에 일어날까?" 하고 달려 들어가 문 위 틈으로 살펴보았다.

"이봐, 여편네야! 방금 전의 것은 사악한 먼지가 맞다. 내가 어디 있는지 가르쳐주지 마라!"

초통이 솥 속으로 들어가 누웠다. 게세르가 와서 길길이 날뛰는 제 영험한 조류말 위에서 문 위 틈으로 살피며 초통을 불렀다.

"어이, 초통 아저씨, 아주머니 계세요? 나오세요! 만납시다! 당신들의 코흘리개 조로가 왔어요. 원수의 망고스를 죽였어요. 어서 나오세요!"

"얘야, 네 아저씨는 토고토 목장*에서 묵겠다고, 어귀를 습격당하면 바닥에 숨겠다고 갔다."

초통이 '저 여편네가 어쩌자고!' 하면서 탁자 밑으로 기어 들어갔다.

"나에게 화가 났나요? 아저씨, 아주머니! 안 보실 작정이세요? 어서요!"

"얘야, 네 아저씨는 시르게투 목장**에서 묵겠다고, 천장으로 습격당하면 어귀에 숨는다며 갔다."

'저 망할 놈의 여편네, 너!' 하고는 안장 밑으로 들어갔다.

---

* 솥단지 목장.
**탁자 목장.

"아저씨, 아주머니! 두 분이 그립습니다, 나는! 어서 나오세요!"
"네 아저씨는 에메겔투 목장*에서 묵겠다고, 말에 숨겠다, 안장 앞머리가 습격당했다고 되뇌면서 갔다."

초통이, '이런, 제기랄 여편네, 어쩌자고!' 하면서 오른쪽에 놓은 세 개의 가죽자루 중 가운데 자루로 들어갔다.

"어이, 이 여편네야! 자루 아가리를 어떻게든 묶어!"

초통이 말하자, 아내가 묶었다.

게세르가, '이 못된 것들 같으니라고! 나한테는 늘 이따위로 굴었지' 하고는 주문을 걸었다.

"남쪽에서 양만 한 흰 구름이 나와라!
북쪽에서 소만 한 검은 구름이 나와라."

그 두 구름이 부딪쳐서 폭풍을 일으키고, 우박비가 내려 하늘이 무너지는 소리가 나고, 큰 회오리바람을 일으켜 흰 게르를 쓰러뜨렸다. 오백 명이 사는 게세르의 크고 흰 게르 궁전은 바람을 따라 돌아 투멘 지르갈랑의 집 밖에 가서 자리잡았다.

투멘 지르갈랑이 맞아 나와, "예전의 흰 게르 궁전이면 나의 이 기둥에 꼭 맞아라!" 하고 황금 기둥을 세워 안정시켰다.

가죽자루 안에 있는 초통은 영험한 조류말의 앞에 굴러와서 그 앞에 엎어졌다.

＊안장 목장.

"우리 아주머니가 보관해주신,
우리 아저씨가 날라다주신 자루가 셋이구나.
아홉 해 동안의 양식과 씨앗을
코흘리개 조로 나를 위해 담아놓은 것이다."

게세르가 말에서 내려와 자루에 걸터앉았다.
게세르가, "아, 여기에 있는 것이 버터일까?" 하고 넓적다리 쪽을 송곳으로 찔렀다. 조금 움찔하고 움직였다. 크게 찔렀다. 크게 움찔하고 움직였다. 화살 다듬는 유리 자루 칼로 움푹한 곳을 쑥 들어가도록 찔렀다. 검은 피가 솟구치도록.
"아악! 네 아저씨 초통이다!"
자루가 펄쩍 뛰어올랐다.
"아이쿠, 이런! 우리 아저씨 맞네! 어떻게 된 거예요? 나는 자루라고 여기고 있었잖아요!

아저씨,
자사는 누구의 친척이었습니까?
당신의 친척 아닙니까?
그대의 삼십 용사는 누구의 친척이었습니까?
당신의 친척 아닙니까?
로그모 고와는 누구의 조카며느리입니까?
그대의 조카며느리 아닙니까?
당신을 어떻게 해야 내 성에 찰까?
내 화가 어떻게 해야 풀릴까?"

그러다 "에잇!" 소리를 내며 아홉 길짜리 검은 꼬챙이 칼을 뽑아들고 모둠발로 덤벼들었다. 초통이 일어나 "어쩌자고!" 하며 달아났다.

게세르가 영험한 조류말을 타고 소리치며 쫓아갔다.

"도둑이야! 저놈 잡아라!"

달려가면서 따라잡지 못하는 척하고 영험한 채찍으로 초통을 계속 때리며 쓰러뜨리고 일으켜 세우며 쫓아갔다. 초통이 구멍으로 달려 들어갔다. "이 구멍에 여우가 들어갔다"며 게세르가 불을 피웠다.

게세르의 아저씨 차르긴 노인이,

"남쪽에서 양만 한 흰 구름이 나왔다.
북쪽에서 소만 한 검은 구름이 나왔다.
이 두 구름이 부딪쳐 지독한 먼지가 일어났다.
시방 세계의 열 가지 해악을 뿌리 뽑은 내 거룩한 아이의 영지 그곳에서.
게세르가 온 것일까?"

하며 "높은 데로 올라가서 보자" 하고 작은 시르가 말을 타고 있는 힘을 다해 달려왔다.

"아이고, 맞네, 어머니! 아이고, 맞네, 어머니!"

차르긴 노인이 엎어지고 일어나며 달려왔다. 게세르가 일어나 맞이하여 일으켜 잡았다. 서로 끌어안고 울었다. 게세르와 차르긴이 울 때 황금 세상이 모두 떨며 움직였다.

"아저씨, 그만 그치세요!" 하고 차르긴이 우는 것을 멈추게 하고 향을 피워 황금 세상을 진정시켰다.

차르긴이 물었다.

"이 구멍에 무엇 때문에 연기를 피우느냐, 네가?"

"여우가 들어가서 연기를 피웁니다, 제가."

"애야, 여우가 아니라 바로 그 못된 죄 많은 초통이 있겠지. 이 죄 많은 놈을 죽이려면 죽일 수 있지. 그러나 황금 뼈를 가진 네 사랑하는 친척이다. 내 마음도 견딜 수 없다. 잘못되게 하지 마라. 뒷일은 네가 알아서 해라."

차르긴이 말했다.

"어이, 초통! 이리 나와라!"

초통이 나왔다.

"내 영험한 말아!

이것을 아홉 번을 삼키고

아홉 번을 똥으로 싸라.

삼켰다 쌀 때 천천히 싸버려라!"

영험한 조류말이 초통을 아홉 번 삼키고 아홉 번 싸버렸다.

초통이 털오라기만 한 목숨만 부지한 채 헤매며 넘어지고 일어나기를 반복했다.

초통의 처인 숙모를 가상히 여겨 초통 나라의 가축 절반을 주고 초통과 갈라서게 했다. 차르긴에게는 망고스에게 가져온 모든 것을 다 주었다. 제 아버지, 어머니에게는 초통의 모든 것을 다 주었다.

자사의 아들을 집으로 데려왔다. 초통의 원수를 갚고 고아들 모두를 공평하고 행복하게 살도록 했다.

시라이골의 세 호걸

게세르가 "나는 이제 시라이골의 세 칸에게 복수하여 원수를 갚겠다!"
고 다짐했다.

영험한 조류말을 탔다.
이슬처럼 영롱한 일곱 가지 보석을 겹으로 박은
검댕처럼 검은 갑옷을 입었다.
번갯불빛 어깨 가리개를 찼다.
해와 달을 함께 나란히 넣은,
이마가 흰 투구를 보석 머리에 썼다.
터키석 오늬를 붙인 서른 대의 화살,
무시무시한 검은 활을 멨다.
영험한 세 길 검은 꼬챙이 칼을 찼다.

"어이, 나와 함께 복수하러 갈 사람이 있는가?"
자사의 아들 라이잡이 나섰다.
"지금 당장 원수를 안 갚으면 언제 갚겠소? 내가 가리다!"
"애야, 너와 나의 걸음이 다르지 않느냐? 네 원수는 내가 갚으마. 그만
두어라!"
게세르가 말리자, 자사의 아들이 울면서 돌아갔다.

초통이 왔다.
"얘야, 내가 같이 추격하마!"
"아저씨가 옳소. 가시오!"
게세르가 허락했다.
게세르가 쟁쟁함이라는 이름의 활을 갖고 높은 산의 꼭대기에 올랐다. 이스마다라는 이름의 화살을 잡았다.

"오, 이스마다라는 이름의 내 화살이여!
시라이골의 세 칸에게 가고 있다, 나는.
가증스러운 적의 정탐꾼, 파수꾼이 있느냐?
그것을 먼저 죽이고,
카톤 강의 저기 저만큼에 가서 맞거라.
거기서 너를 찾아가지마, 내가!
아니면 성에 맞거라! 뒤에 찾아가지마, 내가!"

활을 당기고 있다가 신통력으로 쏘아버렸다.

시라이골의 세 칸의 세 호걸 가운데,
하나는 가는 데 석 달 걸리는 거리를 내다보는 사람이었다.
하나는 본 것을 놓치지 않는 장사였다.
하나는 갑자기 움직이는 것을 낚아채 놓치지 않는 사람이었다.

석 달 거리를 내다보는 사람이 보았다.
"우리에게 독수리인지 까마귀인지 쇠를 움켜쥔 것이 하나 온다."

"어디를 향해 움직이는가?"

나머지 두 사람이 물었다.

"우리를 목표로 하고 오고 있다. 엄청나게 빠르다. 뭔지 모르겠다."

한 호걸이 펄쩍 뛰어 일어서며 말했다.

"아이쿠! 두 동무여, 일어나라! 독수리니 까마귀니 하는 내 말이 틀렸다. 화살이다, 이것은! 낚아채는 이여! 어떡하든 낚아채라. 이 화살이 우리에게 온다."

"나를 맞히도록만 와라! 내가 그것을 어떻게 놓칠까?"

내다보는 이가 말했다.

"지독한 것이다, 이것은! 장사는 그의 허리춤을 꼭 잡아라! 장사의 허리춤을 내가 꼭 잡겠다!"

셋이 서로 끌어안고 낚아채는 이가 손을 뻗어 준비했다. 화살 가운데를 꼭 붙들었다. 화살이 세 사람을 달고 공중으로 갔다. 카톤 강에 이르러 바닥이 없는 깊은 물에 데리고 떨어졌다. 셋이 함께 물에 빠져 죽었다.

화살은 게세르의 누나 보와 동종 가르보가 잡아 던져버렸다. 화살이 카톤 강의 상류에 솟아나온 모양으로 땅에 박혔다.

게세르가 초통을 데리고 갔다. 일곱 낮 일곱 밤을 먹을 것을 주지 않고 데리고 갔다. 초통이 배가 너무 고파 멍해서 갈 때 길 위에 소똥 하나가 있었다.

게세르가 뒤에서 말했다.

"양식이 떨어진 사람에게는 이것도 얼마나 근사한 음식일까?"

"애야, 내가 양식이 떨어졌다. 내가 먹으마!"

"아저씨, 드세요. 소똥처럼 생각되겠지만 버터예요, 이것은."

초통이 소똥을 먹으며 갔다. 다시 길 위에 끊어진 지달 고리가 떨어져 있었다.

"아이고, 이 근사한 음식이 어째 길 위에 떨어져 있나?"

게세르가 말했다.

"얘야, 잠깐만! 내가 먹겠다."

"아저씨, 털가죽이라고 생각되겠지만 신통력 있는 음식이에요, 드세요!"

초통이 집어먹었다. 거기서 더 가니 맷돌이 뒹굴고 있었다.

"어이, 초통! 당신이 우리 로그모를 시라 벌판에 숨으라고 해서 숨어 다니다가 잃어버린 노리개가 여기 있었구려. 이것을 다시오."

"얘야, 이것을 어떻게 드니?"

초통이 들지 못하고 있었다.

"내가 달아드리겠소. 구멍이 이것 아니오?"

게세르가 끈을 만들어 등허리 가운데다 묶어주었다.

"이제, 나의 거룩한 이여! 너와 함께 다닐 수가 없구나! 이제 양식도 없이 죽겠다. 돌아가자."

초통이 말했다.

"아저씨, 복수하겠다던 말은 어찌된 거요?"

게세르가 물었다.

"얘야, 죽는다, 있다가는. 돌아가련다."

초통이 대꾸했다.

"아저씨, 돌아가요!"

게세르가 초통을 보니 어깨의 연골이 허옇게 드러나고 가슴으로는 심장이 비어져 나오고, 겨드랑이로는 허파가 비어져 나오고 있었다.

초통이 돌아갔다. 셍룬 노인이 보고, "아이고, 망할 놈!" 하고 초통을 끌어내 내팽개치고 맷돌로 눌렀다. 차르긴이 살려주었다.
"어이, 솅룬! 죽이지 마라! 놓아줘라! 죽여서 어쩌겠니, 이것을?"

게세르가 시라 탈라로 가서 카톤 강의 저기 저만큼 건너니 이스마다 화살이 있었다.
"에, 원수를 한 놈* 죽였군."
게세르가 활을 집어넣었다.

---

*실은 방금 앞에서 본 대로 세 호걸.

자사 시키르와의 재회

빠른 걸음으로 카톤 강 옆 쿠셀렝 오보 아래를 지나는데 "어이, 우리 게세르!" 하는 소리가 났다.

"어라, 이 무인지경에 사람도 없었는데, 개도 새도 없었는데 어떻게 사람 소리가 들려오나?"

게세르가 이리저리 돌아다보았다. 아무도 없었다.

"아이고 정말로! '게세르!'라고 사람 소리가 났는데. 도대체 어디로 간 거야? 이 무슨 괴이한 일인가?"

게세르가 괴이하게 생각하며 가고 있을 때, 다시 "게세르, 잠깐!" 하는 소리가 났다. 게세르가 자신의 주변을 자세히 살펴보니 상체는 새, 하체는 사람인 매가 와서 안장의 앞가리개 위에 앉아 울고 있었다.

"시방 세계의 열 가지 해악의 뿌리를 끊은 우리 자비로운 어진 칸 게세르여! 이 섬부주에서 사랑하는 그대 자사 시키르 형이다, 나는."

매의 모습을 한 자사 시키르가 그간 있었던 일들을 낱낱이 말했다. 말할 때 게세르가 울었다. 황금 세상이 떨며 흔들렸다. 모든 중생이 마음 아파 울었다. 게세르가 향을 피워 진정시켰다.

"어이, 자사 시키르 형! 무슨 불만이 있수? 다시 살고 싶소? 집에 돌아가서 내가 형을 어느 사람의 몸에 살아나게 하리다. 이제 나의 코르모스타 아버님께 가자는 거요? 울지 마오."

"얘야, 나의 거룩한 이여!
내가 알아서 생각을 정하마.
차간 게르투 칸의 아우 시만 비로자의 심장을
내게 가져다 다오! 내가 먹어야 한을 풀리라.
십여 명의 호걸이 있다. 그들을 수를 내어 죽이고
영혼을 지옥의 바닥에 던져라,
나의 거룩한 이여!"

게세르가 "자, 내가 가리다!" 하고 산의 짐승을 산에서, 들의 짐승을 들에서 활로 쏘아 잡아주고, "내가 올 때까지 이것을 먹고 계시오" 하고 떠났다.

게세르가 시라이골에 당도했다. 높은 산의 꼭대기에 올라갔다. 오후에는 영험한 조류말에게 땀을 식히고 특별한 풀만 먹으며 대비토록 했다. 화살 한 대에 주문을 걸어 쏘았다.

"내 행동과 의지가 이루어질 것이면 주인 있는 화살은 제 주인에게 밤에 돌아오도록 하라! 아니면 거기 자빠져 있어라!"

차간 게르투 칸이 황금 보좌에서 차를 마시며 앉아 있었다. 화살이 윙윙거리는 소리를 듣고, "시방 세계의 지배자, 가히 두려워할 거룩한 이에게 기도하고 공양해야겠다"며 잔에 있는 차를 화살 앞에 뿌렸다. 화살은 차의 공양을 바친 덕에 황금 보좌의 다리에 탁 맞았다.

"이 화살은 위에 있는 하늘의 화살일까? 가운데 있는 아수라들의 화살일까? 아래 세상의 용왕들의 화살일까? 이것이 게세르의 화살이면 나의 세 파수꾼이 못 보았을까? 로그모 고와는 알아볼 것이다."

로그모 고와에게 화살을 보냈다. 로그모 고와가 깃을 붙잡고 꺾어버렸다.

"위에 계신 하늘의, 아래 세상의 용왕들의 적을 위해 행하는 화살이면 여기서 자라. 아니면 주인에게 돌아가라!"

로그모 고와가 다섯 빛깔 집 비단으로 묶어 문설주에 기대어 놓았다. 신통력 있는 화살이 회오리바람을 일으켜 바람의 빠르기로 돌아와서 게세르의 전통에 정통으로 맞았다. 게세르가 새벽 동틀 때 일어나 세수를 하고 나서 제 전통을 보니 비단을 단 화살이 흔들리며 나부끼고 있었다. 화살을 집어 들고는 말했다.

"내 행위와 의지가 이루어질 것이다. 사악한 시라이골에서 단 한 대의 화살이 다섯 배로 되어왔다."

게세르가 비단을 여섯 조각을 내어 시라이골 칸의 어머니의 가호, 아버지의 가호, 잡산 구메라는 이름의 산에 제사를 지냈다. 가호가 돌아서게 했다.

"옛날에는 시라이골 칸을 가호하는 산이었다, 그대는. 이 시간 이후로는 나를 가호하는 산이 되어라!"

게세르가 향을 사르고 경을 읽고 있는데 땅이 움직이고 풀과 돌과 나무가 없어졌다. 게세르가, "오, 옳다!" 하고 떠났다.

늙은 거지 라마가 된 게세르

시라이골의 세 칸에게 당도했다. 시라이골의 칸이 마시는 물은 두 개씩, 두 개씩 있는 샘물이었다. 그 가운데서도 참잘랑이라는 이름의 샘이 소중했다. 거기서 시라이골의 세 칸의 딸들이 물을 긷고 몸을 씻었다.

게세르가 그 샘으로 가는 길 위에서 백 살 먹은 거지 라마로 변신했다. 영험한 조류말은 하늘로 올라가게 했다.

이슬처럼 영롱한 빛에 검댕처럼 검은 갑옷은
변신한 라마의 장삼이 되었다.
번갯불빛 두 흰 어깨 가리개는
변신한 라마의 검은 소매가 되었다.
이마 부위가 흰 투구는
변신한 라마의 모자가 되었다.
영험한 세 길 검은 꼬챙이 칼은
변신한 라마의 세 길 검은 지팡이가 되었다.
터키석 오늬를 붙인 서른 대의 흰 화살을, 무시무시한 활을
변신한 라마의 법복으로 만들었다.

큰 길 위에 거지 라마가 되어 누워 있었다. 차간 게르투 카간의 차손 고와 공주가 중국 타이붕 칸의 아들 밀라 군주드*에게 받은 오백 명의 소녀

시녀를 데리고 과일과 음식을 이리저리 던지며 놀면서 왔다. 그 던진 음식이 누워 있는 라마의 입에 저절로 들어갔다. 소녀들이 달려왔다.

"아이, 할아버지! 누구세요? 일어나세요! 우리가 가지고 놀던 음식이 이 사람의 입으로 들어가는 것은 무슨 까닭인가? 잠깐, 잠깐! 우리가 다니는 길에 누워 있는 것은 어떻게 된 일인가? 할아버지, 누구세요? 어서 일어나세요!"

소녀들이 떠들었다.

"오, 아가씨들. 세상을 떠도는 가난한 거지 라마라오, 나는. 마음씨 착한 아가씨들이면 내 입에 있는 음식을 빼앗지 마시오. 세 번 절하고 축복받고 돌아가시오. 마음씨 나쁜 아가씨들이면 내 입에 있는 음식을 빼앗구려. 밟고 넘어가도 상관없소이다. 어찌되었는고 하니, 나는 선 자리에 앉을 수가 없소. 앉은자리에서 일어날 수도 없소."

"이자에게 왜 절을 하나?"

소녀들이 입에 있는 음식을 빼앗고 몸을 밟고 넘어가 물을 긷고 돌아갔다.

그 뒤로 시라 게르투 칸의 공주 소몬 고와가 앞서와 마찬가지로 물을 길러 여러 시녀를 거느리고 왔다. 그 역시 앞서와 마찬가지로 물을 길어 소녀들과 돌아갔다.

---

* 시라이골 세 임금의 사위를 소개할 때 혼선이 있다. 앞서 시라 게르투 임금의 사위로 네팔 임금의 아들 밀라 곤촉이 소개되었다. 전열을 정비하기 위해 다섯 명의 지휘자를 뽑는 장면 참조. 그 뒤로 네팔 임금의 아들이 사라지고 중국 타이붕 임금의 아들 밀라 군주드가 등장한다.

초임손 고와 공주

그 뒤에 카라 게르투 칸의 딸—기른 이는 초이롱 장인匠人이다—초임손 고와 공주가 오백 명의 소녀들, 나이든 노예 중국인을 데리고 왔다. 물통의 윗부분은 조개, 가운데 부분은 유리, 아랫부분은 황금이었다. 그런 물통을 들고 물을 길러왔다. 역시 갖고 놀던 음식이 라마의 입으로 저절로 들어갔다.

나이든 중국인 노예가 와서 말했다.

"어이, 노인장! 아이들의 길에서 비켜요!"

"나는 선 자리에 앉을 수가 없네. 앉은자리에서 일어날 수도 없네."

"어째서 일어나지 않느냐, 이 노인은? 누구냐?"

초임손 고와가 와서 물었다. 나이든 중국인 노예가 말했다.

"세상을 떠도는 백 살 먹은 거지 라마라고 합니다. 일어난 뒤에는 앉지 못하고, 앉은 뒤에는 일어나지 못한다고 합니다.

'마음씨 착한 아이들이면
내 입 안에 있는 음식을 빼앗지 마라!
합장 기도하고 절하고 머리에 축복을 받고 가라!
마음씨 나쁜 아이들이면
내 입 안에 있는 음식을 빼앗고 밟고 가라!'

고 합니다."

초임손 고와가 물었다.

"세상의 어느 칸들에게 갔고 어디서 왔소? 지금 어디로 가고 있소?"

"모든 칸들을 보았소, 나는. 지금은 영원한 곳으로 가려고, 시라이골의 세 칸에게 들러서 가자고 했는데. 내가 갈 곳이 가깝소. 내가 온 곳이 멀어졌소. 제 나이에 밀려서 목구멍에 들어갈 음식을 얻지 못하고 누워 있소, 나는."

"이자의 입에 있는 음식을 빼앗아 어찌하겠는가? 밟고 넘어가지 않을 곳이 어디 없을 것인가?"

초임손 고와가 합장 기도하고, 절을 하고, 머리에 축복을 받고 다른 곳으로 비켜갔다. 샘에는 차간 게르투 칸의 용한 무녀가 초임손 고와를 따라 같이 갔다.

"초임손 고와, 잠시 있어봐요!"

무녀가 불렀다.

"무슨 일인가, 무녀?"

초임손 고와가 물었다.

"제가 간밤에 꿈을 꾸었습니다.
시방 세계의 열 가지 해악의 뿌리를 끊어버린
자비롭고 어진 칸이 와서
차간 게르투 칸을 금좌에서 끌어내리고,
머리를 잘라버리고 가는 꿈을 꾸었습니다.
이는 백 살 먹은 라마가 아닙니다.
게세르 칸이 변신한 자일 것입니다.

라마의 검은 장삼이 아니라
게세르 칸의 검댕같이 검은 갑옷일 것입니다.
라마의 소매가 아니라
게세르의 번갯불빛 어깨 가리개일 것입니다.
모자가 아니라
보석으로 만든 이마가 흰 투구일 것입니다.
짚고 있는 것은 세 길 검은 지팡이가 아니라
영험한 세 길 검은 꼬챙이 칼일 것입니다.
저는 이것이 게세르라고 생각합니다."

초임손 고와가 무녀를 저주했다.
"네 아비 대갈통, 네 어미 대갈빡이다. 요망한 방자꾼, 구역질나는 계집! 쓸데없는 말을 왜 지껄이느냐? 너의 이 말을 차간 게르투 아저씨에게 말하면 네 대가리가 잘리지 않을 성싶더냐? 이제 무슨 놈의 게세르가 왔다고 하는 것이냐? 게세르라니, 어디 있단 말이냐? 이 말을 다른 사람에게 하지 마라. 너 요망한 것!"

초임손 고와가 막아서서 꾸짖었다.

초임손 고와에게는 신통력이 있었다. '시방 세계의 지배자 게세르 칸이 살아 있다고 한다. 언젠가 그의 아내가 되었으면! 아니면 그의 소젖을 짜는 중국 여편네라도 되었으면! 그도 아니면 그의 화덕에서 재를 치우는 하녀라도 되었으면!' 하고 음식의 데게지를 게세르에게 공양하고 갔다.

게세르가 잠시 생각했다. 백 살 먹은 라마가 나이든 노예 중국인을 불렀다. 중국인 노예가 "무슨 일이오, 스님?" 하면서 왔다.

"너희 샘이 홍수가 나면 어쩌느냐?
가운데서 물을 긷지 마라, 이끼가 들어갈라.
가장자리에서 긷지 마라, 흙이 들어갈라.
가운데서 저쪽으로, 가장자리에서 이쪽으로
다리를 움직이지 말고 길어라.
약물을 긷게 될 것이다."

나이든 중국인 노예가 가서 소녀들에게 이 말을 전했다. 소녀들은, "그 사람, 참으로 수상한 늙은이다" 하고들 말했다. 무녀가 듣고 나서 말했다.
"제가 그를 게세르라고 했다고 해서 쓸데없이 지껄인다 하지 않았습니까? 그 여러 해 홍수가 나지 않던 샘이 이제 왜 홍수가 나겠습니까?"
무녀가 샘으로 달려 들어갔다. 이내 곧 샘에 빠져 죽었다. 그 무녀가 자기를 알아보았기 때문에 게세르가 샘에 홍수가 나게 해서 무녀를 죽였다.
나이든 중국인 노예가 가운데서 물을 길었다. 이끼가 들어갔다. 가장자리에서 길었다. 노인의 말대로 흙이 들어갔다. 마지막으로 노인의 말대로 길었다. 약물을 길었다.

게세르가 신통력으로 물동이가 들리지 않게 했다. 오백 명의 소녀들이 나이든 중국인 노예와 함께 모두 "자! 자!" 하면서 들었지만 들리지 않았다.
"아이고머니! 이 무슨 괴이쩍은 일이란 말이냐? 이제 우리 샘에 홍수가 났다. 무녀가 빠져 죽었다. 여러 해 동안 손으로 잡고 들고 다니던 물동이를 들지 못했다, 우리는!"
소녀들이 떠들어댔다.

"너희는 여기 있거라!"
초임손 고와가 혼자 노인에게 달려가서 말했다.
"높고 크신 라마시여! 우리의 물동이를 들어올려 주소서!"

"참으로 맹랑한 장난꾸러기 아가씨,
심술꾸러기 아가씨구려, 당신은!
내가 앞에 한 말은 내 것이고,
뒤에 한 말은 남의 것이라고 한다던가?
일어날 수가 없습니다,
나는 안 됩니다."

"나는 장난꾸러기가 아닙니다.
시방 세계의 지배자 게세르 칸의 수에 눌려
장난꾸러기가 되었겠습니까, 내가?
거짓말쟁이가 아닙니다, 나는.
축복받은 게세르 칸의 신통력에 제압되어
거짓말을 했겠습니까, 내가?
그대는 백 살 먹은 라마가 아닙니다.
시방 세계의 지배자 게세르 칸입니다, 당신은!
오, 거룩하신 게세르여! 내게 징표를 한 가지만 보여주소서!
만일 보여주시면,
그대의 그 징표를 다른 사람에게 말하면,
나를 그대의 수호신이 잡아가도록 하소서!"

"이 아가씨가 뭐라고 하는 거야?"

노인이 한마디하고 움직이자 그 밑에서 부룩송아지만 한 황금 거미가 일어나 시라이골의 세 칸의 성으로 다투듯 달렸다. 성을 세 번 돌고 오면서 말했다.

"운수가 옛날에는 시라이골의 세 칸의 것이었다. 지금은 시방 세계의 지배자 칸의 것이 되었다!"

그러고는 노인 밑으로 들어갔다.

시라이골의 성 밖에 있던 사람들이 말했다.

"이것을 가축이라고 하려니 가축이 아니다.
야수라고 하려니 야수도 아니다.
이것이 뿔이 있는 것은 어찌된 일인가?
하는 말이 사람과 같은 것은 어찌된 일인가?
시방 세계의 지배자 게세르 칸의
삼십 용사의 영혼일 것이다, 이것은."

초임손 고와가 부룩송아지만 한 거미를 보고는 말했다.

"자, 시방 세계의 지배자 게세르 칸은 그대가 아니오?"

초임손 고와의 말에 게세르 칸이 여러 화신으로 여러 군사를 만들어 보였다. 게세르가 화신들을 보여주자 초임손 고와가 말했다.

"오, 거룩한 이여. 오후에 여덟 살 먹은 고아로 변신해서 누워 계세요. 나의 이 물동이를 들어올려 주세요."

노인이 "좋소!" 하고 일어났다.

"여러 아이들과 들지 못한 이 물동이를 노인인 내가 들 수 있겠습니까?

혹시 당신네 물동이의 끈이 끊어져 깨어져도 나를 꾸짖지는 마시오!"

"아이고, 그대를 뭐라 꾸짖겠습니까, 우리가?"

게세르가 물동이를 짊어지는 척하다가 신통력으로 끈을 꽉 쥐었다. 물동이가 열 조각으로 깨졌다.

"얼마나 사악한 늙은이인가? 얼마나 가증스러운 늙은이인가? 카라 게르투 칸이 우리를 죽일 것이다. 이제 어쩌나, 우리는?"

소녀들이 울었다. 초임손 고와가 소녀들을 꾸짖었다.

"오, 애들아! 높고 크신 라마를 저주하지 마라! 저주를 하면 나의 아버지가 나를 저주할 것이다. 너희 못된 것들에게야 어찌하겠느냐만. 높고 크신 라마께서는 하늘의 믿음으로 나의 이 물동이를 붙여주시오!"

"여러 소녀들은 뒤로 물러나 계시오! 늙은 사람인 내가 잊었는가, 어쨌는가? 위에 계신 부처님들께 비는 진언을 외어보리다!"

그러고는 "애들은 뒤로! 애들은 뒤로!" 하고 말했다.

게세르가 진언을 외워 신통력으로 물동이를 먼저 것보다 훨씬 빛나게 만들어 보였다.

"아이고, 진정으로 높으신 큰 라마를 어쩌자고 저주를 했나?"

여러 소녀들이 모두 놀라며 후회했다.

나이든 노예 중국인과 소녀들이 물을 길어 돌아오자 시만 비로자가 딸에게 화를 내며 꾸짖었다.

"무슨 장난, 무슨 심술을 배운 거냐, 너는? 아침의 세 가지 음식을 다 먹도록 어디 갔다 왔느냐?"

"샘에 놀라갔습니다. 우리 샘이 홍수가 나서 무녀가 빠져 죽었습니다. 그의 시신을 수습하느라고 지체되었습니다."

초임손 고와가 변명했다.

올지바이 소년

"아버님, 우리가 샘으로 가는 길에 여덟 살 먹은 고아가 구걸을 하고 엎드려 있습니다. 어찌나 말솜씨가 좋던지! 데려다 길러서 당신을 위해 구종을 만들겠습니다."

"남이 가난한 것을 우리가 구제한 적도 없고, 거지를 기를 사람도 우리에게는 없다. 딸 된 사람은 잠자코 물러가라!"

딸은 아버지에게 화가 나서 제 게르로 돌아와서 사흘 밤낮이 되도록 가지 않았다. 사흘이 지난 뒤 초임손 고와가 자기 아버지에게 아뢰었다.

"나의 아버님이시여! 바로 이 앞에 그 고아가 지금껏 누워 있다고 하지 않습니까? 그를 데려다 기르도록 하소서!"

"잘하는 건지 모르겠다. 데려다 기르도록 하라!"

초임손 고와가 기뻐하며 즉시 중국 여자를 보내서 데려오게 했다. 게세르가 상아로 사자를 만들어 덤벼드는 모양을 하며 놀았다. 황금으로 나비를 만들어 나는 시늉을 하며 장난치고 다녔다. 초임손 고와가 가지고 가서 제 아버지에게 보였다.

"얘야, 누가 만들었느냐? 그를 데려오너라!"

아이를 데려왔다.

"네 아버지가 장인이었느냐? 누구에게서 배웠느냐, 너는?"

"제 아버지는 어릴 적에 죽었습니다. 제 외삼촌이 장인이었습니다. 이제 초이롱 장인이 조각을 하고 있을 때 보고 배웠습니다, 저는."

"이 아이는 훌륭한 사람이 될 성싶다. 지금부터 낮에는 나를 따라 나의 구종이 되어 다녀라. 밤에는 가난한 여러 아이들과 집에서 자고 다녀라."

이 아이의 이름을 길에서 발견해 데려왔다 해서 올지바이라고 지었다.

그때 세 칸을 가호하는 흰 돌덩이가 하나 있었다. 초이롱 장인에게 올지바이 소년이 말했다.

"이 덩어리 흰 돌을 깨서 갑옷을 만들면 얼마나 근사한 갑옷이 될까요?"

"얘야, 이 말을 딴 사람에게 쓸데없이 하지 마라! 세 칸을 가호하는 돌이 아니더냐? 너의 이 말을 들으면 그들이 너를 죽일 것이다."

올지바이가 밤에 그 돌을 져다가 초이롱 장인의 대문 옆에 놓았다. 초이롱 장인이 아침에 보았다.

"아버지께, 어머니께 불길한 징조다. 가호의 돌이 옮겨오다니 무슨 징조일까, 이것이?"

초이롱 장인이 두려워했다. 다음날 밤 게세르가 신통력으로 예의 그 돌을 짊어지고 와서 문을 눌러놓았다. 다음날 아침이 되었다.

"초이롱 장인님! 계세요? 나와 보세요!"

올지바이로 화신한 게세르가 아침에 장인을 찾았다. 장인이 나와서 그 돌을 보았다.

"어이쿠! 이런, 제기랄! 우리가 더 불길해졌다. 이것이 효험이 다한 것일까? 돌을 깨서 갑옷 만들기를 원하는 것인가? 학승 라마야, 올지바이야! 이 돌을 사면을 내어 깎아라! 갑옷을 만들어야겠다!"

장인이 자신의 도제들에게 말했다.

학승 라마가 아침부터 깎다가 낮에 올지바이가 오자, "올지바이야, 이제 남은 두 면을 네가 깎아라!" 하고 일을 넘겼다.

"학승 라마여! 뒤로 물러나 앉으세요. 까뀌가 미끄러져 나갈지 모릅니다.

그대의 정수리 쪽으로 맞아 그대의 뇌가 쏟아져 나와 죽을지도 모릅니다."

올지바이가 말했다.

"방정맞은 소리 말고 깎기나 해라. 아침 나절에도 미끄러져 나오지 않은 까뀌가 이제 왜 미끄러져 나온단 말이냐? 미끄러져 나와도 내게 맞아야 내가 죽을 것 아니냐."

학승 라마가 대꾸했다.

"자, 나는 책임 없습니다."

올지바이가 신통력으로 까뀌가 쑥 빠지도록 때렸다. 까뀌가 쑥 빠져나가서 학승 라마의 머리에 맞아 뇌가 쏟아져 나왔다. 학승 라마가 눈을 희번덕거리며 자빠졌다.

올지바이가 "초이롱 장인, 어서 와보세요!" 하고는 큰 소리로 우는 척했다. 노인이, "무슨 일이냐? 무슨 일이냐?" 하고 데겔 자락을 들어올리고 달려왔다. 쓰러져 있는 학승 라마를 보고 머리를 끌어안고는, "애야! 어찌된 거냐?" 하고 울었다.

"내가 두 면을 깎고 나서 몸이 지쳐 올지바이에게 넘겨주었습니다. 올지바이가 깎을 때 말했습니다. '학승 라마여! 뒤로 물러나 앉으세요. 까뀌가 미끄러져 나갈지 모릅니다' 하고요. '내가 일할 때 안 미끄러져 나간 까뀌가 네가 일할 때 미끄러져 나가면 내 운명이다!' 하고 제가 말했습니다. 올지바이가 까뀌를 때렸습니다. 까뀌가 미끄러져 나와 제 정수리 쪽에 맞았습니다. 제 운명이 죄받을 운명이었습니다."

학승 라마가 그렇게 말하고 죽었다.

"사악한 흰 돌이 저절로 돌아다녔다. 죄는 이것의 죄다."

노인이 울며 말했다.

게세르가 신통력으로 시라이골을 가호하는 흰 돌을 깨뜨렸다. 학승 라마가 제법 알고 다니는 것을 파악하고 죽여버린 것이었다.
초이롱 장인이 말했다.
"올지바이야! 풀무를 불어라! 이 사악한 돌로 갑옷 두 벌을 만들겠다!"
초이롱 장인이 세공 작업을 하고 있을 때 올지바이가 쇠를 약간 훔쳐 풀무에 넣었다. 훔친 쇠로 육십 길짜리 쇠갈고리를 만들어 감추어 놓았다.

차간 망라이 장사를 죽여 여러 용사의 원수를 갚다

　네팔 카간의 왕자인 성급한 비로와의 아들 차간 망라이 장사가 초임손 고와와 혼인하려고 큰 잔치를 하러 왔다.
　"올지바이, 네가 이 잔치의 의전을 맡아라."
　카라 게르투 칸이 분부했다.
　세 칸이 모두 게르 궁전으로 모였다. 올지바이가 큰 잔치의 의전을 맡아 진행하고 다녔다. 장사 차간 망라이가 길고 노란 활을 당기며 다녔다.
　"시방 세계의 지배자 게세르 칸의 큰 다요, 작은 다요, 큰 쿠쿠르게치, 작은 쿠쿠르게치, 막내 다요, 롱사, 이 여섯 용사들을 죽인 차간 망라이 장사가 나 아닌가? 나와 이 잔치에서 씨름을 할 사람이 있는가? 내 활을 들 수 있는 사람이 있는가?"
　차간 망라이가 잔치를 위해 궁전에 모인 사람들을 향해 소리를 질렀다. 올지바이가 그 말을 듣고 속으로 안타깝게 울면서 그 곁에 와서는, "아이야!" 하면서 제 몸을 풀며 섰다.
　"아이고, 이 못난 놈을 보게나! 네가 나와 씨름을 하겠다고, 내 활을 당기겠다고 '좋아라' 하며 몸을 풀고 있는 것이냐?"

　"아이고, 그래!
　네가 하늘님의 아들이었냐?
　아래 세상 용왕들의 아들이었냐?

이 세상 사람이겠지.
역시 나와 같은 사람의 자식이 아니냐?
말도 사람이 한 번 타고 나면 제 몸을 굴려 쉰다.
개도 영양을 쫓고 나면 물을 마시고 갈증을 푼다.
내가 말이냐? 내가 개냐?
네가 잔치를 하러 왔다고 기뻐하며,
네 큰 잔치를 보살피며 다니는 나에게
어째서 이런 말을 하는 거냐?
칸 아버지, 카톤 어머니께, 모든 베르겐*께,
따님을 제게 아내로 주시겠습니까? 하고
입을 오므리고
손바닥을 마주대고 있기는커녕
내 아내를 주면 갖겠다,
안 주면 이 세 칸을 죽이고,
약탈을 하고 돌아가겠다고 하는 것 같다, 너는!
게세르의 열다섯 살 난 난총이 네 아버지를 죽이고
머리를 말목에 매달아 가져왔다고 했다.
너, 이 못난 놈아! 네가 용사냐?"

"아니, 이 못돼 처먹은 버르장머리를 보게. 자, 당장 내 이 노란 활을 들어라!"

---

* 친족 용어로 '형수, 올케언니' 라는 뜻. 혼례에서는 신랑 신부를 지도·보호하는 역할의 여자 어른.

"못난 올지바이가 감당 못하겠지만 어쩌겠나? 당겨보자. 세 칸의 수호신이 주관하소서!"
올지바이가 차간 망라이의 활을 잡았다.

"활 몸통에서 숟가락 만들 뿔은 남도록
자작나무에서 화살 오늬 만들 껍질은 남도록 당겨라!"

차간 망라이가 활을 넘겨주며 말했다.

"활 몸통의 뿔은 검은 숯이 되어라!
자작나무 껍질은 재가 되어라!"

올지바이가 활을 당기며 말했다.
올지바이로 화신한 게세르가 신통력으로 당겼다. 활이 재와 숯이 되어 하늘 높이 올라갔다. 장사 차간 망라이가 일어나 올지바이를 붙잡았다.
"이자와 나 둘 가운데 누가 없어진들 뭐가 어떻겠나? 우리 가운데 누구 하나가 죽어도 처벌받지 않기로 하고 싸우자!"
"얘, 올지바이야! 그만둬라! 너를 죽일라."
시라이골의 세 칸이 말렸다.
"세 칸의 수호신이 알아서 하시겠지요. 죽은들 어떻습니까? 이자의 손에 죽겠습니다, 저는."
올지바이가 차간 망라이와 싸웠다.
장사 차간 망라이가 들어 넘긴다, 다리를 건다, 손바닥으로 때린다 하며 온갖 기술을 걸었다. 이에 비해 올지바이는 황금 세상에 말뚝을 박은 듯 꿈쩍도 하지 않았다. 게세르가 자신의 수호신에게 빌었다.

"하늘에 계신 나의 여러 수호신이여, 가호가 있으소서!
나의 화신 아버지인 황금 세상 산들의 칸 오와 군지드여, 가호가 있으소서!
롱사, 막내 다요, 큰 다요, 작은 다요, 큰 쿠쿠르게치, 작은 쿠쿠르게치, 그대 여섯의 영혼이여!
여섯 마리 늑대가 되어 와서
이자를 육신이 갈기갈기 찢어지도록 물어뜯고 가소서!"

올지바이가 그렇게 속삭였다.
"내 차례 아닌가?"
올지바이가 그렇게 묻고는 차간 망라이를 번쩍 들어 위로 던져버렸다.
장사 차간 망라이의 양쪽 코에서 피가 나오고 복막이 터져 죽었다. 게세르가 부른 여섯 영혼이 여섯 마리 늑대가 되어 와서 육신이 갈기갈기 찢어지도록 물어뜯고 갔다.
세 칸은 이자의 흰소리는 적절치 못했다며 웃어들 댔다. 초임손 고와가 우는 척했다.
"다른 남자에게 가려고 해봐야 나를 죄 많은 계집, 사악한 계집이라고 안 데려갈 거예요. 만 년의 혼수가 천 년의 빚이 된 거예요."
초임손 고와가 울며 말하자, 세 칸이 꾸짖었다.

시라이골의 여러 장사를 죽이다

"너를 남들이 웃기는 애라고 하지 않겠느냐? 잠자코 가라!"
시라이골의 세 칸이 말했다. 큰 잔치가 파했다.
중국 타이봉 칸의 아들인 밀라 군주드, 즉 차간 게르투 카간의 사위가 왔다.
"원래 차간 망라이 장사와 나는 서로 이겼다 졌다 했다. 두 사람이 씨름을 해서 하나를 죽인다는 것이 무엇인가? 지고 일어나고 하는 것이다. 그러나 죽은들 또 어떻게 하겠느냐? 누구 하나 죽어도 처벌받지 않기로 하고 붙자!"
밀라 군주드와 올지바이가 서로 맞섰다. 일일이 다 이야기할 것도 없었다. 게세르가 앞서처럼 말하고 그를 죽였다.
시라 게르투 칸의 사위인 솔롱가* 칸의 아들 만종 졸라**가 왔다. 마찬가지로 앞서처럼 말하고 씨름을 했다. 그 역시 신통력으로 죽였다.
카라 게르투 칸의 초임손 고와의 언니와 혼인한 문 땅의 칸의 아들 몽사 도스게르가 왔다. 씨름을 해서 앞서의 방식으로 죽였다.
세 칸의 대신을 게세르가 신통력으로 착착 죽이고 다녔다. 로그모 고와가 차간 게르투 칸에게 말했다.

---

* Solongy-a.
** 이 사람은 앞서 차간 게르투 임금의 사위로 소개되었다. 전열을 정비하는 장면 참조.

"이자는 올지바이가 아니고 게세르일 것입니다. 이것이 그대의 모든 대신을 전부 죽이고 있지 않습니까?"

"아골라 우르구게치* 장사를 보내라. 그를 죽이면 게세르가 맞다고 생각하겠다. 죽이지 못하면 아니라고 생각하겠다."

차간 게르투 칸이 아골라 우르구게치 장사에게 분부했다.

"아골라 우르구게치 장사는 가서 씨름을 하라!"

한쪽 어깨에 젖은 사슴 가죽 일곱 장을 걸쳤다. 다른 한쪽 어깨에도 일곱 장을 얹고 나왔다.

"올지바이 꼬마 있느냐? 당장 나와라!"

"무슨 일이오?"

"올지바이, 네가 뛰어난 장사라고 한다. 나와 씨름하자!"

"너는 세 칸의 신하 아니더냐? 나는 세 칸의 신하가 아니다. 네가 나를 질투할 필요가 있느냐? 나는 너와 씨름하지 않겠다."

"이 나쁜 놈! 잠자코 씨름이나 하자."

"놀겠으면 놀자! 어쩌겠나? 내가 씨름을 하지 않으면 네가 죽일 테니."

올지바이가 몸을 풀고 있을 때 아골라 우르구게치가 한쪽 어깨에서 젖은 사슴 가죽 한 장을 비틀어 집어 들고 "옛다, 나쁜 놈아!" 하고 올지바이에게 던졌다.

이어 다른 쪽 어깨의 사슴 가죽을 잡으려 드는 것을 보고 올지바이가 말했다.

"너는 사슴 가죽을 놓고 씨름하자고 왔느냐?"

아골라 우르구게치 장사가 올지바이를 손바닥으로 때린다. 다리를 건

---

*산을 들어올리는 자.

다, 들어 넘긴다 하며 야단도 아니었다. 이에 비해 올지바이는 황금 세상에 박은 말뚝처럼 꿈쩍도 하지 않았다.

"고기를 좋아하는 나의 수호신이여! 살을 드소서!
물을 좋아하는 나의 수호신이여! 물을 드소서!
피를 좋아하는 나의 수호신이여! 피를 드소서!
차례로 와서 갈가리 찢어 가지시오!"

시방 세계의 지배자 게세르 칸이 상대를 뿌리쳐버렸다. 게세르의 수호신들이 차례로 와서 아골라 우르구게치의 몸을 갈기갈기 찢어가지고 갔다.

변절한 로그모

로그모 고와는 올지바이가 게세르의 화신이 틀림없다고 생각했다. '이제 게세르가 맞으면 나에게 자신의 한 징표를 보여줄 것이고, 아니면 보여주지 않을 것이다' 하고 생각했다.

로그모 고와가 흰 탑으로 가서 오른쪽 머리를 빗으며 "나의 게세르여!" 하고 찬미를 하며 거짓으로 울었다. 게세르가 올지바이의 몸으로 망태와 갈퀴를 들고 마른 쇠똥을 줍고 다니다가 로그모 고와가 "나의 게세르여!" 하고 가슴 아파 우는 척하는 소리를 들었다. 게세르가 '우리 로그모가 배신하지 않았구나!' 하고 집금강보살 부처님과 아홉 분의 문수보살 부처님을 로그모 고와의 눈에 보이게 했다.

'게세르가 왔구나!' 하고 로그모 고와가 일어나 달아났다. 게세르가 달아나는 로그모 고와를 뒤쫓아가서 붙잡아 넓적한 돌 위에 올려놓고 손바닥으로 때렸다. 그리고 신통력으로 세 번을 굴려 자기가 왔던 것을 잊게 했다.

로그모 고와가 차간 게르투 칸에게 돌아가는 길에 울면서 말했다.
"게세르가 왔었소, 안 왔었소? 꿈이었을까?"
올지바이가 로그모 고와 쪽으로 달려 가면서 속삭였.

"대단히 훌륭한 사내를 둔 여인이오, 당신은.
당신을, 당신 사내가 살을 안 먹기를!"

피를 안 마시기를!
나를 누가 시방 세계의 지배자 게세르 칸이라고 하더냐?"

로그모 고와가 말했다.
"게세르가 틀림없다면 뱀이 안 잡아먹을 것이다. 아니면 잡아먹을 것이다. 뱀 굴에 던져라!"
뱀 굴에 던졌다. 게세르가 거무스름한 암새의 젖을 모든 뱀에게 조금씩 뿌렸다. 뱀이 전부 중독되어 죽었다. 큰 뱀을 깔개를 삼고, 작은 뱀을 베개를 삼아 누웠다. 게세르가 올지바이의 몸으로 노래를 불렀다.

"게세르가 국권을 빼앗길 때
자사 시키르와 삼십 용사는 초통의 말에 속아
로그모 고와를 나의 세 칸에게 빼앗기게 되었다더라.
로그모가 나의 차간 게르투 칸의 아내가 되어 배신했을 때
게세르 칸은 계속 기억 상실에 빠져 있었다더라.
이제 게세르를 그리워하여 변절하고 있다, 그대 로그모 고와!
나는 나의 세 칸을 운명적으로 만난 호걸이었다.
좋다! 어쩌겠는가?
올지바이, 나는 무슨 수를 써도 안 죽을 것이다.
나의, 세 칸의 수호신이 굽어살필 것이다."

세 카간이 서로 이야기를 했다. "올지바이가 게세르라고 생각했더니 아니었다"며 뱀 굴에서 끌어냈다.
그때 차간 게르투 칸 집에 바르스, 이르베스*라는 개 두 마리가 있었다.

사람을 잡아먹는 개들이었다. 로그모 고와가 두 개를 붙들어 사슬에 매어놓았다.

"올지바이를 데려와라! 게세르가 맞으면 개들이 덤비지 않을 것이다. 아니면 개들이 잡아먹을 것이다."

올지바이가 망태를 지고 갈퀴를 들고 마른 쇠똥을 줍는 척하면서 옆으로 달려갔다. 로그모 고와가 두 개를 부추기며 풀었다. 두 개가 다가오자 게세르가 신통력으로 망태기에 몸을 가리고 보았다.

로그모 고와가 말했다.

"게세르가 맞으면 개가 덤비지 않았을 것이다. 올지바이가 개에게서 잘 도망쳤다."

올지바이가 돌아왔다. 게세르의 몸으로 변신했다. 또한 올지바이의 몸으로도 하나 제집에 두었다.

게세르가 영험한 조류말을 타고, 모든 무기를 갖추고 자신의 화신들로 이루어진 수많은 군대를 이끌고 시라이골 세 칸의 성 오른쪽에 와서 진을 쳤다.

기치를 벌여 세우고, 나팔을 불고, 각 방향으로 화덕을 파고 수많은 솥을 걸어 아라키를 고아내려 큰 잔치를 했다. 거룩한 게세르는 수많은 화신들을 씨름할 장사들, 활을 쏠 명궁들로 만들어 그들이 노는 모습을 보여주었다.

시라이골의 세 칸이 게세르가 왔다며 대군을 소집해 맞서 나왔다. 그들의 군대가 들이닥치자 게세르는 신통력으로 푸른 연무를 퍼뜨리고 하늘로 갔다. 그곳에서는 음식이 익어가고 있었고 수많은 불 가운데 어느

---

* 각각 '호랑이', '설표雪豹'라는 뜻.

하나의 가장자리에 이와 서캐 범벅인 아이가 엎드려 있었다. 그 어린아이에게 올지바이가 칼을 뽑아들고 달려갔다.

시만 비로자가 올지바이를 멈춰 세웠다.

"얘, 올지바이야! 멈춰라! 말을 들어보겠다."

시만 비로자가 "자, 지금 있던 많은 군사는 누구의 군대였느냐?" 하며 아이에게 물었다.

"시방 세계의 지배자 게세르 칸이 그대들에게 원수를 갚으려고 와 있었습니다. 그대들의 군대가 많다며, 우리의 군대가 적다며, 해볼 수 없다며, 겁을 내고 돌아갔습니다."

"너는 왜 처졌느냐?"

시만 비로자가 아이에게 물었다.

"저는 삼십 용사의 고아입니다. 남의 구종으로 왔습니다. 이와 서캐에 시달려 못 따라가고 자다가 뒤처졌습니다."

"사슴을 사슴뿔로 죽인다고 했습니다. 이 아이를 길러 게세르와 싸우게 하면 어떻겠습니까?"

올지바이가 시만 비로자에게 건의했다.

"올지바이 네 말이 옳다. 네가 데려다 사람을 만들어라."

올지바이가 그 아이를 집에 데려왔다. 그 아이가 밤에 일어나 어디론가 가버렸다. 올지바이가 아침에 세 칸에게 와서 말했다.

"그 죄 많은 것의 씨가 가버렸습니다."

"오, 이제 일어났느냐? 할 수 없지, 어쩌겠느냐. 너도 그만 집에 가 좀 쉬어라."

올지바이가 돌아갔다. 그러자 로그모 고와로부터 전갈이 왔다.

"초임손 고와와 올지바이는 이곳으로 와라. 게세르의 그곳에서 온 이래 향을 올리지 않았다. 당장 오너라!"

로그모 고와가 게세르가 맞는지 아닌지를 가리기 위해 그 둘을 부른 것이다. 로그모 고와가 초임손 고와와 올지바이를 데리고 가며 말했다.

"잔치에서 내 노리개를 잃어버렸다. 올지바이, 네가 주웠다고 하더라."

로그모 고와가 그의 앞섶을 당겨보려고 하는데 초임손 고와가 올지바이에게 눈을 껌벅거려 보여주지 말도록 했다.

"오늘의 부처님보다 옛날의 브라만이 더 높다고 했다."

로그모 고와가 계속 말하며 갔다. 조사 굼베 산 위에서 향을 바칠 때 로그모 고와가 말했다.

"남자가 있는데 여자가 어찌 바치겠는가? 올지바이, 네가 바쳐라."

올지바이 소년이 향을 바치면서 말했다.

"산들의 칸 오와 군지드, 아리야 알람카리 흰 여하늘, 모와 구시, 당보라는 이름의 예언자, 보와 동종 가르보, 아리야 아얄로리 오드카리, 이르잠소 다리 오담, 게세르 세르보 돈롭 온 아아 훕!"

"올지바이, 너는 모든 것을 본 것 같고, 모든 것을 아는 것 같다. 내가 너에게 좀 묻겠다."

자신의 생각이 옳았음을 확인한 로그모 고와의 질문에 올지바이가 "어서!" 하며 재촉했다.

"저 황금 만다라 모든 부처님께 재를 올리는 것 같은 저것은 무엇이냐?
조개 접시에 조개의 물이 가득한 것 같은 저것은 무엇이냐?
푸른 코뿔이 접시에 푸른 코뿔이 물이 가득한 것 같은 저것은 무엇이냐?
한 노파가 제 옆에 여러 아이들을 놀게 하고 있다. 저것은 무엇이냐?
한 노파가 제 옆의 여러 아이들을 쫓고 있다. 저것은 무엇이냐?

두 용사가 칼을 휘두르며 있는 것 같은 저것은 무엇이냐?
화살의 오늬, 활의 시위와 같은 저것은 무엇이냐?"

"자, 내가 그 모두를 전부 말해주겠소. 당신은 잘 들으시오."
올지바이의 말에 로그모 고와가, "자, 내가 잘 알아들으마"라고 했다.

"이제 황금 만다라의 모든 부처님께 재를 올리는 것 같은 것은 놀롬 평원 아니오?
조개 접시에 조개의 물이 가득한 것은 게세르가 열다섯 살 나이에 아버지 어머니의 은혜에 보답하겠다고 지은 관세음보살님의 절 아니오?
푸른 코뿔이 접시에 푸른 코뿔이 물이 가득한 것 같은 것은 쿠케 나고르*가 아니오?
한 노파가 제 곁에 여러 아이들을 놀게 하는 것은 얼음산에 있는 바롬라라는 이름의 봉우리 아니오?
한 노파가 제 곁에서 여러 아이들을 쫓고 있는 것은 마구니들의 힘으로 이룩한 키고르손이라는 이름의 검은 산 아니오?
두 용사가 칼을 휘두르고 있는 것은 카톤 강의 상류에 있는 두 산봉우리 아니오?
화살의 오늬, 활의 시위가 되어 있는 것은 카톤 강이 아니오?"

올지바이의 대답을 듣고 로그모 고와가 게세르가 맞다고 생각했다. 게세르가 그것을 알고 신통력을 써서 같이 온 것을 잊도록 했다.

---

* 청해 호.

피 마시는 독수리 카라를 죽이다

다음날 밤 게세르의 화신인 아이가 와서 차간 게르투 칸을 공격했다.

아홉 개의 군기를 분지르고,
아홉 명의 밥 짓는 자를 베고,
아홉 무리 말 떼를 빼앗아갔다.

차간 게르투 칸이 아침에 일어나자마자 두 아우를 불러놓고 울며 말했다.
"아이고, 어떻게 된 괴상한 일이냐? 게세르의 화신이었을까? 간밤에 나를 공격하고 갔다."
시만 비로자가 그 말을 듣고 피를 마시는 독수리 카라와 올지바이를 시켜 추격케 했다. 둘이 추격해서 따라잡게 되었을 때 게세르의 화신인 아이가 돌을 품고 와서 두 사람 앞에 섰다. 피를 마시는 독수리 카라에게 돌을 던지면서 말했다.
"옳지! 초통을 잡은 대단한 호걸이 너로구나!"
카라가 뒤로 달아나자 올지바이가 마주 나가 있다가 돌로 때렸다.
"아이고, 꺼져라! 너는 자기편을, 나를 어째서 죽이는 거냐?"
"네 아비 대가리라고 해라! 원수가 아니냐, 너는?"
올지바이가 카라의 머리를 돌로 때려죽였다. 두 다리를 말꼬리에 매달고 머리는 땅에 끌고, 말 떼를 몰고 돌아왔다.

올지바이가 와서 말했다.

"그는 사악한 게세르였습니다. 우리의 독수리 카라를 쫓아와 잡았습니다. 돌로 머리를 때려죽였습니다. 내가 거의 따라잡아 갈 때 공중으로 푸른 연무가 끼면서 올라갔습니다. 내가 그를 어찌하겠습니까? 독수리 카라의 시신과 말 떼를 가지고 왔습니다."

세 칸이 말했다.

"독수리 카라가 죽은 것은 죽은 것이고 너라도 살아왔구나. 이제 집에 돌아가 몸을 쉬도록 하라."

"이 사람의 시신을 옛날에 같이 지내던 형제들이 수습하라 하시는 겁니까? 오늘 같이 지낸 동무인 제가 수습하라 하시는 것입니까?"

"네가 수습해라. 형제가 언제 오겠느냐?"

올지바이가 강의 합류 지점으로 가져가서 땅을 파고 머리를 묻었다. 두 다리는 하늘을 보게 하고 허수아비를 세웠다. 향을 바쳤다.

"인간 세상의 나의 삼십 용사의 영혼이여!
가증스러운 적 포로 가운데 한 사람으로
허수아비를 세웠습니다.
거기서 이것을,
시라이골의 모든 중생의 영혼을,
차례차례 갈기갈기 찢어 나누어 드소서!
이것이 법이 되게 하소서!"

게세르가 하늘에 있는 여러 수호신들에게 축원하고 돌아왔다.

시라이골의 세 칸을 모두 죽이다

로그모 고와가 다시 게세르가 맞는지 아닌지를 가려보기 위해 황금 탁자와 은 탁자를 놓았다. 올지바이가 맞으면 은 탁자에 앉을 것이었다. 올지바이가 아니고 게세르이면 황금 탁자에 앉을 것이었다. 올지바이가 그 시험을 알았다.

분신을 하나 만들어 게세르를 삼았다.
영험한 조류말을 탔다.
이슬처럼 영롱한, 검댕처럼 검은 갑옷을 입었다.
번갯불빛 어깨 가리개를 양쪽에 찼다.
해와 달을 나란히 넣은
이마가 흰 투구를 보석 머리에 썼다.
터키석 오늬를 붙인 서른 대의 화살과
무시무시한 검은 활을 담았다.
올지바이의 몸으로 황금 탁자에 앉았다.
분신의 몸으로 껑충껑충 날뛰는 영험한 조류말을 타고
아홉 길 검은 칼을 시라이골의 성의 해자에 담그고 있었다.

"시라이골과 티베트가 무슨 원한이 있었는가?
뿔난 새끼 염소 한 마리라도 손해를 끼쳤는가?

꼬리 달린 망아지 한 마리라도 훔쳤는가?

로그모 고와를, 나의 카톤을 무엇 때문에 데려왔는가?

열셋 금강석 절을,

황금으로 쓴 간주르와 단주르 대승경전,

여의보주를,

틈이 없는 검은 숯을,

흰 탑을,

삼십 용사를,

세 지파 나라를,

삼백 선봉을,

나의 이들을 무엇 때문에 빼앗았는가?"

게세르가 세 칸을 꾸짖었다.

"여자가 나선다고 할지 모르겠습니다.

그대의 로그모를 돌려주겠습니다.

그대의 삼십 용사의 사당을 세워주겠습니다.

자사 시키르, 쇼미르, 난총 그 셋은 수없이 많은 군사를 죽이고 죽었습니다.

그것은 그것으로 대신하게 합시다.

흰 탑,

틈 없는 검은 숯,

황금으로 쓴 간주르와 단주르,

삼백 선봉,

세 지파 나라,
열셋 금강석 절,
그대의 그 전부를 돌려주겠습니다!"

카라 게르투 칸의 딸 초임손 고와가 말했다.

"안 되지, 안 돼! 내 삼십 용사를 살려내라! 안 된다! 가증스러운 것!"
게세르가 초임손 고와의 제안을 거절했다.
"이미 죽은 사람을 어떻게 살려냅니까?"
초임손 고와가 말했다.
"아이고, 아이고, 내 삼십 용사여!"
게세르가 울부짖으며 아홉 길 검은 꼬챙이를 성의 해자에 담그고 을러대자 시라이골의 세 칸이 까무러쳤다.
올지바이가 해자 옆으로 나가 아홉 길 꼬챙이를 나꿔채려다 놓쳤다. 그러는 동안 올지바이의 분신이 공중으로 올라갔다. 그리고 난 뒤에 시라이골의 세 칸은 '아이고, 이 올지바이라면 게세르를 상대할 수 있을 것이다' 하고 기대했다.
그 이튿날 밤에 올지바이가 육십 길짜리 쇠갈고리를 가지고 문루 구석에서 끌고 나갈 때 차간 게르투 칸의 넓은 흰 하늘 수호신이 정수리 털을 뒤로 잡아당겨 버렸다. 게세르(올지바이)가 몸이 아파 계속 누워 있다가 일어났다. 육십 길짜리 쇠갈고리를 끌고 다시 나왔다.

올지바이가 차간 게르투 칸의 집에 가보니 로그모 고와는 집에 없었다. 큰 바다로 몸을 씻으러 간 것이었다. 로그모 고와는 코로자 한 잔을 마시고 양의 염통을 먹고 한잠 자는 습관이 있었다.

올지바이가 들어가 차간 게르투 칸을 눌렀다. 배를 갈랐다. 심장을 잘라 떼어냈다. 로그모가 마시는 코로자 한 잔과 염통을 게세르의 화신인 올지바이가 먹었다. 차간 게르투 칸의 심장과 피를 그 잔에 담아놓았다. 머리를 베개 위에 놓고 담요로 덮었다. 그러고 나서 세간 뒤로 들어가 숨었다.

로그모 고와가 돌아왔다. 차간 게르투 칸의 피와 심장을 로그모 고와가 먹고 마셨다.

로그모 고와가 말했다.

"몸이 탈이 났나? 무슨 맛이 이래? 칸이여, 일어나세요!"

로그모 고와가 "일어나세요!" 하고 차간 게르투 칸의 담요를 당기니 머리가 굴러 떨어졌다. 로그모가 "아이고머니!" 하고 비명을 질렀다. 로그모 고와의 비명소리를 듣고 게세르가 세간 사이에서 나오며 말했다.

"어이! 남편의 고기를 먹고 피를 마시는 거요?"

게세르가 로그모 고와의 팔을 잡아끌고 나왔다. 나왔다가 "내가 채찍을 두고 나왔네" 하고 다시 들어가자 차간 게르투 칸의 아들이 철제 요람 안에서 쇠활과 쇠화살을 활 양쪽 끝이 닿도록 팽팽하게 당기고 있었다. "지금 쏘면 너무 이를까? 나중에 쏘면 너무 늦을까?" 하고 옹알거렸다.

게세르가 그 모습을 보고 아이의 두 다리를 잡아들었다. "내 아들이면 젖이 나와라. 차간 게르투 칸의 아들이면 피가 나와라" 하고 아이를 문설주에 때렸다. 아이에게서 피가 나왔다.

게세르가 아이를 죽이고 로그모 고와를 데리고 갔다.

카라 게르투 칸과 시라 게르투 칸이 함께 남은 백삼십만 군대를 데리고 추격했다. 시만 비로자가 영험한 흰 말을 타고, 네 다리에 네 개의 쇠모루를 매달고 위에서 쇠모루 한 개로 말을 때리며 따라잡아 왔다. 그러자 시방 세계의 지배자 자비롭고 거룩하며 어진 게세르 칸이 물었다.

"네가 죽이겠다고 왔느냐, 죽으려고 왔느냐?
네가 이기겠다고 왔느냐, 지려고 왔느냐?"

"죽이겠다고 온 것이 아니라
형이 죽음을 당했는데 어찌 앉아만 있겠는가, 내가?
보고 죽은 이름보다
덤비다 죽은 이름이 나을 것이다 하고 왔노라."

"덤비겠다고 한 사람, 네가 명궁의 자세로 쏘아라.
나는 용사의 자세로 있어주겠다."

게세르 칸이 등자끈을 많이 줄이는 척하면서 조금만 줄였다. 시만 비로자가 촉이 손바닥만 한 화살을 당겼다가 놓았다. 게세르 칸의 사타구니 밑으로 소리를 내며 지나갔다. 그런 뒤에 게세르가 분부를 내렸다.
"우리 자사가 사납다. 네 살을 먹게 될 것이다."
게세르가 시만 비로자의 오줌보를 관통하도록 쏘았다. 모둠발로 달려가며 시만 비로자의 머리를 베어 영험한 조류말의 목걸이로 만들었다.

시라이골의 백삼십만 군대를 단기로 유린하다

게세르 칸이 영험한 조류말을 타고 돌아가 뒤로 물러났다. 납사 쿠르제 할머니 어머니와 코르모스타 하늘님 아버지께서 황금 세상 위로 다닐 때 두 커다란 전장戰場을 만난다고 했다. 쇠칼과 황금 상자를 주셨다. 그 두 가지를 열어보았다. 보니 쇠공과 벌로 변했다.

쇠공을 놓았다. 시라 게르투 칸의 귀뿌리를 계속 뚫고 다녔다. 벌을 풀어놓았다. 눈을 갈가리 찢으며 다녔다. 시라 게르투 칸이 더듬거리며 죽어갔다.

"나의 영험한 조류말이여! 이 백삼십만 군대를 마구 짓밟는 일은 네가 맡아라. 아홉 길 꼬챙이 칼로 베는 일은 내가 맡겠다."

그렇게 공격해 들어갔다. 영험한 조류말이 마구 짓밟았다. 아홉 길 꼬챙이 칼로 갈가리 베었다. 시라이골의 씨와 뿌리를 끊어버렸다. 여자와 아이들을 전리품으로 만들었다.

여의보주, 틈 없는 검은 숯을, 황금으로 쓴 간주르와 단주르를, 삼백 선봉, 삼십 용사, 세 지파 나라, 열셋 금강석 절, 그 모든 것을 전부 되찾았다. 찾은 뒤에 시방 세계의 지배자 게세르 칸이 모든 고장으로 거동했다.

자사의 승천

카라 게르투 칸 시만 비로자의 심장을 가져다 자사에게 먹였다. 게세르가 분부를 내렸다.

"나의 자사여! 그대는 나와 반려하여 살겠소?
그렇다면 돌아가 그대를 바른 몸에 현신토록 하겠소.
아니면 나의 코르모스타 하늘 아버지께 태어나겠소?
그러면 내가 그렇게 태어나도록 하리다."

그러자 자사가 말했다.
"내가 이승에서 사람의 출생을 얻게 되면 내생에서 사람의 출생을 얻기가 어려워질 것이다. 나는 위에 계신 그대의 코르모스타 하늘님 아버지에게 태어나겠다."

그 말에 게세르가 "옳다"고 했다. 옳다고 여겨 그 영혼을 코르모스타 하늘님 아버지에게로 모셨다.

로그모 고와의 처리

그 뒤에 로그모 고와의 다리 하나와 팔 하나를 부러뜨려 양을 치던 팔십 세 노인에게 주었다. 로그모 고와가 괴로워하며 다니다 "이러려면 차라리 악마, 악귀가 나를 데려가라"고 저주했다.

아주 잘못된 그 저주의 힘으로
악귀, 악마가
그녀의 하체를 얼음에 묻었다.
상체는 강에다 던졌다.
위장은 통에다 담았다.
로그모 고와의 영혼은 노랑딱새를 만들어버렸다.
찢어진 검은 천막에다가
검은 암염소 한 마리,
그 염소의 젖 한 잔,
그 염소의 버터 한 국자,
그것만 먹었다.

위에서 자사가 말했다.
"오, 나의 게세르 칸이여! 로그모 고와는 그대에게 두 가지 공이 있소. 내게도 한 가지 공이 있소. 그것을 생각하여 고쳐서 데려오시구려."

게세르 칸이 말했다.

"나의 자사 형님의 말이 옳다. 고쳐서 데려오겠다."

게세르 어진 칸이 검은 천막에 다른 몸으로 현신해 들어갔다. 국자만 한 버터를 물었다가 놓았다. 한 잔뿐인 염소젖에 수염 끝을 닿게 하고 엎드려 숨어 있었다.

로그모의 화신인 노랑딱새가 밖에 나갔다 돌아와 솥 위에 앉았다. 앉아서 말했다.

"나의 이 버터를 문 자국은 나의 게세르의 이빨과 같다.
나의 염소젖에 닿은 수염 자국은 나의 게세르의 수염과 같다.
오, 나의 거룩한 이가 맞으면 어쩌나?
다른 사람이면 나처럼 되소서!"

게세르가 알고 쇠덫을 던져 노랑딱새를 잡았다. 잡아서 따로따로 두었던 몸뚱이들을 모았다. 모으고 나서 자사의 말대로 본래의 몸에 맞추었다.

게세르 어진 칸이 본래의 몸으로 다시 태어난 로그모 고와를 데리고 자기 땅 놀롬 평원에 당도했다. 여의보주, 틈 없는 검은 숯, 황금으로 쓴 간주르와 단주르 대승경전, 열셋 금강석 절, 그것들 모두를 새롭게 바로 잡았다.

삼십 용사, 삼백 선봉, 세 지파 나라의 열매와 뿌리를 완정케 하고 하늘들의 즐거움을 누리며 행복하게 살았다.

시라이골의 세 칸의 국권을 취한 다섯 번째 권.

제6권

라마로 변신한 망고스를 죽이다

큰 부자 라마로 변신한 망고스

그렇게 게세르 카간이 행복하게 살고 있을 때, 넘치는 힘을 완전하게 갖춘 망고스의 화신이 큰 신통력을 완성한 활불 라마로 변신하여 나타났다. 올 때 모든 보물을 싣고 왔다.

"이분은 큰 활불입니다. 둘이 같이 가서 절을 합시다."

로그모 고와가 게세르에게 말했다.

"도우러 다니는 것이면 내 집으로 올 것이오. 집에 오면 절해도 될 것이니 나는 안 가겠소. 절을 하려거든 당신이나 가서 하시오."

로그모 고와가 "좋다" 하고 갔다. 절하고 나서 법문을 청했다. 법문을 한 뒤에 라마가 보물을 모두 꺼내 로그모 고와에게 보여주었다. 로그모 고와가 보물을 구경하면서 감탄하며 물었다.

"아이고, 이 라마께서는 이 모든 보물을 어디서 다 구하셨을까?"

그러자 라마가 대답했다.

"그대의 시방 세계의 지배자 게세르 카간께는 모든 보물이 다 있을 것입니다. 우리에게는 별것이 없습니다."

로그모 고와가 절하고 돌아가 게세르에게 말했다.

"그 라마에게는 온갖 보물이 다 있더이다. 그대는 그에게 가서 절을 하소서!"

"당신이 모든 백성을 데리고 가서 그에게 절하시오."

게세르의 말에 로그모 고와가 백성들을 데리고 가서 절했다.

절을 받은 뒤에 라마는 로그모를 비롯해 모든 백성에게 모든 보물을 한껏 나누어주었다.

로그모 고와가 다시 변절하다

그러고 나서 라마가 로그모에게 물었다.

"로그모 고와, 당신은 나의 아내가 되지 않겠소?"

"당신은 게세르를 이길 수 있나요? 이기고 나면 내가 당신의 아내가 되겠소!"

로그모 고와가 대답하자, 라마가 말했다.

"나 혼자야 어떻게 이기겠소? 그러나 당신이 도우면 이길 수 있소. 당신이 무슨 수를 내서든 그를 내게 데려오시오. 내가 그를 축복하는 척하면서 당나귀로 만들겠소."

그 말을 듣고 로그모 고와가 "좋습니다!" 하고 갔다. 로그모 고와가 가서 게세르에게 아뢰었다.

"그분은 큰 신통력이 있는 활불 라마입니다. 여의주가 없어 곤란했는데 모든 보물을 실컷 나누어주었습니다. 정말로 마음이 부드러운 큰 활불 라마입니다. 가세요, 가서 절합시다! 절하고 축복을 받읍시다!"

"자, 그렇다면 절하고, 축복을 받게 되면 받으리다."

게세르가 라마에게 행차했다.

제6권 423

당나귀가 된 게세르

　게세르가 행차하여 절하고 축복을 받을 때 망고스가 당나귀 그림을 게세르의 정수리에 대고 축복을 내렸다. 그러자 게세르가 당나귀로 변했다. 그러고 나서 넘치는 힘을 완전하게 갖춘 망고스가 로그모를 취했다. 게세르의 등에 온갖 사악한 것들을 싣고 갔다.

　망고스가 그렇게 게세르를 당나귀로 만들어 데리고 가자 미남 명궁 키야, 차르긴 노인, 자사의 아들 라이잡이 세 지파의 나라 사람 모두에게 알렸다.

　"우리의 게세르를 망고스의 화신 라마가 당나귀로 만들었다. 이것을 누가 이길 수 있을까? 아조 메르겐 카톤만이 할 수 있을 것이다."

　미남 명궁 키야를 아조 메르겐 카톤에게 보냈다. 열 달이 다 지나야 당도할 곳에 달포 만에 당도했다. 미남 명궁 키야가 당도하여 모든 것을 낱낱이 이야기했다.

아조 메르겐이 구조에 나서다

"게세르 칸이라는 자가 누구냐? 미남 명궁 키야라는 자는 또 누구냐?"
 아조 메르겐이 대문을 닫아걸고 들어갔다. 미남 명궁 키야가 삼칠일이 되도록 앉아 있었다. 앉아 있는데 자사의 아들 라이잡이 당도해왔다.
 "아이고, 아이고! 시방 세계의 지배자, 자비롭고 어진 나의 게세르 칸 아저씨에게 망고스가 모든 사악한 것을 싣고 다니는 바람에 허파가 녹아 들기 시작해서 당나귀가 다 죽게 되었는데! 아이고, 아이고! 아조 메르겐 숙모님, 어째요! 오늘 당장 가소서!"
 라이잡의 그 말에 아조 메르겐이 감동해서 울었다. 그들을 들어오게 했다. 창을 한 달 동안 광을 냈다. 화살과 무기를 각각 한 달씩 광을 내고 다듬었다. 이제 아조 메르겐이 떠날 채비를 완벽하게 갖추었다.
 "얘, 나의 라이잡아! 여기 있거라. 어린 사람은 나의 행보를 따라잡지 못할 것이다. 미남 명궁 키야! 그대는 나의 행보를 따라잡을 수 있겠느냐?"
 "저는 따라잡을 수 있을 것입니다."
 "너도 나의 행보를 따라잡지 못한다."
 아조 메르겐이 세 번 손짓하여 미남 명궁 키야를 조개로 만들어 주머니에 넣고 갔다. 망고스의 고장에 도착해서는 열 가지 힘을 완전하게 갖춘 망고스의 누나로 변신했다.

그는

한 길 마른 눈썹이 가슴에 닿고,
젖은 무릎에 닿고,
이가 드러난 모습으로,
아홉 길 검은 지팡이를 짚고,
망고스의 성의 대문에 서 있었다.

아조 메르겐이 대문에 있는 사람에게 말했다.
"나는 열 가지 힘을 완전하게 갖춘 망고스의 누나다. 내 아우가 게세르를 눌렀다고 해서 만나려고 왔다. 오, 사람아! 나의 이 말을 나의 아우에게 가서 전해라!"
그 사람이 망고스에게 가서 보고했다. 말을 전하자 망고스가 모습을 물었다. 망고스가 묻자 바로 '그러그러한 모습'을 낱낱이 전했다. 말을 마치자 망고스가 "우리 누나가 틀림없다"며 들여보내라고 했다.
노파가 검은 지팡이를 짚고 들어왔다. 망고스가 맞아 나와 인사를 하고 상석에 앉혔다. 앉은 뒤에 노파가 말했다.
"애야, 네가 데려온 게세르의 카톤이라는 것이 어느 것이냐? 내가 보자."
망고스가 자신의 누이에게 인사를 시키기 위해 로그모 고와를 데려왔다. 노파가 자기 눈에 손으로 차양을 만들고 보았다.
"오! 아홉 가지 하늘의 신통력을 완전하게 갖춘 로그모 고와 카톤이라는 것이 이것이었구나! 어쩌면 이리도 아름다울꼬!"
노파가 감탄하며 말했다.
"오, 나의 올케여! 이리로 오라! 그대의 시누이와 인사를 하자!"
망고스가 말했다.
"우리 누님이 먼 곳에서 오셨으니 둘러보고 가세요. 내가 벌어들인 모든 것을 보고 마음에 드는 대로 가지세요.”

노파가 보물창고를 보러 갔다. 가서 그의 모든 것을 전부 보았다. 보고 나서 제 아우의 집으로 돌아왔다.

“네 보물창고를 보니 내 마음이 흡족하구나. 네 누이는 노인네다. 너의 모든 것을 보고 만족했다. 이제 돌아가겠다.”

“우리 누님! 내 보고寶庫에서 무엇이든 마음에 드는 대로 가지시오!”

“노파에게 이 물건이 다 무슨 필요가 있겠느냐. 내게 검은 당나귀나 다오. 타고 돌아가겠다.”

“우리 누님! 그 까짓게 뭐 대수요? 드리리다!”

망고스와 노파가 하는 말을 듣고 로그모 고와가 말했다.

“아이고, 우리 남편 망고스여! 당신은 몰라요. 게세르는 풀이라도 보았다 하면 풀로 변신하는 자요. 하여튼 무엇이든 보았다 하면 그것으로 변신하는 자 아니오? 이 양반은 게세르의 분신일 것이오. 아니면 아조 메르겐의 화신일 것이오.”

그러자 노파가 말했다.

“뜨거운 간을 가진 나보다 검측한 간을 가진 여편네가 낫군!”

노파가 흙을 움켜쥐며 쓰러졌다. 그러자 망고스가 말했다.

“누님, 일어나요! 저것 때문에 왜 죽어요, 당신이? 내가 드리리다!”

노파가 일어났다. 일어난 뒤에 망고스가 말했다.

“우리 누님이 모르시는구려. 게세르의 화신이 이 당나귀 아니오? 이것이 무엇으로도 변신할지 몰라 드리지 않는 것 아니오, 내가.”

노파가 다시 말했다.

“그래도 그 원수 놈을 내게 다오. 내가 알아서 할 것이다.”

“자, 당신이라면야! 우리 누님, 당신이 가지시구려!”

로그모가 다시 말했다.

"드리더라도 수호신 하나를 두 마리 까마귀로 만들어 따라가게 하세요."

망고스가 옳다고 여겨 따라가게 했다. 노파가 당나귀를 끌고 갔다. 두 마리 까마귀가 말에서 내려도, 앉아도 둘을 따라다녔다. 끌고 가다가 망고스 누나의 성에 당도했다. 당도하여 당나귀의 몸 앞부분이 대문 안으로 들어갔다. 몸 뒷부분은 아직 안 들어갔을 때 두 까마귀가 돌아갔다.

돌아가서 망고스에게 보고했다.

"맞습니다. 자신의 성에 도착했습니다."

노파는 당나귀를 끌고 가 망고스 누나의 나라에서 잠시 머물렀다.

"나는 망고스의 누나다. 내 당나귀에게 물과 풀을 좀 가져다주라."

그날 밤 당나귀를 배가 나오도록 먹이고, 새벽 동이 트기 전에 일어나 자기 아버지인 용왕들에게 갔다.

도착해 온갖 종류의 축복받은 음식으로 먹이는 동안 마른 당나귀는 검은 아이가 되어 있었다. 그렇게 한 뒤에 온갖 약수로 씻고, 온갖 종류의 음식으로 대접했다. 그러자 예의 시방 세계의 지배자, 자비롭고 거룩하며 어진 게세르의 모습으로 돌아왔다.

망고스의 누나를 아내로 만들다

그러고 나서 게세르와 아조 메르겐은 몸을 시험하기 위해 아침마다 사냥을 다녔다. 어느 날 아침 게세르가 찾아가자 아조 메르겐이 말했다.

"이 계곡 언덕 저쪽으로 가면 이마에 흰 털이 난 담황색 암사슴과 마주칠 것이오. 그것 옆으로 나란히 가서 반드시 이마의 흰 털을 명중시키시오!"

게세르가 그곳으로 가 그 암사슴과 마주쳤다. 이마의 흰 털을 겨누고 쏘았다. 화살은 이마의 흰 털을 맞히고 쇠로 된 화살촉이 엉덩이로 나왔다. 사슴이 화살을 맞은 채로 도망치다가 망고스 누나의 성으로 들어갔다.

게세르와 아조 메르겐이 뒤를 쫓아 들어가려고 할 찰나 대문이 닫혔다. 예순세 근짜리 큰 무쇠도끼로 대문을 때려부수고 들어갔다. 들어가서 각자 노파와 아름답고 고운 아이로 변신했다. 망고스의 누나인 노파가 화살을 정수리에서 엉덩이로 꿰뚫어 맞은 채 뒷다리로 서 있었다.

망고스의 누나가 노파와 아이에게 말했다.

"아수라들의 화살일까, 용왕들의 화살일까? 이것이 하늘의 화살일까? 아이고, 이것은 게세르의 화살일까? 어떻게든 알아내겠다!"

아이가 망고스의 누나에게 말했다.

"할머니, 당신의 몸에 있는 이 화살을 내가 뽑아줄게요. 뽑으면 당신은 나의 아내가 되겠습니까?"

"그래, 내가 너의 아내가 되마!"

"맹세하세요!"

맹세했다. 활을 뽑았다. 화살을 뽑아주자 망고스의 누나가 게세르와 아조 메르겐을 삼켜버렸다.

"당신이 맹세하지 않았는가? 우리를 어째서 삼켰는가? 우리를 꺼내라. 안 꺼내면 우리가 당신의 불그죽죽하고 움찔거리는 두 개의 콩팥을 찢고 나가겠다!"

망고스의 누나가 "정말이로구나!" 하고 토해냈다. 그러고는 게세르가 아내로 만들어 함께 망고스의 성으로 갔다.

망고스를 불태워 죽이다

게세르가 당도하자 망고스는 늑대가 되어 달아났다. 게세르가 코끼리가 되어 추격했다. 다 따라잡았을 때 호랑이가 되어 달아났다. 게세르가 사자가 되어 추격했다. 따라잡아 오자 수많은 모기와 파리로 변했다.

게세르가 재로 담장을 짓자 이리로 저리로 빠져나갔다. 제 누나의 성으로 들어갔다. 망고스가 오천 명의 제자를 거느린 큰 활불 라마가 되어 앉아 있었다. 게세르가 그것을 알고 망고스에게 꿈을 주었다.

'내일 아침에 네게 지혜를 완전하게 갖춘 멋있고 아름다운 그런 제자가 한 사람 올 것이다. 그가 오면 잘 돌보거라. 그가 너의 상좌가 될 것이다.'

게세르가 그러한 꿈을 주고 나서 가까이 가 있었다. 아침에 일어나 바로 그 시간에 갔다. 라마가, "간밤에 꾼 내 꿈대로구나" 하고 흡족해하며, 그를 '오천 명 제자 가운데 상좌'로 명했다.

망고스가 게세르의 땅 쪽으로 저주를 내렸다. 게세르의 땅에 있는 사람과 가축에게 병, 한탄, 악귀와 악마가 사라지지 말라는 그런 저주였다. 그리고 상좌에게 그 저주를 던지라고 분부했다.

상좌가 말했다.

"게세르의 땅에 길함과 상서로움이 자리하게 하소서! 망고스의 땅에 오늘부터 라마의 머리를 태워 모든 나라 안에 재앙과 장애와 악귀와 나쁜 것을 근절시키지 마소서!"

그것을 본 한 제자가 라마에게 와서 일렀다.

"상좌가 게세르의 땅으로 길조를 던졌습니다. 이 땅으로는 흉조를 던졌습니다."

상좌가 오자 라마가 다그쳤다.

"지금 어느 제자가 내게 말했다. 네놈이 저기 티베트 땅으로 길조를 던지고, 이리로 흉조를 던졌다고 한다!"

"아이고, 무슨 말씀입니까? 저리로 흉조를 지어냈습니다. 이리로 길조를 지어냈습니다."

상좌로 화신한 게세르가 대답하자 라마가 상좌를 모함한 제자를 꾸짖었다.

"너는 그가 으뜸이 되어 행한다고 눈을 흘기고 다니는구나. 이렇게 뒤에서 말하는 것은 엄청나게 야비한 짓이다."

활불 라마가 상좌에게 말했다.

"내가 명상을 위한 게르를 짓겠다."

"자, 어떻게 지으실 생각이십니까? 제가 게르 짓는 일을 잘 압니다."

"자, 옳게 지어보아라."

활불 라마가 상좌에게 일을 맡겼다.

대나무로 게르를 지었다. 대나무마다 솜을 감아 싸고 기름을 먹였다. 문과 지붕창을 전부 막아버렸다. 바늘 끝도 꽂을 틈 없이 지었다. 상좌가 게르 짓기를 마쳤다. 라마를 안으로 모셨다.

완성된 게르 안으로 들어간 라마가 상좌에게 말했다.

"너를 모함했던 그 못된 제자가 눈을 흘기고 다닌다. 오천 제자들을 네가 다 쫓아버려라!"

상좌가 라마의 말대로 전부 쫓아버렸다.

"내 밥과 차를 네가 맡아서 해다오."
"자, 그거야 무슨 어려움이 있겠습니까?"
라마가 고요한 가운데 생각에 잠겨 앉아 있었다. 상좌가 나와서는 대나무 끝마다 불을 붙여 큰 불을 냈다.

라마가 사람이 되어 악을 쓴다.
늑대가 되어 울부짖는다.
각다귀가 되어 앵앵거린다.

그러는 동안 기름 먹인 솜에 불이 붙었다. 망고스의 열매와 뿌리를 모두 근절시켰다.
시방 세계의 지배자, 자비롭고 어진 게세르 카간이 모든 업을 이루고 놀롬 평원에 당도하여 보석의 도시를 세웠다.

망고스의 열 가지 힘을 완전하게 갖춘
라마의 한 화신을 죽인 여섯 번째 권.

— 제7권 —

게세르 카간이 모든 적을 평정하고,
모든 중생을 행복하게 하다

어머니를 찾아나서다

하루는 게세르가 자신의 어머니, 게그셰 아모르질라를 찾았다. 자사의 아들 라이잡이 대답했다.

"그대의 어머니는 이미 부처님의 부름을 받으신 것이 아닙니까? 그대가 당나귀가 되어 다닐 때, (그대의 어머니는) 잘못되어 몸에 촌충이 가득한 뒤로는 그 모습을 볼 수가 없었습니다."

게세르가 울면서 보석으로 완성한 성을 해가 지나가는 방향으로 위에서 세 번 돌고 멈췄다.

영험한 조류말을 탔다.
영험한 채찍을 들었다.
아홉 길 검은 꼬챙이를 찼다.
해와 달을 함께 나란히 만든 이마가 흰 투구를,
보석 머리에 썼다.
이슬처럼 영롱한, 검댕처럼 검은 갑옷을 입었다.
번갯불빛 어깨 가리개를 찼다.
터키석 오늬를 붙인 서른 대의 화살,
무시무시한 검은 활을 멨다.
아흔 세근으로 만든 큰 무쇠도끼를,
예순 세근으로 만든 작은 무쇠도끼를 들었다.

해를 잡는 황금 밧줄,

달을 잡는 은 밧줄,

아홉 갈래 쇠덫을,

아흔아홉 갈래 쇠몽둥이를 모두 챙겼다.

하늘로 올라가 코르모스타 하늘님 아버지에게 당도해서 아뢰었다.

"코르모스타 하늘님 아버지시여! 아뢰도록 허락하소서! 인간 세상에서의 제 어머니의 영혼을 보셨습니까?"

"보지 못했다."

서른세 하늘들에게 가서 물었다. 역시 못 보았다고 했다. 납사 쿠르제 할머니 어머니에게도 역시 물었다. 못 보았다고 했다. 승리의 세 누이에게 가서 물었다. "여기 언제 왔느냐? 없다"고 했다.

산들의 카간 오와 군주드 아버지에게 가서 물었다. 역시 없다고 했다. 하늘에서 내려올 때 가루다 새가 되어 내려왔다.

염라대왕을 위협해 어머니를 찾아내다

게세르가 하늘에서 내려온 뒤에 염라대왕에게 갔다. 열여덟 지옥의 대문이 잠겨 있었다. "대문을 열라!"고 했으나 열어주지 않았다. 지옥문을 산산이 때려부수고 들어가며 열여덟 지옥의 문지기에게 물었다. 모두들 몰랐다.

그러자 게세르 카간이 열여덟 지옥의 대문에 완강히 서서 염라대왕이 악몽을 꾸게 했다.

염라대왕의 영혼은 한 마리 쥐였다. 게세르 카간이 그것을 알고서 자신의 영혼을 족제비로 만들어, 족제비에게 해를 잡는 황금 밧줄로 집의 지붕창 구멍을 지키게 했다. 달을 잡는 은 밧줄로 지붕창을 가렸다. 염라대왕이 지붕창 밑으로 들어가려고 했으나 황금 밧줄에 걸려 넘어져 들어갈 수가 없었다. 위로 나가려고 했으나 은 밧줄에 걸려 나올 수도 없었.

그러는 동안에 게세르가 염라대왕을 잡았다. 두 팔을 묶고 아흔아홉 갈래 쇠몽둥이로 때리며 을러댔다.

"내게 말해라. 내 어머니의 영혼은 어디 있느냐? 가르쳐다오!"

염라대왕이 대답했다.

"네 어머니의 영혼이 내 귀에는 들리지 않았다. 내 눈에도 보이지 않았다. 아무 데도 없으면 열여덟 지옥의 문지기에게 다시 물어보아라!"

가서 다시 물었다. 전부 모른다고 했다.

"시방 세계의 지배자 게세르 카간의 어머니 아모르질라가 오면 우리가 염라대왕에게 아뢰겠는가? 없다."

게세르가 어머니의 영혼을 찾아 열여덟 지옥에 있을 때, 몹시 늙은 한 노인이 말했다.

"게세르 칸의 어머니인지는 몰랐다. 한 노파가 '나의 코흘리개가 국을 못 먹었다'며 여기저기 찾아다니며 물을 달라고 빌었지만 아무 물도 얻지 못했다. 그러면서 쑥을 뜯어먹으면서 다녔다."

"아이고, 이자가 무슨 말을 하느냐? 당장 가서 찾아오너라!"

게세르가 명령하자 노인이 물었다.

"그가 아직도 쑥을 뜯고 있을까?"

게세르가 어머니의 영혼을 찾아 데려왔다. 노인과 열여덟 지옥의 문지기를 차례로 죽였다.

그런 뒤에 게세르 카간이 염라대왕을 꾸짖었다.

"염라대왕, 네가 나의 어머니를 지옥에 떨어뜨릴 지경이면 이 모든 중생을 거짓, 진실에 상관없이 지옥에 떨어뜨리겠구나!"

"내 눈에 보인 적이 없고, 귀에 들린 적이 없다. 알았으면 그대의 어머니를 내가 왜 지옥에 떨어뜨리겠는가?"

염라대왕이 변명했다.

어머니의 영혼을 하늘로 모시다

"영험한 조류말은 모습을 보여라!"

게세르가 명령하자 말이 신통력 있는 다리를 내디디며, 날선 칼을 가슴에 차고 모습을 드러냈다.

"사자의 머리를 위시하여 온갖 무시무시한 모습으로 약수의 샘에서 입을 세 번 헹구고 세 번 삼켜라! 그렇게 한 뒤에 나의 어머니의 영혼을 네 입에 물고 나의 코르모스타 하늘님 아버지께 모셔다 드려라. 내가 섬부주에서 태어날 때 어머니가 되신 분이다. 그들이 알 것이다."

게세르가 조류말에게 분부했다.

말이 그 모든 가르침을 받들고 가니 승리의 세 누이가 마중나왔다. 말이 제 가슴에 날선 칼을 묶고 수만 수억의 적을 맹렬하게 치는 양 성질을 부렸다.

마중 나온 승리의 세 누이가 그 모습을 보고 울며, "코흘리개 조로의 모습으로 섬부주 인간 세상에 태어나 있었다. 그가 이렇게 사나운 모습으로 행하는 것이다" 하고 영험한 조류말의 입에 있는 아모르질라의 영혼을 받았다.

승리의 세 누이가 조류말에게 당부했다.

"우리가 알았다. 너는 게세르에게 돌아가라."

승리의 세 누이가 어머니의 영혼을 받아갔다. 코르모스타 하늘님 아버지에게 전해드리며 아뢰었다.

"우리 코흘리개 조로가 아래 섬부주 인간 세상에서 태어날 때 이이의 배에 들어가 태어났습니다. 이이의 영혼을 위에 계신 하늘님들께 태어나게 해달라고 보냈습니다."

코르모스타 하늘님 아버지께서 시방 세계에서 라마들을 청해 와서 영혼을 모시고 경을 읽히고 있을 때 어머니의 영혼은 수를 셀 수 없이 많은 부처님이 되었다. 다시 경을 읽히고, 바라와 북을 치고, 향과 초를 사르고 있는 동안 에메랄드 보석이 되었다. 다시 경을 읽히고 시방 세계의 부처님들을 부르고 있는 동안 비천들의 카톤이 되었다.

그렇게 된 뒤에 게세르 카간이 조류말에게 물었다.

"오, 나의 영험한 조류말이여! 업을 이루고 왔느냐? 간 곳에서 일을 이루고 왔느냐?"

조류말이 "그렇다"고 하자, "오, 나의 영험한 조류말이로다! 장하다!" 하고 조류말을 칭찬했다.*

게세르 카간이 염라대왕을 놓아주면서 분부를 내렸다.

"염라대왕이여, 이것은 그대의 잘못에서 비롯되었다. 이 뒤로는 모든 이를 옳고 그름을 가려 지옥에 떨어뜨리도록 하라!"

이어서 게세르 카간이 염라대왕에게 절을 하며 말했다.

"나의 염라대왕 형이시여! 내가 그대에게 잘못을 저질렀소."

염라대왕이 게세르 칸에게 말했다.

"그대의 어머니가 지옥에 떨어지게 된 까닭을 알아보았더니—내가 몸소 그대의 어머니를 지옥에 떨어뜨릴 까닭은 없다—게세르 칸이 태어날 때에 자식이 악마인지 부처님인지 모른다는 이유로 열여덟 길 구덩이*를 파고 그 구덩이에 버리려고 한 죄로 열여덟 지옥에 떨어진 것이다."

게세르 칸이 그 뒤에 집 쪽으로 행차했다. 자기 집에 당도하여 로그모 고와를 한 눈이 멀고 한 다리를 저는, 어느 가난한 거지에게 주었다.

놀롬 평원에 당도했다. 열셋 금강석 절을 아름답게 세웠다. 여의보주, 틈 없는 검은 석탄, 온갖 보석으로 꾸민, 네모난 성안에서 게세르가 살며 즐겼다.

시방 세계의 열 가지 해악을 근절시킨 자비롭고 거룩하며 어지신 게세르 카간이 모든 적을 평정하고 모든 중생을 행복하게 한 일곱 번째 권.

마, 하, 타.

강희 55년 빨간 원숭이해 봄의 첫 달 좋은 날에 마쳤다.**

---

* 7권 하4 14행. arban naimam aldan ɣuu, 1권 상9 18행에는 dorben ere bei-tüü ɣau(네 사내의 몸이 들어갈 구덩이).
** 1716년, 병신년 봄의 첫 달 좋은 날에 이 책의 쓰기를 마쳤다.

주요 등장인물

천상의 인물들

납사 쿠르제 할머니: 게세르의 하늘 어머니.

당보: 예언자.

모와 구시: 예언자.

보와 동종 가르보: 천상의 하늘들을 지배하는 자, 게세르의 하늘 누이.

서른세 하늘: 코르모스타 하늘과 한편에 있는 하늘들. 게세르, 나아가 인간을 이롭게 하는 하늘들.

아리야 아얄로리 오드카리: 아래 세상의 용왕들을 지배하는 자, 게세르의 하늘 누이.

아리야 알람카리 흰 여하늘: 삼백 가지의 다른 언어를 사용하는 중생들이 모인 '쿠셀렝 오보 모임'의 통역자.

아민 사키그치: '생명을 지키는 자'라는 뜻과 '이기利己를 지키는 자'라는 상반된 뜻을 갖고 있으며, 코르모스타 하늘의 큰아들.

오와 군지드: 예언자이자 산들의 칸. 보와 동종 가르보, 아리야 아얄로리 오드카리, 이르잠사드 다리 오담, 게세르 세르보 돈롭의 아버지.

우일레 부투게그치: '업을 완성하는 자'라는 뜻으로, 코르모스타 하늘의 둘째 아들, 인간 세상에서 '게세르'로 현신.

이르잠사드(이르잠소) 다리 오담: 시방 세계의 비천들을 지배하는 자, 게세르의 하늘 누이.

코르모스타 하늘: 우리 불교의 제석천帝釋天에 해당하며, 게세르의 하늘 아버지.

테구스 촉토: '완벽한 광휘'라는 뜻으로, 코르모스타 하늘의 셋째 아들.

인간 세상의 인물들

게그셰 아모르질라: 게우 부자의 딸로 보와 동종 가르보, 아리야 아얄로리 오드카리, 이르

잠사드 다리 오담, 게세르 세르보 돈롭의 어머니.

게세르 세르보 돈롭: 부처님으로부터 분부를 받은 코르모스타 하늘의 둘째 아들로, 인간 세상에 현신하여 태어남. 섬부주를 지배하는 자, 시방 세계의 지배자, 거룩하고 자비롭고 어진 카간/칸. 어린 시절에는 '조로'라는 이름으로 불림.

구네 고와: 중국의 구메 임금의 딸로 곤경에 처한 게세르를 자신의 앵무새로 도와줌. 게세르의 셋째 부인.

라이잡: 자사 시키르의 아들.

로그모 고와: 셍게슬루 카간의 딸로 비천의 현신. 게세르의 첫째 부인.

롱사(1): 자사 시키르와 형제로, 셍문의 첫째 부인에게서 얻은 아들.

롱사(2): 삽이라는 나라의 호걸로 게세르의 친구이자 말구종. 게세르가 돌갑옷을 선물함.

사킬다이: 오록 나라의 호걸로 게세르의 친구.

셍룬: 도사의 노얀이자 게그셰 아모르질라의 남편, 인간 세상에서의 게세르의 아버지.

아롤가 고와: 마 부자의 딸로 술수를 부려 게세르가 손에 넣음.

아조 메르겐: 용왕의 딸로 '게세르'의 둘째 부인, 대단한 명궁.

차르긴: 셍룬의 형제로 동사르의 노얀이며 보석 난총의 아버지. 게세르의 편.

초통: 셍룬 노인의 동생이며 링의 노얀. 게세르의 작은아버지이자 비겁한 적.

투멘 지르갈랑: 게세르의 넷째 부인.

게세르의 용사들

난총: 게세르를 보좌하는 하늘의 세 용사 중 하나.

바르스 용사: 호랑이 용사, 게세르의 삼십 용사 중 하나.

반조르: 암바리의 아들로 게세르의 삼십 용사 중 하나.

밤 소요르자: 바담아리의 아들로 게세르의 삼십 용사 중 하나.

보토치: 게세르의 삼십 용사 중 하나. 불을 재처럼 뿌리며 전투를 하는 신통력 있는 용사.

부이둥: 모든 이에게 외삼촌 같은 인물로, 삼백 가지 언어를 이해함. 게세르의 삼십 용사 중 하나.

쇼미르: 사람 독수리, 게세르를 보좌하는 하늘의 세 용사 중 하나.

올라간 니둔: 붉은 눈, 화성(Mars)의 몽골어 이름. 게세르의 삼십 용사 중 하나.

자사 시키르: 사람 매. 셍룬 노얀의 아들이며, 게세르를 보좌하는 하늘의 세 용사 중 하나.

키야: 게세르의 삼십 용사 중 하나. 미남 명궁.

테무르 카디: 게세르의 삼십 용사 중 하나로 암바다이의 아들.

큰 다요: 다요는 '굴대 끈'이라는 뜻. 게세르의 삼십 용사 중 하나.

작은 다요: 게세르의 삼십 용사 중 하나.

막내 다요: 게세르의 삼십 용사 중 하나.

큰 쿠쿠르게치: 쿠쿠르게치는 '풀무장이'라는 뜻. 게세르의 삼십 용사 중 하나.

작은 쿠쿠르게치: 게세르의 삼십 용사 중 하나.

게세르의 적

가르손: 망고스의 하나뿐인 아들.

궁구 에치게: 염소 이빨에 개 주둥이를 한 악마. 순례 라마로 둔갑해 두 살 난 아이의 머리 위에 축복을 내리는 척하면서 혀끝을 '꽉' 깨물어 벙어리로 만들고 다님.

날선 칼: 면도날이라는 뜻. 망고스.

늙은 노파 하나: 망고스의 누이. 망고스의 영혼인 '벌레'가 담긴 항아리를 보관하고 있음.

로그모 나그보: '몹쓸 병의 주인'이라는 이름의 악마.

망고스의 고모: 게세르를 독이 든 떡으로 죽이려한 망고스의 마지막 붙이.

머리가 열두 개 달린 망고스: 게세르와 게세르의 나라에 저주를 퍼붓던 게세르의 주적. 게세르의 아내 투멘 지르갈랑을 납치해 데리고 살다가 게세르에게 일가가 절멸됨.

쇠 귀고리 악마: '붓는 병의 주인'이라는 이름의 악마.

악마의 까마귀: 한 살 난 아이의 눈을 쪼아 눈알이 없도록 만들어 죽이고 다니던 악마의 화신.

악마의 들쥐: 몽골 나라에 해를 끼치고 다녔던 황소만 한 들쥐.

야그사: 망고스의 어머니.

얼룩 호랑이: 망고스의 화신으로 덩치가 산만 함.

창자 머리 악마: '탄저병의 주인'이라는 이름의 악마.

타르니치 라마: 망고스의 형.

활불 라마: 풍부한 힘과 신통력을 완정한 망고스의 화신.

황소 괴수: 머리가 열두 개 달린 망고스의 화신.

시라이골의 사람들

만종 졸라: 차간 게르투 칸의 사위로 솔롱가 임금의 아들. 뒤에서는 시라 게르투 칸의 사위로 소개됨.

몽사 도스게르: 카라 게르투(시만 비로자) 칸의 사위. 초임손 고와의 언니와 결혼한 문 땅의 임금의 아들.

밀라 군주드: 차간 게르투 칸의 사위로 중국 타이뵹 임금의 아들.

밀란 곤촉: 네팔 임금의 아들로 시라 게르투 칸의 사위.

성급한 비로와: 산사람들(네팔)의 임금의 왕자.

소몬 고와: 시라 게르투 칸의 공주.

시라 게르투 칸: 시라이골의 둘째 임금.

심주: 시라 게르투 칸의 전사. 홍고르의 아들.

아골라 우르구게치: '산을 들어올리는 자'라는 뜻이며, 시라이골의 장사.

아람조: 카라 게르투 칸의 신하인 라카의 아들. 엘레스투 아골라(모래 산)의 정상에서 난총과 부딪침.

알탄 게렐투 태자: 차간 게르투 칸의 아들.

지르고간 에레케이투: 여섯 개의 엄지손가락을 가진 자로 명궁.

차간 게르투 칸: 시라이골의 첫째 임금.

차간 망라이: 보석 난총에게 죽음을 당한 산사람들(네팔)의 왕자 성급한 비로와의 아들. 게세르 칸의 큰 다요, 작은 다요, 큰 쿠쿠르게치, 작은 쿠쿠르게치, 막내 다요, 롱사, 이 여섯 용사들을 죽인 장사.

차간 에르케투 카톤: 차간 게르투 칸의 아내.

차손 고와: 차간 게르투 칸의 딸.

초이롱: 시라이골 나라의 장인匠人.

초임손 고와: 카라 게르투 칸의 딸이며, 기른 이는 초이롱 장인.

카라: 시라이골 세 임금의 다섯 호걸 중 하나. '피를 마시는 독수리'라는 칭호로 불림.

카라 게르투(시만 비로자) 칸: 시라이골의 셋째 임금.

게세르의 가계도

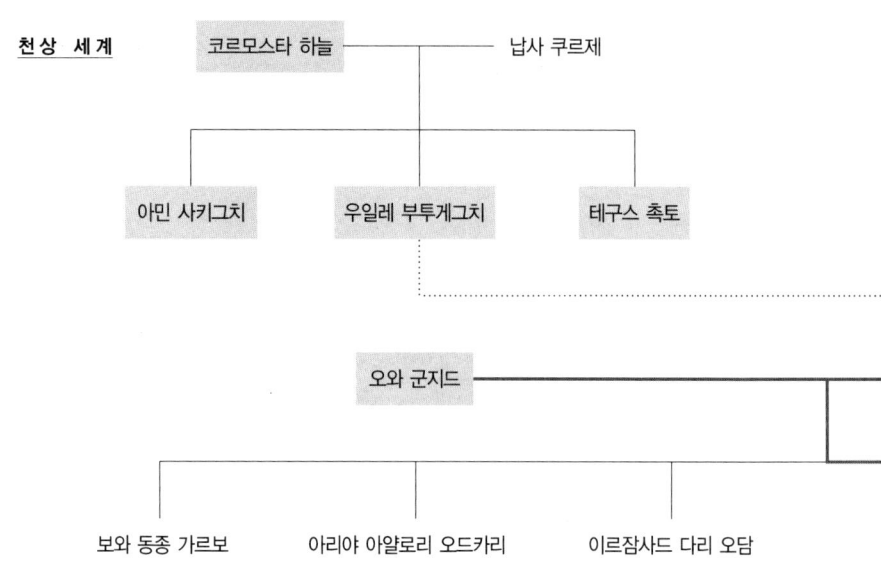

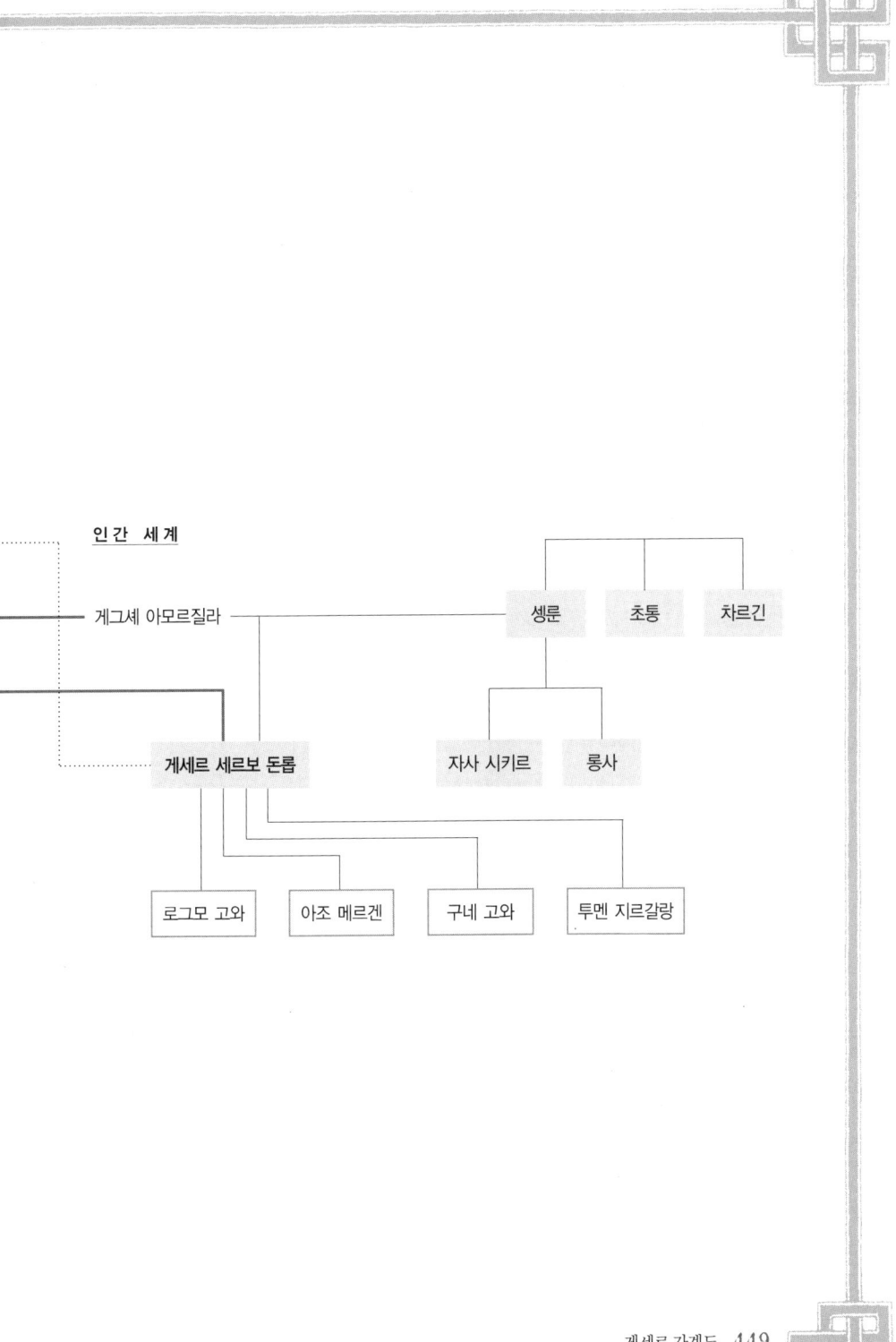

게세르 가계도

참고문헌

원전 자료

몽골국립중앙도서관(소장), 1716, *Arban jüg-ün ejen Geser qaɣan-u tuɣuji orosiba*, 北京. (16×52cm, 7권 180잎, 895.4 Г-95 12619/97).

국내 문헌

김형수 金炯秀, 『蒙學三書硏究』, 〔第一輯〕, 螢雪出版社, 大邱, 1974.
유원수 柳元秀, 「오르도스 地域의 Sülde 猛威祭」, 『比較民俗學』 6輯, 比較民俗學會, pp. 115~144, 1990.
─── (역), 『몽골문어문법』, 대우학술총서 번역 52, 民音社, 서울, (Poppe, Nicholas, *Grammar of Written Mongolian*), 1992.
───, 「유목을 생업으로 하는 몽골인의 음식문화」, 『음식으로 본 동양문화』, pp. 104~132, 대한교과서, 서울, 1997.
───, 『몽골비사』, 사계절, 서울, 2004.
───, 『몽골어 첫걸음』, 삼지사, 서울, 2006.
이성규 李聖揆, 『蒙學三書의 蒙古語 硏究』, 동양학연구소 연구총서 4, 단국대학교출판부, 서울, 2002.
이평래, 「몽골지역 오보신앙의 형성과 전개」, 『민속학 연구』 제8호, pp. 311~351, 국립민속박물관, 2001.
───, 『몽골의 종교』, 소나무, 서울(Walter Heissig, *Die Religionen der. Mongdei*, W. Kohlhammer GmbH, 1970), 2003.
조동일, 『동아시아 구비서사시의 양상과 변천』, 문학과지성사, 동양학술총서 3, 서

울, 1997.

최형원, 「몽골 민담에 관하여」, 『몽골학』 제5호, pp. 135~144, 한국몽골학회, 1997.

──── (역), 「몽골본 게세르칸의 언어적 특징들에 관한 연구」(포페 N. Poppe, "Geserica: Untersuchung der sprachlichen Eigentümlichkeiten der mongolischen Version des Gesserkhan," *Asia Major* III, pp. 1~32, 167~193, 1926), 『몽골학』 제7호, pp. 233~297, 한국몽골학회, 1998.

외국 문헌

고궁박물원 故宮博物院(藏), 『五體淸文鑑』(上冊), 民族出版社, 北京, 1957.

────, 『五體淸文鑑』(中冊), 民族出版社, 北京, 1957.

────, 『五體淸文鑑』(下冊), 民族出版社, 北京, 1957.

내몽고인민출판사 Öbör mongγol-un arad-un keblel-ün qoriy-a, *Arban ǰüg-ün eǰen geser qaγan-u tuγuǰi orosiba* (格斯爾的故事), degedü debter (上冊), Begejing qotan-a angqaduγar keblel-ün qoyaduγar darumal (北京初版第二次印刷), 呼和浩特, 1956.

────, Öbör mongγol-un arad-un keblel-ün qoriy-a, *Arban ǰüg-ün eǰen geser qaγan-u tuγuǰi orosiba* (格斯爾的故事), dooradu debter (下冊), Begejing qotan-a angqaduγar keblel-ün qoyaduγar darumal (北京初版第二次印刷), 呼和浩特, 1956.

다무라 외 田村實造, 今西春秋, 佐藤長, 『五體淸文鑑譯解』(上卷), 京都大學文學部 內陸アジア研究所, 京都, 1966.

────, 『五體淸文鑑譯解』(下卷), 京都大學文學部 內陸アジア研究所, 京都, 1968.

담딩수렝 Дамдинсурэн, Ц. (Сонгомол эхийг боловсруулж удирттал, тайлбар бичсэн), Ш. Гаадамба (Редактор), *Гэсэр*, БНМАУ-ын Шинжлэх Ухааны Академи, Хэл зохиолын хүрээлэн, Улаанбаатар, 1986.

레싱 외 Lessing Ferdinando D., Mattai Haltod, John Gombojab Hangin, Serge Kassatkin, *Mongolian-English Dictionary*, The Mongolia Society, Inc.

Bloomington, 1982.

발다예프 외 Балдаев, С., П. (Энэ Үльгэр бэшэжэ абаһан бүридхэн суглуулһан), М. И. Тулохнов, Д. Д. Гомбоин (Хэблэлдэ бэлдэбэ, оролто үгэ бэшэбэ), Т. С. Манжеев (Уран зурааша), *Абай Гэсэр Богдо Хаан: Буряадай морин ульгэр*, Бүгэдэ Буряадай Үндэһэн Соёлой Эблэл, Буряадай Нийтын Эрдэмэй Институт, Улаан-Удэ, 1995.

새뮤얼 Samuel, Geoffrey, "The Gesar epic of East Tibet," *Tibetan Literature: Essays in Honor of Geshe Lhundup Sopa*, pp. 358~367, edited by José Ignacio Cabezón and Roger R. Jackson, Snow Lion Publications, Ithaca, New York, 1996.

와카마츠 若松寬, 『ゲセル・ハーン物語 － モンゴル英雄敍事詩 1』(平凡社), 1993.

클로슨 Clauson, Sir Gerard, *An Etymological Dictionary of Pre-Thirtheenth-Century Turkish*, The Clarendon Press, Oxford, 1972.

페닉 Penick, J. Douglas, Magyel Pomra Sayi Dakpo, *The warrior song of King Gesar*, Wisdom Publications, Boston, 1996.

웹 사이트

http://en.wikipedia.org/wiki/Gesar

http://en.crosby-lundin.com/tibet/culture/folktales/gesarofling.html

http://www.buryatmongol.com/halaa1.htm

http://www.tibet.cn/zt/gesaer

찾아보기

ㄱ

가라 간자 231, 260

가라말 92

가랄온 242, 244

가루다 39, 47, 106, 134~136, 144, 280, 438

가르손 250, 260

간주르 269, 325, 333, 410, 414, 417

게우 부자 41~42

게그셰 아모르질라 41, 43~55, 63, 68, 359, 437, 439, 441~442

게세르 세르보 돈롭 41, 48, 405

고르반 톨가토 276, 328

고와 답소 부자 355

고와 아골라 287

구네 고와 181~184, 191, 266

구메 161, 164, 167, 175~178, 180~182, 191, 207, 215, 266

구인 바라와 191

궁구 에치게 56, 139

ㄴ

나이란자 강 171, 275, 296

난초 골짜기 89

난총 280~284, 287, 289~293, 305~314, 316, 327, 329, 338, 355, 395, 410

날선 칼(망고스) 85~86, 141

납사 쿠르제 할머니 57~58, 65, 118~119, 122~123, 142, 168, 290, 414, 438

놀롬 평원 141, 354, 406, 417, 433, 443

ㄷ

다그바 168

다르마디 342

다요 327, 394, 397

단주르 269, 324, 333, 410, 414, 417

당보 39, 40, 46, 65, 200, 405

대머리 사르키라골 163

데게지 77, 385

데겔 46, 84, 110, 203, 392

도람착 118, 121, 142

도사 43, 60, 111

동사르 43, 111

디그바 168

ㄹ

라그산 235

라이잡 339, 373, 424~425, 437
라카 305
로그모 고와 103~112, 114~115, 118, 122, 124~125, 127, 133, 135~139, 141~144, 149, 168, 186~188, 191, 200~201, 207, 213~215, 269~281, 290, 294, 296, 312~316, 318~322, 324~325, 329~330, 332~336, 338, 340, 344~345, 355~356, 363, 370, 379~380, 398, 401~406, 409~412, 416~417, 421~424, 426~428, 443
로그모 나그보 145
롱사 60~66, 68~70, 72, 74, 76, 276, 394, 397
링 43, 111

□
마구니 70, 85, 237
마르바 168
마지가 킴슨 고와 96, 99, 100~102
만종 졸라 322, 326, 398
머리가 열두 개 달린 망고스 199~200, 204~207, 211, 217, 228, 236~237, 239~241, 243~262, 270, 272, 286, 329, 341~343, 346, 358, 360~361, 365~366
메르겐 297~298, 314
모린 호르 310
모와 구시 39, 46, 65, 200, 405
몽사 도스게르 323, 327, 398
뭉굴진 고와 305

미라얀 108
밀라 곤촉 323
밀란 곤촉 326
밀라 군주드 381, 398

ㅂ
바담아리 107~108, 115, 134, 144, 155~157, 327
바롬라 406
바르스 272~273, 276, 278~280, 326, 402
반조르 296~302, 314, 326
발라가 강 355
밤 소요르자 107~108, 115, 134, 144, 155~157, 327
벡테르 303
보라자 168
보와 동종 가르보 39, 47, 49, 184, 215, 375
보와 동촉 122~123
보토치 327
볼리야그친 81, 140
부이동 155~156, 158, 311~312, 316, 327
브라만 405
비라얀 108
비로와 306~309, 394

ㅅ
사랑스러운 여름 골짜기 87~88, 91~92, 141
사르타그친 81, 140

사킬다이 348~353
삼백 선봉 158, 212, 355, 410~411, 414, 417
삼십 용사 115~116, 153, 155~157, 181, 188, 212, 272~275, 278, 280, 288~290, 293~295, 302, 306, 310~311, 319, 321, 328~329, 333~334, 338, 340~342, 345, 355, 370, 388, 402, 404, 408, 410~411, 414, 417
삽 나라의 롱사 349~353
서른세 하늘 32~33, 35~37, 290, 438
섬부주 41, 48, 153, 184, 232, 234, 241, 275, 290, 310, 338, 363, 378, 441~442
세친 안종 186~188
셍게슬루 103, 111, 115~116, 119, 169, 269
셍룬 43~44, 47, 49, 54~55, 58~61, 63~64, 67, 78, 128, 355~356, 359
소다르손 32
소모 303, 326
소몬 고와 382
솔롱가 322
쇠 귀고리 악마 145
쇼미르 155~157, 280~284, 287, 289~294, 307, 326, 410
시라 게르투 266, 274, 283, 289, 291, 303, 382, 398, 412, 414
시라 엘리예 324
시라 우르군 하늘 271
시라이골 157, 380, 388, 393, 408~409, 414

시라 탈라 377
시라자 168
시르가 231, 286~287, 328
시르게투 목장 368
시키낙 화살 124, 143
실루 다스바 133
심주 303~304

ㅇ

아골라 우르구게치 399~400
아라자 168
아라키 168, 403
아람조 305~306
아롤가 고와 94
아르가 320
아리곤 320~321
아리야 아얄로리 오드카리 40, 48, 216, 405
아리야 알람카리 흰 여하늘 39, 41, 46, 65, 137~138, 290, 405
아마타이 146
아민 사키그치 33~35, 37
아수라 35, 237
아스마이 120~123
아야가친 81, 140
아조 메르겐 145~149, 294, 321~323, 354~355, 424~427, 429~430
알랑기르 활 124
알탄 133, 209
알탄 게렐투 265, 277, 321~322

알탄 산달리 322

암바다이 327

암바리 296, 298, 314, 326

야그사 250

에르데니 141

에메겔투 목장 369

에즈기 364~365

엘레스투 아골라 281, 296~297, 303, 305~306, 309, 311~312, 317

열셋 금강석 절 325, 333, 356, 410~411, 414, 417, 443

열일곱 하늘 35, 65, 290

염라대왕 138, 439~440, 441

오나도스 강 127, 143

오록 348, 350

오롤온 242, 244

오르트카이 시라 벌판 278

오와 군지드 39~42, 65, 290, 397, 405, 438

올라간 니둔 303~305, 326

올라간 초지 278, 280, 328

올지바이 391~394, 396~397, 399~409, 411~412

옹긴 카라 골짜기 278

요구르트 194, 198

우일레 부투게그치 33~38,

육자 진언 243

이르베스 402

이르잠사드 다리 오담(이르잠소 다리 오담) 40, 48, 153, 216, 260, 339, 341, 405

이스마다 374~375

이스만탄 화살 124~125

일곱 악귀 78~81, 83, 87, 140

ㅈ

자라이 359

자사 시키르 60~62, 66~67, 69, 71~73, 76, 83~85, 87, 93, 102, 106, 123, 142, 147, 153~158, 188, 272~283, 285~287, 289~292, 302~304, 307, 311~316, 319~321, 326, 328~336, 338, 340~342, 345, 355, 363, 370, 378, 402, 410, 415~417

잡산 구메 산 380

조류말 119, 123, 142, 146, 154, 156, 183~184, 207~208, 215, 217~222, 224~225, 230~231, 234, 237~238, 252, 313, 340~346, 348, 353, 367~373, 379, 381, 403, 409, 413~414, 437, 441~442

조사 굼베 산 405

종달새 목구멍 골짜기 79, 84, 87, 140

지르고간 에레케이투 297~299, 301~302, 314~316

ㅊ

차간 게르투 265~267, 273~277, 283~286, 288~289, 291~292, 296~298, 317~319, 322, 331, 334~335, 379, 381, 384~385, 398~399, 401~402, 407, 411~412

차간 망라이 327, 394, 396~397

차간 에르게투 265, 277, 334

차간 엘리예 324

차간 우르군 하늘 271

차르긴 43, 97, 103, 107, 128, 133, 305, 328, 330~331, 339, 371~372, 424

차손 고와 381

차차르가나 강 276, 280, 328

찹잘랑 381

창자 머리 악마 145

초리스동 라마 96~97, 99~102

초이롱 장인 380, 390~393

초임손 고와 383~385, 387~390, 394, 397~398, 404~405, 410~411

초통 43~44, 60, 78~79, 83, 85, 87, 91~93, 96~98, 103, 108, 114~115, 118~121, 124~126, 128~134, 142~143, 191~198, 200~201, 207~211, 278, 294~295, 302, 304~305, 316~320, 322, 330, 355~365, 368~372, 374~376, 402, 407

치가친 108

ㅋ

카라 317~318, 322, 326~327, 407~408, 410

카라 게르투(시만 비로자) 266~267, 274~275, 283, 285~289, 291, 293, 297, 305, 318, 389, 322~323, 331~332, 379, 383, 394, 398, 404, 407, 412~413

카라 엘리예 324

카라 우르군 하늘 271

카르마 254

카르마이 오리 303

카톤 강 278, 282, 288, 303, 328, 331~332, 335, 374~375, 377~378, 406

칸고야 188, 344

칸다가이 사슴 242~243, 287

케데르구 카라 354

코로자 168, 194, 198, 275, 411~412

코르모스타 하늘 31~37, 42, 65, 204, 234, 237, 239, 253, 257, 268, 274, 290, 315, 329, 332, 365, 378, 414~415, 438, 441

쿠케 나고르 406

쿠르메 85

쿠르미 84, 154, 157, 276, 281, 331

쿠셀렝 오보 39, 46, 284, 378

쿠쿠르게치 327, 394, 397

쿵겐 312~316

키고르손 406

키야 326, 339, 424~425

킬링의 골짜기 331

ㅌ

타르니치 라마 250, 260

타이붕 89, 381, 398

타지크 89, 141

탕구트 126, 280

테구스 촉토 34~35, 37

테무르 카디 327

테무르 카타이 146

토고토 목장 368

투멘 지르갈랑 191~195, 197~204, 206~208, 210, 236~237, 239~241, 243~245, 247~248, 250~253, 255, 258, 262, 270, 286, 329, 334~335, 337~338, 345~347, 350, 356~358, 369

티베트 91, 114~117, 126, 224~225, 234, 239, 268, 280, 285, 297, 299, 306, 338, 340~341, 343, 361, 409, 432

ㅎ

하이낙 소 73, 130

학승 라마 391~393

해동청 303

홍고르 303

활불 라마 421~423, 431~433

황소 괴수 217~223

— 부록 —

1716년 목판본 몽골어 「게세르」

● 몽골 문자에 대하여

  몽골 사람들은 지금까지 10여 종의 문자를 사용해왔다. 그중 가장 오래, 널리 사용한 것이 우리의 「게세르」에 사용된 것과 같은 문자인데 몽골 문자, 전통 몽골 문자, 위구르 몽골 문자 등 다양한 이름을 갖고 있다. 이 문자는 이집트 상형문자가 페니키아 음절문자로, 그것이 다시 고대 중동의 아람 문자로 변천하여 중앙아시아의 소그드 문자로 이어지고, 거기서 다시 위구르 사람들의 음소문자(가로쓰기)로 발전하여, 몽골 음소문자(세로쓰기)화되었다는 것이 일반적인 견해인데, 몽골 학계에서는 위구르 문자를 거치지 않고 위구르 문자와 동시대에 소그드 문자로부터 바로 전래한 것으로 이야기한다. 몽골 문자는 다시 만주 문자, 토도 문자, 시버 문자의 모태가 되었다.
  지금 남아 있는 몽골 문자 자료 가운데 가장 오래된 것은 1220년대에 기록된 것으로 짐작되는 「칭기스 칸의 돌」로, 칭기스칸의 조카 이숭게가 보카 소치카이라는 곳에서 벌어진 활쏘기 시합에서 335길(약 540미터)을 쏘았다는 내용이다. 이 당시의 글자와 우리의 「게세르」에 사용된 글자는 기본적으로 같은 글자이지만 글자체는 매우 다르다. 글자가 시대와 공간을 따라 모습이 바뀌는 것은 우리의 한글을 통해서도 알 수 있거니와 우리의 「게세르」에 사용된 글자체는 17~18세기 목각木刻의 전형적인 모습이다.

몽골 문자는 매우 아름답지만(특히 붓이나 펜을 사용해 필기체로 쓰면), 정서법이 13세기 초에 이미 굳어져 지난 800년 동안 일어난 언어의 변화를 일일이 반영하지 못하고, 같은 소리를 다른 모습으로, 다른 소리를 같은 모습으로 나타나는 문제도 있다. 그래서 할하, 칼미크, 부랴트 몽골 사람들은 1930~1940년대부터 러시아 사람들의 키릴 문자를 빌려 각기 자신들의 몽골어의 음운 체계를 잘 반영할 수 있도록 글자를 몇 개씩 더하여 사용하고 있다. 러시아 키릴 문자가 33개의 기호를 사용하는 데 비해 할하 몽골어는 35글자, 부랴트어는 36글자, 칼미크어는 39글자를 사용하는 것을 보면 이해할 수 있을 것이다.

내몽고에서는 아직도 전통 몽골 문자를 언론, 출판, 개인적 기록 등 모든 형태의 문자 생활에 사용하고 있으며, 몽골에서는 새 몽골 문자라고 부르는 키릴 문자를 모든 문자 생활에서 사용하고 있으나 일정한 수준의 교육을 받은 사람들은 전통 몽골 문자도 잘 알고 있다. 전통 몽골 문자의 각 글자들이 나타내는 소리값에 대해서는 포페(유원수:1992)를, 할하 몽골어의 키릴 문자에 대해서는 유원수(2006)를 참조하기를 바란다.

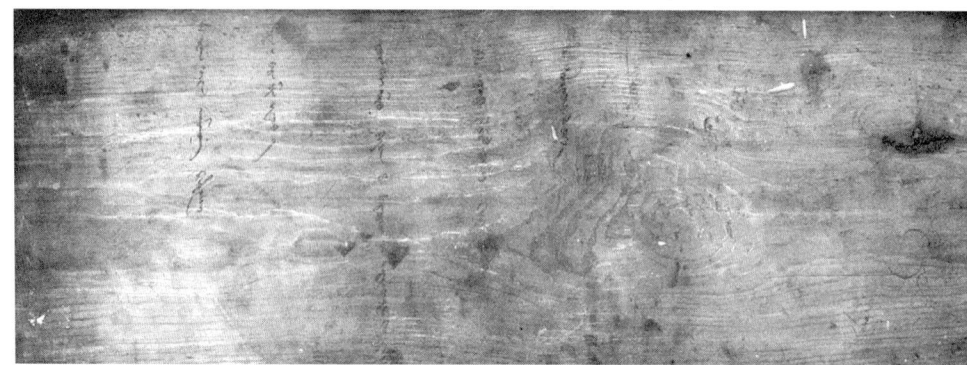

덮개 (geser-001)

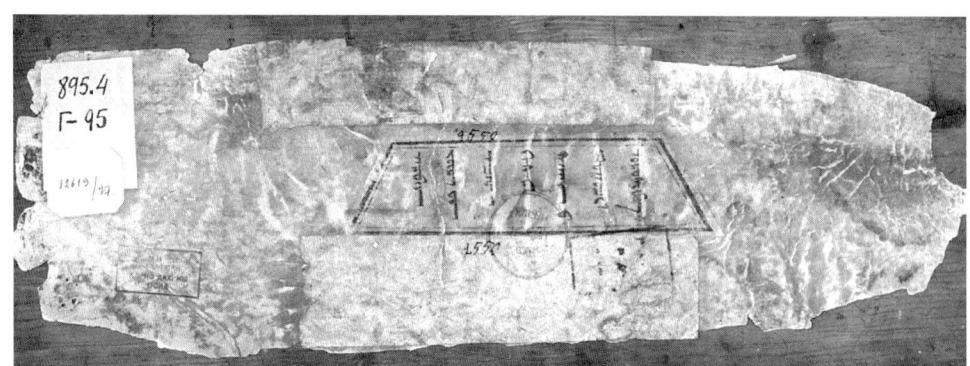

표지 (geser-002)

불명 (geser-003)

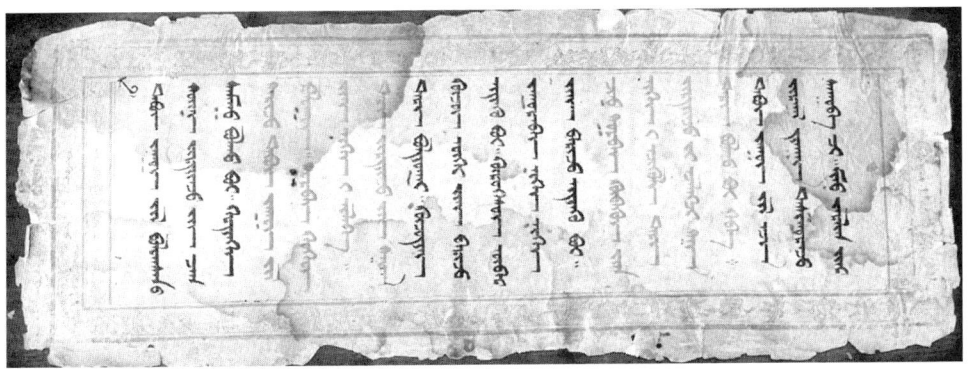
불명 (geser-004)

一卷(?)貳 (geser-005)

一卷上三 (geser-006)

一卷(下)參 (geser-007)

一卷上四 (geser-008)

一卷下四 (geser-009)

一卷上五 (geser-010)

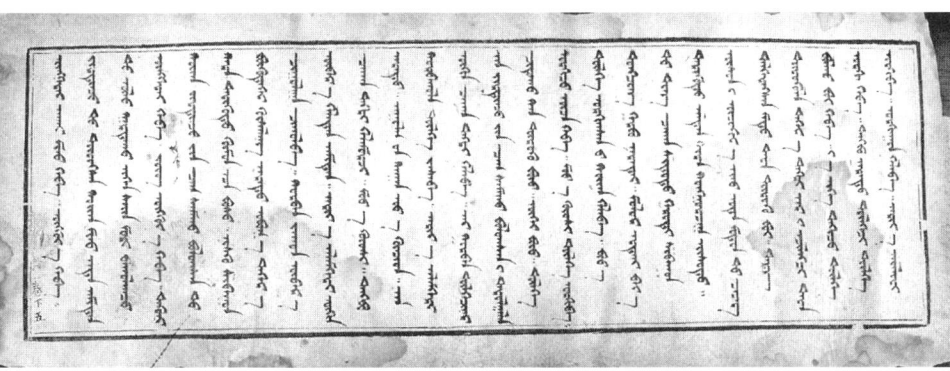

一卷下五 (geser-011)

一卷上六 (geser-012)

一卷下六 (geser-013)

一(卷)上七 (geser-014)

一卷下七 (geser-015)

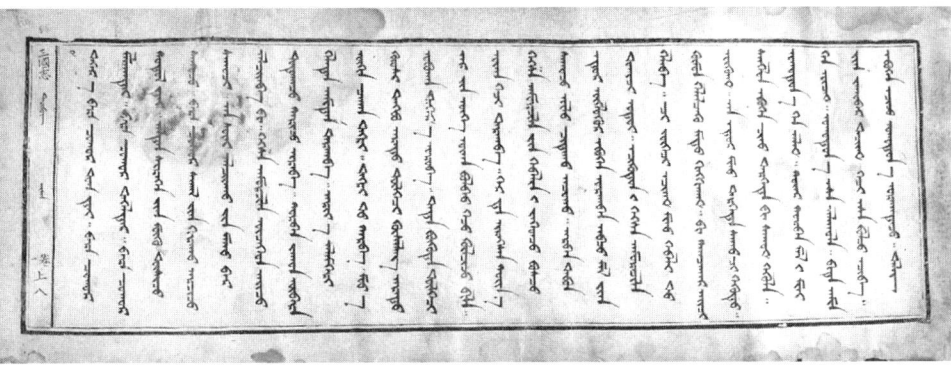

一卷上八 (geser-016)

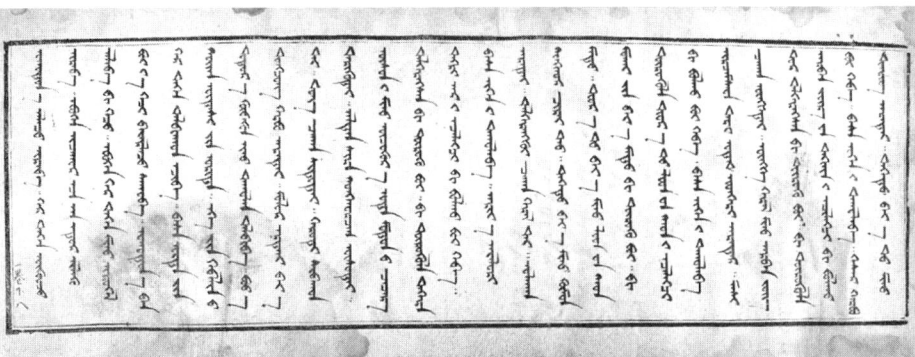

一卷下八 (geser-017)

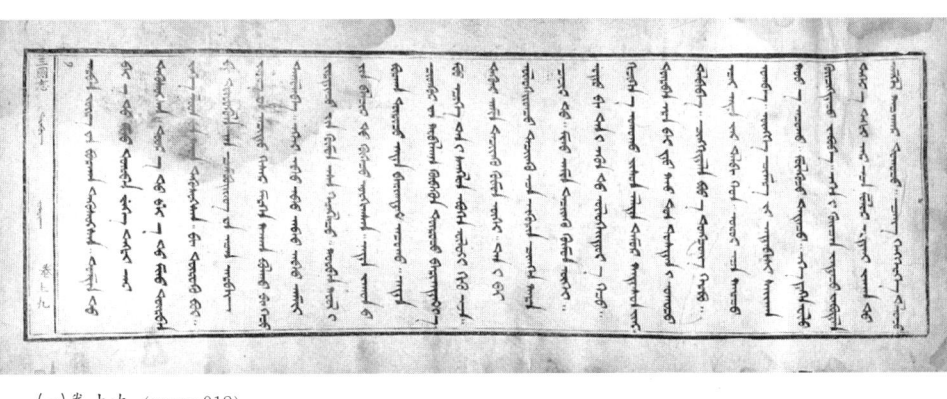

(一)卷上九 (geser-018)

一卷下九 (geser-019)

一卷上十 (geser-020)

一卷下十 (geser-021)

一卷上十一 (geser-022)

一卷下十一 (geser-023)

一卷上十貳 (geser-024)

一卷下十貳 (geser-025)

一卷上十參 (geser-026)

一卷(下)十參 (geser-027)

(一) 卷上十四 (geser-028)

一 卷下十四 (geser-029)

一 卷上十五 (geser-030)

一卷下十五 (geser-031)

一卷上十六 (geser-032)

一卷下十六 (geser-033)

一卷上十七 (geser-034)

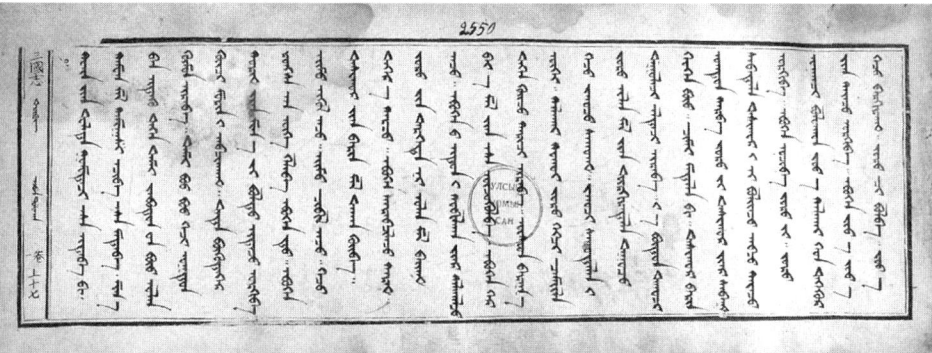

一卷下十七 (geser-035)

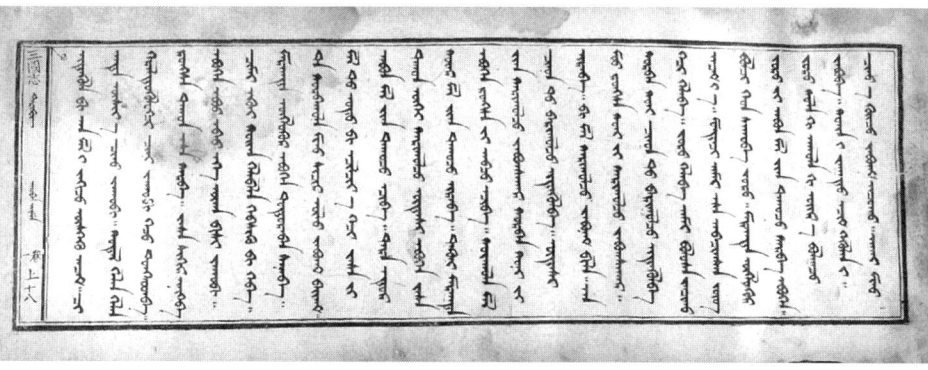

一卷上十八 (geser-036)

一卷下十八 (geser-037)

一卷上十九 (geser-038)

一卷下十九 (geser-039)

一卷上廾 (geser-040)

一卷下廾 (geser-041)

一卷上廾一 (geser-042)

一卷下廿一 (geser-043)

一(卷)上廿貳 (geser-044)

一卷下廿貳 (geser-045)

一卷上廿參 (geser-046)

一卷下廿三 (geser-047)

一卷上廿四 (geser-048)

一卷下卄四 (geser-049)

一卷上卄五 (geser-050)

一卷下卄五 (geser-051)

(一卷)上卄六 (geser-052)

一卷下卄六 (geser-053)

一卷上卄七 (geser-054)

一卷下卄七 (geser-055)

一卷上卄八 (geser-056)

一卷下卄八 (geser-057)

一卷上廿九 (geser-058)

一卷下廿九 (geser-059)

一卷上卅 (geser-060)

一卷下卌 (geser-061)

一卷上卌一 (geser-062)

一卷下卌一 (geser-063)

一卷上冊二 (geser-064)

一卷下冊二 (geser-065)

一卷上冊参 (geser-066)

一卷下 卅參 (geser-067)

一卷上 卅四 (geser-068)

一卷下 卅四 (geser-069)

一卷上卅五 (geser-070)

一卷下卅五 (geser-071)

(一)卷上卅六 (geser-072)

(一)卷下 冊六 (geser-073)

一卷上 冊七 (geser-074)

一卷下 冊七 (geser-075)

一卷上卅八 (geser-076)

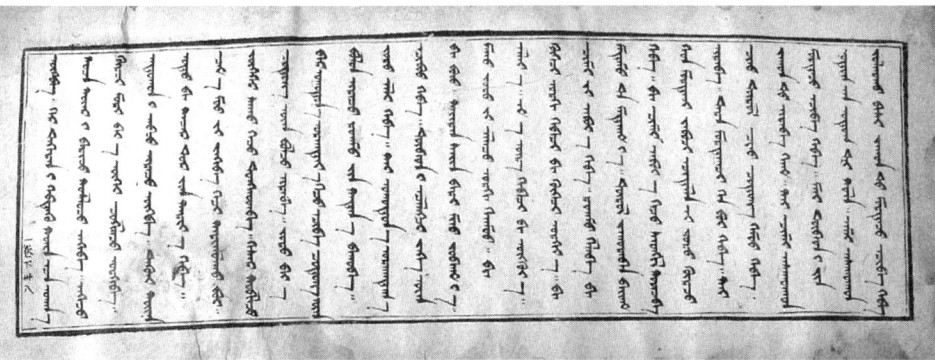
一卷下卅八 (geser-077)

一卷上卅九 (geser-078)

一卷下卅九 (geser-079)

一卷上四十 (geser-080)

一卷下四十 (geser-081)

一卷上四十一 (geser-082)

一卷下四十一 (geser-083)

一(卷)上四十貳 (geser-084)

一卷下四十二 (geser-085)

一卷上四十參 (geser-086)

一卷下四十三 (geser-087)

一卷上四十四 (geser-088)

一卷下四十四 (geser-089)

(一卷)上四十五 (geser-090)

一卷(下)四十五 (geser-091)

一卷上四十六 (geser-092)

一卷下四十六 (geser-093)

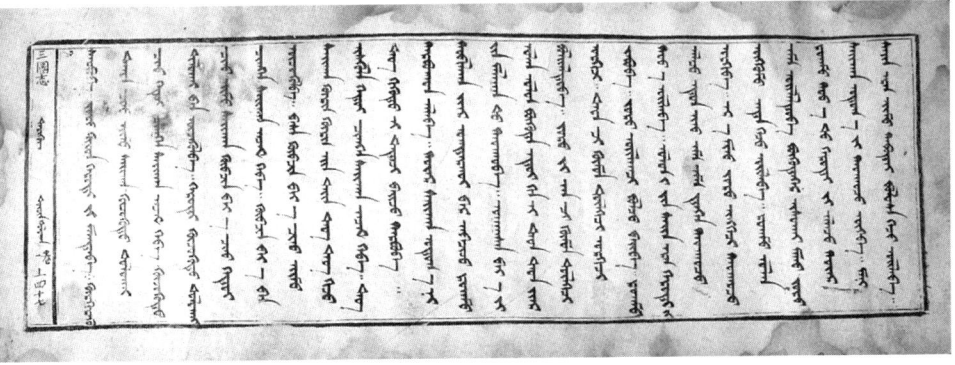

一卷上四十七 (geser-094)

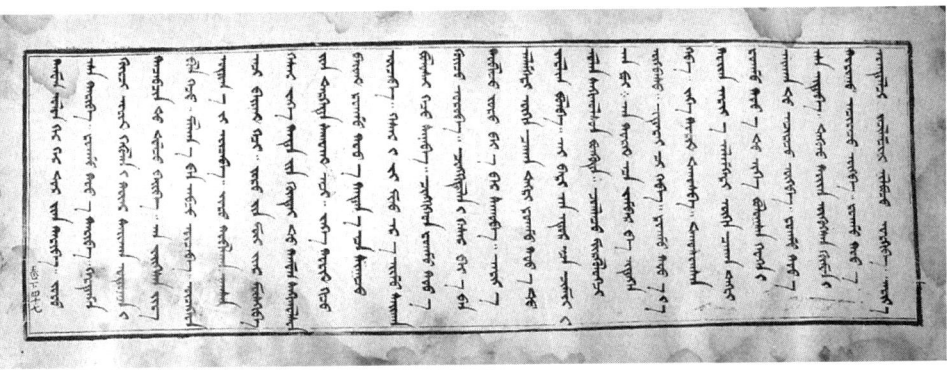

(一)卷下四十七 (geser-095)

一卷上四十八 (geser-096)

一卷下四十八 (geser-097)

一卷上四十九 (geser-098)

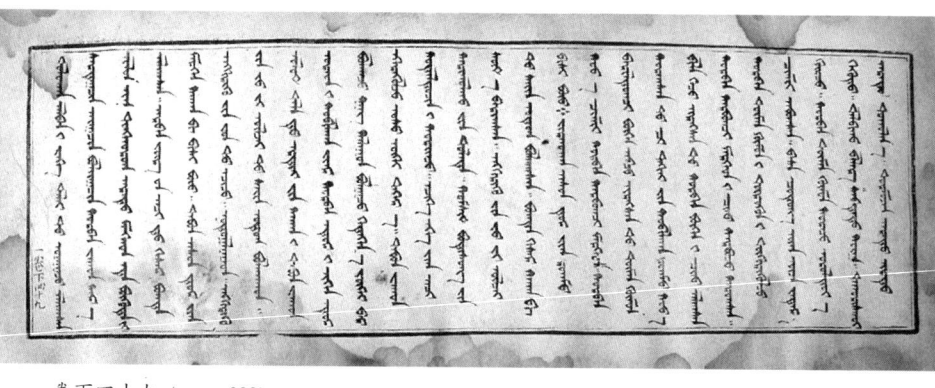

一卷下四十九 (geser-099)

一卷上五十 (geser-100)

一卷下五十 (geser-101)

一卷上五十一 (geser-102)

一卷下五十一 (geser-103)

一卷上五十貳 (geser-104)

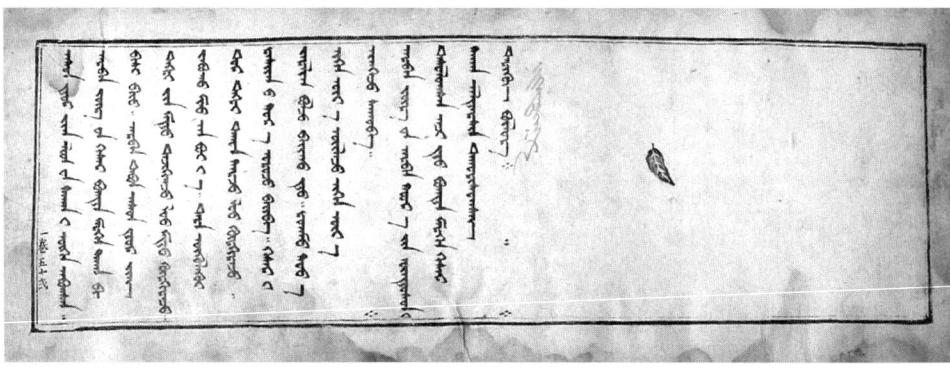

一卷(下)五十貳 (geser-105)

(geser-106)

二卷上一 (geser-107)

二(卷)上貳 (geser-108)

二卷下貳 (geser-109)

二卷上三 (geser-110)

二卷下三 (geser-111)

二卷上四 (geser-112)

二卷下四 (geser-113)

二卷上五 (geser-114)

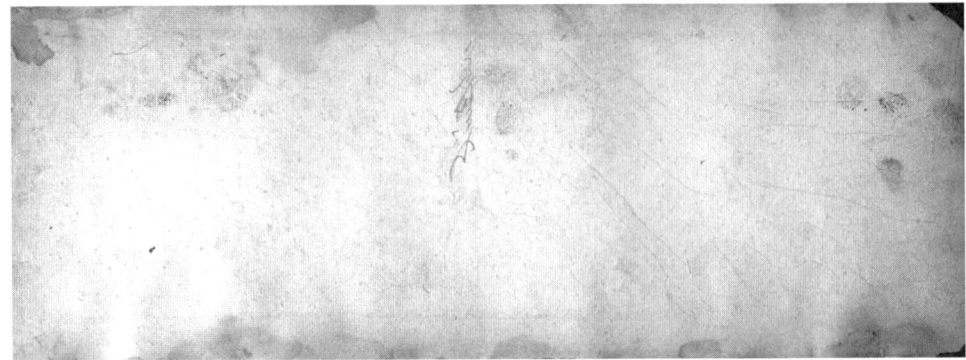
(geser-115)

(geser-116)

三卷上一 (geser-117)

三卷上貳 (geser-118)

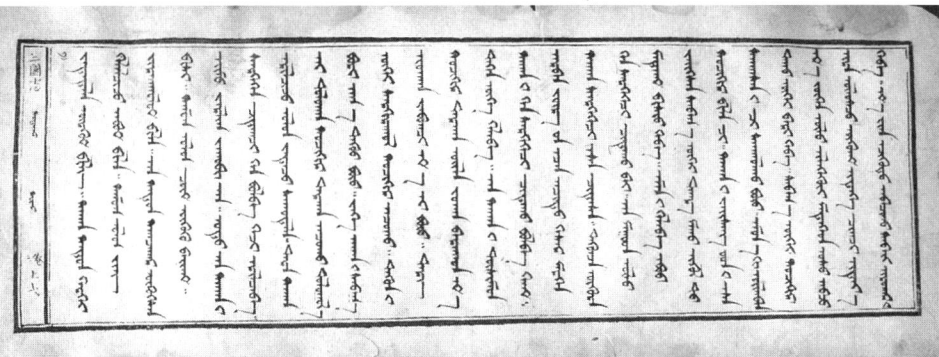

三卷下貳 (geser-119)

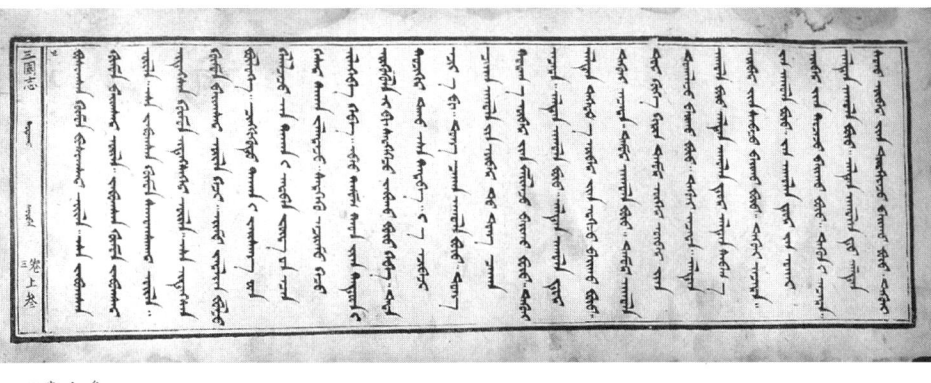

三卷上參 (geser-120)

三卷下参 (geser-121)

三卷上四 (geser-122)

三卷下四 (geser-123)

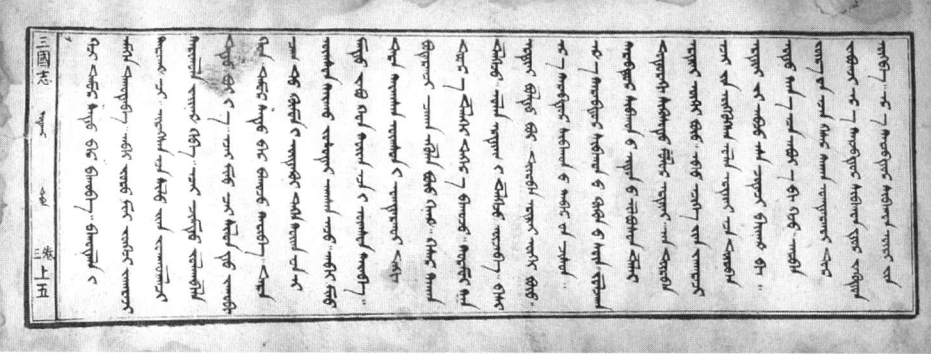

三卷上五 (geser-124)

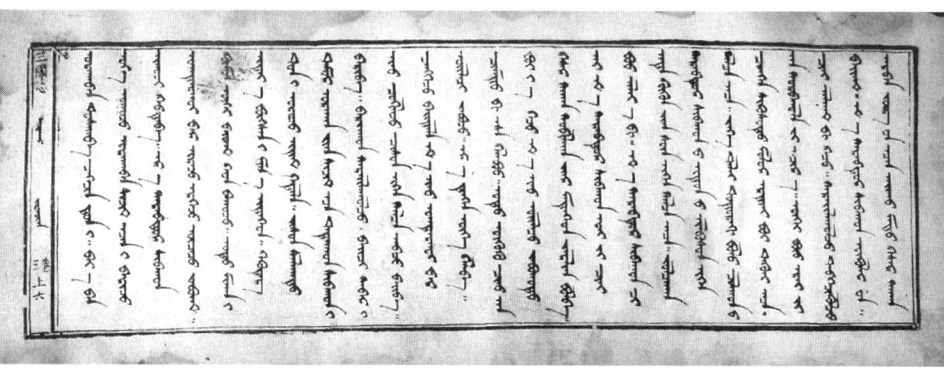

三卷下五 (geser-125)

三卷下六 (geser-127)

三卷上七 (geser-128)

三卷下七 (geser-129)

三卷上八 (geser-130)

三卷下八 (geser-131)

三卷上九 (geser-132)

三本下九 (geser-133)

三卷上十 (geser-134)

三卷下十 (geser-135)

三卷上十一 (geser-136)

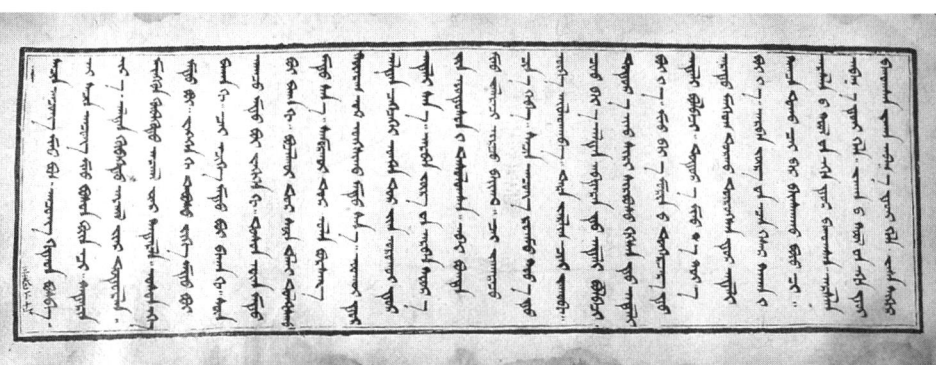

三卷下十一 (geser-137)

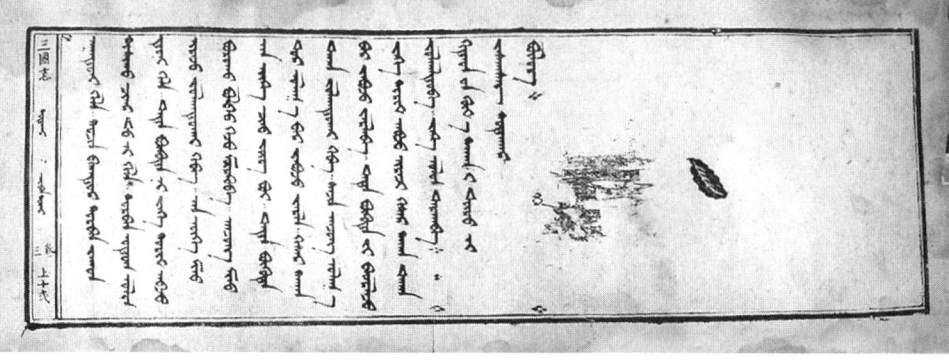

三卷上十貳 (geser-138)

(geser-139)

(geser-140)

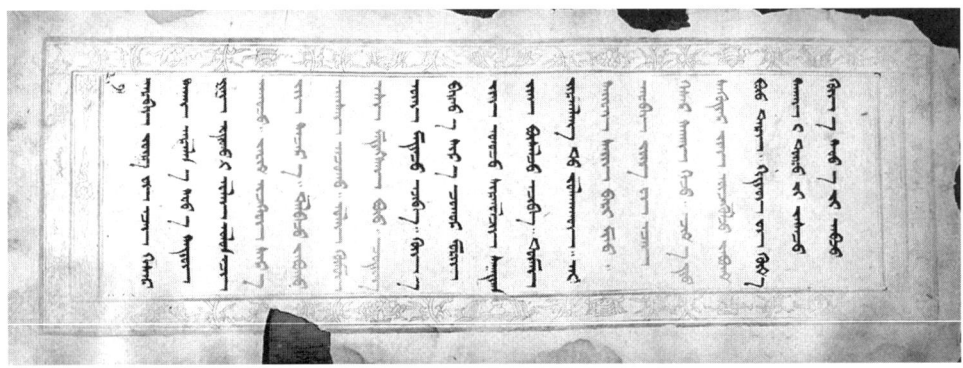

四卷上一 (geser-141)

四卷上貳 (geser-142)

四卷下二 (geser-143)

四卷上三 (geser-144)

四卷下參 (geser-145)

四卷上四 (geser-146)

四卷下四 (geser-147)

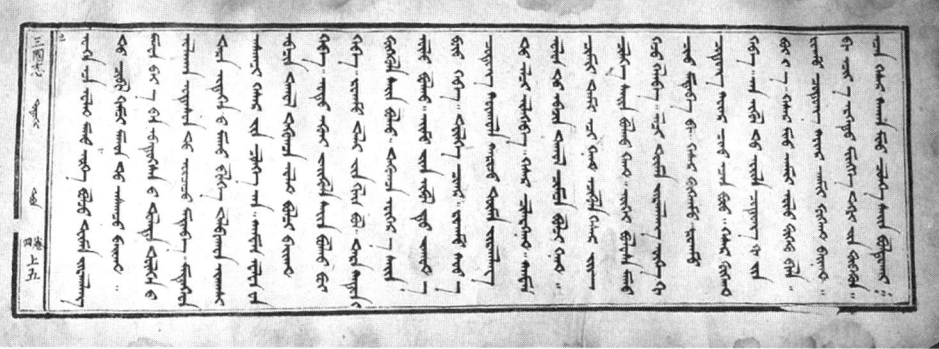

四卷上五 (geser-148)

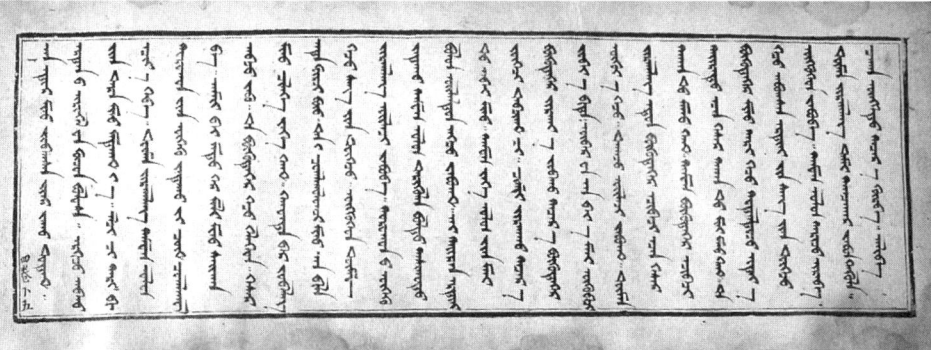

四卷下五 (geser-149)

四(卷)上六 (geser-150)

四卷下六 (geser-151)

四卷上七 (geser-152)

四卷下七 (geser-153)

四卷上八 (geser-154)

四卷下八 (geser-155)

四卷上九 (geser-156)

四卷下九 (geser-157)

四卷上十 (geser-158)

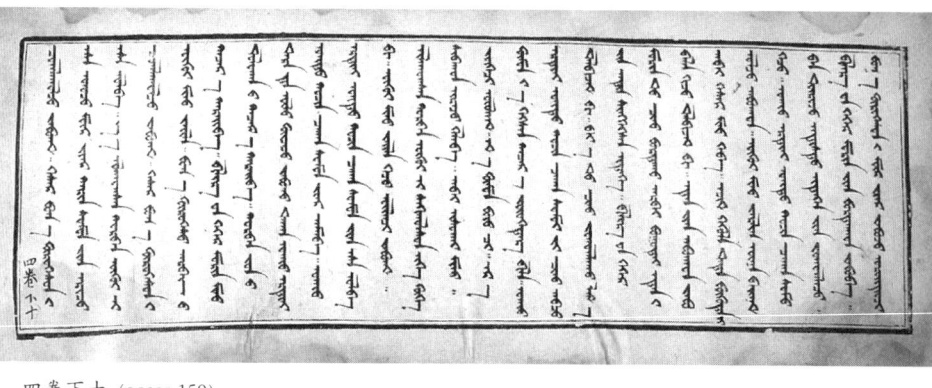

四卷下十 (geser-159)

(四卷)上十一 (geser-160)

四卷下十一 (geser-161)

四卷上十貳 (geser-162)

四卷下十二 (geser-163)

四卷上十参 (geser-164)

四卷下十参 (geser-165)

四卷上十四 (geser-166)

四卷下十四 (geser-167)

四卷上十五 (geser-168)

四卷下十五 (geser-169)

四卷上十六 (geser-170)

四卷下十六 (geser-171)

四卷上十七 (geser-172)

四卷下十七 (geser-173)

四卷上十八 (geser-174)

四卷下十八 (geser-175)

四卷上十九 (geser-176)

四卷下十九 (geser-177)

四卷上卄 (geser-178)

四卷下卄 (geser-179)

四卷上卄一 (geser-180)

四卷下卄一 (geser-181)

四卷上卄貳 (geser-182)

四卷下卄貳 (geser-183)

四卷上卄参 (geser-184)

四卷下卄三 (geser-185)

四卷上卄四 (geser-186)

四卷下卄四 (geser-187)

四卷上卄五 (geser-188)

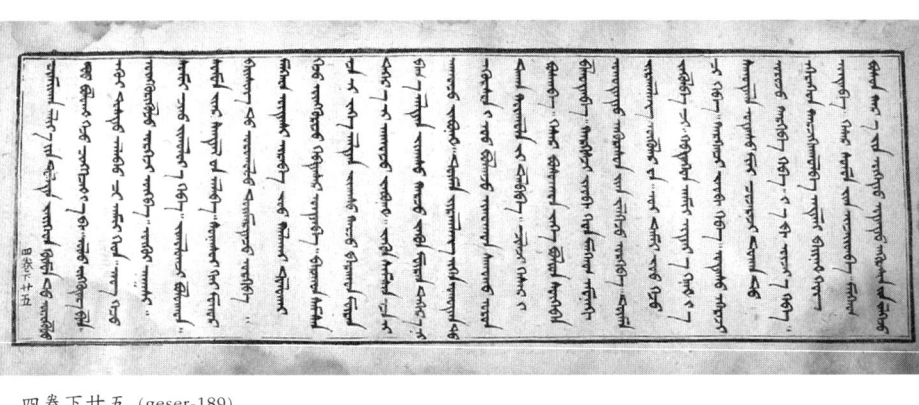

四卷下卄五 (geser-189)

四卷上卄六 (geser-190)

四卷下卄六 (geser-191)

四卷上卄七 (geser-192)

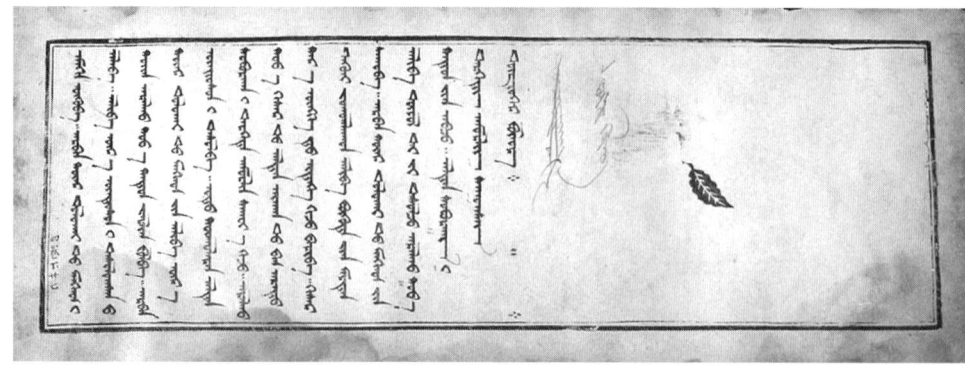

四卷下卄七 (geser-193)

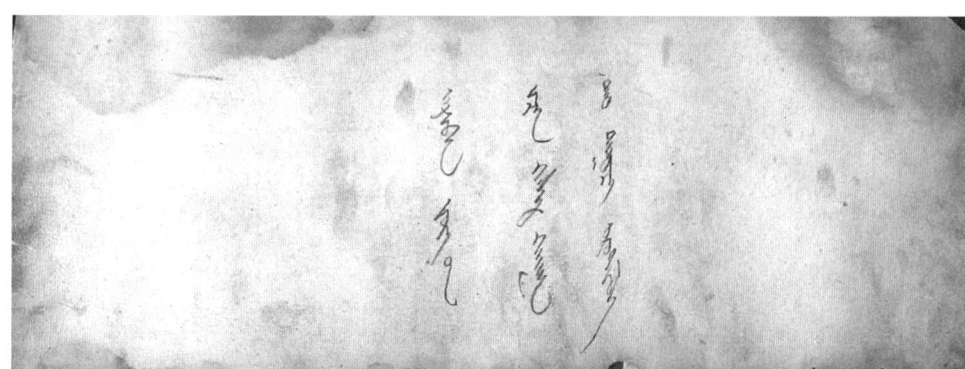

(geser-194)

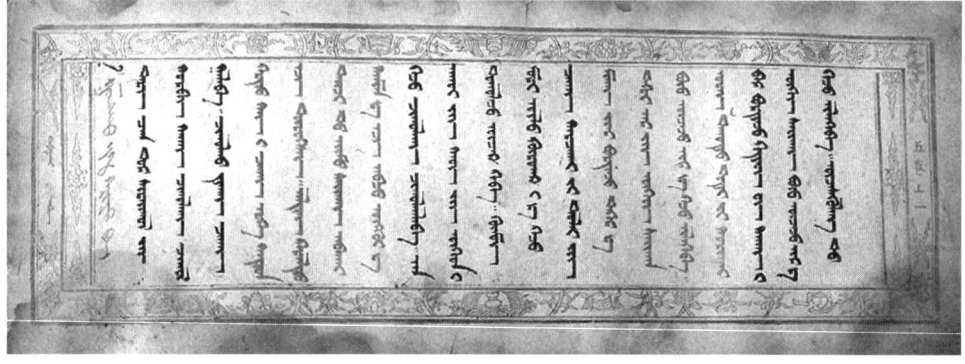

五卷上一 (geser-195)

五卷上貳 (geser-196)

五卷下貳 (geser-197)

五卷上參 (geser-198)

五卷下參 (geser-199)

五卷上四 (geser-200)

五卷下四 (geser-201)

五卷上五 (geser-202)

五卷下五 (geser-203)

五卷上六 (geser-204)

五卷下六 (geser-205)

五卷上七 (geser-206)

五卷下七 (geser-207)

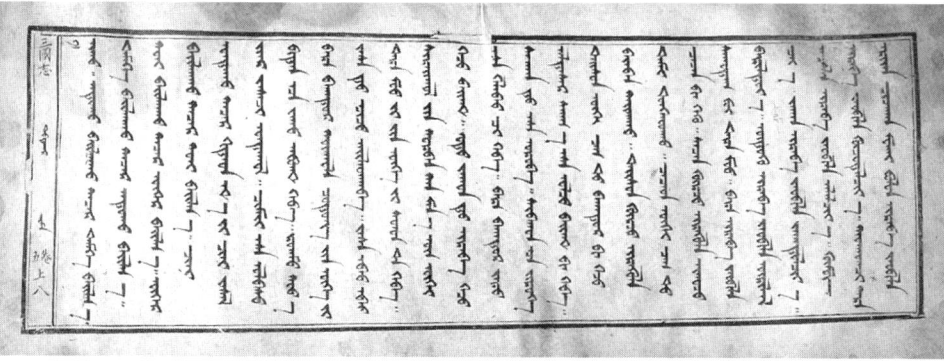

五卷上八 (geser-208)

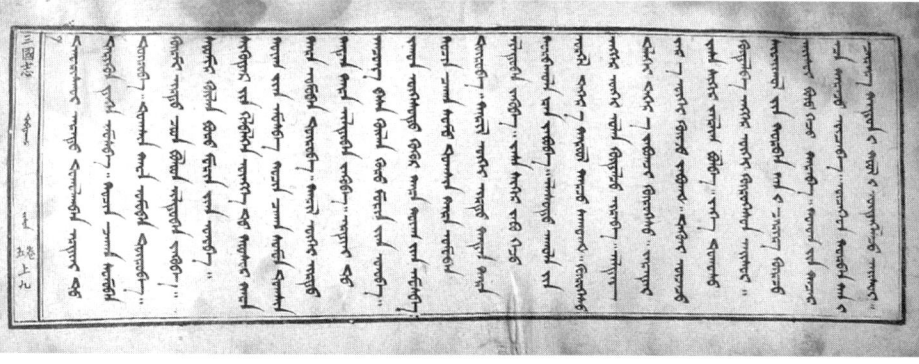

五卷下八 (geser-209)

五卷上九 (geser-210)

五卷下九 (geser-211)

五卷上十 (geser-212)

五卷下十 (geser-213)

五卷上十一 (geser-214)

五卷下十一 (geser-215)

五(卷)上十貳 (geser-216)

五卷下十貳 (geser-217)

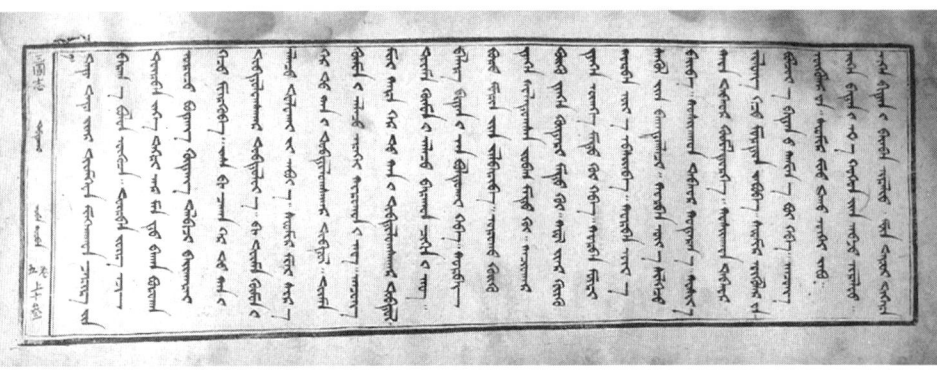

五卷上十參 (geser-218)

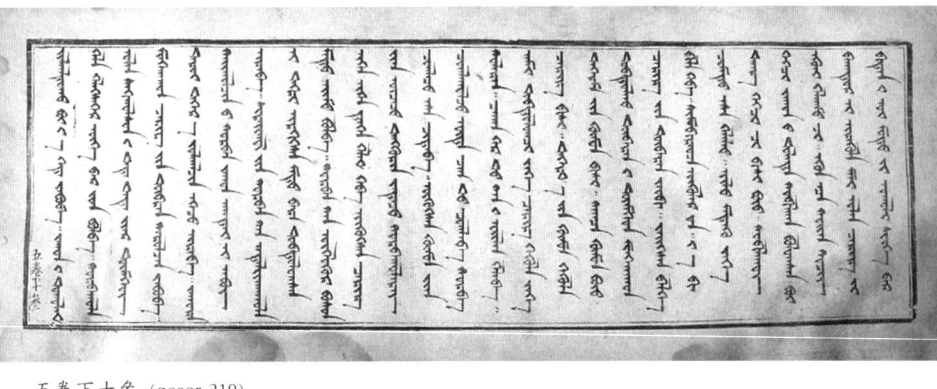

五卷下十參 (geser-219)

五卷上十四 (geser-220)

五卷下十四 (geser-221)

五卷上十五 (geser-222)

五卷下十五 (geser-223)

五(卷)上十六 (geser-224)

五卷下十六 (geser-225)

五卷上十七 (geser-226)

五卷下十七 (geser-227)

五(卷)上十八 (geser-228)

五卷下十八 (geser-229)

五(卷)上十九 (geser-230)

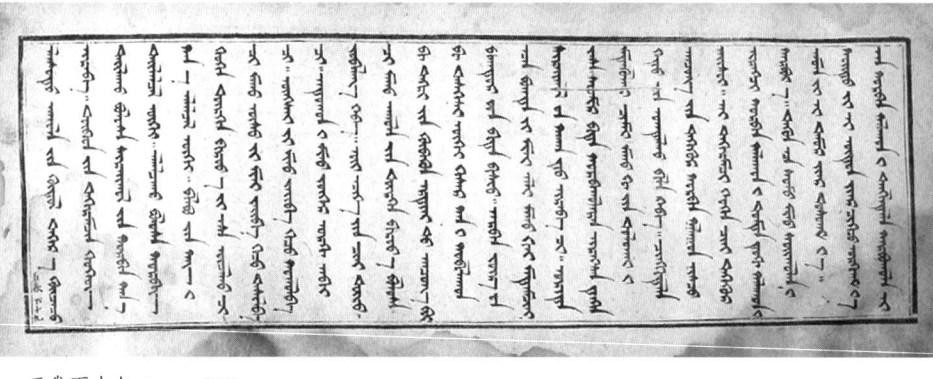

五卷下十九 (geser-231)

五(卷)上卄 (geser-232)

五卷下卄 (geser-233)

五卷上卄一 (geser-234)

五卷(下)卄一 (geser-235)

五卷上卄貳 (geser-236)

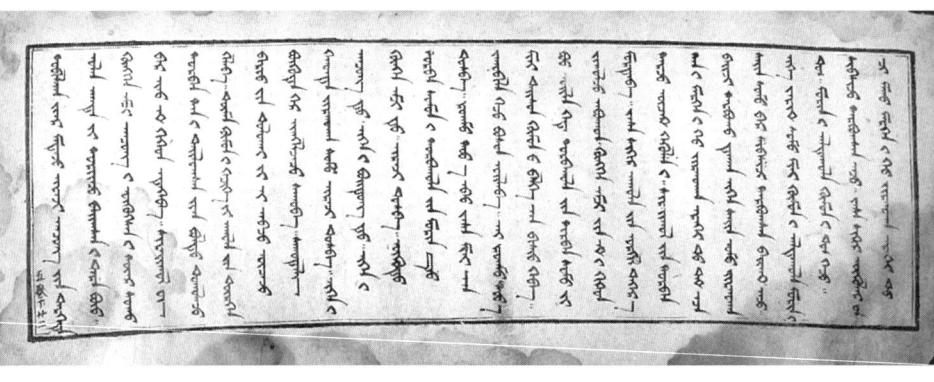

五卷下卄二 (geser-237)

五卷上卄参 (geser-238)

五卷下卄三 (geser-239)

五卷上卄四 (geser-240)

五卷下卄四 (geser-241)

五卷上卄五 (geser-242)

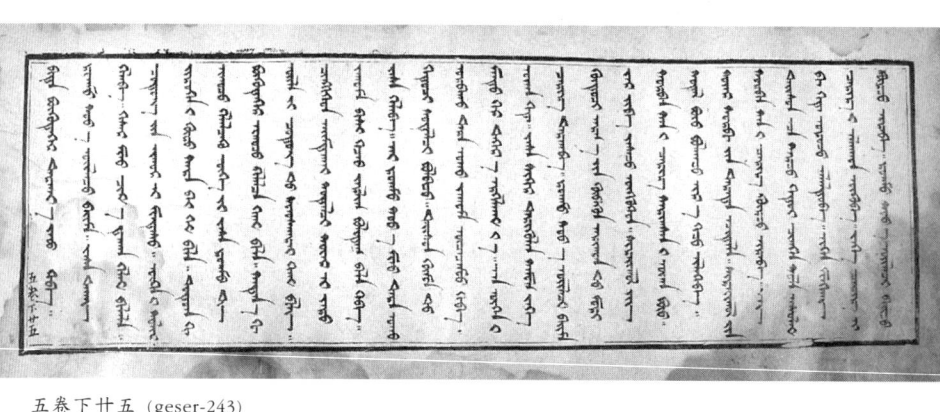

五卷下卄五 (geser-243)

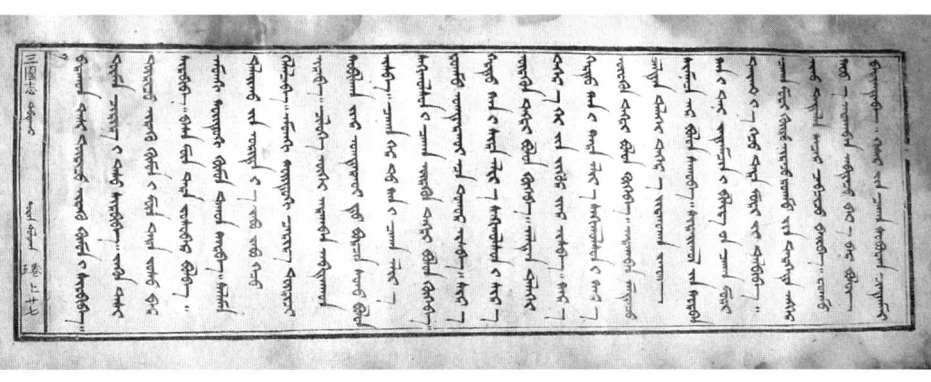

五卷上卄六 (geser-244)

五卷下卄六 (geser-245)

五卷上卄七 (geser-246)

五卷下卄七 (geser-247)

五卷上卄八 (geser-248)

五卷(下)卄八 (geser-249)

五卷上廿九 (geser-250)

五卷下廿九 (geser-251)

五卷上卅 (geser-252)

五卷下冊 (geser-253)

五卷上冊一 (geser-254)

五卷下冊一 (geser-255)

五卷上卅貳 (geser-256)

五卷下卅貳 (geser-257)

五卷上卅參 (geser-258)

五卷(下) 卅參 (geser-259)

五卷上 卅四 (geser-260)

五卷下 卅四 (geser-261)

五卷上卅五 (geser-262)

五卷下卅五 (geser-263)

五卷上卅六 (geser-264)

五卷下 冊六 (geser-265)

五卷上 冊七 (geser-266)

五卷(下) 冊七 (geser-267)

五卷上 卅八 (geser-268)

五卷下 卅八 (geser-269)

五卷上 卅九 (geser-270)

五卷下卅九 (geser-271)

五卷上四十 (geser-272)

五卷下四十 (geser-273)

五卷上四十一 (geser-274)

五卷下四十一 (geser-275)

五卷上四十貳 (geser-276)

五卷(下)四十二 (geser-277)

五卷上四十叁 (geser-278)

五卷下四十三 (geser-279)

五卷上四十四 (geser-280)

五卷下四十四 (geser-281)

五卷上四十五 (geser-282)

五卷下四十五 (geser-283)

五卷上四十六 (geser-284)

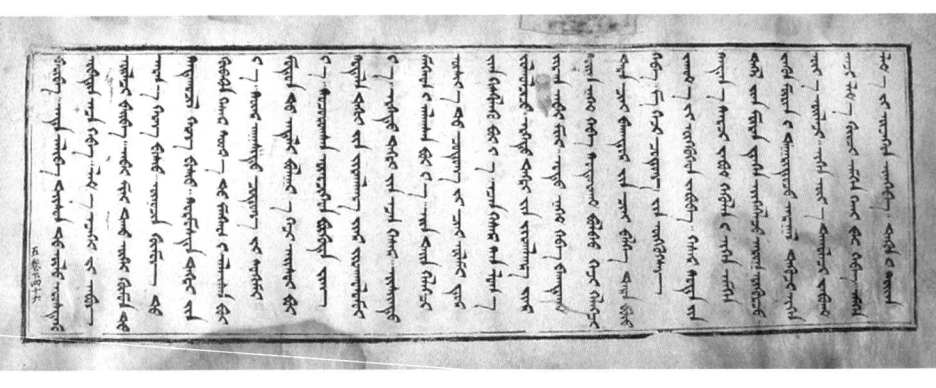

五卷下四十六 (geser-285)

五卷上四十七 (geser-286)

五卷(下)四十七 (geser-287)

五卷上四十八 (geser-288)

五卷下四十八 (geser-289)

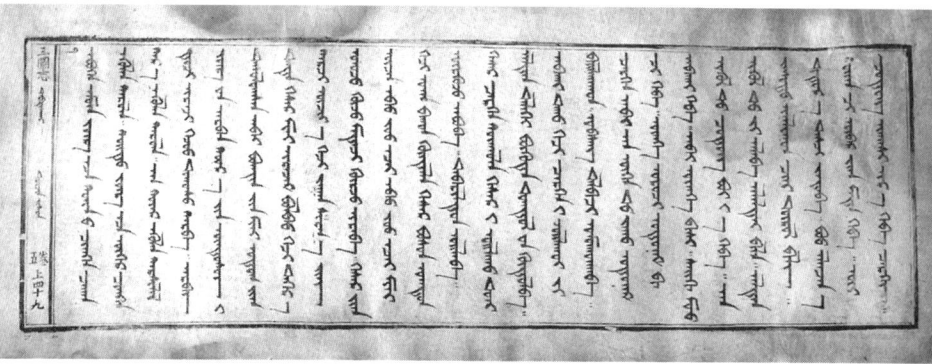

五卷上四十九 (geser-290)

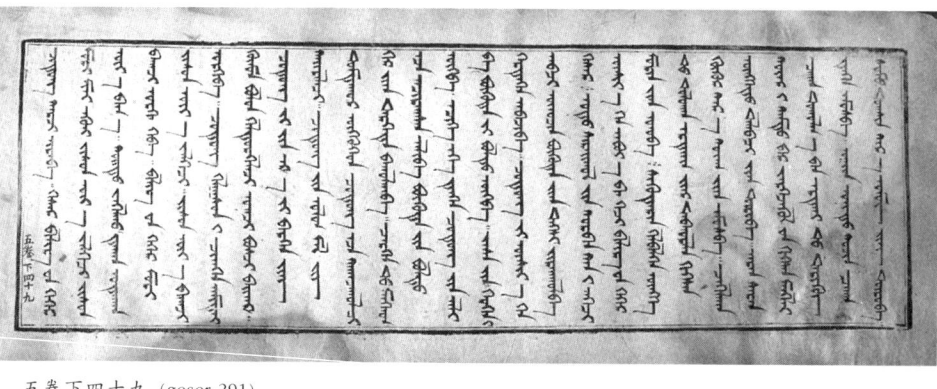

五卷下四十九 (geser-291)

五卷上五十 (geser-292)

五卷下五十 (geser-293)

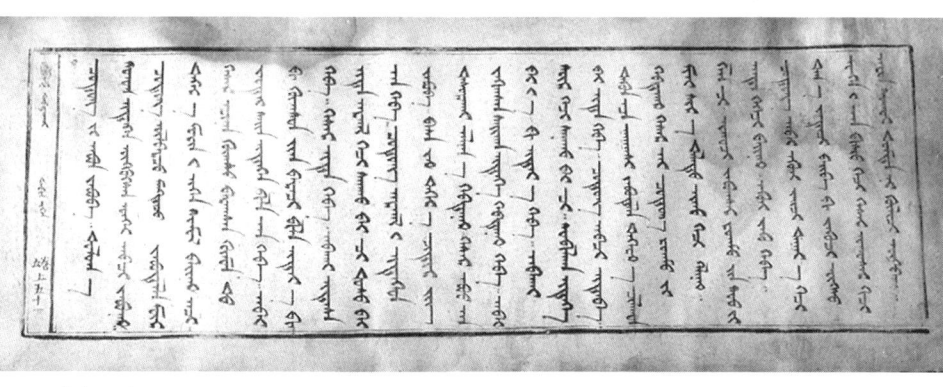

五卷上五十一 (geser-294)

五卷下五十一 (geser-295)

五卷上五十貳 (geser-296)

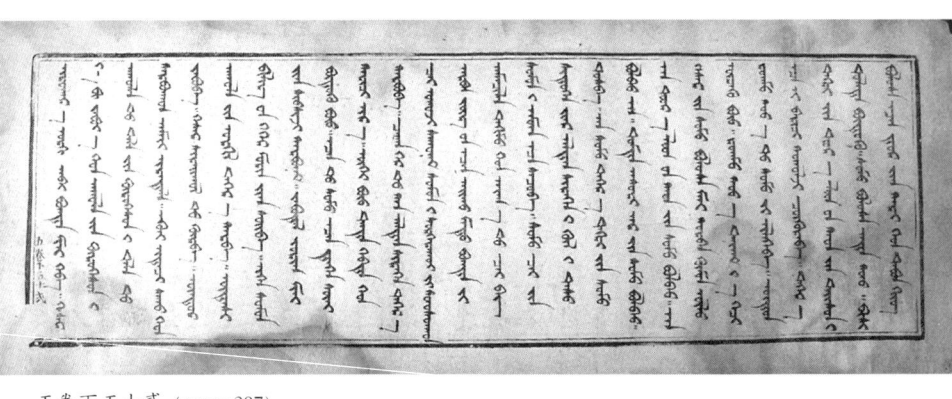

五卷下五十貳 (geser-297)

五卷上五十參 (geser-298)

五卷(下)五十參 (geser-299)

五卷上五十四 (geser-300)

五卷下五十四 (geser-301)

五卷上五十五 (geser-302)

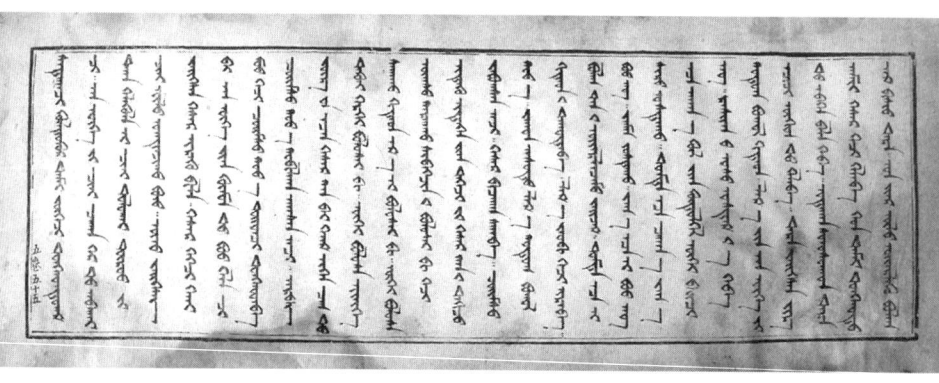

五卷(下)五十五 (geser-303)

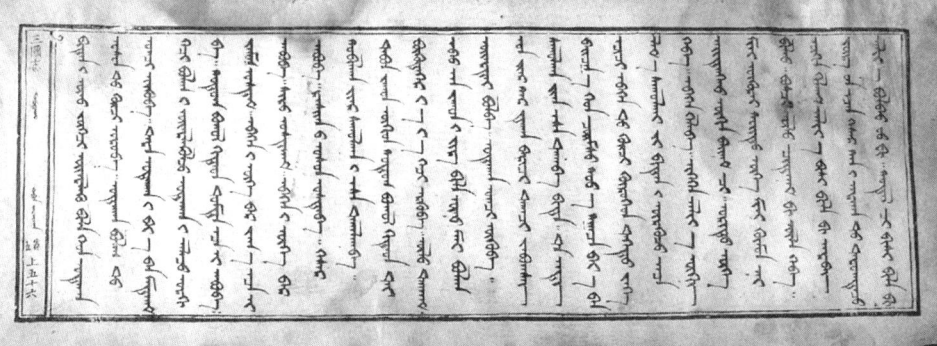

五卷上五十六 (geser-304)

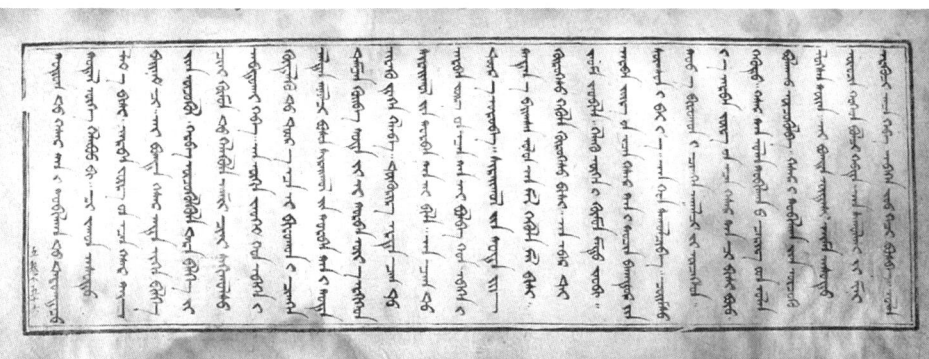

五卷下五十六 (geser-305)

五卷上五十七 (geser-306)

五卷下五十七 (geser-307)

五卷上五十八 (geser-308)

五卷下五十八 (geser-309)

五卷上五十九 (geser-310)

五卷下五十九 (geser-311)

五卷上六十 (geser-312)

五卷下六十 (geser-313)

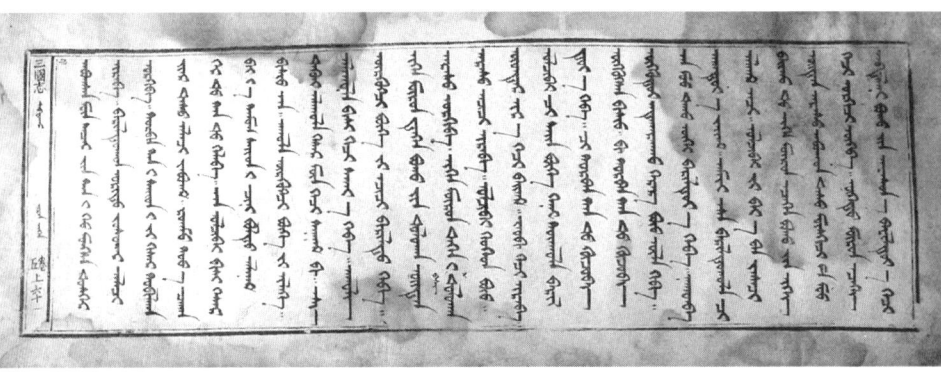

五卷上六十一 (geser-314)

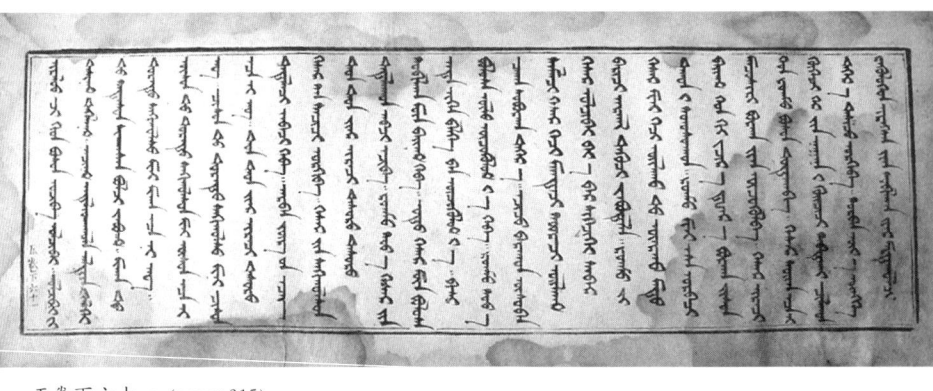

五卷下六十一 (geser-315)

五卷(上)六十貳 (geser-316)

五卷下六十貳 (geser-317)

五卷上六十參 (geser-318)

五卷下六十参 (geser-319)

五卷上六十四 (geser-320)

五卷下六十四 (geser-321)

五卷上六十五 (geser-322)

五卷下六十五 (geser-323)

五卷上六十六 (geser-324)

五卷下六十六 (geser-325)

五卷上六十七 (geser-326)

五卷下六十七 (geser-327)

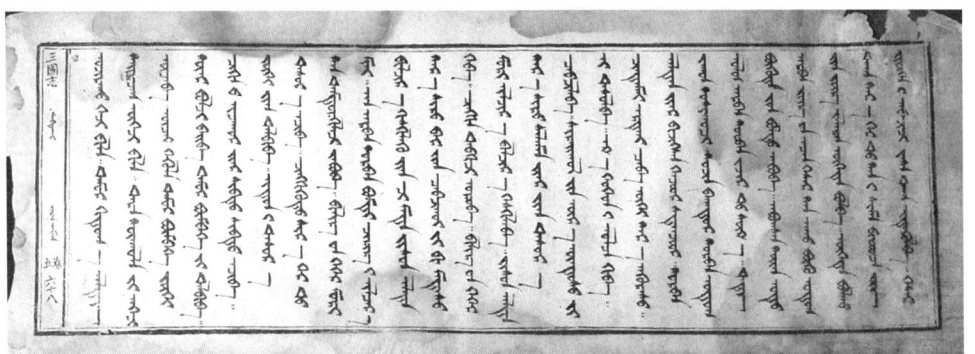

五卷(上)六十八 (geser-328)

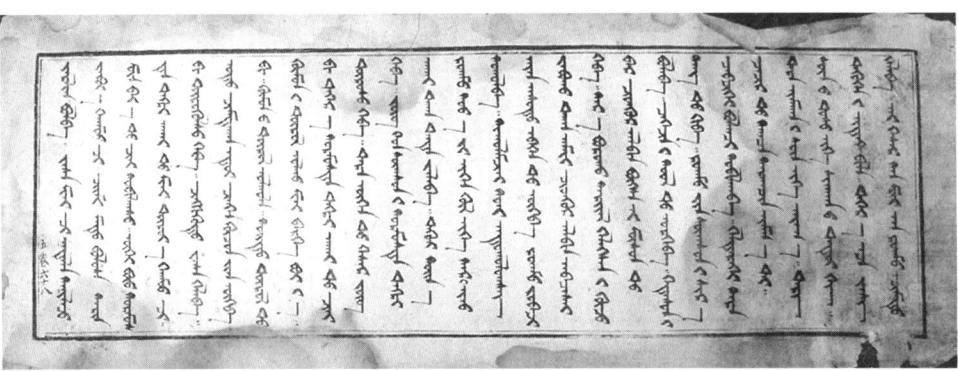

五卷(下)六十八 (geser-329)

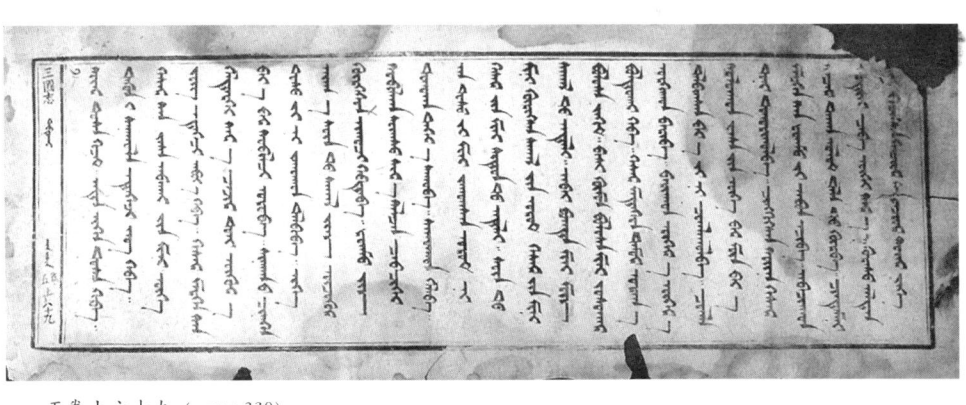

五卷上六十九 (geser-330)

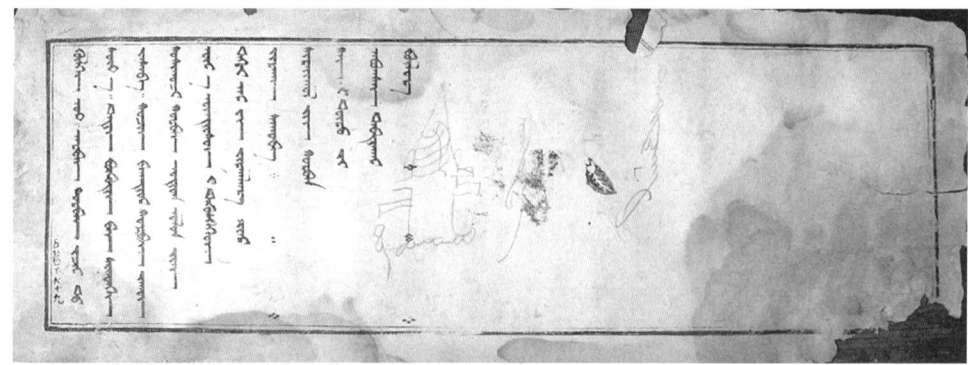

五卷下六十九 (geser-331)

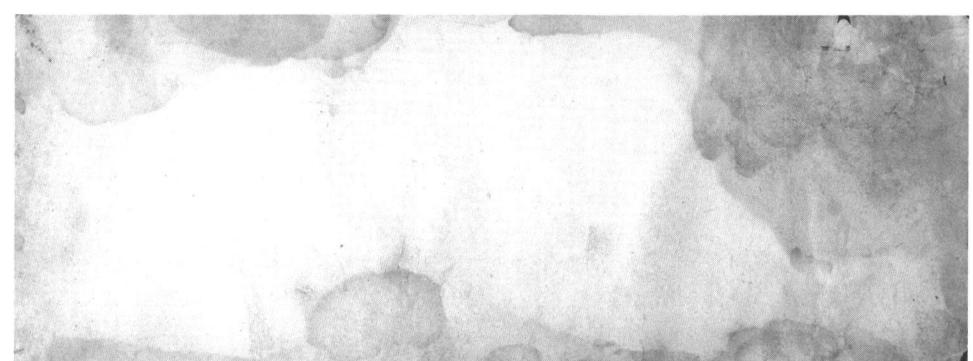

(geser-332)

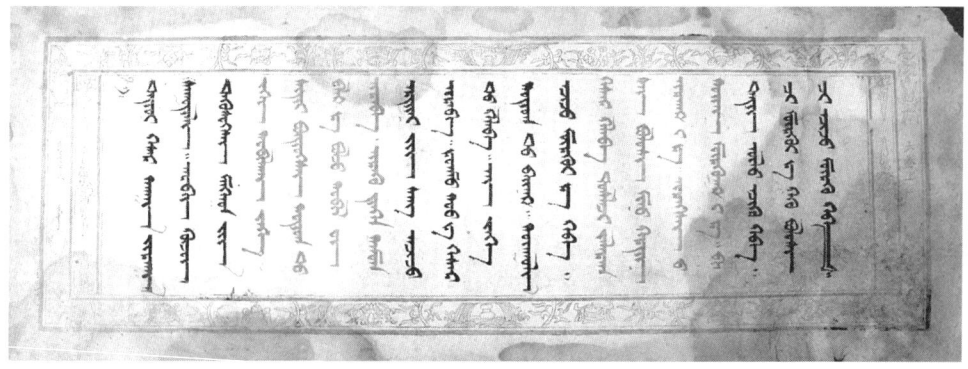

六卷上一 (geser-333)

六卷上貳 (geser-334)

六卷下貳 (geser-335)

六卷上參 (geser-336)

六卷下參 (geser-337)

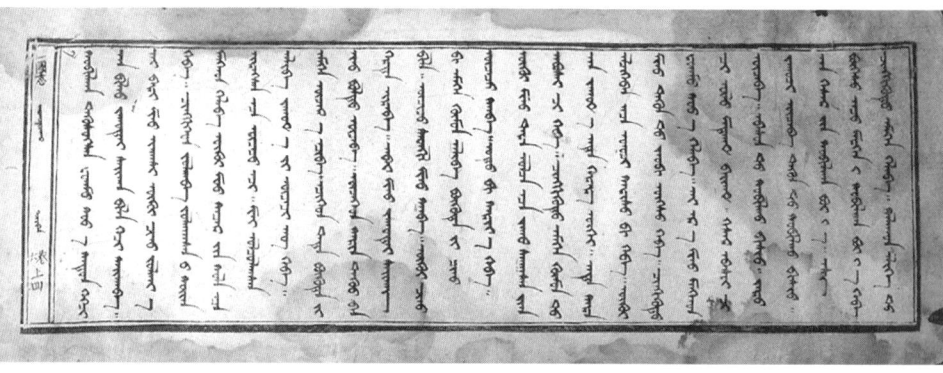

六卷上四 (geser-338)

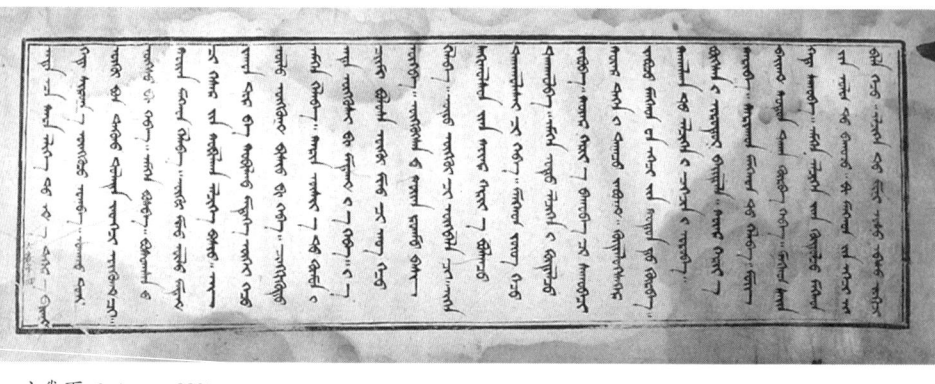

六卷下四 (geser-339)

六卷上五 (geser-340)

六卷下五 (geser-341)

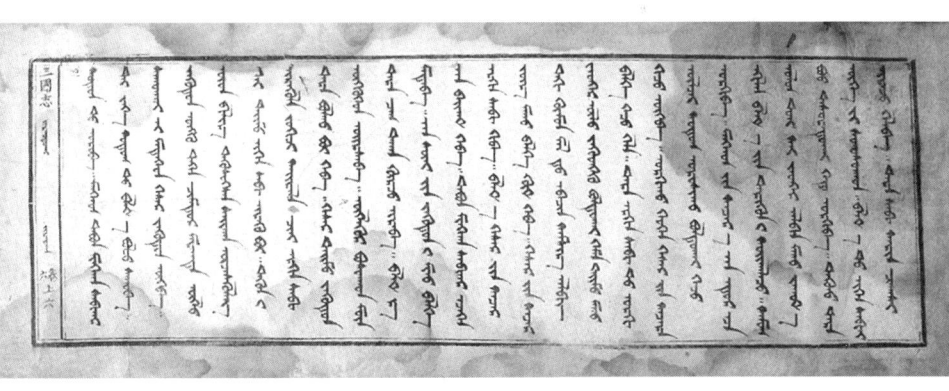

六卷上六 (geser-342)

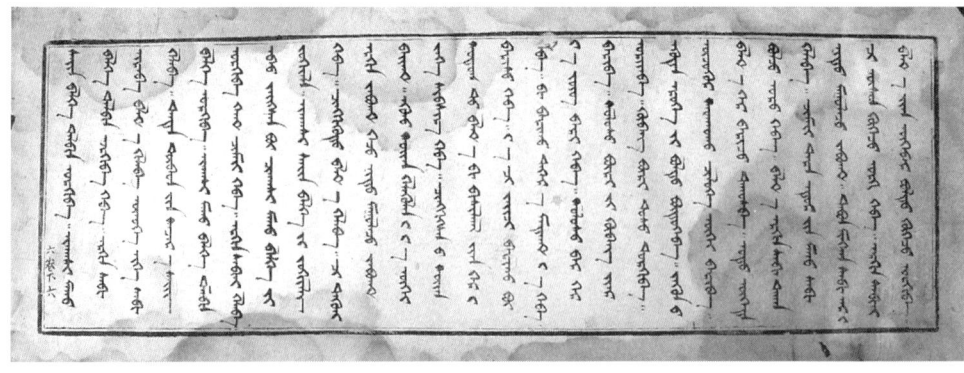

六卷下六 (geser-343)

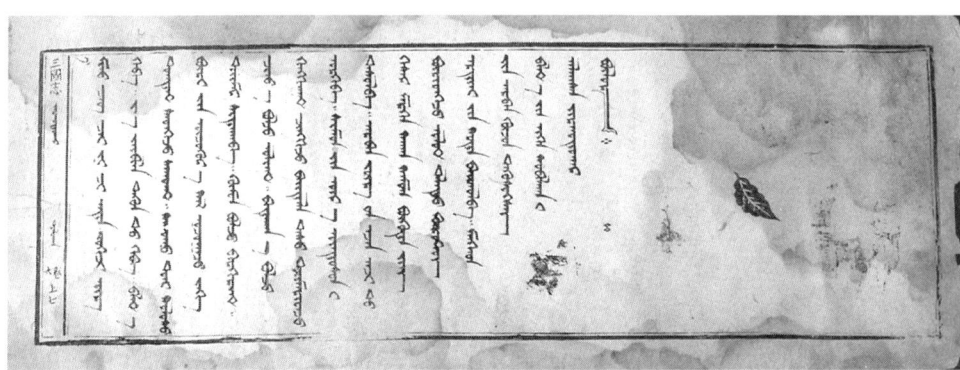

六卷上七 (geser-344)

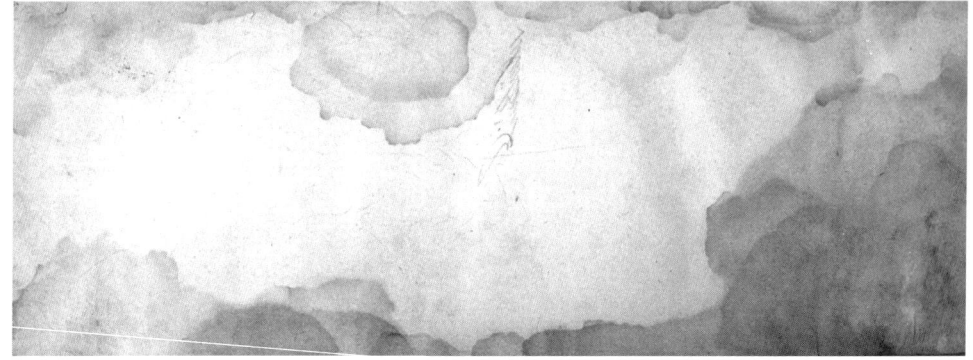

(geser-345)

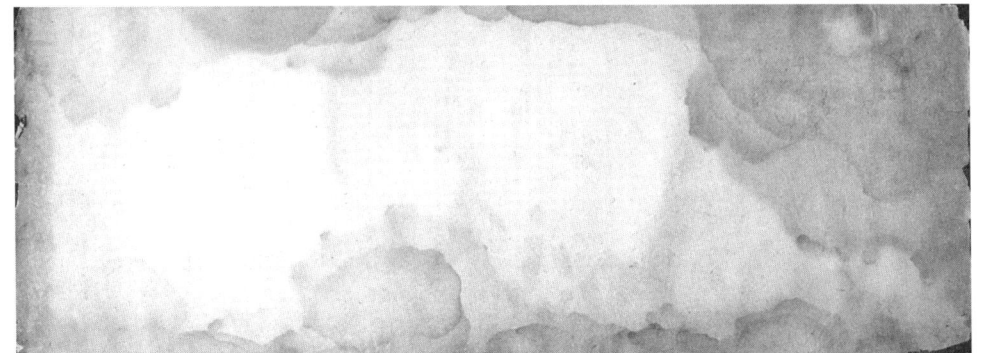
(geser-346)

七卷上一 (geser-347)

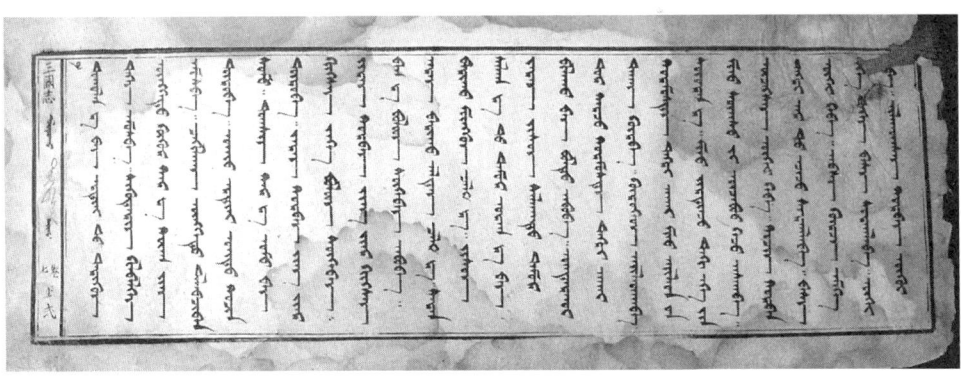
七卷上貳 (geser-348)

七卷下貳 (geser-249)

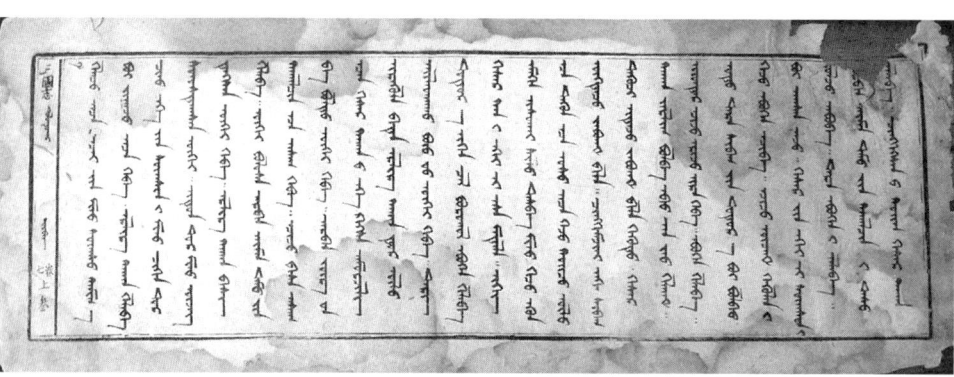

七卷上參 (geser-350)

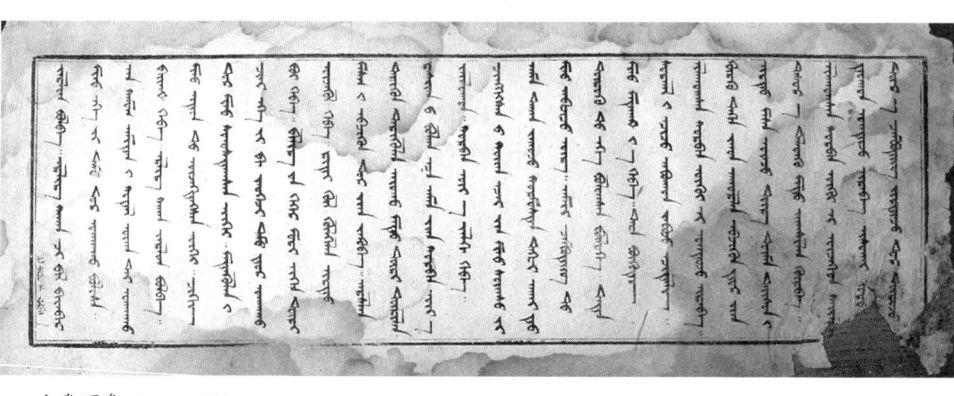

七卷下參 (geser-351)

七卷上四 (geser-352)

七卷下四 (geser-353)

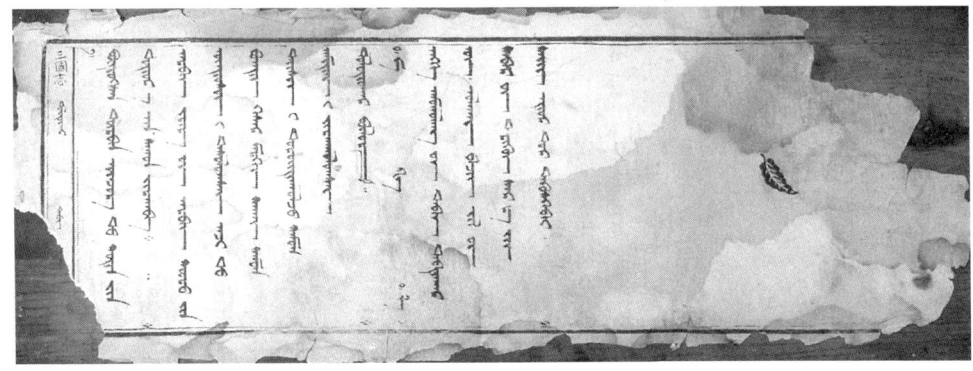

불명 (geser-354)

(geser-355)

(geser-356)

표지 (geser-357)

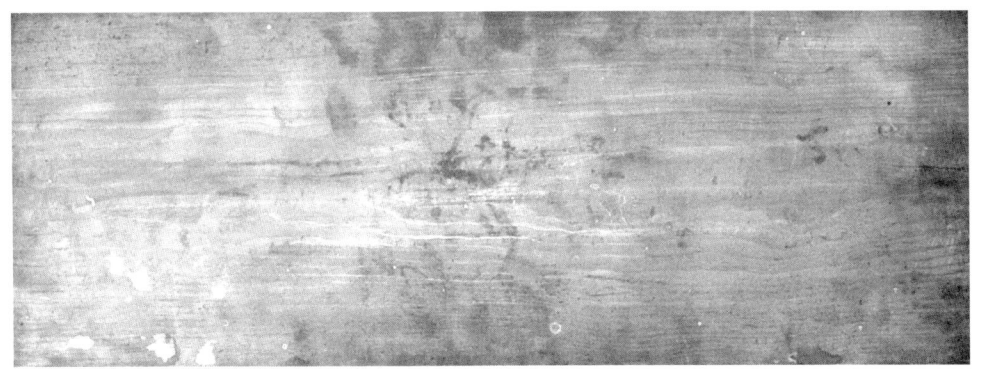
덮개 (geser-358)

2007년 5월 25일 1판 1쇄

옮긴이 | 유원수

편집 | 강창훈·조건형
디자인 | 백창훈
제작 | 박흥기
마케팅 | 이병규·최창호
홈페이지 관리 | 최영미

출력 | 한국커뮤니케이션
인쇄 | 대원인쇄
제책 | 명지문화

펴낸이 | 강맑실
펴낸곳 | (주)사계절출판사
주소 | (413-756)경기도 파주시 교하읍 문발리 파주출판도시 513-3
등록 | 제 406-2003-034호
전화 | (031) 955-8588, 8558
전송 | 마케팅부 031) 955-8595 편집부 031) 955-8596
홈페이지 | www.sakyejul.co.kr 전자우편 | skj@sakyejul.co.kr

값은 뒤표지에 적혀 있습니다.
잘못 만든 책은 구입하신 서점에서 바꾸어 드립니다.

사계절출판사는 성장의 의미를 생각합니다.
사계절출판사는 독자 여러분의 의견에 늘 귀기울이고 있습니다.

ISBN 978-89-5828-231-0 93890

이 도서의 국립중앙도서관 출판시도서목록(CIP)은
e-CIP홈페이지(http://www.nl.go.kr/cip.php)에서 이용하실 수 있습니다.
(CIP제어번호 : CIP2007001321)